KB070604

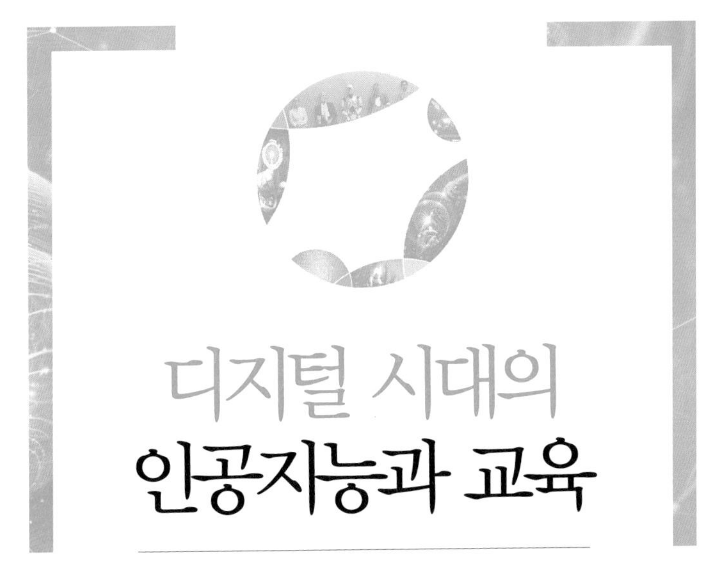

디지털 시대의
인공지능과 교육

이용상 · 권태현 · 김종민 · 김현정 · 신동광
심우민 · 임해미 · 정혜경 · 조규락 공저

ARTIFICIAL INTELLIGENCE AND EDUCATION IN THE DIGITAL AGE

학지사

인공지능(AI)의 급격한 발전과 디지털 혁명은 우리의 삶을 근본적으로 변화시키고 있습니다. 이제 우리는 디지털 시대에 살아가고 있으며, 교육 분야도 큰 도전에 직면하고 있습니다. 이에 정부는 이러한 변화와 도전에 능동적으로 대처할 수 있는 인재를 육성하기 위해서 학교 현장에서 인공지능 교육을 강화하겠다고 공언한 바 있습니다. 학교 현장에서 인공지능 또는 디지털 교육이 내실 있게 이루어지기 위해서는 교사의 인공지능과 디지털에 대한 소양이 함양될 필요가 있습니다. 많은 대학이 교원 양성 교육과정에 '디지털 교육' 수업이나 '인공지능 교육' 수업 등을 편성하고 있지만, 사범대 학생들이 참고할 수 있는 교재는 많지 않아 수업 운영에 어려움이 있었습니다.

예비교원의 인공지능과 디지털 소양 함양에 이바지하고자 이 책은 사범대 학생들이 쉽게 이해할 수 있도록 인공지능의 기본적인 개념과 용어들을 설명하였으며, 교과별로 풍부한 인공지능 활용 사례들을 제시하였습니다. 구체적으로 책의 내용을 살펴보면 우선 제1장 인공지능 개관(이용상)에서는 인공지능의 개념과 역사에 대해 소개하고 인공지능이 발전해 온 역사적 맥락과 인공지능을 이해하기 위해 알아야 할 주요 개념을 소개하고 설명하였습니다. 제2장 인공지능 기술 및 활용 분야(김종민)에서는 인공지능의 기술 및 활용 분야에 대해 소개하였으며, 자연어 처리, 컴퓨터 비전, 로보틱스와 같은 핵심 기술과 이러한 기술이 다양한 분야에서 어떻게 활용되고 있는지를 설명하였습니다. 제3장 인공지능과 에듀테크(조규락)에서는 에듀테크와 인공지능의 상호작용에 초점을 맞춰 에듀테크의 개념과 기술 도입, 대표적인 에듀테크 사례, 그리고 에듀테크 분야에서의 인공지능 활용 사례를 살펴보았습니다. 제4장 인공지능과 교수-학습(조규락)에서는 교수-

학습과 인공지능의 관계를 살펴보고 인공지능을 교수-학습에 활용하기 위해 인공지능 교육의 필요성, 학교교육과 교수-학습 방법, 인공지능 교육의 목적과 내용, 그리고 교육 방법에 대한 내용을 제시하였습니다. 제5장 인공지능과 학습분석(정혜경)에서는 학습분석(Learning Analytics)의 개념과 교육 분야에서의 활용에 대해 소개하고, 교육 빅데이터와 머신러닝을 활용하여 학습 데이터를 분석하고 그 결과를 교육에서 어떻게 활용하고 있는지를 살펴보았습니다. 제6장 인공지능과 교육평가(이용상)에서는 교육평가에서 인공지능의 활용 가능성과 적용 사례를 살펴보았으며, 이를 위해 교육평가의 개념과 역사, 인공지능을 활용한 교육평가의 사례, 그리고 인공지능 기반 교육평가의 장점과 한계를 살펴보았습니다.

이어서 제7장 인공지능과 국어교육(권태현)부터 제8장 인공지능과 수학교육(임해미), 제9장 인공지능과 영어교육(신동광), 제10장 인공지능과 사회과교육(심우민), 제11장 인공지능과 과학교육(김현정)까지는 국어, 수학, 영어, 사회, 과학 교육 등 교과별 인공지능의 활용 사례를 살펴보고, 교과별 인공지능 활용 시 논의되는 쟁점들을 살펴보았습니다. 마지막으로 제12장 인공지능 시대 학교교육의 변화와 전망(김종민)에서는 인공지능이 학교교육에 미칠 변화와 영향에 대한 전망을 제시하고, 현대 교육에서 인공지능의 역할과 학교교육의 미래에 대해 전망해 보았습니다.

이와 같이 이 책은 인공지능의 주요 개념과 역사, 그리고 각 영역별, 교과별 활용 사례와 쟁점들을 통해 디지털 시대의 교육 분야에서 인공지능 활용 방안과 쟁점들을 다각적으로 조망하고 이해할 수 있도록 구성하였습니다. 이 책을 통해 학교 현장에서 인공지능과 디지털 교육을 내실화하고, 예비교사의 디지털 및 인공지능 소양이 함양될 수 있을 것으로 기대합니다. 또한 예비교사뿐만 아니라 교육 분야에 인공지능을 활용하고자 하는 교육자, 에듀테크 관련 종사자 등 모든 사람에게도 유용한 참고서가 될 것으로 기대합니다. 마지막으로 이 책의 집필에 참여해 주신 모든 교수님께 감사의 말씀을 드립니다. 감사합니다.

2024년 3월

대표저자 이용상

차례

제4장 인공지능과 교수-학습 … 89

제5장 인공지능과 학습분석 … 123

제6장 인공지능과 교육평가 … 153

제7장 인공지능과 국어교육 … 167

제1장 인공지능 개관

1. 인공지능의 개념과 역사

1) 인공지능의 개념

현대 사회를 규정하기 위한 다양한 시도들이 지속적으로 이루어지고 있다. 현대 사회를 지칭하는 가장 친숙한 용어는 '4차산업혁명시대'일 것이며, 이 밖에도 '데이터 기반 사회' '정보화 사회' 등 다양한 용어들로 우리 사회를 규정하고 있다. 이러한 가운데 최근 기술의 발전과 함께 가장 주목을 받고 널리 쓰이는 용어는 바로 '인공지능시대' 또는 '인공지능사회'일 것이다. 본격적인 인공지능시대에 교육을 대비하기 위해 정부는 2020년 '인공지능시대 교육정책 방향과 핵심과제'를 발표하면서 우리 교육의 나아갈 방향에 대해서 가이드라인을 제시한 바 있으며, 향후 교육 분야에서 인공지능이 가져올 변화는 우리가 상상할 수 있는 범주 그 이상이 될 것으로 예상된다. 향후 교육 분야에 인공지능이 가져올 변화에 능동적으로 대처하고, 인공지능을 통한 교수–학습–평가 활동의 혁신을 위해서는 그 어느 때보다 인공지능에 대한 이해의 폭을 넓히고, 활용 분야와 사례를 세심하게 살펴볼 필요가 있다.

인공지능(Artificial Intelligence: AI)을 하나의 문장으로 명확하게 정의하는 것은 쉽지 않지만, 일반적으로 인공지능은 컴퓨터 시스템이 인간의 학습, 추론, 문제 해결 등의 지능적인 작업을 수행할 수 있는 능력을 갖춘 기술을 말한다. 이러한 기술은 주어진 환경에서 데이터를 분석하고 패턴을 식별하여 학습하며, 이를 토대로 의사 결정을 내리고 문제를 해결하는 능력을 갖추게 된다. 인공지능의 개념은 1956년 다트머스 콘퍼런스(Dartmouth Conference)에서 처음으로 제안되었다. 이 콘퍼런스는 인간의 지능을 모방하고 재현하는 기술을 연구하는 초석으로서, 인공지능의 탄생을 알리는 중요한 사건이었다. 다트머스 콘퍼런스는 1956년에 미국 뉴햄프셔의 다트머스 대학교(Dartmouth College)의 인지심리학자인 존 매카시(John McCarthy)를 비롯하여 마빈 민스키(Marvin Minsky), 너대니얼 로체스터(Nathaniel Rochester), 클라우드 섀클리프(Cloud Searle) 등의 컴퓨터 과학자들이 주도하여 개최되었다. 이 콘퍼런스에서는 인간의 지능을 모방하고 재현하는 기술인 '인공지능'의 개념을 처음으로 제안하였다. 다트머스 콘퍼런스는 또한 컴퓨터 과학자들에게 인공지능 분야에 대한 공동의 이해와 관심을 공유하기 위한 자리였으며, 이 콘퍼런스를 통해 '인간과 같은 지능을 가진 기계를 만들기 위한 기술적인 접근 방법'에 대한 논의가 이루어졌고, 인공지능의 개념이 형성되었다.

[그림 1-1] 1956년 8월 다트머스 콘퍼런스: 왼쪽부터 올리버 셀프리지(Oliver Selfridge), 너대니얼 로체스터(Nathaniel Rochester), 레이 솔로모노프(Ray Solomonoff), 마빈 민스키(Marvin Minsky), 트렌차드 모어(Trenchard More), 존 매카시(John McCarthy), 클로드 섀넌(Claude Shannon).

출처: https://www.klondike.ai/en/ai-history-the-dartmouth-conference/

2) 인공지능의 역사

다트머스 콘퍼런스는 인공지능 연구를 위한 많은 프로젝트와 초기 알고리즘들이 발전하는 계기가 되었으며, 그중에서도 로체스터 연구소(Nathaniel Rochester's Research Lab)에서 개발한 Logic Theorist라는 프로그램은 컴퓨터가 정리 문제를 해결하는 데 성공한 첫 번째 프로그램으로 알려져 있다.

1950년대와 1960년대에는 '심볼릭 AI(Symbolic AI)'라고 불리는 개념이 주로 연구되었다. 이는 사람이 사용하는 언어와 논리적 규칙을 컴퓨터 프로그래밍에 적용하여 지능적인 행동을 모방하려는 접근법이었다. 그러나 초기의 인공지능 시스템은 한정된 문제에 대해서만 효과적이었고, 실제 세계의 복잡한 문제에 대해서는 한계가 있었다.

1970년대 이후로는 '지식 기반 시스템(Knowledge-Based Systems)'이 주목받았다. 이는 도메인 전문가들의 지식을 포착하여 컴퓨터에 적용하는 방식으로 지능을 구현하는 시도였다. 이러한 시스템은 전문적인 분야에서 탁월한 성과를 보였지만, 지식을 수작업으로 인코딩해야 했기 때문에 확장성과 일반화에 한계가 있었다.

1980년대부터는 통계적 기법과 기계학습(Machine Learning)에 대한 연구가 활발히 이루어졌다. 기계학습은 데이터에서 패턴을 학습하고, 이를 기반으로 예측이나 분류를 수행하는 알고리즘을 개발하는 분야이다. 이러한 기계학습 기법은 인공지능 연구에 혁명을 일으키며, 컴퓨터 비전, 음성 인식, 자연어 처리 등 다양한 분야에서 많은 발전을 이루어 냈다.

2000년대 이후로는 신경망 기반의 딥러닝(Deep Learning)이 주목받았다. 딥러닝은 인공신경망을 사용하여 다층 구조를 가진 모델을 구축하고, 대량의 데이터로부터 자동으로 특징을 학습하는 방식이다. 이러한 딥러닝 기술은 컴퓨터 비전, 음성 인식, 자연어 처리 등에서 놀라운 성과를 거두며, 인공지능 분야의 주요한 발전 원동력이 되었다.

현재의 인공지능은 이미지 분석, 음성 인식, 자율주행 등 다양한 분야에서 인간의 능력을 뛰어넘는 성과를 이루고 있다. 또한 인공지능은 의료 진단, 금융 분석, 에너지 효율 등 다양한 산업에서 혁신을 가져오고 있다. 하지만 인공지능의 발전은 도전과제도 가지고 있다. 데이터의 개인정보 보호, 공정성과 편향성 문제, 윤리적 고려 등 여러 가지 이슈가 존재한다. 이러한 문제들을 해결하기 위해서는 적절한 규제와 함께 인공지능 활용에 있어서 윤리성을 고려한 가이드라인이 필요하다.

2. 인공지능의 구성요소와 분류

인공지능은 컴퓨터 시스템이 인간과 유사한 지능적인 작업을 수행할 수 있도록 하는 기술이다. 인공지능이 작동하기 위해서는 데이터와 알고리즘, 컴퓨팅 자원 등 다양한 요소가 결합되어야 하며, 이들 구성요소를 세부적으로 살펴보면 다음과 같다.

- 데이터: 인공지능은 대량의 데이터를 필요로 한다. 이 데이터는 학습과 예측에 사용될 수 있으며, 다양한 형태의 정보를 포함할 수 있다. 예를 들면, 텍스트, 이미지, 음성, 비디오 등이 있다. 데이터는 학습 데이터와 평가 데이터로 구분될 수 있으며, 학습 데이터를 사용하여 모델을 훈련시키고 평가 데이터를 사용하여 모델의 성능을 평가한다.
- 알고리즘 및 모델: 알고리즘과 모델은 인공지능 시스템의 핵심 요소이다. 알고리즘은 데이터를 처리하고 분석하여 패턴을 발견하고 문제를 해결하는 데 사용된다. 예를 들면, 머신러닝 알고리즘, 신경망 구조, 추론 규칙 등이 있다. 모델은 데이터와 알고리즘을 결합한 구조로, 특정 작업을 수행하는 데 사용된다. 예를 들면, 신경망 모델, 의사 결정 나무, 규칙 기반 시스템 등이 있다.
- 컴퓨팅 자원: 인공지능은 많은 계산 자원을 필요로 한다. 복잡한 모델 학습 및 추론에는 고성능 컴퓨터, 클라우드 서비스, 그래픽 처리 장치(GPU) 등의 컴퓨팅 자원이 사용될 수 있다. 이러한 자원은 대량의 데이터 처리와 병렬 계산을 지원하여 인공지능 시스템의 성능을 향상시킨다.
- 평가 및 최적화: 인공지능 모델은 평가와 최적화 단계를 거친다. 평가는 모델의 성능과 정확도를 측정하고 분석하는 과정이다. 이를 통해 모델의 강점과 약점을 파악하고 개선할 수 있다. 최적화는 모델의 성능을 향상시키기 위해 알고리즘, 매개변수 조정, 데이터 전처리 등을 수행하는 과정이다.
- 응용 및 피드백: 인공지능은 다양한 응용 분야에서 활용된다. 예를 들면, 음성 인식, 이미지 분류, 자율주행, 자연어 처리, 추천 시스템 등이 있다. 응용 분야에 따라 사용자와의 상호작용이 이루어지며, 사용자의 피드백을 통해 시스템을 개선하고 사용자 요구에 맞게 조정할 수 있다.

이러한 구성요소들은 상호작용하여 인공지능 시스템을 형성하며, 데이터를 기반으로 학습하고 판단하며, 다양한 작업을 수행할 수 있도록 해 준다. 이와 같은 인공지능은 여러 가지 기준에 따라 분류될 수 있다. 우선 인공지능은 특정 작업을 수행하는 데 특화되어 있느냐 아니면 인간과 거의 동일하게 기능하느냐에 따라 약한 인공지능과 강한 인공지능으로 구분된다. 또한 사전에 정의된 규칙에 따라 작업을 수행하느냐 아니면 데이터를 학습하여 데이터의 패턴을 인식하여 작업을 수행하느냐에 따라 규칙 기반 인공지능과 학습 기반 인공지능으로 구분될 수 있다.

- 약한 인공지능(Weak AI) vs. 강한 인공지능(Strong AI): 약한 인공지능은 특정 작업이나 도메인에서 인간과 유사한 지능을 보이는 것이지만, 다른 작업이나 도메인에서는 그렇지 않다. 강한 인공지능은 인간과 거의 동일한 범용 지능을 가진 시스템을 의미한다.
- 규칙 기반 인공지능(Rule-based AI) vs. 학습 기반 인공지능(Learning-based AI): 규칙 기반 인공지능은 사전에 정의된 규칙과 논리를 사용하여 작업을 수행한다. 학습 기반 인공지능은 데이터를 학습하고 패턴을 인식하여 작업을 수행하는데, 머신러닝과 딥러닝 기술을 사용한다.

이러한 구성요소와 분류 방법을 이용하여 인공지능 시스템은 다양한 응용 분야에서 활용되고 있다. 예를 들면, 음성 인식, 이미지 분류, 자율주행, 자연어 처리, 건강 관리 등이 있다. 인공지능 기술은 계속 발전하고 있으며, 더 많은 분야에서 혁신적인 응용이 이루어질 것으로 예상된다.

3. 머신러닝과 딥러닝

1) 머신러닝

머신러닝(Machine Learning: ML)은 컴퓨터 시스템이 데이터로부터 학습하고 패턴을 발견하여 예측, 분류 또는 결정을 할 수 있는 알고리즘과 기술들을 말한다. 기본적으로, 머신러닝은 데이터에서 통계적 구조와 패턴을 추출하여 컴퓨터가 학습하고, 그 학습된 모델을 사용하여 새로운 데이터를 분석하거나 예측하는 데 사용되며, 일반적으로 지도학습, 비지도학습으로 구분되며, 세부적으로 지도학습, 비지도학습, 준지도학습, 강화학습으로 구분하기도 한다.

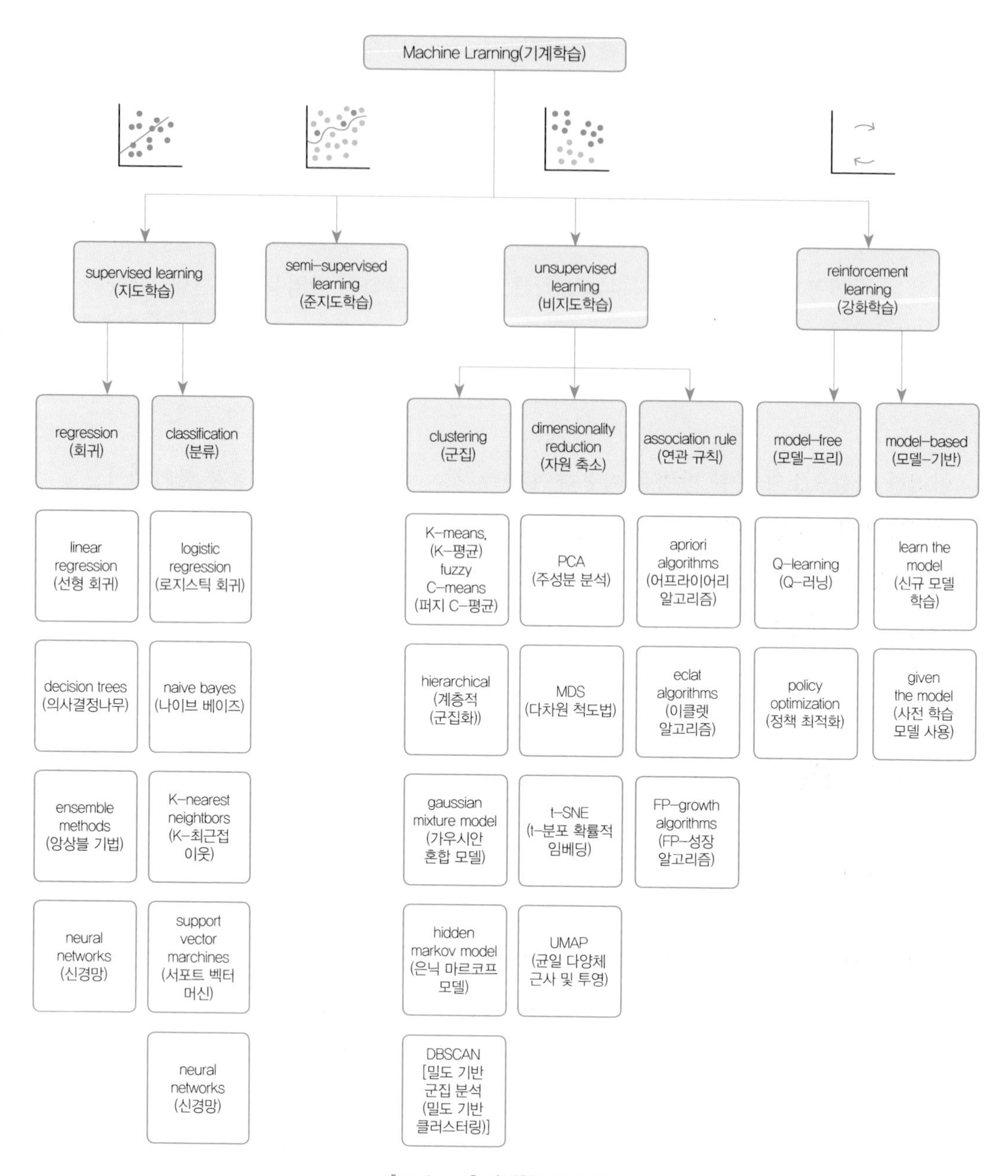

[그림 1-2] **기계학습의 종류**

출처: https://blog.naver.com/hss2864/223052279110

- 비지도학습(Unsupervised Learning): 비지도학습은 정답(label 또는 target 값)을 제공하지 않고 입력 데이터만을 가지고 모델을 학습시키는 방법이다. 비지도학습의 주요 알고리즘은 K-평균, DBSCAN, 계층 군집 분석, 이상치와 특이치 탐지, 주성분 분석 등이 있다.

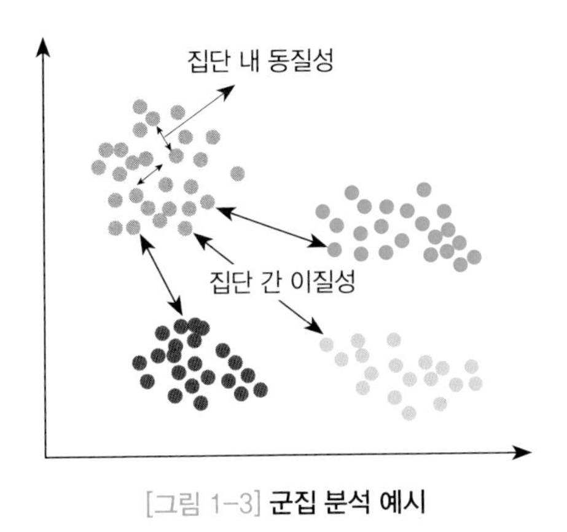

[그림 1-3] **군집 분석 예시**

출처: http://www.sbr.ai/news/articleView.html?idxno=1479

- 지도학습(Supervised Learning): 지도학습은 입력 데이터와 해당 데이터의 정답을 함께 제공하여 모델을 학습시키는 방법이다. 학습된 모델은 새로운 입력 데이터에 대해 정답을 예측할 수 있다. 지도학습의 주요 알고리즘은 K 접근법, 선형 회귀, 서포트 벡터 머신, 의사결정나무와 랜덤 포레스트 등이 있다.

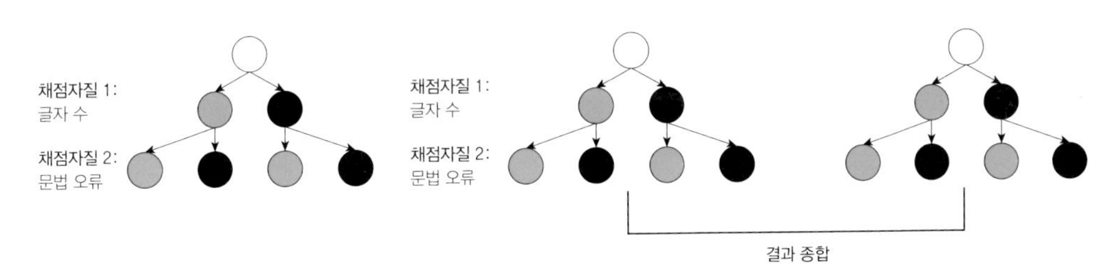

[그림 1-4] **의사결정나무와 랜덤 포레스트**

- 준지도학습(Semisupervised Learning): 준지도학습은 데이터에 대한 정답을 얻는 데 일반적으로 시간과 비용이 많이 들어 일부 데이터에만 정답이 있는 경우 모델을 학습시키는 방법으로 지도학습과 비지도학습의 혼합 형태이다.
- 강화학습(Reinforcement Learning): 강화학습은 학습 시스템이 주어진 환경에서 행동을 취하고, 그 결과에 대한 보상 또는 페널티를 받으며, 보상을 최대화하기 위한

최적의 행동 방법을 학습하는 방법이다. 예를 들어, 게임에서 최고의 점수를 얻는 전략을 학습하거나 로봇이 환경과 상호작용하여 원하는 작업을 수행하는 방법을 학습하는 데 사용된다.

2) 딥러닝

딥러닝(Deep Learning)은 인공신경망(Artificial Neural Network)이라고도 불리는 심층 신경망을 사용하는 인공지능의 한 분야이다. 딥러닝은 데이터로부터 높은 수준의 추상화(abstraction)를 자동으로 학습하여 복잡한 문제를 해결하는 데 사용된다. 딥러닝 모델은 여러 개의 은닉층(hidden layer)을 가진 신경망으로 구성되어 있으며, 입력층(input layer), 은닉층(hidden layer), 출력층(output layer)으로 이루어져 있다. 각 은닉층은 이전 층의 출력을 입력받아 다음 층으로 전달한다. 이와 같은 딥러닝은 이미지 인식, 음성 인식, 자연어 처리, 기계 번역 등 다양한 영역에서 매우 높은 성능을 보여 주고 있다. 딥러닝은 대량의 데이터와 강력한 컴퓨터 리소스가 필요하지만, 이러한 조건을 충족하면 딥러닝은 매우 강력한 예측 모델을 만들 수 있다.

딥러닝은 다양한 알고리즘과 기술을 포함하는 방대한 분야이며, 그중에서도 가장 일반적으로 사용되는 알고리즘은 인공신경망(Artificial Neural Networks)이다. 인공신경망은 생물학적 뉴런의 작동 방식에서 영감을 받아 설계된 수학적 모델로, 입력 데이터를 통해 학습하여 출력을 생성하는 학습 모델이다. 인공신경망은 여러 개의 층(layer)으로 구성되어 있으며, 각 층은 뉴런이라 불리는 단위들로 이루어져 있다. 대표적인 딥러닝 아키텍처에는 다층 퍼셉트론(Multilayer Perceptron: MLP), 합성곱 신경망(Convolutional Neural Network: CNN), 순환 신경망(Recurrent Neural Network: RNN) 등이 있다.

- 다층 퍼셉트론(MLP): 다층 퍼셉트론은 입력층, 여러 개의 은닉층, 출력층으로 구성된 인공신경망이다. 각 층의 뉴런은 입력값과 가중치를 곱하여 활성화 함수를 통과시킨 결과를 출력으로 내보낸다. 다층 퍼셉트론은 주로 분류(Classification) 문제에 사용되며, 역전파(backpropagation) 알고리즘을 통해 가중치를 학습한다.

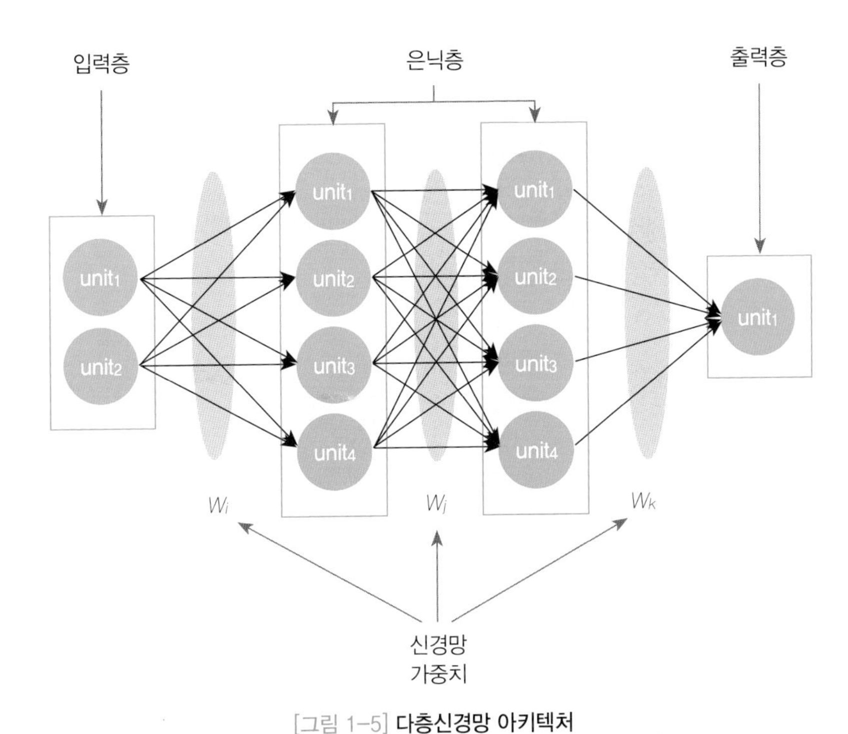

[그림 1-5] **다층신경망 아키텍처**

출처: https://post.naver.com/viewer/postView.naver?volumeNo=32018194&memberNo=15488377&vType=VERTICAL

- 합성곱 신경망(CNN): 합성곱 신경망은 주로 이미지 처리에 사용되는 인공신경망이다. 입력 데이터에 대해 컨볼루션 연산을 수행하고, 풀링(pooling) 작업을 통해 공간적인 차원을 줄인다. 컨볼루션 신경망은 이미지의 특징을 추출하는 데 효과적이며, 합성곱 계층(Convolutional Layer), 풀링 계층(Pooling Layer), 완전 연결 계층(Fully Connected Layer) 등으로 구성된다.

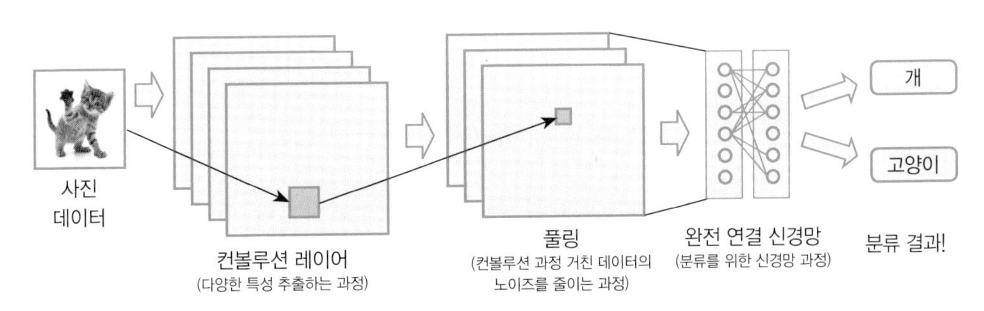

[그림 1-6] **합성곱 신경망 아키텍처**

출처: https://brunch.co.kr/@cookery/105

• 순환 신경망(RNN): 순환 신경망은 시퀀스 데이터, 예컨대 연속된 문장이나 시계열 데이터를 처리하는 데 사용된다. 순환 신경망은 이전 단계의 출력을 현재 단계의 입력으로 사용하여 시간적인 의존 관계를 학습할 수 있다. 주로 자연어 처리, 음성 인식 등에서 사용되며, LSTM(Long Short-Term Memory)과 GRU(Gated Recurrent Unit) 같은 변형된 순환 신경망이 널리 사용된다.

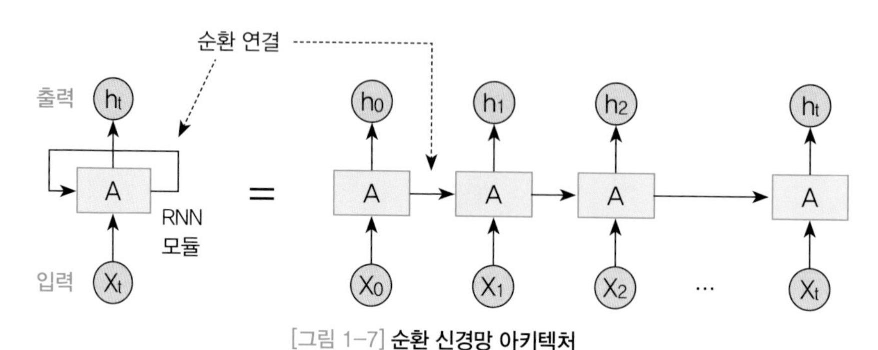

[그림 1-7] **순환 신경망 아키텍처**

출처: https://brunch.co.kr/@linecard/324

이 외에도 다양한 딥러닝 알고리즘이 개발되고 있으며, 예를 들어 생성 모델인 생성적 적대 신경망(Generative Adversarial Network: GAN), 강화학습에서 사용되는 심층 강화학습(Deep Reinforcement Learning) 등이 있다. 딥러닝 알고리즘의 핵심은 신경망 구조와 학습 알고리즘의 조합으로, 이를 통해 다양한 데이터와 문제에 대한 복잡한 패턴과 관계를 학습할 수 있다는 것이다. 알고리즘의 선택은 문제의 종류와 데이터의 특성에 따라 달라지며, 최적의 결과를 얻기 위해서는 적절한 모델 아키텍처와 하이퍼파라미터 조정, 데이터 전처리 등이 필요하다.

4. 인공지능 적용 분야

오늘날 인공지능은 현대 사회의 다양한 분야에 적용되고 있으며, 앞으로 그 적용 분야는 더욱더 확대될 것으로 예상된다. 현재 인공지능이 적용되는 분야는 자율주행부터 의료, 농업, 교육까지 매우 방대한 분야를 망라하고 있으며, 이들 분야에서 인공지능이 적용되고 있는 형태를 간략히 정리하면 다음과 같다.

- 자율주행 자동차: 자율주행 자동차는 인공지능 기술을 사용하여 운전자 없이도 도로에서 자동으로 주행할 수 있다. 센서와 카메라를 통해 주변 환경을 인식하고 결정을 내리며 교통안전과 효율성을 향상시킨다.
- 의료 진단과 치료: 의료 분야에서는 AI가 의료 영상 인식을 통해 X선, MRI, CT 등의 영상을 분석하고, 암 진단, 질병 예측, 개인 맞춤형 치료 등에 사용되고 있다.
- 언어 번역과 자연어 처리: 인공지능은 다국어 번역 서비스를 제공하며, 자연어 처리 기술을 통해 음성인식, 챗봇, 자동 번역 등 다양한 응용 분야에 사용되고 있다.
- 금융 분야: 금융 기관에서 AI는 사기 탐지, 신용 평가, 자산 관리 등에 활용되고 있다.
- 제조 산업: 제조업체들은 인공지능을 사용하여 생산 라인을 최적화하고, 불량품을 예측하며, 재고 관리를 개선하여 생산성과 효율성을 높이는 데 활용되고 있다.
- 예술과 창작: 예술과 창작 분야에서 인공지능은 작곡, 그림 그리기, 문학 작품 생성 등에 도움을 주고 있다.
- 농업과 환경: 농업에서는 AI를 사용하여 작물 감지, 수확 자동화, 토양 분석 등을 수행하며, 환경 분야에서는 대기 오염 모니터링, 자연재해 예측 등에 활용되고 있다.
- 게임 산업: 인공지능은 게임 캐릭터의 인공지능을 개선하거나, 심리학적 요소를 고려한 게임 플레이 등에 적용되고 있다.
- 교육 분야: AI 기술은 학생들에게 맞춤형 교육을 제공하고, 학습 어시스턴트로서의 역할을 수행하여 교육 방식을 혁신시킨다. 최근 AI 기술을 이용하여 논술형 답안 자동채점이나 학생들의 맞춤형 교육 서비스를 제공하기 위한 지능형 튜터 시스템인

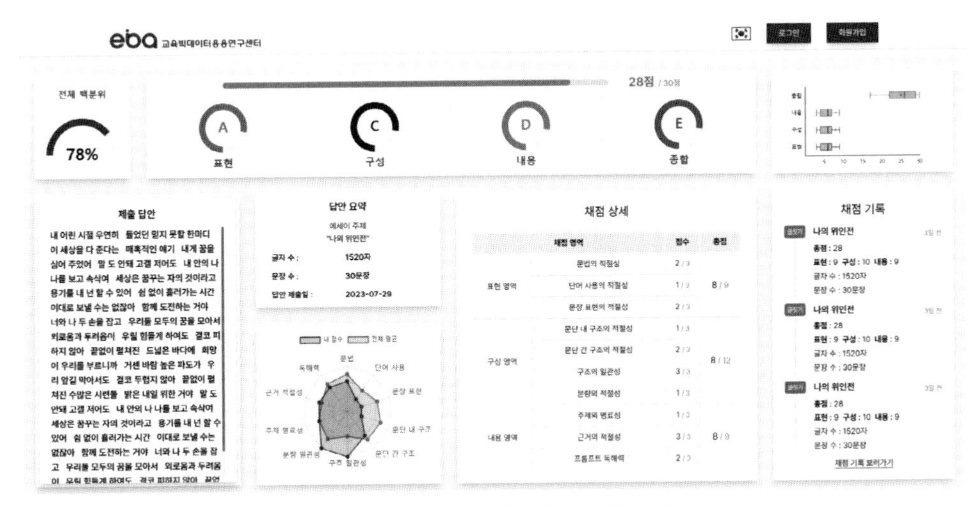

[그림 1-8] 인공지능 논술 답안 자동채점 예시

ITS(Intelligent Tutoring System) 등이 활발해 개발되어 적용되고 있다.

이 외에도 음악, 스포츠, 시장 예측, 로봇 기술 등 다양한 분야에서도 인공지능이 활용되고 있으며, 미래에는 더 많은 새로운 적용 분야가 발전할 것으로 기대된다. 하지만 인공지능 기술의 발전에 따라 윤리, 개인정보 보호 등의 문제에 대한 우려와 관심이 고조되고 있으며, 향후 이들 문제가 인공지능의 성패를 좌우하는 중요한 요인으로 작용할 것으로 전망되고 있다.

5. 인공지능의 윤리적 문제와 전망

인공지능의 윤리적 문제는 우선 인공지능이 학습하는 데이터의 윤리적 문제와 직접적으로 관련이 있다. 과거 '이루다' 사태에서 알 수 있듯이, 인공지능이 학습하는 데이터에 내재된 편견은 인공지능 모델에 그대로 반영되며, 이에 따라 인종, 성별, 종교 등 다양한 측면에서 편견을 가진 인공지능 모델이 잘못 사용된다면, 이러한 인공지능의 활용은 사회적 차별과 불공정을 심화하는 데 기여할 것이다. 특히 인공지능이 개인정보를 수집하고 분석하는 데 사용될 수 있으며, 인공지능이 활용하는 데이터의 보안 문제는 또 다른 윤리 문제를 야기할 수 있다. 예컨대, 지능형 튜터 시스템(ITS)은 학생들의 다양한 개인정보를 분석하게 되는데, 이런 경우 학생들의 학습 데이터가 제대로 보호되지 않거나 무단으로 사용되는 경우 개인정보 침해와 개인의 권리 침해 문제가 발생할 수 있다.

인공지능이 가지는 또 다른 윤리적 문제는 인공지능의 잘못된 판단이나 행위에 대한 책임 소재 문제이다. 예컨대, 인공지능 기반 자율주행차가 실수로 사람을 치었을 때 누가 책임을 지어야 하는가에 대한 논란이 있을 수 있다. 자율주행차를 제조한 제조사가 책임을 져야 하는지 아니면 자율주행차를 소유한 소유주가 책임을 져야 하는지에 대한 논란이 있을 수 있다. 이와 같은 책임 소재의 문제는 교육 분야의 인공지능 활용에서도 동일하게 발생할 수 있다.

인공지능의 활용과 관련된 윤리적 문제는 또한 최근 중요한 이슈가 되고 있다. 챗GPT와 같은 생성형 AI의 출현과 더불어 이들 생성형 AI를 이용하여 각종 보고서와 논문 등을 작성할 수 있다는 우려가 커지고 있다. 특히 이들 생성형 인공지능이 사실을 왜곡시키고 잘못된 정보를 생성하여 사회적 물의를 일으키는 데 사용될 수 있다는 우려가 현실로 나타나고 있다. 예컨대, 2023년 5월 22일 미국 워싱턴 DC에 있는 국방부 청사 인근에서 폭발이 발생했다고 주장과 사진이 트위터를 통해 급속도로 확산되고, 이를 주요 언론사들이 속보로 보도하면서 미국뿐만 아니라 전 세계가 큰 충격에 빠지고 금융시장까지 크게 영향을 받았던 사건이 있었다. 그러나 국방부 청사 인근 폭발 사진은 인공지능이 합성한 사진으로 밝혀져 단순 해프닝으로 끝났으며, 이는 인공지능이 정보를 왜곡할 경우 그 결과가 얼마나 사회적으로 큰 영향을 미칠 수 있는지를 여실히 보여 주는 사건이었다.

[그림 1-9] **인공지능이 조작한 미국방부 인근 폭발 사진**

출처: https://m.yonhapnewstv.co.kr/news/MYH20230524000800032

요약 | 인공지능 개관

● 정리하기

- 인공지능은 컴퓨터 시스템이 인간의 학습, 추론, 문제 해결 등의 지능적인 작업을 수행할 수 있는 능력을 갖춘 기술을 의미함.
- 인공지능은 1960년대까지 심볼리 AI의 개념에 대한 연구가 주로 수행되었으며, 1970년대 이후에는 지식 기반 시스템, 1980년대부터 1990년대까지는 기계학습에 대한 연구가 활발히 진행되었으며, 2000년대 이후는 신경망 기반의 딥러닝이 주목받고 있음.
- 인공지능의 구성요소는 데이터, 알고리즘 및 모델, 컴퓨팅 자원, 평가 및 최적화, 응용 및 피드백 등을 포함하고 있음.
- 인공지능 알고리즘은 머신러닝과 딥러닝으로 나누어 볼 수 있으며, 머신러닝은 컴퓨터 시스템이 데이터로부터 학습하고 패턴을 발견하여 예측, 분류 또는 결정을 할 수 있는 알고리즘과 기술들을 의미하며, 딥러닝은 인공신경망(Artificial Neural Network)이라고도 불리는 심층 신경망을 사용하는 인공지능의 한 분야로서 데이터로부터 높은 수준의 추상화(abstraction)를 자동으로 학습하여 복잡한 문제를 해결하는 데 사용됨.
- 인공지능은 금융, 제조, 예술, 농업, 교육 등의 분야에 광범위하게 활용되고 있으며, 특히 교육 분야에서 최근 지능형 튜터 시스템이나 논술형 답안 자동채점 등에 활발히 활용되고 있음.

● 키워드

- 인공지능, 머신러닝, 딥러닝

인공지능 기술 및 활용 분야

인공지능 기술은 여러 가지 방식으로 분류할 수 있다. 먼저, 특허청은 2018년 인공지능 기술 분류를, 첫째, 학습과 추론(기계학습), 둘째, 언어 이해(자연어 처리, 인간과 기계 간의 대화 모형화 또는 관리, 음성 인식), 셋째, 시각 인식(사물 인식, 행동 인식, 장소 인식 등), 넷째, 상황 인식(사람의 감정이나 기분 인식, 사건이나 사고 인식 등), 다섯째, 응용(의료, 상담, 교육 등)의 다섯 가지로 영역으로 구분하였다. 다음으로, 2018년 과학기술정책연구원은 인공지능을 인식(이미지 · 영상, 신호, 텍스트 · 언어)과 분석(분류, 군집화, 생성, 의사 결정)으로 분류하였다. 그리고 2019년 과학기술일자리진흥원은 인공지능을 학습지능(머신러닝, 추론/지식표현), 단일지능(언어지능, 시각지능, 청각지능), 복합지능(행동/소셜 지능, 상황/감정 이해, 지능형 에이젠트, 범용 인공지능)의 세 가지로 분류하였다(박상언, 2021).

인공지능 분류는 다양하지만, 최근 챗GPT의 출현으로 자연어 처리에 관한 관심이 높아졌고, 이미지 생성기(예: MidJourney, Dall-E3, Stable Diffusion, Adobe Firefly, Bing image creator 등)의 급속한 발전은 컴퓨터 비전에 관한 관심을 증가시켰으며(김경환, 김형기, 2023; 이수환, 송기상, 2023), 자율주행차, 인공지능 서비스 로봇, 인공지능 드론, 킬러로봇 등의 등장으로 사회 전반에 로보틱스에 관한 관심이 높아지고 있다(고세일, 2020; 유재명, 길병옥, 2023; 이연희, 변순용, 2020; 전도중, 2023; 천현득, 2019).

이러한 최근 동향을 반영하여 인공지능 기술 중 자연어 처리, 컴퓨터 비전 그리고 로보틱스에 초점을 맞추어 각각의 기술과 과제 그리고 미래 방향을 제시하면 [그림 2-1]과 같다.

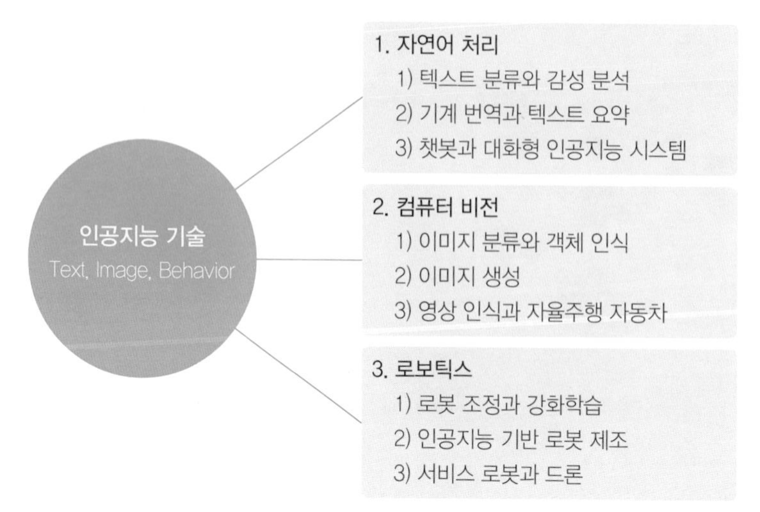

[그림 2-1] **인공지능 기술 및 활용 분야 개요**

1. 자연어 처리

자연어 처리(NLP)는 자연어를 통한 컴퓨터와 인간 간의 상호작용에 초점을 맞춘 인공지능의 하위 분야이다. 자연어 처리의 목표는 인간의 언어를 읽고, 해독하고, 이해하는 것이다. 이러한 자연어 처리 응용 분야에는 텍스트 분류, 감성 분석, 기계 번역, 텍스트 요약, 챗봇 및 대화형 AI 시스템 등 포함된다.

구체적으로, 첫째, 텍스트 분류는 텍스트의 내용에 따라 텍스트나 문서를 여러 범주로 분류하는 프로세스이다. 종종 텍스트 분류와 함께 사용되는 감성 분석은 텍스트에서 감정 상태와 주관적인 정보를 체계적으로 식별, 추출, 정량화하는 것이다. 둘째, 기계 번역은 한 언어의 원본 텍스트를 다른 언어의 텍스트로 자동 변환하는 것이다. 반면에 텍스트 요약은 핵심 정보 내용과 전반적인 의미를 유지하면서 간결하고 명확한 요약을 만드는 것이다. 요약에는 추출형과 추상형의 두 가지 유형이 있는데, 추출형 요약은 원본 텍스트에서 핵심 문구를 가져와 서로 연결하고, 추상형 요약은 완전히 새로운 구문과 문장을 만들어 원본 텍스트의 개요를 제공한다. 이러한 텍스트 요약에는 BERT 및 생성형 사전학습 트랜스포머(Generative Pretrained Transformer: GPT)와 같은 트랜스포머 기반 모형이 성공적으로 사용되고 있다. 셋째, 챗봇은 인간과 유사한 대화 및 상호작용을 하는 것으로, 교육, 고객 서비스, 및 의료를 포함한 다양한 영역에서 점점 더 많이 사용되고 있다. 챗봇은 자연어 처리를 사용하여 인간 언어를 이해하고 생성하는데, 규칙 기반이나 기계학습 기술을 사용한다. 이 중 규칙 기반 챗봇은 미리 정해진 규칙에 따라 응답을 수행하며, 기계학습 기반 챗봇은 과거의 상호작용을 학습하여 시간이 지남에 따라 응답을 개선하고, 언어, 문맥, 의도를 이해하여 더 자연스럽고 정교한 응답을 제공한다. 또한 대화형 AI 시스템은 시각 및 청각과 같은 다른 양식을 통합하여 인간과 총체적으로 상호작용하고, 시각적 단서, 청각적 단서, 심지어 신체적 상호작용까지 이해하고 반응함으로써 한 단계 더 발전한 모습을 보여 주고 있으며, 최근에는 거대 언어모형(Large Language Models: LLM)을 활용한 챗GPT가 큰 인기를 얻고 있다.

자연어 처리의 유형별 기술, 과제 및 미래 방향에 관한 자세한 설명은 다음과 같다(〈표 2-1〉~〈표 2-6〉 참조).

1) 텍스트 분류와 감성 분석

(1) 텍스트 분류

① 텍스트 분류 기술

텍스트 분류 기술에는 기존 기계학습 방법과 BERT와 같은 딥러닝 모형 외에도 캡슐 네트워크(CapsNets)가 있다. 2017년 제프리 힌튼(Geoffrey Hinton)이 제안한 CapsNets는 단순한 개체와 복잡한 개체 사이의 공간적 계층 구조를 보존함으로써 합성곱 신경망(Convolutional Neural Networks: CNN)의 한계를 극복하는 것을 목표로 하였다. 텍스트 분류의 맥락에서 CapsNets는 단어, 구문, 문장 간의 계층적 관계를 포착하여 잠재적으로 더 나은 분류 성능을 끌어낸다. 또 다른 기술은 텍스트 분류에 강화학습을 사용하는 것으로, 텍스트 분류 모형을 환경(텍스트 데이터)과 상호작용하는 에이전트로 간주하고, 에이전트의 분류 결정에 따라 보상 또는 불이익을 주고 시간이 지남에 따라 성능을 개선하도록 장려하는 것이다.

② 텍스트 분류의 과제

텍스트 분류의 주요 과제 중 하나는 일부 클래스에서 다른 클래스보다 더 많은 예제가 포함된 불균형 자료를 처리하는 것이다. 불균형 자료는 많은 수의 클래스에서는 잘 작동되지만, 소수 클래스에서는 제대로 작동하지 않는 모형을 생성할 수 있으며, 이러한 문제는 과대표집이나 과소표집 기술을 사용하여 해결할 수 있다. 또 다른 과제는 실제 애플리케이션에서 흔히 볼 수 있는 비정형 텍스트 자료를 처리하는 것이다. 이 문제는 데이터 정리, 텍스트 정규화, 노이즈, 이상값을 처리할 수 있는 강력한 모형을 통해 해결할 수 있다. 마지막 과제는 텍스트 자료의 고차원성 처리로 텍스트는 본질적으로 고차원이므로 모형이 효과적인 텍스트 표현을 학습하기 어렵다.

③ 텍스트 분류의 미래 방향

텍스트 분류의 한 가지 흥미로운 방향은 텍스트와 이미지 또는 텍스트와 오디오와 같은 다중모드 자료를 통합하여 분류하는 것이다. 이는 특히 여러 유형의 자료를 사용할 수 있는 소셜 미디어 분석에서 강력하고 정확한 모형으로 활용할 수 있다. 또 다른 방향은 텍스트 분류에 전이학습과 퓨샷 학습(few shot learning)을 사용하는 것인데, 이러한 기술은 대량의 자료(예: 대규모 텍스트 코퍼스에 대한 사전 교육)에서 학습한 지식을 활용하여 레이블이 지정된 자료를 제한된 특정 텍스트 분류 작업에 적용하는 것이다. 마지막으로, 인공지능 시스템이 더욱 널리 보급됨에 따라 해석할 수 있고 설명 가능한 모형에 대한 필요성이 커지고 있다. 이는 텍스트 분류가 중요할 때, 신뢰와 투명성 관점에서 특정 분류가 이루어진 이유를 이해하는 것이 중요하기 때문이다. 또한 텍스트 분류에 주의 메커니즘, 국소 해석 가능한 모형-무작위 설명(Local Interpretable Model-Agnostic Explanations: LIME), 샤플리 부가 계획(SHapley Additive exPlanations: SHAP)과 같은 기술을 사용하면 텍스트 분류 모형의 의사 결정 과정에 대한 통찰력을 얻을 수 있다.

〈표 2-1〉 **텍스트 분류의 기술, 과제 그리고 미래 방향**

	텍스트 분류
기술	• BERT와 생성형 사전학습 트랜스포머(GPT) • 캡슐 네트워크(CapsNets) • 강화학습
과제	• 불균형 텍스트 자료 처리 • 구조화되지 않은 비정형 텍스트 자료 처리 • 텍스트 자료의 고차원성 처리
미래 방향	• 다중모드 데이터의 통합 • 전이학습과 퓨샷 학습 사용 • 해석 가능하고 설명 가능한 모형에 대한 요구(LIME, SHAP)

출처: 챗GPT의 응답 내용을 표로 구성함.

(2) 감성 분석

① 감성 분석 기술

기계학습과 딥러닝이 감성 분석에서 큰 가능성을 보여 주었지만, 어휘집 기반 접근 방식(bag of words)은 여전히 감성 분석에서 중요한 역할을 하고 있다. 이러한 방법은 각각 감성 점수와 연관된 단어 목록인 감성 어휘집을 사용하며 텍스트에 포함된 단어의 감성 점수를 기반으로 텍스트의 감성을 결정한다. 특히 어휘집 기반 방법은 기계학습 모형 훈련 시 레이블이 지정된 데이터가 부족할 때 특히 유용하다. 또한 특정 단어나 구의 감성은 도메인에 따라 다를 수 있으므로 감성 분석 모형을 학습한 도메인과 다른 도메인에 적용하면 어려움을 겪는 경우가 많다. 예를 들어, '예측할 수 없는'은 자동차 리뷰('예측할 수 없는 스티어링')에서는 부정적이지만, 영화 리뷰('예측할 수 없는 줄거리')에서는 긍정적일 수 있다. 이처럼 도메인 적응 기술의 목표는 한 도메인에서 훈련된 감성 분석 모형을 다른 도메인에서 잘 수행하도록 조정하는 것이다.

자연어 처리의 핵심 요소인 감성 분석은 딥러닝 기술의 통합으로 상당한 발전을 이루었으며, 이러한 기술 중 하나는 생성형 사전학습 트랜스포머(예: GPT)와 같은 트랜스포머 모형을 사용하는 것이다. 이러한 모형은 주의 메커니즘을 활용하여 문장에 포함된 단어의 맥락을 이해하며, 제품 리뷰, 소셜 미디어 감성 분석, 고객 피드백 해석 등 다양한 감성 분석 작업에서 괄목할 만한 성과를 보여 주었다. 보다 최근 기술인 요소 기반 감성 분석(Aspect-Based Sentiment Analysis: ABSA)은 텍스트 내 특정 요소에 대한 감성을 식별하는데(Zhang, Li, Deng, Bing, & Lam, 2022), 예컨대 레스토랑 리뷰에서 ABSA는 음식, 서비스 및 분위기에 대한 감정을 개별적으로 파악할 수 있으므로 보다 세분된 통찰력을 제공하는 데 유용하다.

② 감성 분석의 과제

감성 분석의 주요 과제 중 하나는 인간 감정에 내재한 모호성과 복잡성을 처리하는 것이다. 감정 표현은 종종 간접적이거나 미묘한 차이가 있어 기계가 정확하게 분류하기 어렵고, 특히 풍자와 아이러니는 즉각적인 텍스트를 넘어서는 문맥적 이해가 필요하다. 또 다른 과제는 문맥에 따른 감정을 처리하는 것이다. 단어나 구의 감정은 종종 그것이 사용되는 문맥에 따라 달라질 수 있다. 예를 들어, '소름'이라는 단어는 문맥에 따라 부정적인 감정(예: "등골이 오싹하고 소름 돋는다.")이나 긍정적인 감정(예: "소름 돋는 연기였어.")

을 표현하는 데 사용될 수 있다. 마지막 과제는 다국어 감성 분석이 언어별 뉘앙스와 다국어의 리소스 부족으로 인한 어려움으로 이를 해결하기 위해서 언어 간 임베딩 및 전이 학습 등을 활용할 수 있다.

③ 감성 분석의 미래 방향

감성 분석의 미래 방향 중 하나는 텍스트와 이미지 또는 텍스트와 오디오와 같은 다중모드 데이터를 통합하여 감성 분석 기능을 향상하는 것이다. 예를 들어, 이모티콘이나 음성 톤과 함께 텍스트를 분석하면 더욱 정확한 감성어 예측을 제공할 수 있다. 또 다른 미래 방향은 감성 분석을 위해 비지도학습을 사용하는 것으로 이는 레이블이 지정된 학습 데이터 없이 데이터에서 직접 감성 범주를 학습하는 것이다. 이는 레이블이 지정된 자료가 부족한 저자원 언어의 감성을 분석하는 데 특히 유용할 수 있다. 마지막 방향은 실시간 감성 분석이다. 소셜 미디어 플랫폼이 계속 성장함에 따라 실시간으로 감성을 분석하고 이에 대응할 수 있는 모형에 대한 수요가 증가하고 있으며, 이는 학생의 감성 분석, 고객 서비스, 홍보 및 위기관리와 같은 분야에 활용될 수 있다.

〈표 2-2〉 **감성 분석의 기술, 과제 그리고 미래 방향**

	감성 분석
기술	• 어휘집 기반 접근 방식 • BERT와 GPT • 요소 기반 감성 분석(ABSA)
과제	• 인간 감정의 고유한 모호성과 복잡성 • 상황에 따른 감정 처리 • 다국어 감성 분석
미래 방향	• 다중모드 데이터의 통합 • 비지도학습 적용 • 실시간 감성 분석

출처: 챗GPT의 응답 내용을 표로 구성함.

2) 기계 번역과 텍스트 요약

(1) 기계 번역

① 기계 번역 기술

기계 번역은 텍스트를 한 언어에서 다른 언어로 자동 변환하는 것이다. 이러한 기계 번역의 중요한 기술 중 하나는 시퀀스 투 시퀀스(sequence-to-sequence: seq2seq) 모형(Sutskever, Vinyals, & Le, 2014)을 적용하는 것이다. 이 접근 방식에서는 인코더가 소스 텍스트를 고정 길이 벡터로 변환하고, 디코더가 번역된 텍스트를 생성하므로 다양한 길이와 구조의 문장을 처리할 수 있다. 또한 현대 기계 번역의 핵심 기술 중 하나는 트랜스포머 모형을 사용하는 것이다. 텍스트를 순차적으로 처리하는 기존의 seq2seq 모형과 달리 트랜스포머 모형은 자체 주의(self-attention) 메커니즘을 사용하여 전체 텍스트를 한 번에 처리한다. 이를 통해 텍스트에서 더 넓은 범위 종속성을 포착할 수 있으므로 더 정확한 번역이 가능하다. 이 메커니즘을 활용한 트랜스포머 모형은 번역의 각 단계에서 소스 텍스트의 다른 부분에 '집중'하여 번역의 정확성을 향상할 수 있다. 이러한 모형은 소스 언어와 대상 언어에서 서로 일치하는 단어와 구문을 정렬하는 방법을 학습할 수 있어서 문장 구조가 서로 다른 언어에 특히 유용하다. 마지막 기술은 여러 모형을 학습시킨 후 예측을 결합하는 앙상블 방법을 사용하는 것인데, 이러한 모형은 서로의 강점을 보완하고 약점을 완화하여 더 강력하고 정확한 번역을 얻을 수 있다.

② 기계 번역의 과제

기계 번역의 난제 중 하나는 리소스가 적은 언어의 번역이다. 일반적으로 기계 번역은 병렬 텍스트가 많은 언어는 좋은 결과를 제공하지만, 리소스가 적은 언어를 번역하는 것은 자료 부족으로 인해 어렵다. 또 다른 과제는 번역 후에 원본 텍스트의 스타일과 어조를 유지하는 것이다. 기계 번역 모형은 텍스트의 문자 그대로의 의미를 정확하게 번역할 수 있지만, 원래 텍스트의 스타일이나 어조를 포착하지 못할 수도 있다. 마지막 과제는 언어 간 문맥과 문화적 뉘앙스를 보존하는 것이다. 이는 복잡한 문법을 사용하는 언어나 사용 가능한 자료가 제한된 저자원 언어의 경우 특히 어려운데, 이를 해결하기 위해 연구자는 실제 자료를 보완하기 위해 합성 자료와 같은 자료 생성 기술을 탐색하고 있다(김길재, 박강윤, 2023).

③ 기계 번역의 미래 방향

기계 번역의 흥미로운 미래 방향 중 하나는 비지도학습을 사용하는 것이다. 이 접근 방식에서는 각 언어의 단일 언어 자료를 사용하여 병렬 텍스트 없이 번역 모형을 학습시키므로 대량의 이중 언어 텍스트가 필요하지 않아 매우 유용하다. 또 다른 방향은 단일 모형이 여러 언어 간에 번역하는 다국어 번역이다. 다국어 번역 모형은 리소스가 많은 언어의 지식을 활용하여 리소스가 적은 언어로 번역할 수 있기 때문에 유용하며, 한 발 더 나가 제로샷 번역은 모형이 이전에 본 적이 없는 언어 쌍 간에 번역할 수 있어 훨씬 더 유용하다. 마지막으로 다중모드 기계 번역은 텍스트 외에도 이미지나 오디오와 같은 다른 유형의 자료를 사용하여 번역을 생성하므로 텍스트에 다른 유형의 자료가 수반되는 경우보다 정확하고 문맥에 맞는 번역을 제공할 수 있다.

〈표 2-3〉 **기계 번역의 기술, 과제 그리고 미래 방향**

	기계 번역
기술	• 시퀀스 투 시퀀스(seq2seq) 모형 • 트랜스포머 모형(BERT와 GPT) • 앙상블 방법 사용
과제	• 자원이 적은 언어의 번역 • 스타일과 어조 유지 • 문맥과 문화적 뉘앙스 유지
미래 방향	• 비지도학습 적용 • 다국어 번역 • 다중모드 기계 번역 사용

출처: 챗GPT의 응답 내용을 표로 구성함.

(2) 텍스트 요약

① 텍스트 요약 기술

텍스트 요약은 원본 텍스트에서 가장 중요한 정보를 짧은 버전으로 추출하는 과정이다. 온라인 텍스트의 폭발적인 증가로 인해 정확하고 간결한 요약을 생성하는 능력이 더욱 중요해졌다. 텍스트 요약은 추출 요약과 추상 요약으로 분류되며, 추출 요약은 문서의 가장 중요한 부분을 강조 표시하는 것과 유사하게 원본 텍스트의 주요 부분을 식별하고 연결하면서 요약하는 것이다. 반면에 추상 요약은 새로운 문장을 생성하여 원본 텍스트에 대한 개요를 제공하는 것으로, 마치 직접 요약을 작성하는 것과 유사하다. 딥러닝 모형 중 BERT 및 GPT와 같은 트랜스포머 모형은 텍스트의 복잡한 패턴과 종속성을 포착하여 더 정확하고 일관된 요약을 제공할 수 있어서 두 가지 유형의 요약에 모두 성공적으로 적용되어 왔다. 또 다른 텍스트 요약 기술은 요약에 계층적 모형을 사용하는데, 이는 문서의 계층 구조(예: 단어는 문장, 문장은 단락, 단락은 섹션 등)를 포착하여 더 일관되고 구조화된 요약을 제공한다.

② 텍스트 요약의 과제

텍스트 요약의 어려운 점 하나는 요약을 일관성 있고 가독성 있게 유지하는 것이다. 이는 새로운 문장을 생성해야 하는 추상 요약의 경우 특히 어렵다. 또 다른 과제는 텍스트 요약의 품질을 평가하는 데 많은 시간이 소요되는 사람의 주관적인 판단이 필요하다는 점이다. 또 다른 과제로는 긴 문서를 처리하는 것으로 대부분의 기존 모형이 메모리 제약과 장거리 종속성 포착의 어려움을 겪고 있다. 이러한 문제를 해결하기 위해서는 문서 세분화 및 계층적 모형과 같은 기술이 필요하다. 마지막 과제는 다국어 및 교차 언어 문서 요약인데, 영어 텍스트 요약에는 상당한 진전이 있었지만, 다른 언어 및 교차 언어 간 요약은 언어별 뉘앙스와 제한된 리소스로 인해 어려움을 겪고 있다.

③ 텍스트 요약의 미래 방향

텍스트 요약에 한 가지 흥미로운 방향은 텍스트와 이미지와 같은 다중모드 자료를 사용하여 요약을 생성하는 것이다. 이는 이미지나 동영상이 포함된 뉴스 기사와 같은 멀티미디어 콘텐츠를 요약하는 데 특히 유용하다. 또 다른 유망한 방향은 개인화된 요약이다. 예를 들어, 교육 전문가와 비전문가는 같은 교육 연구 기사에 대해 서로 다른 유형의 요약이 필요할 수 있으므로 요약은 사용자의 선호도나 배경 지식에 맞게 조정될 수 있다. 마지막으로, 텍스트 요약에 지식 그래프를 사용하면 외부 지식과 맥락을 제공하여 더욱 유익하고 포괄적인 요약을 생성할 수 있다.

〈표 2-4〉 **텍스트 요약의 기술, 과제 그리고 미래 방향**

	텍스트 요약
기술	• 추출 요약과 추상적 요약 • 트랜스포머 모형(BERT와 GPT) • 계층적 모형
과제	• 요약의 일관성과 가독성 유지 • 긴 문서 처리 • 다국어 및 교차 언어 문서 요약
미래 방향	• 다중모드 데이터 사용 • 개인화된 요약 • 지식 그래프 사용

출처: 챗GPT의 응답 내용을 표로 구성함.

3) 챗봇과 대화형 인공지능 시스템

(1) 챗봇

① 챗봇 기술

챗봇은 고객 서비스, 교육(박휴용, 2023; Huang, Hew, & Fryer, 2022), 상담(김현숙, 최민호, 김경미, 2023; 이재용, 이시훈, 권정현, 최준섭, 2022), 검색(이종원, 조우승, 김태현, 2022) 및 의료를 포함한 다양한 영역에서 점점 더 많이 사용되고 있다. 챗봇은 크게 규칙 기반과 기계학습 기반으로 분류할 수 있다. 규칙 기반 챗봇은 미리 정해진 규칙에 따라 응답을 생성하기 때문에 비교적 단순하지만, 사용자 입력 범위가 제한적인 업무에 효과적일 수 있다. 반면에 기계학습 기반 챗봇은 과거의 상호작용을 통해 학습하고 시간이 지남에 따라 응답을 개선한다. 한편, 인공지능 챗봇의 유형은 규칙 기반 과정, AI 기반 의사 결정, 그리고 실시간 개입(Google Now, Cortana, Siri, Alexa와 같은 가상 비서 앱)으로도 나눌 수 있다(박휴용, 2023; Choi & Lee, 2020).

또한 챗봇은 엔터티 인식 및 의도 감지와 같은 기술을 사용하여 사용자 입력을 더욱 정확하게 이해할 수 있다. 여기서 엔터티 인식이란 이름, 날짜 또는 위치와 같은 사용자 입력에서 중요한 요소를 식별하는 것이며, 반면에 의도 감지란 사용자의 목표 또는 목적을 파악하는 것으로, 이러한 기술을 통해 챗봇은 더욱 효과적으로 응답할 수 있다.

② 챗봇의 과제

챗봇이 직면한 과제 중 하나는 여러 상호작용에서 일관되고 매력적인 대화를 유지하는 것이다. 이를 위해 챗봇은 과거 상호작용을 기억하고 이 문맥을 사용하여 응답을 생성해야 한다. 또 다른 문제는 모호하거나 불분명한 사용자 입력을 처리하는 것이다. 이를 위해서는 챗봇이 명확한 질문을 하거나 맥락에 따라 교육적인 추측을 해야 한다.

③ 챗봇의 미래 방향

챗봇의 미래 방향 중 하나는 감성 분석 및 텍스트 요약과 같은 고급 자연어 기술과 통합하여 챗봇이 사용자 입력을 이해하고 보다 효과적으로 응답을 생성할 수 있도록 지원하는 것이다. 또한 챗봇이 점점 보편화됨에 따라 사용자 프라이버시를 존중하고, 투명하고 설명할 수 있는 응답을 제공하며, 편견을 대변하거나 증폭시키지 않도록 하기 위한 윤리적 고려의 필요성이 증가하고 있다.

〈표 2-5〉 **챗봇의 기술, 과제 그리고 미래 방향**

	챗봇
기술	• 규칙 기반과 기계학습 기반 모형 • 엔터티 인식과 의도 감지
과제	• 일관되고 매력적인 대화 유지 • 모호하거나 불분명한 사용자 입력 처리
미래 방향	• 감성 분석 및 텍스트 요약 등과 통합 • 윤리적 고려(개인정보 보호)

출처: 챗GPT의 응답 내용을 표로 구성함.

(2) 대화형 인공지능 시스템

① 대화형 인공지능 시스템 기술

대화형 인공지능 시스템은 텍스트, 음성, 이미지, 심지어 물리적 제스처까지 다양한 형식을 처리하고, 이에 반응하는 시스템이다. 이러한 다중모드 상호작용은 스마트폰의 가상 비서부터 의료 및 교육 분야의 정교한 로봇에 이르기까지 모든 것에 적용될 수 있는 사용자 친화적인 기능이다.

이러한 대화형 인공지능 시스템의 핵심 기술 중 하나는 다중모드 학습이다. 여기에는 다양한 형태의 정보를 처리하고 연관을 지어 응답을 생성하는 것이 포함되는데, 예컨대 시스템은 사용자의 질문 텍스트와 얼굴 표정을 모두 분석하여 쿼리를 더 잘 이해할 수 있게 된다. 다른 대화형 인공지능 기술인 강화학습 기반 인공지능은 환경과 상호작용하고 기계 또는 사람으로부터 피드백과 보상을 받음으로써 의사 결정을 내리는 방법을 학습한다. 이를 통해 대화형 인공지능 시스템은 시간이 지남에 따라 더욱 효과적인 상호작용으로 이어질 수 있는 복잡한 전략을 학습할 수 있다. 또 다른 대화형 인공지능 기술은 딥러닝 기반 사전학습 언어모형 적용으로 언어모형 사전학습에 드는 비용과 시간을 크게 절감할 수 있으며, 자연스러운 문장 생성 및 대화형 질의응답에서 우수한 성능을 보이는 트랜스포머 모형 적용이 있다(박상언, 2022).

최근에는 2022년 11월에 출시된 챗GPT가 큰 주목을 받고 있는데, 이 시스템은 사전학습된 언어모형과 트랜스포머를 활용한 GPT 모형 기술을 적용하고 있다. GPT 모형은 2018년 6월에 GPT-1이 발표된 이후 GPT-2, GPT-3, GPT-3.5로 발전해 왔으며, 2023년 3월에는 GPT-4가 챗GPT 유료버전에 적용되었고, 국내에서는 업스테이지(Upstage)가 개발한 AskUp(카카오톡에서 사용가능)이 GPT-4를 사용하고 있으며, 뤼튼(wrtn.ai) 역시 GPT-4를 활용하고 있다.

② 대화형 인공지능 시스템의 과제

대화형 인공지능 시스템의 과제 중 하나는 여러 상호작용에서 맥락을 유지하는 것이다. 이를 위해서는 시스템이 과거의 상호작용을 기억하고 이 맥락을 사용하여 응답을 생성해야 한다. 또 다른 과제는 텍스트, 음성 및 시각적 단서와 같은 다양한 양식을 통합하는 것으로 이를 위해 다양한 소스의 정보를 처리하고 연관시킬 수 있는 정교한 모형이 필요하다. 또 다른 과제는 챗봇과 같은 문제로 대화형 인공지능 시스템의 윤리적 문제이다. 이러한 윤리적 문제는 시스템이 사용자 개인정보를 존중하고, 투명하고 설명할 수 있는 응답을 제공하며, 편견을 대변하거나 증폭하지 않도록 하는 것을 포함한다. 마지막 과제는 사용하기 쉽고 이해하기 쉬운 사용자 친화적인 인터페이스 디자인을 제공하는 것이며, 이를 위해서는 대화형 인공지능 시스템의 신중한 설계와 평가가 필요하다.

③ 대화형 인공지능 시스템의 미래 방향

대화형 인공지능 시스템의 유망한 방향 중 하나는 더 자연스럽고 인간과 유사한 상호작용을 개발하는 것으로, 이를 위해서는 더 유창하고 일관된 응답을 위한 자연어 생성 및 사용자의 감정 상태를 이해하고 대응하기 위한 감정 인식에 중점을 둔 모형 개발이 필요하다(김미래, 박태희, 오하영, 2023).

〈표 2-6〉 **대화형 인공지능 시스템의 기술, 과제 그리고 미래 방향**

	대화형 인공지능 시스템
기술	• 다중모드 상호작용 기능 • 다중모드 학습 • 강화학습과 전이학습
과제	• 여러 상호작용에 대한 맥락 유지 • 윤리적 고려 • 사용자 친화적인 인터페이스 디자인
미래 방향	• 감성 분석 및 텍스트 요약 등과 통합 • 윤리적 고려(개인정보 보호)

출처: 챗GPT의 응답 내용을 표로 구성함.

또 다른 흥미로운 방향은 교육 및 훈련에 대화형 AI 시스템을 사용하는 것으로, 학습자의 요구와 진도에 따라 개인화된 교육과 피드백을 제공하여 이전보다 효과적이고 매력적인 학습 경험을 제공할 수 있다(손태권, 2023; 신동광, 정혜경, 이용상, 2023; 안도연, 손태권, 이광호, 2023; 오규설, 2023; 유재진, 2023; 윤양인, 2023; 왕감경, 2023; 이용희, 2023; 최윤희, 2023; 홍현미, 강영준, 김영전, 김봄솔, 2023; Lo, 2023).

[그림 2-2] **대화형 AI 시스템**

출처: Bing Image Creator가 생성함.

2. 컴퓨터 비전

컴퓨터 비전은 카메라와 비디오의 디지털 이미지와 딥러닝 모형을 사용하여 컴퓨터가 시각 세계를 해석하고 이해하도록 훈련시켜 객체를 정확하게 식별하고 분류한 다음 '보이는 것'에 반응하게 하는 것이다. 컴퓨터 비전의 응용 분야에는 이미지 분류, 객체 인식, 이미지 생성, 영상 인식과 자율주행 자동차 등이 있다.

구체적으로, 첫째, 이미지 분류는 사진과 같은 입력을 받아 이미지의 내용을 가장 잘 설명하는 클래스 또는 범주를 출력하는 과정이다. 더 복잡한 작업인 객체 인식은 동일한 이미지 내에서 여러 객체를 식별하고 레이블을 지정하는 것이다. 예를 들어, 거리 장면에서 객체 인식 모형은 '자동차' '보행자' '건물' 등을 식별하고 레이블을 지정할 수 있는데, 딥러닝 중 특히 CNN은 이러한 작업을 발전시키는 데 중요한 역할을 했다. 둘째, 이미지 생성은 주어진 세트와 유사한 새로운 이미지를 생성하기 위해 생성적 적대 신경망(Generative Adversarial Networks: GAN; Goodfellow et al., 2014)과 같은 생성 모형을 활용하는 컴퓨터 비전의 또 다른 흥미로운 영역이다. 여기서 생성적 적대 신경망(GAN)은 이미지를 생성하는 생성기와 생성된 이미지를 데이터 세트의 실제 이미지와 구별하는 판별기로 구성되며, 생성기가 판별기를 속이고 판별기가 이미지를 진짜와 가짜로 정확하게 분류하는 방식으로 학습하는 인공지능 기술이다. 셋째, 자율주행 자동차에서 영상 인식은 컴퓨터 비전을 사용하여 환경을 인식하고 주행 결정을 내린다. 이때 컴퓨터 비전은 다른 차량, 보행자, 교통 표지판 및 차선과 같은 물체를 인식하고 분류하고, 이러한 물체까지의 거리를 추정하고 움직임을 예측해야 한다.

1) 이미지 분류와 객체 인식

(1) 이미지 분류

① 이미지 분류 기술

컴퓨터 비전 분야의 핵심 작업인 이미지 분류는 전체 이미지나 사진에 레이블을 지정하는 작업이다. 이미지 분류의 핵심은 기계학습 알고리즘을 사용하여 이미지 픽셀의 패턴을 식별하고, 이러한 패턴을 특정 레이블과 연관시키는 것이다. 딥러닝은 이 작업에 특히 효과적이며, 딥러닝 모형의 일종인 CNN이 이미지 분류의 표준이 되었는데, CNN은 가장자리, 모서리 및 기타 이미지 특성을 식별하여 이미지를 분류한다. 다른 이미지 분류의 기술 중 하나는 전이학습을 사용하는 것인데, 이는 한 가지 작업에 대해 학습된 모형을 다른 관련 작업을 수행하도록 조정하는 것으로, 모형이 대량의 자료에서 학습한 지식을 활용하여 특정 분류 작업에 적용할 수 있으므로 이미지 분류에 특히 유용할 수 있다.

② 이미지 분류의 과제

이미지 분류의 주요 과제 중 하나는 레이블 된 학습용 빅데이터이다. 이러한 빅데이터를 수집하고 레이블을 지정하는 작업은 시간과 비용이 많이 들기 때문에, 실제 자료를 보완하기 위한 합성 자료를 생성하는 데이터 증강 기술을 적용하는 것이 해결책이 될 수 있다. 다른 과제 중 하나는 조명, 배율, 방향 및 배경 혼란 등 이미지의 가변성으로 인해 분류 작업이 어렵다는 점인데, 이를 해결하기 위해 데이터 정규화 및 증강과 같은 기술이 사용되고 있다. 또 다른 과제는 다중 레이블 분류를 처리하는 것인데, 일부 시나리오에서는 이미지가 여러 범주의 동시에 속할 수 있어 다중 레이블 분류가 필요하여, 여러 레이블을 정확하게 예측하고 레이블 종속성을 처리할 수 있는 모형을 개발해야 한다. 또 다른 과제는 해석할 수 있고, 설명할 수 있는 모형인데, 이미지 분류에 사용되는 딥러닝 모형은 종종 블랙박스로 취급되어 의사 결정 과정을 이해하기 어려우므로 특정 분류 결정이 내려진 방법과 이유를 해석할 수 있고 설명할 수 있는 모형이 필요하다. 마지막 과제는 적대적 공격에 대한 견고성으로, 작고 눈에 띄지 않는 이미지 수정으로 인해 딥러닝 모형이 이미지를 잘못 분류할 수 있으므로 이러한 공격에 견고한 이미지 분류 모델을 개발하거나 적대적 공격에 대한 방어 메커니즘을 개발해야 한다.

③ 이미지 분류의 미래 방향

이미지 분류의 미래 방향 중 하나는 비지도학습을 적용하는 것이다. 이 접근 방식에서는 레이블이 지정된 데이터 없이 데이터 고유의 구조를 사용하여 분류 모형을 학습하므로 대량의 레이블이 지정된 데이터에 대한 필요성을 줄일 수 있다. 또 다른 방향으로 시각과 언어를 결합하는 것이다. 여기에는 이미지 캡션, 시각적 질문 응답 및 텍스트 쿼리를 기반으로 한 이미지 검색이 포함되며, 정확한 이미지 분류를 위해 시각적 정보와 텍스트 정보를 효과적으로 결합할 수 있는 모형 개발이 필요하다. 마지막 방향은 윤리적 고려이다. 이미지 분류 모형이 다양한 분야에 활용되면서 윤리적 문제를 해결해야 할 필요성이 커지고 있으며, 이미지 분류 시스템의 공정성, 투명성, 책임성을 확보하고 학습 데이터와 모형 예측의 편향성을 완화하는 것이 향후 연구의 중요한 방향이다.

〈표 2-7〉 **이미지 분류의 기술, 과제 그리고 미래 방향**

	이미지 분류
기술	• CNN • 전이학습
과제	• 많은 양의 레이블이 지정된 데이터 • 이미지의 가변성 • 다중 레이블 분류 처리 • 해석할 수 있고 설명 가능한 모형
미래 방향	• 비지도학습 사용 • 시각과 언어의 결합 • 윤리적 고려(이미지 분류 시스템의 공정성, 투명성, 책임성 등)

출처: 챗GPT의 응답 내용을 표로 구성함.

(2) 객체 인식

① 객체 인식 기술

객체 인식은 디지털 이미지 또는 비디오 내에서 객체를 식별하는 기술이다. 객체 인식에는 감지와 분류라는 두 가지 주요 작업이 포함된다. 감지는 이미지 내에서 개체 위치를 식별하는 과정으로, 종종 경계 상자로 표시되며, 분류는 감지된 개체에 클래스 레이블(예: '자동차' '사람')을 할당하는 작업이다. 이러한 객체 인식 기술 중 딥러닝 모형, 특히 CNN은 객체 인식 작업에 효과적인 것으로 입증되었다. 객체 인식에서 널리 사용되는 접근 방식 중 하나는 영역 기반 R-CNN(Region-based Convolutional Neural Networks)과 그 변형인 Fast R-CNN 및 Faster R-CNN을 사용하는 것이다(Kaur1 & Singh, 2022). 이러한 모형은 먼저 객체가 존재할 수 있는 영역을 먼저 제안한 다음 해당 영역을 분류하는 2단계 프로세스를 적용한다. 또 다른 접근 방식은 YOLO(You Only Look Once) 및 SSD(Single Shot MultiBox Detector)와 같은 단일 샷 탐지기를 사용하는 것으로 이러한 모형은 네트워크의 단일 순방향 패스에서 감지 및 분류를 수행하므로 실시간 애플리케이션에 더 빠르고 적합하다(Kaur1 & Singh, 2022). 객체 인식의 고급 기술 중 하나는 주의 메커니즘이 있는 딥러닝 모형을 사용하는 것으로 이러한 모형은 결정을 내릴 때 이미지의 다른 부분에 집중할 수 있다. 이는 사람이 장면의 여러 부분에 주의를 기울이는 방식과 유사하여, 특히 많은 물체가 있는 복잡한 장면에서 더 정확한 물체 인식을 가능하게 한다. 또 다른 기술은 모형이 객체 인식 및 객체 감지와 같은 여러 작업을 동시에 수행하도록 훈련하는 멀티태스크 학습을 사용하는 것이다.

② 객체 인식의 과제

객체 인식의 주요 과제 중 하나는 조명, 관점, 크기 및 폐색의 변화로 인한 객체 외관의 변화를 처리하는 것이다. 또 다른 문제는 큰 이미지를 처리하고 그 안에 있는 여러 객체를 식별하는 데 드는 계산 비용이다. 또한 저화질 이미지나 열악한 조명 조건에서 촬영한 이미지에서 객체를 인식하려면 이미지의 잡음과 가변성을 처리할 수 있는 견고한 모형이 필요하다. 마지막 과제로는 시간이 따라 객체가 움직이거나 변화하는 동적 환경에서의 객체 인식에 시간 정보를 처리할 수 있는 모형이 필요하다.

③ 객체 인식의 미래 방향

객체 인식의 미래 방향 중 하나는 맥락에서 객체를 인식할 수 있는 모형을 개발하는 것이다. 이러한 모형의 목표는 객체를 개별적으로 인식하는 것이 아니라 객체 간의 관계를 이해하고 이 정보를 사용하여 인식 정확도를 향상하는 것이다. 또 다른 흥미로운 방향은 퓨샷 학습으로 더 적은 수의 예제에서 학습할 수 있는 모형을 개발하는 것이다. 이 모형의 목표는 몇 가지 예시를 보고 객체를 인식하는 인간의 능력을 모방하는 것이다. 또한 새로운 환경에 적응할 수 있는 모형 개발에 관한 관심도 높아지고 있는데, 도메인 적응 모형으로 알려진 이러한 모형은 입력 데이터 분포가 변경될 때 매개변수를 조정할 수 있어 훈련 및 검증 데이터가 다른 분포에서 나온 경우에도 잘 수행할 수 있다. 마지막으로, 해석할 수 있고 설명 가능한 모형이다. 객체 인식 모형이 중요한 애플리케이션에서 점점 더 많이 사용됨에 따라 특정 예측을 하는 이유를 이해하는 것이 중요해졌기 때문에 객체를 정확하게 인식할 뿐만 아니라 예측에 대한 설명을 제공할 수 있는 모형이 필요하다.

〈표 2-8〉 **이미지 분류의 기술, 과제 그리고 미래 방향**

	객체 인식
기술	• CNN • 영역 기반 R-CNN과 그 변형인 Fast R-CNN 및 Faster R-CNN • 단일 샷 탐지: YOLO와 SSD

과제	• 객체 모양 변화 처리 • 객체 식별 계산 비용 • 이미지의 잡음과 가변성 처리 • 동적 환경에서 객체 인식
미래 방향	• 맥락에서 객체 인식 • 도메인 적응 및 퓨샷 학습 • 해석 가능한 모형

출처: 챗GPT의 응답 내용을 표로 구성함.

2) 이미지 생성

(1) 이미지 생성

① 이미지 생성 기술

인공지능의 출현은 이미지 생성에 혁명이 일어나면서 기계가 놀라울 정도로 사실적이고 때로는 카메라로 촬영한 것과 구분할 수 없는 이미지를 생성할 수 있게 되었다. 인공지능 기술 중 GAN은 생성기와 판별기라는 두 가지 신경망으로 구성되는데, 이 두 네트워크는 생성자는 판별자를 속이려고 하고 판별자는 속지 않으려고 하는 게임 이론 프레임워크에서 함께 훈련되며, 이러한 적대적인 과정을 통해 생성자는 점점 더 사실적인 이미지를 생성하게 된다(Goodfellow et al., 2014). 다른 이미지 생성 기술은 심층 컨볼루션 GAN(Deep Convolutional GAN: DCGAN)으로, 생성기와 판별기 모두에서 컨볼루션 레이어를 사용하여 이미지 데이터를 더 잘 처리할 수 있으며, 사실적인 사람의 얼굴, 사물, 심지어 풍경을 생성하는 데 사용되었다(Radford, Metz, Chintala, 2015). 또 다른 하나는 변형 자동 인코더(Variational Autoencoders: VAE)를 사용하는 것으로(강천천, 정진헌, 2023), VAE는 새로운 데이터를 생성하기 위해 확률적 그래픽 모형링 기술을 사용하는 생성 모형 유형으로 복잡하고 구조화된 출력을 생성해야 하는 작업에 특히 유용하다(Kingma, & Welling, 2019). 마지막으로, GAN에 하나의 작업에 대해 모형을 학습한 다음 관련 작업에 맞게 미세 조정하는 전이학습을 사용하는 것으로, 이 기법을 사용하며 고품질 이미지를 생성하는 데 필요한 데이터 양과 교육 시간을 크게 줄일 수 있다.

② 이미지 생성의 과제

이미지 생성의 주요 과제 중 하나는 생성기와 판별기가 동기화 상태를 유지해야 한다는 점이며, 이 과정에는 신중한 균형 조정이 필요하다. 어느 한쪽이 다른 쪽보다 성능이 떨어지면 훈련이 실패할 수 있으므로 훈련 과정을 안정화하기 위해 그래디언트 클리핑 및 바서스타인 손실(gradient clipping and Wasserstein loss)과 같은 기술이 개발되었다. 또 다른 과제는 GAN의 출력을 제어하는 것이다. GAN은 사실적인 이미지를 생성할 수 있지만, 생성되는 이미지(예: 특정 사람이나 물체의 이미지 생성)를 제어하기는 더 어려운 작업이며, 이를 해결하기 위해 추가 정보에 대한 생성 프로세스를 조절하는 조건부 GAN과 같은 기술이 개발되고 있다. 또 다른 과제는 모드 붕괴로 알려져 있는데, 이는 생성기가 제한된 종류의 샘플을 생성하거나 입력과 관계없이 동일한 이미지를 생성하는 문제이다. 이러한 문제를 해결하기 위해 연구자들은 조건부 GAN(CGAN) 및 StyleGAN과 같은 변형된 GAN을 개발했다. CGAN은 클래스 레이블과 같은 추가 정보에 대해 모형을 조건화하여 특정 속성이 있는 이미지를 생성할 수 있으며, StyleGAN은 생성된 이미지를 세밀하게 제어할 수 있는 스타일 제어 메커니즘을 도입했다. 마지막으로, 이미지 생성 기술의 윤리적 · 사회적 문제가 있다. 이 기술은 특히 딥페이크 제작에 악용될 가능성이 있으므로, 인공지능 이미지 생성 콘텐츠를 탐지하기 위한 규제와 조치가 필요하다.

③ 이미지 생성의 미래 방향

이미지 생성의 유망한 방향 중 하나는 GAN과 다른 AI 기술과 통합하는 것이다. 예를 들어, GAN과 강화학습을 결합하면 복잡하고 동적인 기준에 따라 이미지를 생성할 수 있는 모형을 개발할 수 있다. 또 다른 흥미로운 영역은 3D 이미지 생성에 GAN을 사용하는 것이다. 현재 대부분의 이미지 생성 작업은 2D 이미지에 초점을 맞추고 있지만, 사실적인 3D 이미지를 생성할 수 있다면 가상 현실, 게임 및 3D 인쇄와 같은 분야에서 새로운 가능성을 열 수 있다. 마지막으로, 이미지 생성 기술을 사용하여 다른 AI 모형을 교육하기 위한 합성 자료 세트를 생성할 수 있다. 이는 개인정보 보호 문제로 인해 실제 자료에 대한 액세스가 제한될 수 있는 의료와 같은 분야에서 특히 유용할 수 있다.

〈표 2-9〉 **이미지 생성의 기술, 과제 그리고 미래 방향**

	이미지 생성
기술	• GAN • 심층 컨볼루션 GAN • 변형 자동 인코더(Variational Autoencoders) • 전이학습
과제	• 생성기와 판별자의 동기화 상태 유지 • GAN의 출력을 제어 • 모드 붕괴 • 윤리적 · 사회적 문제
미래 방향	• 다른 인공지능 기술과 통합 • 3D 이미지 생성에 GAN 사용 • 합성 데이터 세트 생성

출처: 챗GPT의 응답 내용을 표로 구성함.

3) 영상 인식과 자율주행 자동차

(1) 영상 인식

① 영상 인식 기술

컴퓨터 비전의 고급 기술인 영상 인식은 움직이는 시각적 콘텐츠를 기계가 인식하고 해석하는 기술이다. 주로 비디오 시퀀스를 분석하고 개체, 이벤트 또는 동작을 식별하여 동적인 시각 세계를 이해한다. 이미지 인식이 정적 이미지를 처리하는 반면, 영상 인식은 시간 경과에 따른 이미지 또는 프레임 시퀀스를 분석해야 하므로 시간적 차원의 복잡성이 증가하지만, 장면의 맥락과 역학을 이해하는 데 추가 정보를 활용할 수 있다. 딥러닝 중에서도 특히 CNN은 영상 인식 발전에 중요한 역할을 해 왔으며, 개별 프레임에서 공간적 특징을 추출하는 데 사용된다. 반면에 RNN은 순차적 데이터 처리에 탁월하여 프레임 간의 시간적 의존성을 포착하는 데 유용하다.

영상 인식에서 널리 사용되는 접근 방식 중 하나는 3D-CNN(3D Convolutional Neural Networks)을 사용하는 것으로, 프레임 단위로 이미지를 처리하는 기존의 2D-CNN과 달리 일련의 프레임을 입력으로 받아 공간적 및 시간적 특징을 모두 학습할 수 있는 이점이 있다(Ji, Xu, Yang, & Yu, 2012). 이 시스템은 공간 및 시간 구성요소를 별도로 처리하는 두 개의 스트림 아키텍처로 구성되며, 공간 스트림은 CNN을 사용하여 개별 프레임에서 특징을 추출하고, 시간 스트림은 CNN을 사용하여 연속 프레임 간의 움직임을 나타내는 광학 흐름 필드에서 움직임 특징을 추출한다.

더 정확한 영상 인식을 위해 연구자는 몇 가지 고급 기술을 개발했는데, 그중 하나가 바로 장단기 메모리(Long Short-Term Memory: LSTM) 네트워크를 사용하는 것이다. LSTM은 장기간에 걸쳐 정보를 기억하도록 설계된 일종의 RNN의 한 유형으로, 시간적 종속성이 여러 프레임에 걸쳐 있을 수 있는 비디오 인식에 특히 적합하다. 또 다른 고급 기술은 자연어 처리 작업을 위해 개발된 트랜스포머 모형을 사용하는 것으로, 장거리 종속성을 모형화하는 능력과 확장성으로 인해 비디오 인식에 대한 가능성을 보여 주었다(Li, Xie, Zhang, & Shi, 2023). 마지막으로, 그래프 컨볼루션 네트워크(Graph Convolutional Networks: GCN)를 영상 인식에 사용하는 것으로, 비디오에 있는 여러 개체 간의 관계를 모형화하고, 객체 간의 상호작용을 포착하여 인식 성능을 향상할 수 있는 장점이 있다(Yang, Zheng, Yang, Chen, & Tian, 2020).

② 영상 인식의 과제

영상은 처리하는 데 상당한 컴퓨팅 리소스가 필요한 대용량 고차원 데이터로, 영상 인식의 어려움 중 하나는 컴퓨팅 비용이다. 또 다른 문제는 주석이 달린 대규모 비디오 데이터가 부족하다는 점이다. 이미지 인식 모형을 훈련하는 데 사용할 수 있는 대규모 이미지 데이터 세트는 여러 개 있지만, 비디오 데이터 세트는 그 수가 적다. 또한 비디오에 주석을 다는 것은 이미지에 주석을 다는 것보다 더 복잡하고 시간이 많이 소요된다. 마지막으로, 복잡한 활동의 모형화로 비디오의 활동에는 시간이 지남에 따라 복잡한 방식으로 상호작용하는 여러 개체가 포함되는 경우가 많으며, 이러한 상호작용을 정확하게 모형화하기는 어렵다.

③ 영상 인식의 미래 방향

영상 인식의 미래 방향 중 하나는 비디오 인식을 위한 주의 메커니즘 및 동적 시간 모형을 개발하는 것이다. 주의 메커니즘을 통해 모형은 비디오에서 가장 관련성이 높은 부분에 집중할 수 있으며, 동적 시간 모형은 시간이 지남에 따라 전개되는 복잡한 활동을 포착하는 데 도움이 될 수 있다. 다른 유망한 방향 중 하나는 비지도 및 자기 지도 학습 기술의 개발로, 주석이 달린 대규모 데이터 세트의 필요성을 줄이고 비디오 인식 모형의 접근성과 훈련 가능성을 높일 수 있다. 또 다른 흥미로운 방향은 비디오 인식을 오디오 및 텍스트와 같은 다른 양식과 통합하는 것이다. 이를 통해 멀티미디어 콘텐츠를 이해하고 해석하는 데 더욱 강력하고 다양한 시스템을 제공할 수 있다. 마지막으로, 실시간 영상 인식은 감시, 자율주행, 실시간 이벤트 분석과 같은 분야에서 새로운 애플리케이션을 제공할 수 있다.

〈표 2-10〉 **영상 인식의 기술, 과제 그리고 미래 방향**

	영상 인식
기술	• CNN 및 RNN • 3D-CNN • 공간 및 시간 구성 스트림 아키텍처 사용 • LSTM, 트랜스포머 모형 • GCN
과제	• 복잡한 활동 모형화 어려움 • 비디오 데이터 세트 부족 • 고차원 데이터 처리 계산 비용
미래 방향	• 주의 메커니즘 기반 동적 시간 모형의 개발 • 비지도 및 자기 지도 학습 기술 • 다른 양식과 통합(다중모드) • 실시간 영상 인식

출처: 챗GPT의 응답 내용을 표로 구성함.

(2) 자율주행 자동차

① 자율주행 자동차 기술

자율주행 자동차는 사람의 개입 없이 도로를 탐색하고, 자율주행을 위한 의사 결정을 내리는 첨단 센서와 AI 시스템이 장착된 자동차이다. 자율주행 자동차의 핵심은 카메라, 레이더, 라이다(LiDAR) 등 여러 센서를 조합하여 차량 주변 환경을 인식하는 자율주행 시스템이며, 이러한 센서의 데이터는 AI 시스템에서 처리되어 스티어링, 가속, 제동에 관한 결정을 내린다. 자율주행 자동차의 한 가지 기술은 컴퓨터 비전으로, 시스템이 카메라의 데이터를 해석하고 다른 차량, 보행자 및 교통 표지판과 같은 물체를 인식할 수 있게 해 준다. 또 다른 중요 기술은 센서 융합으로, 다양한 센서의 데이터를 결합하여 더 완전하고 정확한 환경 그림을 생성한다.

자율주행 자동차 분야에서는 성능과 안전성을 개선하기 위해 여러 첨단 기술도 사용되고 있는데, 그중 하나가 강화학습이다. 강화학습은 에이전트가 환경과 상호작용하여 결정을 내리는 방법을 학습하는 기계학습의 한 유형이다. 자율주행 차량의 경우, 강화학습은 원시 센서 데이터에서 복잡한 주행 전략을 학습하는 데 사용된다. 또 다른 고급 기술은 고화질 지도를 사용하는 것이다. 이러한 지도에는 차선, 교통 표지판 또는 신호등의 위치를 포함하여 도로망에 대한 자세한 정보가 포함되어 있어, 자율주행 시스템이 환경을 이해하고 탐색하는 능력을 향상시킬 수 있는 추가 정보 소스를 제공한다.

② 자율주행 자동차의 과제

이러한 발전에도 불구하고 자율주행 자동차가 널리 보급되기 위해서는 아직 해결해야 할 과제가 많이 남아 있다. 주요 과제 중 하나는 차량의 안전성을 보장하는 것이다. 자율주행 자동차는 예측할 수 없는 상황과 악천후를 포함하여 다양한 주행 시나리오를 처리할 수 있어야 한다. 또 다른 과제는 주행 환경의 가변성과 예측 불가능성이다. 도로는 다른 차량, 보행자, 자전거 타는 사람 등이 예측할 수 없는 방식으로 움직이는 등 매우 역동적이기 때문에 자율주행 시스템이 가능한 모든 시나리오를 처리할 수 있도록 보장하기 어렵다. 또 다른 과제는 센서의 신뢰성과 견고성이다. 센서는 기상 조건, 조명 조건, 물리적 장애물 등 다양한 요인의 영향을 받을 수 있다. 센서가 모든 조건에서 정확하고 신뢰할 수 있는 데이터를 제공하도록 보장하는 것은 중요한 과제이다. 또 다른 문제는 자율주행 자동차의 윤리적 · 법적 문제이다. 예를 들어, 자율주행 자동차가 사고에 연루되면 누가 책임을 져야 하는가? 이러한 질문은 자율주행 자동차가 도로에서 보편화되기 전에 해결해야 할 과제이다. 마지막으로, 대중 수용의 문제로 많은 사람은 여전히 자율주행 자동차의 안전성에 대해 회의적이며 기계의 안전을 신뢰하기를 꺼려, 이러한 회의론을 극복하고 자율주행 자동차에 대한 대중의 신뢰를 구축해야 한다(Meyer-Waarden, Cloarec, 2022).

③ 자율주행 자동차의 미래 방향

자율주행 자동차의 미래에 대한 몇 가지 흥미로운 방향이 있으며, 그중 하나는 차량 간(Vehicle-to-Vehicle: V2V) 및 차량과 인프라 간(Vehicle-to-Infrastructure: V2I) 통신의 발전이다. 이러한 기술을 통해 차량은 서로 통신하고 인프라와 통신하여 안전과 효율성을 향상시킬 수 있는 추가 정보를 제공할 수 있다. 또 다른 흥미로운 방향은 대중교통에서 자율주행 자동차를 사용하는 것으로, 자율 버스와 셔틀은 특히 도시 지역에서 대중교통을 위한 비용 효율적인 솔루션을 제공할 수 있다. 마지막으로, 자율 배송 차량의 가능성이 있다. 이러한 차량은 물류 산업에 혁명을 일으켜 배송을 더 빠르고 저렴하며 효율적으로 만들 수 있다.

〈표 2-11〉 **자율주행 자동차의 기술, 과제 그리고 미래 방향**

	자율주행 자동차
기술	• 고급 센서와 AI 시스템 • 자율주행 시스템(카메라, 레이더, 라이다) • 컴퓨터 비전 • 서로 다른 센서 융합(데이터 결합) • 강화학습
과제	• 차량의 안전성 보장 • 주행 환경의 가변성과 예측 불가능성 • 센서의 신뢰성과 견고성 • 윤리적 · 법적 문제 • 대중 수용 문제
미래 방향	• 차량 간(V2V) 및 차량과 인프라 간(V2I) 통신의 개발 • 대중교통에서 자율주행 자동차 사용 • 자율 배송 차량의 가능성

출처: 챗GPT의 응답 내용을 표로 구성함.

[그림 2-3] **미래 서울의 자율주행 자동차**

출처: Bing image creator가 그림 생성함.

3. 로보틱스

로보틱스는 로봇을 설계, 제작, 작동, 적용하는 과학 및 기술 분야이다. 컴퓨터공학, 기계공학, 전자공학 등 다양한 학문이 결합된 복합적인 분야로, 인공지능(AI)과 밀접한 관련이 있다. AI 기반 로보틱스는 컴퓨터 비전, 자연어 처리, 기획, 의사 결정 등 다양한 AI 기술을 로봇에 적용하여 로봇이 복잡한 환경에서 스스로 행동하고 학습할 수 있도록 하는 기술이다. AI 기반 로보틱스의 응용 분야로는 강화학습과 로봇 제어, AI를 활용한 로봇 제조, 서비스 로봇과 드론 등이 있다.

구체적으로, 첫째, 로봇 제어는 로봇을 조작하고 탐색할 수 있는 시스템을 설계하기 위해 제어 이론을 적용하는 것으로, 다양한 환경에서 정확하고 효율적이며 안전하게 작업을 수행할 수 있는 로봇을 만드는 것이 로봇 제어의 목표이다. 강화학습은 특히 로봇 제어에 적합한 기계학습의 한 유형으로, 강화학습을 통해 로봇은 어떤 행동을 취하고 결과를 관찰한 후 보상 또는 처벌을 받게 되며, 시간이 지남에 따라 보상을 극대화하고 작업을 효과적으로 수행하는 방법을 학습한다. 둘째, AI 기반 로봇 제조는 제너레이티브 설계와 같은 기술이 사용된다. 이러한 알고리즘은 지정된 기준과 제약 조건에 따라 수많은 설계 옵션을 생성하므로 엔지니어는 로봇을 제조하기 위해 이러한 광범위한 설계 솔루션을 탐색할 수 있다. 셋째, 서비스 로봇은 청소 및 유지 보수에서 의료에 이르기까지 다양한 작업을 수행하는 인간을 돕기 위해 설계된 로봇이다. 이러한 로봇은 복잡하고 역동적인 환경을 탐색하고, 인간과 안전하고 효과적으로 상호작용해야 한다. 넷째, 드론(또는 무인 항공기)은 최근 몇 년 동안 빠르게 성장하고 있는 또 다른 유형의 서비스 로봇으로, 항공 사진 촬영에서 배송 서비스에 이르기까지 다양한 작업에 사용할 수 있다.

이러한 각 유형의 로보틱스 기술, 과제 및 미래 방향에 대한 자세한 설명은 다음과 같다(〈표 2-12〉~〈표 2-16〉 참조).

1) 로봇 제어와 강화학습

(1) 로봇 제어

① 로봇 제어 기술

로봇 제어 기술 중 로봇 제어 시스템은 센서, 액추에이터, 컨트롤러로 구성된다. 센서는 환경이나 로봇의 상태에 대한 자료를 수집하고, 액추에이터는 작업을 실행하며, 컨트롤러는 센서 데이터를 처리하고 액추에이터에 명령을 내린다. 이러한 로봇 제어 시스템은 개방형 루프와 폐쇄형 루프의 두 가지 유형으로 나뉘는데, 개방형 루프 시스템은 결과를 고려하지 않고, 입력과 사전 프로그래밍이 된 명령어만을 기반으로 동작을 수행한다. 반면에 폐쇄 루프 시스템은 센서의 피드백을 사용하여 동작을 조정하고 원하는 결과를 더 정확하게 달성한다. 여기서 로봇은 원하는 상태(설정값)와 실제 상태(센서에 의해 측정됨)의 차이에 따라 동작을 조정하며, 이 피드백 루프를 통해 로봇은 오류를 수정하고 환경 변화에 적응할 수 있게 된다.

더욱 정교하고 자율적인 로봇을 추구하기 위해 이러한 로봇 제어 시스템을 위한 몇 가지 첨단 기술이 개발되었다. 이러한 기술 중 하나는 적응형 제어 시스템으로, 환경이나 로봇 자체의 변화에 따라 실시간으로 자체 매개변수를 수정하여 로봇이 예기치 않은 상황에 적응하여 성능과 견고성을 향상하게 시킬 수 있다. 또 다른 고급 기술은 최적 제어로 특정 기준을 줬을 때 최적의 제어 전략을 찾는 것이다. 마지막으로, 자연에서 영감을 얻은 군집 로봇 제어는 여러 대의 단순한 로봇이 협력하여 복잡한 작업을 수행하는 기술이다. 여기서 스웜 제어는 로봇과 환경 사이의 로컬 상호작용에 초점을 맞추면서 글로벌 행동을 수행한다.

② 로봇 제어의 과제

로봇 제어의 과제 중 하나는 현실 세계의 복잡성과 불확실성을 처리하는 것이다. 실제 상황은 예측할 수 없고 매우 다양하므로 이러한 모든 상황을 처리할 수 있는 제어 시스템을 설계하기 어렵다. 또 다른 과제는 자율성과 제어 사이의 균형이다. 로봇이 자율적으로 작동하기를 원하지만, 안전과 신뢰성을 보장하기 위해 일정 수준의 제어를 유지해야 하며, 이 두 가지 측면의 균형을 맞추는 것은 로봇 제어에서 중요한 과제이다. 또 다른 과제는 확장성 문제로 로봇 군집 또는 다중 로봇 시스템은 제어 문제의 복잡성을 증가시키는 복잡한 시스템으로, 로봇 수에 따라 확장할 수 있는 제어 전략을 개발해야 한다. 또 다른 과제는 안전이다. 가정과 직장에서 로봇이 보편화됨에 따라 로봇이 사람 주변에서 안전하게 작동할 수 있도록 보장하는 것이 중요하다. 이를 위해서는 예기치 않은 상황에 신속하게 대응하고, 위험을 인식하여 피하고, 환경 변화에 적응할 수 있는 제어 시스템이 필요하다. 마지막으로, 에너지 효율성 문제이다. 로봇, 특히 모바일 로봇은 종종 제한된 전원 공급 장치에서 작동하므로 목표를 달성하면서 에너지 소비를 최소화할 수 있는 제어 시스템의 설계가 필요하다.

③ 로봇 제어의 미래 방향

로봇 제어 분야에서 유망한 방향 중 하나는 기계학습과 제어 이론의 통합이다. 이 두 분야는 전통적으로 별개의 분야였지만, 각자의 강점을 활용하기 위해 결합하는 것에 관한 관심이 높다. 또 다른 방향은 로봇 제어와 지각 및 인식의 통합이다. 이를 통해 환경을 이해하고, 행동을 계획하고, 더 인간적인 방식으로 결정을 내릴 수 있는 더욱 지능적인 로봇이 될 수 있다. 또 다른 흥미로운 방향은 생체에서 영감을 받은 제어 전략의 개발이다. 동물과 곤충이 움직임을 제어하는 방법을 로봇 제어에 적용할 수 있는데, 동물과

〈표 2-12〉 **로봇 제어의 기술, 과제 그리고 미래 방향**

	로봇 제어
기술	• 로봇 제어 시스템(센서, 엑추에이터, 컨트롤러) • 개방 루프와 폐쇄 루프 • 적응형 제어 시스템 • 최적 제어 시스템 • 군집 로봇 공학
과제	• 실제 환경의 복잡성과 불확실성 처리 • 자율성과 통제 간의 절충 • 확장성 문제 • 안전 문제 • 에너지 효율성 문제
미래 방향	• 기계학습과 제어 이론의 통합 • 로봇 제어와 지각 및 인식의 통합 • 제어 전략의 개발(생체모방 제어 시스템) • 인간-로봇 협업

출처: 챗GPT의 응답 내용을 표로 구성함.

인간의 제어 메커니즘을 모방한 생체모방 제어 시스템을 통해 더 자연스럽게 움직이고 환경에 더 잘 적응하는 로봇을 만들 수 있다. 마지막으로, 로봇과 인간이 함께 작업하는 인간–로봇 협업으로 이를 위해 도전적인 인간–로봇 상호작용의 설계가 필요하다.

(2) 강화학습

① 강화학습 기술

강화학습 알고리즘은 크게 가치 기반과 정책 기반의 두 가지 주요 유형으로 나눌 수 있다. Q–러닝과 같은 가치 기반 알고리즘은 각 상태–행동 쌍의 기대 수익을 추정하는 가치함수를 학습하고, 이 가치함수에서 가치를 최대화하는 행동을 선택하여 정책을 도출한다. 반면에 정책 기울기와 같은 정책 기반 알고리즘은 가치함수를 사용하지 않고, 직접 정책을 최적화한다. 강화학습에서 에이전트는 일련의 시간 단계에서 환경과 상호작용하며, 각 시간 단계에서 에이전트는 가능한 동작 집합에서 동작을 선택하고, 환경으로부터 보상 또는 처벌을 받고 새로운 상태로 전환한다. 이러한 에이전트의 목표는 시간이 지남에 따라 총보상을 최대화하는 정책, 즉 상태와 행동 간의 매핑을 학습하는 것이다.

강화학습 중 하나는 강화학습과 딥러닝을 결합한 심층 강화학습(Deep Reinforcement Learning: DRL)이다. 심층 강화학습은 신경망을 사용하여 고차원 상태 공간을 처리하고 더 복잡한 전략을 학습하기 위해 값 함수 또는 정책을 근사화한다. 또 다른 기술은 관찰된 행동으로부터 보상 함수를 학습하는 것이 목표인 역 강화학습(Inverse Reinforcement Learning: IRL)이다. 역 강화학습은 인간과 로봇의 상호작용처럼 보상 함수를 명시적으로 지정하기 어려운 상황에서 유용하다. 마지막은 다중 에이전트 강화학습(Multi–agent Reinforcement Learning: MARL)으로, 다중 에이전트 강화학습에서는 여러 에이전트가 서로 환경과 상호작용하는 방법을 학습하여 복잡한 역학 관계와 돌발 행동을 유발할 수 있어 탐색할 수 있는 풍부한 영역을 제공한다.

② 강화학습의 과제

강화학습의 과제 중 하나는 탐색과 이용의 절충이다. 에이전트는 보상을 극대화하기 위해 현재 지식을 활용하는 것과 새로운 지식을 얻기 위해 환경을 탐색하는 것 사이에서 균형을 유지해야 한다. 이는 일반적으로 에이전트의 행동에 무작위성을 도입하여 처리되며, 때로는 탐험을 위해 덜 탐욕스러운 행동을 선택할 수 있다. 또 다른 문제는 어떤 행동이 보상이나 처벌을 받을 것인지 결정하는 크레딧 할당 문제로 이는 복잡한 작업에서 종종 발생하는 것처럼 행동의 효과가 지연될 때 특히 어렵다. 또 다른 과제는 표본의 효율성이다. 강화학습 알고리즘은 일반적으로 좋은 정책을 학습하기 위해 환경과의 많은 상호작용이 있어야 하는데, 상호작용에 비용이 많이 들거나 시간이 많이 소요되는 상황에서는 문제가 될 수 있다. 마지막으로, 학습 안정성과 수렴 문제이다. 강화학습 알고리즘은 성능에 큰 변동이 있을 수 있으며, 좋은 정책으로 수렴되는지 확인하기 어려울 수 있다.

〈표 2-13〉 **강화학습의 기술, 과제 그리고 미래 방향**

	강화학습
기술	• 강화학습 알고리즘(가치 기반과 정책 기반) • 심층 강화학습 • 역 강화학습 • 다중 에이전트 강화학습
과제	• 탐색-이용 절충 • 크레딧 할당 문제 • 표본의 효율성 문제 • 학습의 안정성과 융합 문제
미래 방향	• 표본 효율적인 알고리즘 개발 • 다른 기계학습(예: 비지도학습)과 통합

출처: 챗GPT의 응답 내용을 표로 구성함.

③ 강화학습의 미래 방향

강화학습의 한 가지 유망한 방향은 표본을 효율적으로 활용하는 알고리즘을 개발하는 것이다. 여기에는 더 나은 탐색 전략, 과거 경험의 효과적인 활용 또는 시연을 통한 학습과 같은 기술이 포함될 수 있다. 또 다른 흥미로운 방향은 강화학습을 다른 기계학습 영역과 통합하는 것이다. 여기에는 강화학습을 비지도학습과 결합하여 환경 구조에 대해 자세히 알아보거나 지도학습과 결합하여 대규모 데이터 세트를 활용할 수 있다.

2) 인공지능 기반 로봇 제조

(1) 인공지능 기반 로봇 제조

① 인공지능 기반 로봇 제조 기술

AI 기반 로봇 제조는 AI의 힘을 활용하여 제조 공정에서 로봇의 기능을 향상한다. AI 기반 로봇은 컴퓨터 비전 기술을 탑재하여 제품을 검사하고 결함을 식별할 수 있으며, 광범위한 결함을 인식하는 방법을 학습할 수 있어 인간 검사자보다 훨씬 빠르고 정확하여서 품질 관리에 유용하다. 또 다른 기술은 예측 유지 보수에 AI를 사용하는 것이다. AI 알고리즘은 로봇 센서의 데이터를 분석하여 부품이 고장 나거나 유지 보수가 필요한 시기를 예측할 수 있고, 이를 통해 다운타임을 크게 줄이고 로봇의 수명을 늘릴 수 있다.

AI 기반 로봇 제조는 빠르게 진화하는 분야로, 로봇의 기능을 개선하기 위한 새로운 기술이 개발되고 있다. 이러한 기술 중 하나는 설계 프로세스에서 GAN을 사용하는 것으로, GAN은 기존 데이터를 기반으로 새로운 데이터를 생성할 수 있는 일종의 AI 모형이다. 로봇 제조의 맥락에서 GAN은 기존 설계를 기반으로 새로운 로봇 부품이나 구성을 설계하는 데 사용할 수 있다.

② 인공지능 기반 로봇 제조의 과제

AI 기반 로봇 제조의 어려움 중 하나는 AI 알고리즘 자체의 복잡성이다. 이러한 알고리즘을 설계하고 구현하려면 높은 수준의 전문 지식이 필요하며 시간이 많이 소요될 수 있다. 또 다른 과제는 많은 양의 데이터로, AI 알고리즘을 효과적으로 학습하려면 일반적으로 대규모 데이터 세트가 필요하나, 이러한 자료를 수집하고 관리하기는 상당히 어려울 수 있다. AI 기반 로봇 제조와 관련된 윤리적 · 법적 문제도 있다. 예를 들어, 로봇이 전통적으로 인간이 수행하던 작업을 수행함에 따라 일자리 대체에 대한 우려가 있다.

③ 인공지능 기반 로봇 제조의 미래 방향

한 가지 유망한 방향은 AI와 3D 프린팅 및 사물 인터넷(IoT)과 같은 다른 신흥 기술을 통합하는 것이다. 이를 통해 더 유연하고 효율적인 새로운 형태의 로봇 제조가 가능해질 수 있다. 또 다른 미래 방향은 더욱 정교한 AI 알고리즘의 개발로, 현재의 AI 알고리즘은 놀라운 업적을 달성할 수 있지만, 아직도 개선의 여지가 많다. 예를 들어, 미래의 AI 알고리즘은 더 적은 데이터로 더 효과적으로 학습하거나 제조 공정의 변화에 더 빠르게 적응할 수 있다. 마지막으로, 로봇 제조에서 AI를 윤리적이고 책임감 있게 사용해야 하는데, 여기에는 AI 사용에 대한 가이드라인과 표준을 개발하고 잠재적 위험과 이점에 대해 이해 관계자를 교육하는 것이 포함된다.

〈표 2-14〉 **인공지능 기반 로봇 제조의 기술, 과제 그리고 미래 방향**

	인공지능 기반 로봇 제조
기술	• 품질 관리 기술 • 예측 유지 기술 • 설계 프로세스에 GAN 사용
과제	• 인공지능 알고리즘의 복잡성 • 많은 양의 데이터 필요 • 윤리적 · 법적 문제
미래 방향	• 3D 프린팅 및 사물 인터넷과 통합 • 정교한 인공지능 알고리즘 개발 • 로봇 제조에서 인공지능의 윤리적이고 책임 있는 사용

출처: 챗GPT의 응답 내용을 표로 구성함.

[그림 2-4] **로봇 제조 공장**

출처: Bing Image Creator가 생성함.

3) 서비스 로봇과 드론

(1) 서비스 로봇

① 서비스 로봇 기술

국제 로봇 연맹은 지능형 로봇을 서비스 로봇과 산업 로봇으로 분류하였다(전도중, 2023). 이 중 서비스 로봇은 일상적인 집안일부터 복잡한 전문 작업에 이르기까지 다양한 작업에서 인간을 보조하도록 설계되어 로봇 공학 분야에서 빠르게 성장하는 분야이다. 이러한 로봇은 반자율 또는 완전 자율적으로 작동하여 인간의 웰빙에 유용한 서비스를 수행하도록 설계되었다.

서비스 로봇은 크게 개인 서비스 로봇과 전문 서비스 로봇으로 나눌 수 있다(전도중, 2023). 개인 서비스 로봇은 교육, 가사 지원, 노인 돌봄(Dori, BOMI, Dasom), 재활 지원, 이동 지원 및 엔터테인먼트와 같은 작업에 사용된다. 여기에는 진공 청소 로봇인 룸바(Roomba) 또는 사회적 상호작용을 위해 설계된 로봇인 페퍼(Pepper)와 같은 로봇이 포함된다. 반면에 전문 서비스 로봇(공공 서비스 로봇, 극한 직업 로봇, 기타 산업용 로봇)은 병원, 사무실 또는 창고와 같은 상업 환경에서 사용되거나, 환자 관리, 사무실 청소 또는 재고 관리와 같은 작업을 수행하는데, 예컨대 병원의 TUG와 같은 로봇은 상품과 공급품을 운반하는 데 사용된다.

서비스 로봇의 핵심 기술은 컴퓨터 비전으로 서비스 로봇이 환경을 '보고' 해석할 수 있게 해 주며, 이는 물체 인식, 장애물 회피 및 탐색과 같은 작업에 매우 중요하다(문지윤, 김수민, 2022). 예를 들어, 창고에 있는 서비스 로봇은 컴퓨터 비전을 사용하여 특정 항목을 식별하고 픽업할 수 있다. 다른 중요 기술은 자연어 처리로 로봇이 인간의 언어를 이해하고 응답할 수 있도록 하는 것이며, 이는 케어 로봇이나 고객 서비스 로봇과 같이 인간과 직접 상호작용하는 로봇에 특히 중요하다. 또 다른 기술 중 하나는 에이전트가 환경과 상호작용하여 결정을 내리는 방법을 배우는 강화학습을 사용하는 것이다. 서비스 로봇의 맥락에서 강화학습은 로봇을 명시적으로 프로그래밍하지 않고 복잡한 작업을 수행하도록 로봇을 훈련하는 데 사용한다. 마지막 기술은 클라우드 로봇이다. 이 접근 방식은 클라우드 컴퓨팅을 활용하여 서비스 로봇의 기능을 향상하는 것으로 서비스 로봇을 클라우드에 연결하여 많은 양의 데이터와 컴퓨팅 리소스에 액세스할 수 있게 하여 더 빠르게 학습하고 적응할 수 있게 한다(최병기, 이종욱, 박성기, 이재호, 2020).

② 서비스 로봇의 과제

주요 과제 중 하나는 서비스 로봇, 특히 사람과 가까운 곳에서 작동하는 서비스 로봇의 안전과 신뢰성을 보장하는 것이다. 또 다른 과제는 로봇의 외모, 행동, 일자리에 대한 위협 인식 등의 요인에 의해 영향을 받는 서비스 로봇에 대한 인간의 수용성이다. 또 다른 과제는 서비스 로봇이 작동하는 실제 환경의 복잡성으로, 예측할 수 없고 동적인 경우가 많아 로봇이 안정적이고 효율적으로 작업을 수행하기 어렵다는 점이다. 또 다른 과제는 인간과 로봇의 효과적인 상호작용으로, 서비스 로봇은 기술적 전문 지식이 없는 사람과 상호작용해야 하는 경우가 많으므로 로봇은 사람의 언어와 제스처를 이해하고 반응할 수 있어야 하며, 사용자에게 직관적이고 편안한 방식으로 응답할 수 있어야 한다. 마지막으로, 서비스 로봇과 관련된 윤리적 · 법적 문제에는 개인정보 보호(특히 가정에서 작동하는 로봇의 경우), 법적 책임(로봇이 실수할 경우), 고용에 미치는 영향(로봇이 인간을 대체함에 따라) 등이 있다(최영림, 정상현, 김종욱, 2023).

③ 서비스 로봇의 미래 방향

AI 서비스 로봇의 미래 방향 중 하나는 인간과 로봇 협업 개발이다(전상원, 황병훈, 김병수, 2006). 로봇은 인간을 대체하는 대신 유능한 팀원으로서 인간과 함께 일하면서 기술을 보완하고 복잡한 작업을 지원하도록 설계할 수 있다. 코봇이라고도 하는 협동 로봇은 인간의 행동에 적응하고 의도를 해석하며 원활한 협력을 제공하여 생산성과 효율성을 높일 수 있다. 또한 AI 서비스 로봇은 정서적으로 지능적인 상호작용의 도전에도 나서고 있다. 감정 인식 및 감성 컴퓨팅 기술을 통해 로봇은 인간의 감정을 인식하고 이에 적절하게 반응할 수 있다. 로봇은 인간의 감정을 이해하고 공감함으로써 특히 의료, 교육 및 사회 환경에서 더욱 개인화된 정서적 지원을 제공할 수 있게 될 것이다(곽소나, 이동규, 이민구, 한정혜, 김명석. 2006). 또한 서비스 로봇을 사회적 지능을 가진 로봇으로 설계하면, 인간과 공감적인 상호작용을 하고 그에 따라 행동을 조정하여 특히 교육, 의료 및 노인 간호 환경(이용설, 송승근, 최훈, 2023; 조우홍, 2023)에서 개인화되고 정서적으로 지원되는 지원을 제공할 수 있다. 마지막으로 유망한 방향은 다중 로봇 시스템의 개발이다. 개별 로봇에 의존하는 대신 여러 로봇이 협력하고 작업을 조정하여 복잡한 작업을 효율적으로 수행할 수 있다. 이러한 협업은 물류, 제조 및 의료와 같은 분야에서 생산성 향상, 확장성 개선 및 기능 향상으로 이어질 수 있다.

〈표 2-15〉 **서비스 로봇의 기술, 과제 그리고 미래 방향**

	서비스 로봇
기술	• 개인 서비스 로봇과 전문 서비스 로봇 • 컴퓨터 비전, 자연어 처리, 강화학습 • 클라우드 로봇
과제	• 서비스 로봇의 안전과 신뢰성 • 실제 환경의 복잡성 • 효과적인 인간-로봇 상호작용 • 윤리적 · 법적 문제
미래 방향	• 인간-로봇 협업의 발전 • 정서 지능 및 사회 지능 기반 서비스 로봇 • 다중 로봇 시스템의 개발

출처: 챗GPT의 응답 내용을 표로 구성함.

(2) 드론

① 드론 기술

드론(무인 항공기)은 시스템에 내장된 소프트웨어 제어 비행 계획을 통해 원격으로 제어하거나 자율적으로 비행할 수 있는 항공기를 말한다. 드론에는 GPS, 적외선 카메라, 레이저 또는 소나 레이더 등 다양한 기술이 장착될 수 있다. 드론은 항공사진, 비디오 촬영, 부동산, 건설, 농업, 방위, 심지어 배달 서비스까지 다양한 용도로 사용된다. 예를 들어, 아마존은 30분 이내에 고객에게 소포를 안전하게 배송할 수 있도록 설계된 드론 배송 시스템인 아마존 프라임 에어를 개발했다. 환경 분야에서는 야생 동물 모니터링, 재난 관리, 매핑에 드론을 사용하여 접근하기 어려운 지역에 접근하여 야생 동물 보호에 필요한 데이터를 제공하고, 환경 변화를 추적하거나, 재난 구호 활동을 지원한다. 드론은 또한 군사 분야에서도 감시, 정찰, 표적 공격에 중요한 임무를 수행하며 전장의 실시간 이미지를 제공하여 인명 피해를 줄이는 데 이바지한다.

인공지능은 사람의 개입 없이 복잡한 작업을 수행할 수 있는 차세대 자율 드론을 구현하여 드론 산업에 혁신을 일으키고 있다. AI 드론은 기계학습 알고리즘을 활용하여 주변 환경을 이해하고, 의사 결정을 내리고, 경험을 통해 학습한다. 드론에서 AI의 주요 응용 분야 중 하나는 이미지나 비디오 분석으로, 카메라가 장착된 드론은 많은 양의 시각 자료를 수집하고, AI 알고리즘은 이 데이터를 실시간으로 분석하여 물체를 식별하고, 움직임을 추적하고, 패턴을 인식하는 등 감시, 농업, 야생 동물 보호, 재난 관리 등 다양한 분야에서 매우 중요한 기능을 수행할 수 있다.

AI는 자율 비행을 가능하게 하는 데에도 중요하다. 기존 드론은 사람이 조종해야 움직임을 제어할 수 있지만, AI 드론은 센서로 장애물을 감지하고 AI 알고리즘을 사용하여 장애물을 피하는 방법을 결정함으로써 스스로 주변 환경을 탐색할 수 있다. 이는 복잡한 환경을 탐색해야 하는 배송 드론이나 수색 및 구조 임무에 특히 유용하다. 또한 AI 드론은 변화하는 환경에 적응할 수 있다. 예를 들어, 농업 모니터링에 드론을 사용하는 경우 기계학습 알고리즘을 사용하여 수집한 데이터를 학습함으로써 시간이 지남에 따라 질병이나 가뭄의 징후를 식별하는 능력을 향상할 수 있다.

② 드론의 과제

드론의 주요 과제 중 하나는 드론의 안전과 신뢰성을 보장하는 것이다. 특히 감시 애플리케이션, 특히 사람과 가까운 거리에서 작동하거나 혼잡한 영공에서 작동하는 경우 AI 드론의 사용과 관련된 윤리 및 개인정보 보호 문제도 있다. 또 다른 과제는 드론이 작동하는 실제 환경의 복잡성으로, 예측하기 어렵고 역동적인 경우가 많아 드론이 안정적이고 효율적으로 작업을 수행하기 어렵다는 점이다. 또 다른 과제는 사람과 드론의 효과적인 상호작용으로, 드론은 기술적 전문 지식이 없는 사람과 상호작용해야 하는 경우가 많으므로 사람의 명령을 이해하고 응답할 수 있어야 하며, 사용자가 직관적이고 편안하게 사용할 수 있는 방식으로 작동해야 한다.

AI 드론과 관련된 윤리적 · 법적 문제도 있다(유주선, 2022). 예를 들어, 프라이버시(특히 인구 밀집 지역에서 작동하는 드론), 책임(드론이 피해를 입힌 경우), 고용에 미치는 영향(드론이 인간을 대체함), 잠재적 위험(AI 드론을 킬러로봇으로 사용) 등이 있다. 드론 사용에 관한 규정은 국가마다 다른데, 미국에서는 FAA(Federal Aviation Administration)가 드론의 레크리에이션 및 상업적 사용에 대한 규칙을 설정하였고, 이 규정에서는 드론이 어디에서 날 수 있는지, 얼마나 높이 날 수 있는지, 누가 드론을 조종할 수 있는지와 같은 문제를 다루고 있다.

③ 드론의 미래 방향

인공지능의 발전으로 더욱 더 지능적이고 성능이 뛰어나며 자율적인 드론이 개발되고 있으며, 이러한 유망한 방향 중 하나는 인식, 의사 결정 및 학습을 위한 더욱 정교한 인공지능 기술의 개발이다. 이러한 기술을 통해 드론은 더 복잡한 작업을 처리하고 환경 변화에 더 효과적으로 적응할 수 있게 될 것이다. 또 다른 미래 방향은 사물 인터넷(IoT) 및 5G 연결과 같은 다른 기술과 드론의 통합이다. 이를 통해 드론과 다른 기기 간의 새로운 형태의 상호작용과 협업을 할 수 있어져 '스마트' 드론 네트워크가 개발될 것이다. 마지막으로, AI 드론의 윤리적이고 책임감 있는 사용에 관한 관심이 높아지고 있는데, 여기에는 드론의 설계 및 사용에 대한 지침과 표준을 개발하고 드론의 기능과 한계에 대해 사용자를 교육하는 것이 포함된다. 그리고 기술이 발전함에 따라 드론을 안전하고 책임감 있게 사용할 수 있는 규제 프레임워크도 필요하다.

〈표 2-16〉 **드론의 기술, 과제 그리고 미래 방향**

	드론
기술	• 무인 항공기(GPS, 적외선 카메라, 레이저, 소나 레이더) • 컴퓨터 비전, 자연어 처리, 강화학습 • AI 드론
과제	• 드론의 안전과 신뢰성 • 실제 환경의 복잡성 • 효과적인 인간-로봇 상호작용 • 윤리적 · 법적 문제
미래 방향	• 정교한 인공지능 기술 개발 • 사물 인터넷 및 5G 기술과 통합 • 윤리적이고 책임 있는 사용

출처: 챗GPT의 응답 내용을 표로 구성함.

요약 | 인공지능 기술 및 활용 분야

● 정리하기

1. 자연어 처리

– 자연어 처리: 자연어를 통한 컴퓨터와 인간 간의 상호작용에 중점
– 자연어 처리 목표: 인간의 언어를 읽고, 해독하고, 이해
– 자연어 처리 활용: 텍스트 분류, 감성 분석, 기계 번역, 텍스트 요약, 챗봇 및 대화형 AI 시스템
– 텍스트 분류: 텍스트의 내용에 따라 텍스트나 문서를 다른 범주로 분류하는 과정
– 감성 분석: 텍스트의 정서적 상태와 주관적 정보를 체계적으로 식별, 추출, 정량화
– 기계 번역: 한 언어의 원본 텍스트를 다른 언어의 텍스트로 자동 변환
– 텍스트 요약: 핵심 정보 내용과 전반적인 의미를 보존하면서 간결하고 유창한 요약
– 챗봇: 인간과 같은 대화와 상호작용을 하도록 설계되어, 고객 서비스, 교육 및 의료를 포함한 다양한 영역에서 점점 더 많이 사용
– 대화형 AI 시스템: 시각 및 소리와 같은 다른 양식을 통합하여 전체적으로 인간과 상호작용함으로써 한 단계 더 나가서 시각적 단서, 청각 신호, 심지어 물리적 상호작용까지 이해하고 대응

2. 컴퓨터 비전

– 컴퓨터 비전: 시각적 세계를 해석하고 이해하도록 컴퓨터를 훈련
– 컴퓨터 비전 목표: 카메라와 비디오의 디지털 이미지와 딥러닝 모형을 사용하여 물체를 정확하게 식별하고 분류한 다음 '보는' 것에 반응하게 하는 것
– 컴퓨터 비전 활용: 이미지 분류, 객체 인식, 이미지 생성, 영상 인식과 자율주행 자동차
– 이미지 분류: 사진과 같은 입력을 받고 이미지의 내용을 가장 잘 설명하는 클래스 또는 범주를 출력하는 과정
– 객체 인식: 같은 이미지 내에서 여러 객체를 식별하고 레이블을 지정하는 작업
– 이미지 생성: GAN과 같은 생성 모형을 활용하여 주어진 데이터 세트와 유사한 새로운 이미지 생성
– 영상 인식: 컴퓨터 비전을 사용하여 환경을 인식하고 결정하는 것

3. 로보틱스

– 로보틱스: 로봇을 설계, 구축, 운용, 그리고 적용하는 과학적 · 기술적 분야로 컴퓨터공학, 기계공학, 전자공학 등 다양한 학문 분야가 결합한 복합적인 분야

- 인공지능 기반 로보틱스의 목표: 로봇이 복잡한 환경에서 독립적으로 행동하고 학습할 수 있게 해 주는 기술로 컴퓨터 비전, 자연어 처리, 계획 및 의사 결정 등 다양한 AI 기술을 로봇에 적용
- 인공지능 기반 로보틱스의 활용: 로봇 제어, 인공지능을 활용한 로봇 제조, 서비스 로봇과 드론
- 로봇 제어: 로봇을 조작하고 탐색할 수 있는 시스템을 설계하기 위해 제어 이론을 적용
- 강화학습: 로봇 제어에 특히 적합한 기계학습 유형으로 로봇은 행동을 취하고 결과를 관찰하며 보상이나 벌칙을 받고, 시간이 지남에 따라 로봇은 보상을 극대화하는 방법을 배우고 작업을 수행하는 방법을 효과적으로 학습
- 인공지능을 활용한 로봇 제조: 제너레이티브 디자인과 같은 기술을 사용
- 서비스 로봇: 인간을 돕기 위해 설계되어 청소 및 유지 보수에서 의료 및 접객에 이르기까지 다양한 작업을 수행
- 드론 또는 무인 항공기(UAV): 파일럿이 직접 탑승하지 않고 무선으로 조종해 사전 프로그램된 경로에 따라 자동 또는 반자동으로 날아가는 항공기

● 키워드

- 자연어 처리, 컴퓨터 비전, 로보틱스, 대화형 인공지능 시스템, 자율주행 자동차, 서비스 로봇, 드론

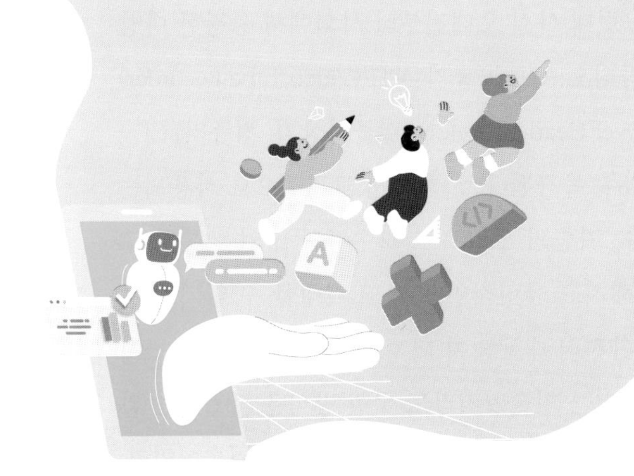

제3장 인공지능과 에듀테크

신기술이 가져올 미래 사회의 변화와 이로 인해 사라지거나 생겨날 직업 세계의 변화를 예견한 제4차 산업혁명의 거센 물결은 에듀테크에 대한 사회적 인식과 분위기를 다시금 환기시켰다. 인공지능, 블록체인, 빅데이터, 증강현실, 가상현실 등의 기술이 사회에 미치는 영향력이 지대하고 어느 누구도 이 영향력에서 예외일 수 없기 때문에 학교에서부터 에듀테크를 통해 체계적으로 그 역량을 길러야 할 필요성이 대두되었다. 또한 전 세계를 강타했던 COVID 19 팬데믹은 학교 교사, 학원 강사, 대학 교수를 포함한 말 그대로 거의 모든 교육자로 하여금 '사회적 거리두기'로 인해 비대면 교육을 실시하도록 만들었는데, 이제 수업에서 비대면 교육을 가능케 하는 에듀테크 활용을 거부하는 교육자는 거의 없다고 보아도 무방하다. 학부모도 자녀의 학습 결손을 우려하면서 에듀테크 기반의 교육을 수용하고 있다. 에듀테크에 대한 거부감 희석이나 적극적인 활용에 대한 관심의 증대는 COVID 19 팬데믹이 낳은 긍정적인 측면에서 교육적 부산물인 것이다.

1. 에듀테크와 기술 도입

1) 교육에서 기술 도입

에듀테크(Edu-Tech)는 교육(education)과 기술(technology)이 결합된 단어이다. 축자적으로 해석하면 '교육-기술'이며, '기술을 응용 · 활용하여 교육을 하자.'라는 선언적 의미를 갖는다. 이 선언적 의미 뒤에는 기술의 응용 및 활용이 교육목표 달성에 도움을 줄 것이라는 가정을 하고 있음은 물론이다. 그런데 사실 오래전부터 사회에서 등장한 다양한 기술들은 교육 분야에 적용되어 왔다. 라디오, TV, 녹음기, VTR(Video Tape Recorder) 혹은 VCR(Video Cassette Recorder), OHP(Over Head Projector), 실물화상기, 컴퓨터, CD-ROM 등 교육의 역사에서 기술의 도입은 자주 목격된다. 사회에서 보편적으로 사용되는 기술일수록 그러하다. 이는 당연한 일이다. 기술의 도입으로 교수자의 수업을 통한 교육내용 전달과 학습자의 학습활동이 용이해지고 긍정적인 효과도 기대할 수 있기 때문이다. 몇몇 기술들은 새로운 기술에 의해 완전히 대체되어 더 이상 사용되지 않는 구시대의 유물이 되어 버렸고, 현재도 사용되고 있는 기술일지라도 구현 방식은 과거와는 완전히 다르다. 하지만 과거 그 기술이 개발되었을 당시에는 그것이 최첨단의 기술이었고, 그것이 교육에 도입될 때는 신기술의 에듀테크였다.

신기술이라고 해서 기술 개발 초기부터 교육에 바로 도입되는 것은 아니다. 기술 개발 초기에는 기술 자체의 가격도 비쌀뿐더러 사회 구성원의 다수가 기술의 존재도 알지 못하거나 기술이 무엇을 위해 개발되었는지, 어떻게 사용해야 하는지도 모르기도 한다. 일단 기술의 가격이 내려가야 하고 사회 구성원 다수가 사용해야 한다. 이때 즈음이 되면 사회에 대한 그 기술의 중요성과 영향력이 크게 증가하면서 교육 분야에서의 도입도 급물살을 탔다. 사회의 다른 여러 분야에서 기술이 활발히 활용되고 있는데 교육 분야라고 해서 예외일 수는 없다. 곧 기술을 교육에서, 구체적으로는 학교의 교과 수업에서 어떤 방식으로 활용해야 하는가 하는 논의도 대두되었다. 이는 대개의 기술은 애초부터 교육 목적으로 개발된 것이 아니기 때문이다. 따라서 학교나 교과 수업이라는 맥락에서 어떻게 사용해야 하는지는 교육에 관심을 가진 사람의 몫이다. 그 결과, 교육부는 기술 도입에 대한 교육적 당위성을 마련하여 정책을 입안하고, 교육청은 수업 활용 지침을 만들어 경진대회와 같은 행사도 개최하고, 학교는 교사에게 수업에서 활용하도록 독려하고, 기술 도입에 선도적인 교사는 다른 교사보다 먼저 수업 활용 사례를 발표하며, 교육학자는 기술 도입이 가져올 학업 성취도, 학생의 만족도 등에 효과적인지 또는 효율적인지를 확인해 보는 연구를 하고 논문을 생산하였다. 더 나아가 그런 기술이 기존 교육의 모습을 얼마나 변화시킬지를 예상하거나 앞으로 다가올 미래교육을 재단하기도 하였다. 이렇게 기술 도입의 역사적 측면에서 보면 교육 분야는 에듀테크를 활용하지 않은 적이 없다. 지금까지 그래 왔다. 기술이 처음부터 교육에 적용을 목적으로 개발되는 경우가 아니라면, 앞으로도 교육 분야에 기술 도입은 이러한 전철을 밟을 것으로 예상할 수 있다.

현재와 같은 에듀테크가 도입된 시기는 정보통신기술(Information & Communication

Technology: ICT)을 이용하여 기존의 교육을 개선하거나 새로운 교육 서비스를 제공할 목적으로 교육에 활용하기 시작할 때부터이다. 이는 컴퓨터와 통신 기술을 통한 정보화가 주요 화두였던 시기였다. 이에 따라 교육 현장에서는 ICT 활용 수업이라는 이름으로 워드 프로세서, PPT, 스프레드시트와 같은 몇몇 대표적인 컴퓨터 소프트웨어가 수업에서 활용되었다. 곧이어 인터넷이 등장하면서 인터넷을 교육에 활용하는 방안으로서 웹 기반 학습이 논의되었고, 다음으로 사이버가정학습이나 인강(인터넷 강의)과 같은 이러닝 등이 크게 유행하였다. 페이스북(Facebook), 블로그(Blog), 트위터(Twitter) 등의 소셜 미디어(Social Medida)와 소셜 네트워크 서비스(Social Network Services: SNS)가 등장하자 소셜 러닝(Social Learning)이나 스마트러닝 등이 에듀테크를 이끌어 갔다. 학교 현장에서 교사는 ICT와 같은 에듀테크를 교과 수업에서 하나의 도구로 사용하였지만, 이러닝의 경우는 어떻게 사용하는가에 따라 교과 수업에서 하나의 도구로 사용하는 것뿐만 아니라 교육 플랫폼으로 사용할 수도 있었다. 교육 플랫폼으로 사용할 때는 이러닝 자체가 그 안에 교육목표와 교육내용, 수업활동 및 평가 등이 모두 명시적으로 들어가 있었다. 한편, 소셜 미디어나 SNS의 활용은 교과 수업에서 하나의 도구로 사용되기도 하지만 명시적인 교육목표나 내용도 찾기 힘든 무형식 교육으로서의 교육 환경으로 사용되는 경우도 있었다. 이와 동시에 모바일 테크놀로지가 발전하면서 앞에서 언급한 모든 에듀테크가 스마트폰이나 패드와 같은 모바일 기기에서도 구현이 가능하게 되었다. 중요한 사실은 이러한 에듀테크가 더 이상 쓸모없는 구시대의 기술이 아니라는 점이다. 아직도 교육 현장에서는 활용되고 있는 현재 진행형의 에듀테크라는 사실을 간과해서는 안 된다. 그리고 이제 챗GPT와 같은 인공지능이 중요 기술로 전 분야에 부상하여 교육에 영향을 미치기 시작했다. 에듀테크도 이제 인공지능의 영향력에서 자유로울 수 없는 시기가 되었다.

2) 에듀테크의 개념

앞서 에듀테크를 교육과 기술의 결합이라고 하면서, 교육에서 에듀테크를 활용하지 않은 적이 없다고 했다. 반은 맞고 반은 틀린 말이다. 에듀테크를 축자적으로 '교육-기술'로 번역한다면 맞는 말이다. 이는 에듀테크를 포괄적이며 일반적 의미로 사용하는 경우다. 하지만 과거에는, 심지어 ICT를 교육에 수용해서 활용할 때에도 에듀테크라는 용어는 당시 널리 사용되지 않았다는 점에서는 틀린 말이다. 에듀테크는 비교적 최근에 새롭게 등장한 신조어이기 때문이다. 그리고 또 하나, 에듀테크란 단어에는 0과 1로 대변되는 디지털 기술(digital technology)이라는 의미가 자리하고 있다. 과거에는 에듀테크가 아날로그 기술을 포함했지만, 신조어 에듀테크는 과거처럼 아날로그 기술이 아니다.

에듀테크와 유사한 의미로 통용될 수 있는 개념이 있다. 이는 에듀테크가 실제로 구현된 형태로 간주할 수도 있는 개념이다. 컴퓨터에 인터넷 네트워크를 결합하여 교육에 접목한 온라인상에서 이루어지는 이러닝과 스마트폰, 태블릿 PC, E-book 등의 스마트 기기를 활용하면서 이러닝을 접목한 스마트러닝이 그것이다. 여러모로 이러닝과 스마트러닝은 에듀테크와 유사성을 지녔지만, 특징에서 상이한 측면이 있다. 이러닝과 스마트러닝은 구축된 온라인 네트워크와 스마트 기기와 같은 하드웨어가 중요한 특징인 반면에, 에듀테크는 데이터와 소프트웨어가 중요한 특징이다. 하드웨어로 구축된 네트워크가 없으면, 사용하는 스마트 기기가 없으면, 이러닝과 스마트러닝은 애초부터 성립할 수 없다. 하드웨어가 그 서비스의 핵심 기반이라는 뜻이다. 그래서 온라인 네트워크를 가능하게 하는 설비 투자와 스마트 기기의 구입 및 보급 등이 에듀테크를 교육에 활용하는 최우선의 고려사항이었다.

하지만 에듀테크는 소프트웨어를 기반으로 하여 생성되는 데이터에 초점을 둔다. 개인별 학습자 분석, 의사소통, 정보 공유와 관리를 용이하게 함으로써 학습 성과를 향상시키는 것에 주안점이 있다. 이를 위해서는 소프트웨어와 이를 기반으로 하여 생성되는 데이터와 데이터 분석이 필요하다. 그렇다고 해서 에듀테크에는 하드웨어가 전혀 필요 없다는 의미는 아니다. 에듀테크에도 하드웨어는 필요하다. 에듀테크의 핵심은 하드웨어 측면의 완성을 넘어서 더 발전된 형태의 기술 활용이 필요한데, 새로운 소프트웨어와 각종 데이터가 그 역할을 하는 것이다.

2. 대표적인 에듀테크

1) 메타버스

(1) 스노우 크래시와 레디 플레이어 원

1992년 닐 스티븐슨(Neal Stephenson)이 출간한 SF 공상과학소설 『스노우 크래시(Snow Crash)』의 간략한 줄기리는 다음과 같다. 소설 속에서 등장인물들은 '아바타'라는 가상의 신체를 빌려 가상 세계인 '메타버스'로 들어간다. 한국인 어머니와 흑인 아버지 사이에서 태어난 주인공 '히로'는 현실에서 피자 배달부로 일하며 마피아에게 진 빚을 갚아야 하는 불행한 삶을 살고 있지만, 현실의 괴로움을 잊고자 접속하는 메타버스 안에서 그는 현실과는 달리 최고의 검객이자 해커이다. 히로는 메타버스 안에서 확산하는 신종 마약 '스노우 크래시'가 아바타의 현실 세계의 사용자 뇌를 망가뜨린다는 사실을 알고 '스노우 크래시'의 배후와 음모의 실체를 찾아 나선다.

세계적인 CEO와 개발자들에게 창조적 영감을 주었다고 평가받는 『스노우 크래시』의 서사는 2011년 어니스트 클라인(Earnest Cline)의 소설 『레디 플레이어 원(Ready Player One)』과 2018년 동명의 소설을 바탕으로 제작된 스티븐 스필버그(Steven Spielberg) 감독의 영화와 여러 면에서 매우 흡사하다. 소설과 영화의 줄거리는 대략 다음과 같다. 빈민촌에 사는 소년 '웨이드 와츠'에게 메타버스 세상 '오아시스'는 삶의 의미를 찾을 수 있는 유일한 곳이다. '파시벌'이란 이름의 아바타인 그는 현실에서 한 번도 만나지 못했던 오아시스 속 친구들과 함께 오아시스 창시자가 유언으로 남긴 이스터에그(easter egg)[1]를 찾아 모험을 시작한다. 이스터에그를 찾게 되면, 현실에서 거대한 부와 명예를 얻을 수 있는 오아시스를 소유할 수 있다. 이에 수많은 아바타가 이스터에그를 찾아 나서고 파시벌이 유리한 선두를 달리면서 강자가 되어 간다. 하지만 이스터에그를 차지하기 위해서라면 현실에서도 협박, 회유, 납치, 살인을 주저 없이 저지르는 대기업 IOI의 공격을 슬기롭게 헤쳐 나가야 한다.

『스노우 크래시』와 『레디 플레이어 원』 사이의 매우 유사한 부분을 정리하면, 주인공이 모두 현실에서 삶의 의미를 찾기 힘든 불우한 환경에 처해 있다는 점, 현실 도피를 위해서 메타버스로 접속한다는 점, 메타버스 속 아바타는 현실과는 달리 매우 유능하다는 점, 모험을 찾아 호기롭게 나선다는 점, 그 모험 과정에서 부딪치는 역경을 극복해야 한다는 점 등이다. 그러나 이러한 서사적 내용 말고 진짜로 주목할 만한 유사점은 두 개의 소설·영화가 그리고 있는 소설·영화의 배경으로서의 세상이다. 『스노우 크래시』가 메타버스를 최초로 의미화 해냈다면, 영화 『레디 플레이어 원』은 메타버스의 의미를 실감나게 컴퓨터 그래픽 효과를 가미하여 실사(實寫)로 구현하였다고 볼 수 있다. 소설을

1) 부활절 달걀이라는 의미인데, 이 말의 유래는 서양 기독교 문화에서 부활절에 미리 집안이나 정원에 달걀을 숨겨 두고 아이들에게 그 달걀을 찾도록 하는 풍습에서 유래했다고 한다. 컴퓨터 세상에서 이스터에그는 영화, 책, CD, DVD, 소프트웨어, 비디오 게임 등에 숨겨진 메시지나 기능이다(위키백과, https:// ko.wikipedia.org/wiki).

읽거나 영화를 보면 메타버스에 입장하기 위해서는 헤드셋을 쓰고, 전용 장갑을 낀다. 일단 입장하면 현실 세계와는 다른 '나'인 아바타가 된다. 정체를 밝히지 않으면 현실의 내가 누구인지 다른 사람들은 알지 못한다. 메타버스는 이처럼 철저하게 자신을 숨기며 새로운 삶을 살아갈 수 있는 곳이다.

메타버스는 초월의 'meta(메타)'와 우주의 'universe(유니버스)'가 만난 합성어이기 때문에 사전적인 의미로 해석하면 메타버스는 '초월우주'이다. 유니버스는 우주 외에도 '세상' '세계'라는 의미도 있으므로 '초월적 세계' '초월적 세상'이라는 말로도 이해할 수 있다. 우리나라에서는 그냥 메타버스라고 통한다. 소설 『스노우 크래시』가 지금으로부터 30여 년 전인 1992년에 출간되었으므로, 메타버스 개념 역시 30년이 지난 케케묵은 오래된 것일지 모른다. 월드와이드웹, 사이버, ICT, 이러닝, 유비쿼터스, 소셜 미디어, 사물인터넷 등 1990년대부터 지금까지 등장하고 유행하던 그 어떤 단어보다 먼저니 말이다. 그러나 앞서 제시한 그 어떤 단어보다 훨씬 새롭게 느껴지며 진보한 개념으로 읽힌다. 가장 큰 이유는 메타버스의 구현 기술이 지금에서야 이루어지고 있기 때문이다. 『스노우 크래시』에서의 다음 글은 30년 전에는 이런 방식으로 구현할 수 있는 기술이 없었다는 점을 알 수 있게 해 준다.

> 양쪽 눈에 서로 조금씩 다른 이미지를 보여 줌으로써, 3차원적 영상이 만들어졌다. 그리고 그 영상을 일초에 일흔두 번 바뀌게 함으로써 그것을 동화상으로 나타낼 수 있었다. 이 3차원적 동화상을 한 면당 이 킬로픽셀의 해상도로 나타나게 하면, 시각의 한계 내에서는 가장 선명한 그림이 되었다. 게다가 그 작은 이어폰을 통해 디지털 스테레오 음향을 집어넣게 되면, 이 움직이는 3차원 동화상은 완벽하게 현실적인 사운드 트랙까지 갖추게 되는 셈이었다.
>
> 그렇게 되면 히로는 이 자리에 있는 것이 아니었다. 그는 컴퓨터가 만들어 내서 그의 고글과 이어폰, 계속 공급해 주는 가상의 세계에 들어가게 되는 것이었다. 컴퓨터 용어로는 메타버스라는 이름으로 불리는 세상이었다(pp. 48-49).

(2) 메타버스의 정의와 핵심 기술

〈레디 플레이어 원〉은 닐 스티븐슨의 '메타버스' 개념을 잘 표현한 영화이지만, 메타버스가 갖고 있는 유일한 모습은 아니다. 기술에 대해 상이한 관점을 가진 사람마다, 기업마다 각각 다른 모습의 메타버스를 상상한다. CEO 마크 저커버그(Mark Zuckerberg)는 메타버스에 충실하고자 사명 '페이스북(Facebook)'을 '메타(Meta)'로 변경하였다. 그가 보는 메타버스는 페이스북, 인스타그램(Instagram)처럼 물리적 공간에 같이 있지 않은 다른 사람들과 함께 창조하고 탐험할 수 있는 가상공간의 집합체이다. 반면에 구글에서는 구글 어스(Google Earth)처럼 실제 현실 세계의 지역, 정보, 특징을 반영하는 모습의 메타버스를 구현한다. '포켓몬 GO'라는 게임을 개발한 '나이앤틱(Niantic)'은 게임 유저의 현실 공간 위치와 모바일 기기 모니터를 대응하는 방식으로 메타버스를 구현한다. 또한 개더타운(Gather Town)을 개발한 회사로 알려진 개더 프레젠스(Gather Presence)는 가상 오피스 겸 화상 회의 웹 플랫폼 형식으로의 메타버스를 구현한다. 이처럼 아직 합의된 하나의 메타버스 정의는 없다고 보는 편이 옳다. 따라서 정의보다 더 중요한 점은 메타버스를 구현할 수 있는 기술이다. 사용하는 기술에 따라 메타버스의 모습이 다르기 때문이다.

메타버스는 두 가지 핵심 기술이 중요하다. 하나는 증강기술이며, 다른 하나는 시뮬레이션이다(Smart et al., 2006). 증강기술(augmentation)은 이미 실재하는 시스템 위에 추가적으로 능력과 기능을 덧붙이는 기술이다. 실제로 대표적으로 이 증강기술이 구현된 모습을 보면 실제의 물리적 환경 위에 가상적 정보를 겹치는 형태이다. 예를 들어, 사용자가 서울 광화문 광장에서 모바일 기기를 들고서 세종대왕 동상을 바라볼 때 모바일 화면에 세종대왕의 정보가 제시되는 것이다. 만일 사용자가 몸을 돌려 모바일 기기를 미국대사관 건물에 맞추면 대사관 정보가 화면에 표시된다. 자동차 내비게이션도 지도 위에 실제의 위치가 실시간으로 표시되는 것이므로 증강기술의 한 예이다. 메타버스에서는 물리적 환경에 대한 우리의 감각과 인식에 더해 새로운 제어 시스템과 정보를 계층화시키는 기술로 구현되고 있다.

새로운 시공법이 이론적으로 증명되었다고 해서 많은 돈을 투자하여 교량이나 건물 공사를 바로 착공할 수 없다. 10분의 1, 100분의 1, 1,000분의 1로 축소하여 교량과 건물을 만들어 보거나 컴퓨터로 바람, 토양, 하중 등을 고려한 프로그램을 만들어 실험해 보아야 한다. 비행 조종 자격증을 갓 취득한 초보 조종사에게 수백 명의 승객을 태운 수백억짜리 비행기 조종을 바로 맡길 수는 없다. 여러 기상 상황, 기체 결함 등이 조건으로 주어졌을 때 적절히 대처할 수 있도록 진짜 비행기를 조종하는 것처럼 해 주는 프로그램을 통한 훈련이 필요하다. 대도시에서 바이러스의 확산을 예측하는 모델을 개발했다고 해서 이를 증명하고자 실제 바이러스를 대도시에 풀어놓을 수는 없다. 강력한 바이러스의 경우, 무언가를 증명하고자 하더라도 실험실 외부에서의 실제 실험은 너무도 위험하다. 이처럼 시뮬레이션(simulation)은 실제로 바로 실행해 보기 어렵거나 불가능한 것을 모의로 실험해 보는 기술이다. 따라서 시뮬레이션 기술은 실제 환경을 모델링하여 새로운 환경을 제공하는 기술이다. 메타버스는 사용자와 대상 간의 상호작용을 위한 장소 또는 공간으로서의 시뮬레이션 된 세계를 제공하는 기술로 구현되고 있다.

(3) 메타버스의 유형

미국의 비영리 연구 기관인 가속연구재단(Acceleration Studies Foundation: ASF)에서는 메타버스의 유형을 4개로 나눈다. 이 구분은 앞서 설명한 2개의 핵심 기술, 즉 증강기술과 시뮬레이션 기술을 세로축으로 하고, 내적인 요소와 외적인 요소를 가로축으로 하여 2차원 평면으로 나타낼 수 있고, 메타버스의 유형은 [그림 3-1]에서처럼 세로축과 가로축을 사이에 둔 네 가지 형태로 표현할 수 있다(Smart et al., 2006).

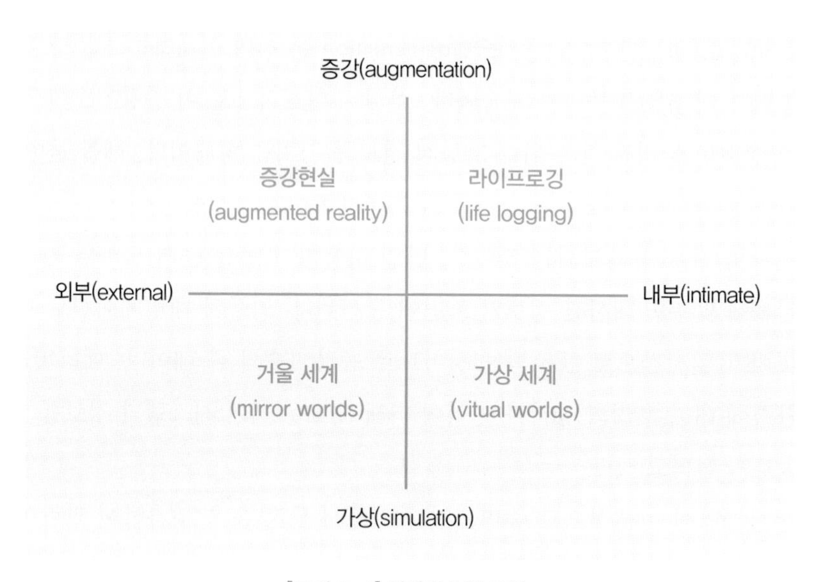

[그림 3-1] 메타버스의 유형

출처: Smart et al (2006).

첫째, 증강현실(Augmented Reality)은 이미 실재하는 현실 이미지나 배경에 부가 기능을 추가하는 기술이다. 현재 증강현실은 현실의 물리적 환경에 가상의 이미지를 중첩시키는 것으로 구현된다. 현실 공간에 존재하는 각종 대상물 위에 2D나 3D로 표현된 디지털 콘텐츠를 겹쳐 보이게 함으로써 현실 공간의 대상물을 눈으로 보면서 그 대상물의 정보를 볼 수 있게 한다. 자세한 것은 다음 절에서 설명한다.

둘째, 라이프로깅(Lifeloging)은 개인의 생활에 디지털 기술을 적용시킨 것이다. 블로그가 웹(web)과 그날그날의 일을 적은 기록이란 뜻을 가진 '일지(日誌)'의 로그(log)의 합성어이며, 브이로그가 영상을 찍는 비디오(video)와 블로그(blog)의 합성어인 것처럼, 라이프로깅은 라이프(life)와 로그(log)의 합성어로서 '삶 + 일지' '삶을 적은 기록'이란 뜻을 지녔다. 따라서 개인의 일상생활과 관련한 정보를 기록 · 저장 · 관리 · 재현하는 기술이 라이프로깅이다. 라이프로깅 기술을 통하여 개인은 일생생활에서 발생하는 거의 모든 순간을 텍스트, 영상, 사운드 등으로 기록 · 저장 · 관리 · 재현하며 원하거나 필요할 때 타인과 공유할 수 있다. 여러 소셜 미디어 서비스(예: 인스타그램, 페이스북, 블로그 등)뿐만 아니라 스마트 워치와 카메라, 개인형 맞춤 피트니스 프로그램, 구글 등은 라이프로깅 기술을 서비스하고 있다.

셋째, 거울 세계(Mirror Worlds)는 물리적인 현실 세계를 거울에 비추듯이 그대로 반영하고 정보적으로 확장한 세계를 말하는데, 이때 정보적 확장은 물리적 현실 세계와 관련한 여러 요소나 정보를 가상으로 더하여 보여 주는 것이다. 예컨대, 구글 어스(Google Earth)는 세계의 거리 모습을 위성 사진으로 볼 수 있는 서비스인데, 위성 이미지, 지형, 건물 정보 등의 데이터를 현실 세계의 공간에 반영하고 있다. 이와 유사한 서비스로서 네이버 지도, 카카오 맵, 내비게이션 프로그램, 에어비엔비(airbnb) 등을 현재 이용할 수 있다.

넷째, 가상 세계(Virtual Worlds)는 실제 존재하는 것처럼 보이지만 존재하지 않는, 또는 실제와 유사하지만 실제와는 전혀 다른, 그래서 가상의 만들어진 세계이다. 만들어진 세계이니만큼 물리적 공간에서 제약받는 여러 기능을 제한할 수도, 능가나 확장할 수 있기 때문에 창작에 제약이 없다는 점이 특징이다. 동물의 숲, 포트나이트 등 게임으로 분류되는 유희적 가상 세계나 제페토, 세컨드라이프 등의 사회적 가상 세계가 현재 구현되어 서비스되고 있다.

2) 증강현실, 가상현실, 혼합현실

증강현실(Augmented Reality: AR)은 앞서 메타버스의 한 유형으로 설명한 바와 같이 우리가 경험하는 현실 세계의 대상 위에 가상의 이미지와 정보를 중첩시키는 기술을 통해 구현됨으로써 현실 세계에 가상의 정보가 더해진 현실을 말한다. 현재 구현되어 있는 모습은 스마트폰이나 AR Glass와 같은 디지털 기기와 연동된 카메라를 통해서 보이는 현실의 건물, 거리 위에 가상의 이미지와 정보를 겹쳐서 보여 주는 것이다. 증강현실은 지리나 위치 정보를 송수신하는 GPS 장치, 자이로스코프 시스템, 그리고 스마트폰의 카메라를 기반으로 작동한다. 증강현실은 사용자가 현재 보고 있는 공간을 유지한다는 측면에서 만들어진 세계인 가상현실과는 차별점이 있다.

증강현실의 예로는 2017년 출시하여 선풍적인 인기를 끌었던 포켓몬GO가 있다. 이는 현실 세계에 존재하는 거리의 위치 정보를 모바일 앱과 연동하여 스마폰을 통해서만 보이는 포켓몬을 잡는 게임이다. 제조, 의료, 유통, 자동차 분야와 같은 산업용 증강현실 프로그램도 개발되어 있어서, 예컨대 수술을 집도하는 의사가 증강현실이 적용된 안경을 쓰면 피에 의해 가려진 수술 장기를 보게 해 주거나 수술 장기의 이름이나 상태와 같은 정보를 볼 수 있다. 현재 널리 사용 중인 자동차 운전석에 적용된 HUD(Head-Up Display)는 자동차 앞 유리에서 보이는 실제 도로 장면에 주행 정보를 추가해서 보여준다. 또한 직접 매장에서 옷을 입어 보지 않아도 화면에서는 마치 입은 것처럼 보여 주기도 한다. 교육용으로는 상용화된 AR 기반의 그림책, 전자 교과서 등이 있다. 증강현실에는 가상 데이터가 급증하면서 정보 과부하가 발생할 수 있다는 문제점도 있지만, 기술 발달에 따른 장점도 있다. 현실의 같은 공간에서 있는 동일한 대상일지라도 사용자에 따라 중첩되는 가상 정보가 각기 다를 수도 있다는 것이다. 이렇게 되면 증강현실도 사용자의 개인차에 따른 개별화 혹은 맞춤형으로 발전할 것이다.

가상현실(Virtual Reality: VR)은 우리가 경험하는 현실의 물리적인 공간이 아닌 컴퓨터 기술을 통해 구현된 만들어진 현실이다. 만들어진 것이기 때문에 현실을 완전히 다른 혹은 새로운 디지털 공간으로 대체할 수 있으며, 개발자에 따라 천차만별의 디지털 공간이 창조될 수 있다. 창조된 디지털 공간에서의 현실은 실제 현실이 아니라 가상의 현실이기 때문에 현실에서 느낄 수 없는 다양한 경험이 가능하다. 예를 들어, 먼 다른 은하에 있는 외계인 사회를 방문하거나, 신라나 고려 시대로 여행하거나, 요정이나 도깨비 등이 등장하는 판타지 세계에서 마법사가 되거나, 블랙홀 내부로 빨려 들어가거나, 또는 동물 세계에서 개나 고양이가 되어 보는 경험 등등 현실에서는 불가능한 상상과 공상 속의 세계에 있는 듯한 느낌과 경험 말이다.

가상현실에서 중요한 점은 가상 세계로 들어가기 위해서는 사용자 주변의 실제 환경을 차단해야 한다는 점이다. 실제 환경이 제공하는 감각 정보를 사용자가 느낄 수 있다면 온전한 가상현실을 경험할 수 없기 때문이다. 이 때문에 실제 환경의 감각을 차단할 수 있게 해 주는 머리에 쓰는 HMD(Head-Mounted Device) 또는 헤드셋이 가상현실의 기반이 되는 주된 기술이다. 현재 가상현실 기술은 게임이나 엔터테인먼트 분야에서 많이 발전했으며, 건축 분야와 교육 분야에서도 여러 프로그램과 서비스가 개발되어 있다. 특히 교육 분야에서는 시공간을 초월하는 실감 나는 경험을 하도록 해 주기 때문에 효과적이다.

혼합현실(Mixed Reality: MR)은 증강현실과 가상현실을 결합한 현실로 더 진보된 형태의 기술이며, 실제 세계와 가상 세계가 혼합된 새로운 세계를 말한다. 핵심은 실제 세계에서의 경험과 가상 세계에서의 상호작용을 동시에 제공한다는 것에 있다. 예를 들어, 혼합현실 기술이 구현된 상태에서 사용자가 실제 경주의 첨성대 앞에서 신라 시대의 선덕여왕을 만나서 대화를 한다고 가정하자. 이때, 사용자가 현재 서 있는 경주 첨성대는 실제 세계이며, 사용자가 선덕여왕과 만나서 대화(상호작용)를 하는 것은 가상현실이다. 만일 이 장면 전체를 혼합현실이 아니라 전적인 가상현실로 만든다면, 사용자는 실제 첨성대 앞에 서 있을 필요가 없다. 선덕여왕뿐만 아니라 첨성대 앞 공간도 가상현실의 한 부분으로 창조할 수 있기 때문이다. 이처럼 혼합현실은 실제 현실을 인식하고 감감으로 느끼면서 가상 세계의 대상과 상호작용하는 것이다. 혼합현실 기술은 게임뿐만 아니라 교육, 의료, 건축 등의 분야에서도 사용된다. 예컨대, 건축 분야에서 가상으로 건물을 설계하고 실제 공간에서 확인할 수 있으며, 교육 분야에서라면 실제 세계와 가상 세계가 서로 혼합된 경험을 제공하여 학습효과를 향상시킬 수 있다.

현실 세계에 가상의 요소가 중첩되는 증강현실, 현실 세계와는 상이한 가상 세계로 안내하는 가상현실, 현실 세계에서 가상현실과 상호작용이 가능한 혼합현실의 기술들을 적용한 프로그램이나 서비스는 모두 사용자로 하여금 몰입하도록 설계되었다. 확장현실(Extended Reality: XR)은 이 세 가지 몰입형 기술을 모두 활용하여 확장된 세상을 창조하는 초실감형 기술이며, 현실에서 느끼는 감각을 시공간을 넘어 확장하려는 기술적 시도이다. 현재 인간의 다섯 가지 감각자극의 상호작용을 기술을 통해서 구현하면서 현실감을 확장하려고 노력하고 있다.

3) 게임

(1) 게임, 게임학습 및 게이미피케이션

게임(game)은 동사 'enjoy'와 동사 'play'가 함께 풀이되는 단어이다. 게임의 목적 측면에서는 '즐기다' '즐거워하다'의 의미인 'enjoy'가 가정되는데, 게임을 하는 이유가 즐기기 위해서 또는 즐겁기 위해서, 다른 말로 유희인 것이다. 또한 'play a role(역할을 수행하다)' 'play the piano(피아노를 연주하다)'처럼, 'play a game(게임을 하다)'이라고 표현하는데, 이는 'play'가 가진 게임의 행위적인 측면을 나타낸다. 'game'을 명사 'play'의 뜻인

'놀이'와 동일한 의미로 해석할 때는 'game'을 놀이 또는 유희의 수단으로 본 것이다. 이렇게 보면 'game'과 놀이는 어떤 행위를 유희하는 것이며 동시에 유희를 위한 어떤 행위이다. 게다가 이 행위는 유희 자체가 목적이기 때문에 능동적이며 자발적인 성격을 갖는다. 유희가 강력한 보상으로 작동하는 것이다. 게임 중독이 생기는 근본 이유이다. 게임 중독이란 유희에 너무 빠진 나머지 집착이 되어 스스로가 주체하기 힘든 정도가 한창 지난 상태인 것이다.

게임의 중요성과 긍정적 측면을 요한 하위징아(Johan Huizinga)처럼 잘 밝힌 학자도 없다. 그가 집필한 세계적인 명저, 유희하는 인간의 뜻을 가진 『호모루덴스(Homo Ludens)』에서 그는 인간의 본질을 유희, 놀이의 관점에서 파악한다. 유희가 정신적 창조 활동으로서 학문과 예술과 문화의 기본이라는 것이다. 그에 따르면, 유희와 놀이는 특정 시간과 공간 내에서 벌어지는 자발적 행동 혹은 몰입 행위로서, 자유롭게 받아들여진 규칙을 따르되 그 규칙의 적용은 엄격하며, 놀이 그 자체에 목적이 있고 일상생활과는 다른 긴장, 즐거움, 의식을 수반한다(Huizinga, 1938).

게임은 현대에 와서 디지털, 즉 컴퓨터로 구현된다. 컴퓨터로 구현된 게임은 게임을 하는 이용자가 게임 속의 플레이어가 되어 규칙에 따라 설정된 가상의 임무를 완성해 가면서 정량화할 수 있는 결과를 만들어 내거나, 플레이어가 게임 속의 규칙, 상호작용, 피드백에 따라 설정된 도전 과제에 참여하면서 반응을 도출하는 결과를 만들어 내는 시스템이라 할 수 있다(Tekinbas & Zimmerman, 2003). 게임에 참여하는 사람은 플레이어로서 서로 경쟁하기도 하고 때로는 협력하기도 하면서 게임에서 제공하는 임무나 과제를 해결한다는 게임의 이 특성을 교육에 이용하려는 시도가 게임학습(Game Learning)이다. 학습자가 게임을 하는 과정에서 자연스럽게 학습하기를 기대하는 것이다. 게임을 하면서 완성해 나가는 임무나 해결해야 하는 도전 과제를 수업에서 학습자가 성취해야 하는 학습과제로 대체할 수 있다면 게임은 학습을 위한 훌륭한 수단이 된다.

비록 게임으로 구현하지 않아도 학습에 게임을 활용하는 방안을 생각해 볼 수 있다. 이와 관련하여 게이미피케이션(gamification)이란 단어가 자주 언급되고 있다. 'game'과 '~fication('~식으로 만들다', 또는 접미사 '~화')'를 합성한 단어로 '게임화'라는 용어보다 '게이미피케이션'으로 더욱 많이 쓰인다. 게임에서 볼 수 있는 재미(유희), 보상, 경쟁 등의 특성을 다른 분야에 적용한다는 의미를 지녔는데, 이처럼 게이미피케이션은 게임이 아닌 것에 게임적 요소를 활용하는 것을 말한다. 게이미피케이션의 주요 목표는 경쟁, 보상, 성취, 사회적 상호작용 등 사람들의 자연스러운 욕구를 활용하여 교육, 산업, 건강,

비즈니스, 마케팅 등과 같은 여러 분야에서 재미있고 즐거운 경험을 제공하는 것이다. 게이미피케이션이 적용되기 위한 주요 구성요소로는 목표 및 목적, 규칙 및 메커니즘, 피드백 및 진행, 사회적 상호작용, 스토리텔링 및 테마 등이 있다.

(2) 게이미피케이션 교육과 게임기반학습

게이미피케이션 교육은 게이미피케이션이 교육에 접목되는 경우이다. 마치 학습도 게임처럼 놀이로 할 수 있도록 만드는 것이다. 앞에서 게임을 설명할 때, 유희를 목적으로 한 게임은 능동적이며 자발적인 성격을 갖고 있다고 했는데, 그 이유는 유희, 재미, 놀이는 사람들의 원초적 본능에 가까워서 누구나 재미있는 활동에는 기꺼이 참여하기 때문이다. 따라서 교수-학습 활동 속에서 재미를 느끼게 해 주는 게임 요소가 가미되어 있다면 누가 시키지 않아도 학습자의 참여는 이루어질 것이며, 그런 교수-학습 환경은 학습자에게 매력적이 될 것이다. 이는 학습자가 학습활동에 참여시키는 동기유발에 도움을 준다. 따라서 게이미피케이션 교육을 잘 설계한다면 학습자의 동기 문제와 학습활동 참여 문제는 해결할 수 있다. 더욱이 학습자가 특정의 활동을 완수했을 때, 게임의 요소인 보상을 제공한다면 효과는 높아진다. 여기에 그 특정한 활동을 타 학습자나 타 학습자 팀과의 선의의 경쟁으로 만들면 효과는 더욱 커진다. 요약하면, 게임 자체가 갖고 있는 재미적 요소와 게임 참여에서 획득할 수 있는 보상과 경쟁은 게이미피케이션 교육을 효과적이며 매력적인 수업방안으로 만든다(조헌국, 2022). 이와 관련하여 1990년대에 엔터테인먼트 기법을 적용한 에듀테인먼트(Edutainment)가 등장하였고, 2000년대에는 교육, 공공, 비즈니스 등 다양한 분야에서 게임이 적용되기 시작하였다. 요약하면, 게이미피케이션 교육은 기존의 교수-학습 과정의 틀 안에서 게임적 요소를 추가하는 것이다. 게임적 요소는 교수-학습 활동을 위한 학습자의 동기와 참여도 향상이나 수업목표 달성을 위한 요소일 뿐이다. 수업을 위한 도구나 방법적 측면에서의 게임인 것이다.

게이미피케이션은 수업이 먼저고 게임이 나중이다. 기존 수업의 과정에 게임적 요소를 첨가하기 때문이다. 반면에 게임기반학습(Game-Based Learning: GBL)은 게임이 먼저고 수업이 나중이다. 이는 GBL이 하나의 수업모형이며, 게이미피케이션 교육과는 달리 수업이 게임의 틀에 적용된다는 의미이지 수업이 덜 중요하다는 뜻은 아니다. GBL은 말 그대로 수업을 위해 게임과 게임의 원리를 사용한다. 즉, 게임이 갖고 있는 임무(미션), 보상, 경쟁과 협력 등 학습자가 게임 내의 플레이어가 되어 게임을 하면서 무엇인가를 학습하는 것이다. 이를 위해 학습내용이 학습자, 즉 플레이어가 수행하는 임무, 보상,

경쟁, 협력 등과 밀접히 연동되어야 하는데, 이 모든 것이 게임의 시나리오로 구성되어 있어야 한다. GBL에는 애초부터 학습을 목적으로 개발된 교육용 게임을 활용할 수도 있고, 교과의 내용을 가르치기 위해 학습자에게 인기 있는 게임을 이용할 수도 있다. 중요한 점은 게임이라는 것 자체가 오락과 재미 요소를 갖추고 있기 때문에 학습자가 게임을 하고 싶어 한다는 사실이다. 따라서 GBL은 교수-학습활동에 학습자의 자발적이고 적극적인 참여를 기대할 수 있다. 또한 게임을 수행하는 과정은 어떤 임무를 완성하는 것이기 때문에 플레이어는 임무 완성을 위한 각종 전략을 수립하게 되는데, 이 과정은 타인과의 경쟁 및 협력 관계를 구축하게 하면서 문제해결력, 의사결정력, 비판적 사고력을 향상시켜 준다. 게다가 게임 내의 임무가 작은 여러 소규모의 임무로 나뉘어져 있어서 하나의 작은 임무를 완성하면 레벨 업이 되면서 보상이 주어지는데, 이때 학습자는 성취감과 자신감도 생기게 된다.

4) 소셜 미디어와 소셜 네트워크 서비스

(1) 개념과 영향력

2010년부터 2011년까지 아프리카 국가 튀니지에서 일어난 혁명을 '재스민 혁명'이라고 불린다. 재스민은 튀니지의 국화이기 때문에 붙여진 별칭이다. 뒤이어 중동과 북아프리카에서도 혁명이 일어나 정부가 뒤바뀌는 결과가 도출되었고 이것도 재스민 혁명이라고 불린다. 소셜 미디어와 소셜 네트워크 서비스(Social Network Services: SNS)가 이러한 재스민 혁명을 가능하게 했다는 것은 공공연한 사실이다. 독재 국가의 언론 탄압과 검열이 인터넷상에서 흐르는 정보까지 모두 통제할 수 없다는 사실을 여실히 보여 준 이 사례는 소셜 미디어와 SNS가 미치는 영향력이 얼마나 강력한지를 잘 보여 주었다. 텍스트, 이미지, 음악, 동영상 등 멀티미디어를 활용한 사회적 상호작용이 가능한 소셜 미디어는 그 활용의 기본적 주체가 개인이기 때문에 특히 그러하다. 그만큼 파급력도 상당하고 사람들이 널리 이용하는 것이다.

소셜 미디어란 멀티미디어와 쌍방향 테크놀로지를 통해 사회적 상호작용을 가능하게 하는 커뮤니케이션 행태이며 사용자가 생성한 콘텐츠를 서로 교환할 수 있도록 해 주는 인터넷 응용 서비스 묶음(Kaplan & Haenlein, 2010: 노기영, 2012에서 재인용)으로 정의된다. 그리고 SNS는 사용자들을 연결시켜 관계망을 형성하도록 만들어 주는 소셜 미디어의 구체적 형태라고 할 수 있다. 소셜 미디어와 SNS는 페이스북, 트위터, 인스타그램, 유튜브, 카카오 스토리, 웹 블로그, 밴드, 링크드인, 플릭커, 스레드 등 서비스가 추구하는 목적에 따라 특징이 다양해지고, 스마트폰과 같은 모바일 테크놀로지로도 접속할 수 있게 되면서 특정 지역이나 국가만이 아니라 인터넷과 연결될 수 있다면 어디서나 접속되어 활용되고 있는 보편적 현상이다(조규락, 2022; 한상기, 2014). 특히 요즈음의 MZ 세대에게 SNS는 자신들의 일상생활에서 없어서는 안 될 필수적인 도구이다.

소셜 미디어와 SNS의 사용자가 크게 늘어나는 이유를 단순한 커뮤니케이션 행태의 변화로 설명하는 것만으로는 충분하지 않다. 커뮤니케이션을 훨씬 뛰어넘는 장점뿐만 아니라 장점에 필적하는 단점도 가지고 있기 때문이다. 대표적 장점으로 ① 오프라인의 지역적 한계를 벗어나 인터넷을 통해 타 지역과 나라 사람과의 관계 형성이 쉽다는 점, ② 정보의 바다라고 불리는 인터넷을 기반으로 하고 있어서 지식의 습득과 정보 수집의 기회가 넓다는 점, ③ 지식과 정보의 전달이 거의 실시간으로 가능하므로 여론 형성이 빠르다는 점을 꼽고 있다. 반면에 장점에 필적하는 대표적인 단점으로는 ① 자기 자신을 포함한 타인들의 정보가 의도치 않게 노출되어 기업의 상업적 마케팅, 사생활 노출, 보이스 피싱 등의 악용 사례가 출현하고 있다는 점, ② 빠른 정보의 확산은 잘못된 소문이나 루머에도 해당되며, 누군가는 고의적으로 가짜 뉴스를 생산한다는 점, ③ 잘못된 대화와 의사소통으로 오해가 확산하고 인간관계도 진지하지 않고 일시적이며 가벼운 관계가 될 수 있다는 점이 있다(소셜 미디어 연구포럼, 2012; 이재현, 2012). 하지만 단점이 아무리 심각하더라도 소셜 미디어와 SNS는 이미 우리의 사회적 · 문화적 삶에 깊숙이 들어와 영향을 미치고 있다. 사용자는 저마다의 목적을 갖고 사용하면서 단점으로 인한 피해보다는 장점으로 인한 이익을 추구하는 것이다. 그리고 소셜 미디어와 SNS는 PC뿐만 아니라 모바일 플랫폼에서도 이용이 가능해졌고, 누구나 손쉽게 소셜 미디어에 접속이 가능해졌다. 따라서 앞으로 그 영향력은 더 커질 것으로 예측할 수 있다.

교육에서도 예외는 아니다. 많은 학습자가 이미 소셜 미디어의 다양한 서비스를 활용하고 있고 그 안에서 다양한 활동을 하고 있기 때문이다. 이 활동에는 자기 주도적으로 표현하고, 타인과 관계를 맺고, 대화를 하며, 정보를 검색하면서 또한 정보를 공유하는 등의 교육적 활동과 직접적으로 유사한 활동이 포함되어 있다(조규락, 2022). 소셜 미디어와 SNS에서의 이런 활동은 물론 학교교육이라는 공교육과 형식교육 내에서 발생하는 것은 아니지만, 학습자의 이런 활동을 교육 상황에서 적극적으로 활용할 필요가 있다. 소셜 미디어와 SNS를 교수–학습의 환경이나 도구로 이용하는 것이다. 예를 들어, 학습에 필요한 자료와 정보를 검색하게 하거나, 상호작용을 위한 의사소통의 수단으로 삼을 수 있다.

(2) 소셜 러닝과 학습경험

소셜 러닝(Social Learning)은 소셜 미디어나 SNS가 제공하는 기능을 통해 다른 학습자와의 지식 공유, 의견교환 등의 상호작용을 하면서 이루어지는 학습을 뜻한다(성진희, 전주성, 2012). 구체적으로는 앞서 설명한 다양한 종류의 소셜 미디어를 학습 플랫폼으로 하여 타인과의 관계가 학습으로 연결되는 것이다. 즉, 다른 사람과의 상호작용하는 관계를 통해서 지식을 함께 탐색하며, 공유하고, 생산해 가는 학습자 중심의 교수-학습 패러다임으로서 사회적 상호작용에 기반을 두는 점이 핵심이다. 따라서 소셜 러닝은 기존의 교사 중심의 일방향적인 지식 전달이 아니라 학습자 간 또는 학습자와 교수자 간의 활발한 양방향의 의사소통이 필수적이며, 이 의사소통은 적극적이며 능동적이어야 한다. 소셜 러닝의 구체적인 모습을 묘사하면 다음과 같다. 학생들은 다양한 소셜 미디어 도구를 활용하여 제공받은 학습 콘텐츠를 함께 탐색·학습하며, 과제의 요구나 필요에 따라 수정·공유하면서 새롭게 생성하기도 한다. 이 과정에서 학생들은 학습 결과를 공유하고, 토론을 통해 확장하며, 협업을 통해 문서나 발표물을 공동으로 작성하는 등의 활동을 하면서 지식을 재구조화한다. 학교 밖의 각종 전문가, 다른 학교의 학생들, 심지어 다른 나라 사람과의 교류도 이런 학습 과정에 포함된다. 소셜 미디어나 SNS 자체가 이미 인터넷 네트워크로 전 세계와 연결되어 있기 때문이다. 교사는 이런 전체 학습 과정을 조심스럽게 관찰하며, 학습자와 자유로운 분위기에서 대화하고, 학습자의 콘텐츠 이해도를 점검하며, 학습 결과에 대해 피드백을 준비한다.

소셜 미디어와 SNS상에서 나타나는 학습경험을 근거이론에 따라 연구한 패러다임 모형은 소셜 러닝을 어떻게 설계할 수 있는지 단초를 제공한다(조규락, 2022). 근거이론은 어떤 현상의 '중심현상'과 '결과'를 '맥락적 조건' '중재적 조건' '인과적 조건' '작용/상호작용 전략'으로 나누어 각 관계를 도식화하고 묘사하는 연구방법으로 특정 현상을 이해하는 데 매우 도움을 준다(Strauss & Cobin, 2008). 중심현상은 소셜 미디어와 SNS에서 학습자들이 하는 학습경험인데, 학습자들은 '학습 정보와 조언의 획득'을 경험하며 '학습기록과 공유'를 경험하는 것이었다. 이러한 학습경험을 하는 데는 인과적 조건(학습정보, 연결과 확장, 편리한 정보 접근)과 맥락적 조건(의문점 해소, 휴식과 충전, 주변 지인 참여)이 관여한다. 학습자들은 이런 학습경험을 긍정적·부정적인 중재적 조건에 따라 SNS의 다양한 기능 및 행위 규칙이라는 여러 작용/상호작용 전략을 활용하면서 패러다임 모형의 결과인 '새로운 분야를 경험'하며 '지식을 습득'하지만 때로는 '부정적인 경험'도 하는 것으로 나타났다. 결과는 중심현상인 학습경험이 학생들에게 남겨지는 인지적 흔적들로서 매우 중요하다. 학습경험으로 인하여 학습자들이 최종적으로 얻게 되는 것이기 때문이다. 따라서 소셜 미디어와 SNS상에서 학습자들은 학습정보/조언의 획득 및 학습기록과 공유라는 학습경험을 하게 되고, 이 학습경험은 학습자들로 하여금 새로운 분야를 경험하고 지식을 습득하게 만드는 결과를 이끌어 내는 것이다(조규락, 2022).

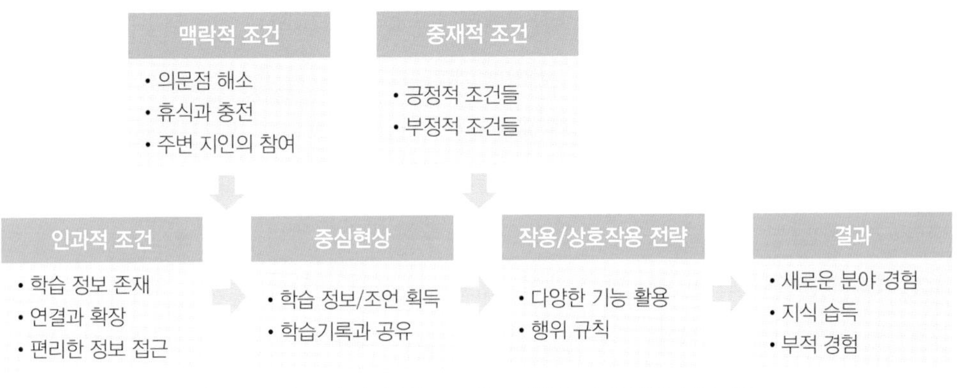

[그림 3-2] **소셜 미디어와 SNS 학습 경험에 대한 패러다임 모형**

출처: 조규락(2022).

소셜 러닝이 교수-학습의 한 형태라면, 학습자들은 소셜 미디어를 활용하면서 학습경험을 해야 하며 그 학습경험은 새로운 내용에 대한 지식 습득과 연결되어야 한다. 새로운 분야의 내용에 대한 지식 습득은 어떠한 형태의 교수-학습이든 기본 전제이기 때문이다.

5) 챗GPT

(1) 의미와 주목하는 이유

2022년 11월, 혜성같이 등장한 챗GPT는 모두의 이목을 끌기에 충분했고 실제로 많은 사람들을 놀라게 만들었다. 챗GPT는 미국 OpenAI사가 개발한 인공지능 챗봇 서비스로서 Generative Pre-trained Transformer, 이를 우리말로 번역하면 '사전 훈련된 생성형 트랜스포머'라는 다소 생소한 이름을 가졌다. 하지만 이름이 말해 주듯이, GPT는 각종 저서와 학술논문, 위키피디아 등의 주로 텍스트 데이터를 훈련·학습하여(pre-trained) 콘텐츠를 생성하는(generative) 인공지능의 언어모델이다(Time, 2023. 4. 13.). 이 언어모델의 핵심은 인간이 어떤 텍스트를 발화하면, 다음에 이어서 나올 텍스트가 무엇인지를 예측하는 것에 있다. 네이버나 구글의 검색창에서 어떤 글자를 입력하면 그 글자로 시작되는 관련 단어가 나온다거나, 스마트폰에서 카카오톡이나 메신저를 타이핑할 때 단어를 자동 완성시켜 주는 기능은 이런 언어모델과 관련이 깊다. 이는 충분한 데이터를 확보하여 기계학습이나 딥러닝으로 분석할 수 있다면, 해당 단어나 텍스트 뒤에 따라 나올 단어와 텍스트를 확률적으로 계산할 수 있다는 뜻이다.

챗GPT의 이전 모델이라고 할 수 있는 GPT-3는 45 테라바이트 정도의 거대한 디지털 빅데이터 정보와 1,750억 개의 파라미터(매개변수)가 결합하여 단어 사이의 연결을 식별하고 어떤 단어가 다음에 나올지를 예측하는 방법을 사용하였다. 그리고 챗GPT는 이 GPT-3를 다시 훈련시켜 더 정교화해서 만든 모델이다. 이때 훈련의 방식은 인간이 피드백을 주면서 답변을 유도하는 강화학습으로 이루어졌다고 한다(Knox & Stone, 2011). 이처럼 챗GPT는 인간의 언어를 닮아 가며, 이 과정에서 답변을 추론하는 생성 인공지능인 것이다. 그리고 GPT 모델이 계속 업그레이드될수록 더욱 인간의 언어와 구별이 어려워질 것이고, 추론의 정확성도 '그럴듯한' 답변에서 점차로 '정확한' 답변으로 진화할 것이다. 이는 2016년 인간 바둑기사를 이긴 인공지능 바둑 프로그램 알파고(AlphaGo)와 거의 유사한 방식이다. 알파고도 기존의 인간 바둑기사가 두었던 엄청난 양의 바둑 기보를 훈련하고 강화훈련을 더하여, 마치 인간 바둑기사가 바둑을 두는 것처럼 바둑을 두었기 때문이다. 그 이후로 인간 바둑기사가 인공지능에게 바둑을 배우는 시대가 도래한 것이다(조규락, 2020). 마찬가지로 이제 인간이 챗GPT와 같은 인공지능에게 배우는 시대가 도래한 것으로 해석할 수 있다.

우리가 GPT에 주목하는 이유는 크게 세 가지로 요약할 수 있다. 첫째, 챗GPT가 내어놓는 텍스트가 인간의 대화 수준에 근접하여 인간의 자연어를 인공지능이 능숙하게 사용할 수 있게 된 것이다. 인간의 자연어는 언어의 자의성, 관습성 때문에 언어 구사와 활용이 예측하기 힘든 것으로 간주되어 왔다. 이 때문에 인간의 자연어와 이를 구사하여 대화하는 일은 인간 고유의 능력으로 인정해 왔는데, 자연어는 이제 더 이상 인간의 전유물이 아니게 된 것이다. 둘째, 챗GPT의 인터페이스가 대화(dialogue)라는 점이다. 은유로서의 대화가 아니라 실제로 말을 주고받을 수 있다. 마치 인간과 대화하듯이 챗GPT에게 질문하면 챗GPT가 대화의 형식을 빌어 답변을 하는 것이다. 더욱이 세션이 완전히 끝나지 않으면, 즉 질문과 답변이 연속적으로 지속되면, 앞에서 한 질문과 답변은 계속해서 유효하다. 사용자는 답변을 보면서 심층적인 질문을 계속해서 제기할 수 있고 챗GPT 역시 기존 답 내용을 기반으로 해서 답변을 정교화한다. 이 섬은 바로 인간의 대화 방식과 원리적으로는 똑같다. 그래서 대개 컴퓨터가 무언가 답을 제시하면 출력(output)이라고 표현하는데, 챗GPT의 답변을 '출력'한다고 표현하기에는 뭔가 자연스럽지 못하고 어색하다. 마치 인간 전문가에게 질문하고 답변을 받는 듯 인간처럼 자연스러운 대화를 하는 것 같은 느낌을 받기 때문이다. 셋째, 인공지능 언어모델에 대입할 수 있는 파라미터의 수를 증가시키면 인간의 자연어에 보다 가까워진다는 사실이다. 주목받지 못했던 첫 모델인 GPT-1은 파라미터 수가 1억 1,700만 개, 두 번째 모델인 GPT-2는 파라미터 수가 15억 개, 세 번째 모델인 GPT-3는 파라미터 수가 1,750억 개로 지속적으로 증가하여 왔고, 그 파라미터 수에 비례하여 자연어에 가까워지고 있다. 이 증가한 파라미터 수와 더불어 강화학습을 통해 훈련시키면 인공지능 언어모델은 더욱 자연어와 근접하게 된다. OpenAI사에 따르면, 현재 GPT-3.5인 챗GPT 다음 모델인 GPT-4는 파라미터 수가 인간 뇌의 시냅스에 맞먹는 100조 개 정도가 될 것이라고 한다(한국경제신문, n. d.). 어쩌면 GPT-4의 출력 내용이 인간과 전혀 구별할 수 없거나 오히려 인간을 훨씬 능가하는 언어 구사능력을 가질 수 있을지 모른다. 물론 튜링 테스트 통과는 식은 죽 먹기일 것이다.

(2) 챗GPT와 교육

교육 분야에서 챗GPT는 뜨거운 논쟁거리를 제공했다. 캘리포니아 고등학교 교사이자 작가인 다니엘 허먼(Daniel Herman)은 챗GPT 때문에 고등학교 영어는 종말을 가져올 것이라고 신문에 기고했다(The Atantic, 2022.12. 9.). 또한 챗GPT를 이용하여 에세이를 작성하고 제출함으로써 부정행위를 했다는 내용이 월스트리트 저널에 실렸다(The Wall Street Journal, 2022.12. 21.). 그리고 이와 유사한 여러 사례들이 사회와 언론에 여러 차례 등장하였다. 그 내용들은 학생들이 챗GPT가 작성한 에세이를 과제로 제출하였는데, 에세이를 쓴 주체는 누구인가, 이것은 표절인가 아닌가, 어디까지 챗GPT 사용을 용인할 것인가 등의 논쟁에 관한 것이다. 이런 논쟁의 발단은 챗GPT가 작성한 글, 보고서, 논문이 학생이 직접 작성한 것과 쉽게 구별할 수 없기 때문이다. 이런 논쟁이 의미하는 바는 의심할 필요 없이 이미 챗GPT가 각종 자격시험과 학력 테스트를 통과할 수 있는 수준의 답변능력을 갖추었으며, 방대한 양의 지식과 정보를 인용하여 빠르게 보고서와 논문을 작성할 수 있는 능력을 갖추었다는 것을 보여 준다. 이 점을 직접 보여 주기 위해서 필자가 챗GPT에게 질문한 내용과 챗GPT가 내놓은 답변을 있는 그대로 가감 없이 다음의 상자 안에 기술하였다. 질문은 "교육에 대한 챗GPT의 영향력은 무엇이니?"였다. 상자 속 챗GPT의 답변은 컴퓨터가 아니라 교육 전문가가 답한 내용이라고 해도 무방할 정도로 인간의 대화와 유사함을 볼 수 있다.

챗GPT는 교육 분야에서 많은 영향력을 발휘할 수 있습니다. 이러한 영향력에는 다음과 같은 사례가 포함될 수 있습니다.

1. 개별 학습 경험 향상: 챗GPT는 개별 학습자에게 맞춤형 지원을 제공할 수 있습니다. 학생들은 맞춤형 질문과 답변을 통해 개별적인 지식과 이해도를 향상시킬 수 있습니다. 챗GPT는 학생들의 질문에 따라 적절한 설명과 해석을 제공하여 학습자들의 이해도를 높일 수 있습니다.
2. 개별 피드백과 평가: 챗GPT는 개별 학습자의 질문에 대한 엄격한 피드백을 제공할 수 있습니다. 학생들이 틀렸거나 이해를 잘못한 부분을 식별하고, 개별적인 지시 사항과 보완적인 설명을 제공하여 개별 학습자들의 오류를 바로잡을 수 있습니다.
3. 대규모 강의 지원: 챗GPT는 대규모 강의에서도 유용하게 활용될 수 있습니다. 많은 학생이 동시에 질문을 할 수 있는 환경에서, 챗GPT는 학생들이 자신의 질문에 대한 답변을 빠르게 받을 수 있도록 돕습니다. 이는 교육자가 매우 방대한 규모의 강의에서도 개별 학생들과의 상호작용을 강화할 수 있는 기회를 제공합니다.
4. 자율학습: 챗GPT는 학습 참여자가 교육상의 자신만의 탐구과정을 섞으면서 본인이 원하는 내용으로 학습할 수 있는 자율학습 모델을 제공할 수 있습니다. 이는 교육에 대한 개인의 흥미와 선호도에 따라 과목 및 학습방식을 구성할 수 있는 유연성을 제공합니다.

말하자면, 챗GPT의 영향력은 교육 분야에서 개별 학습경험을 개선하고, 대규모 강의지원, 개별 피드백 및 자율학습의 가능성을 제공하는 데 있습니다. 그러나 감독 없는 상황에서는 부정확한 정보를 제공할 수 있으므로, 교육 환경에서의 평가 및 감독이 중요한 역할을 해야 합니다.

이와 같은 논쟁에서 볼 수 있듯이, 챗GPT는 교육에 대한 부정적인 면을 많이 가진 것으로 부각되었다. 특히 앞에서 논쟁으로 언급한 글쓰기 주체와 표절 문제가 대표적인 예이다. 이 때문에 챗GPT에 대한 접근을 차단하거나 사용을 금지해야 한다는 강경한 반대의 주장이 나오기도 하고, 제한적인 상황에서만 챗GPT 사용을 허락하자는 주장이 나오기도 한다. 또한 챗GPT 사용을 허락한다면 어느 수준에서 해야 하느냐, 그리고 평가는 또 어떻게 해야 하느냐는 쟁점이 도출되고 있다. 그리하여 국내 대학에서도 챗GPT가 가져올 이런 파장에 대한 대책을 마련하기 위해 중지를 모으고 있다.

챗GPT를 이용하면 학습자는 커다란 노력 없이도 너무나 쉽고 빠르게 과제를 완성할 수 있고, 다른 사람의 아이디어와 생각을 별 고민 없이 자기 것처럼 쉽게 차용할 수 있다. 이 때문에 부정할 수 없는 사실은 챗GPT가 학습자에게는 달콤한 유혹일 수밖에 없다는 것이다. 또한 학생들 간 그리고 교사와 학생 간의 대인관계가 약해질 수 있다는 우려도 챗GPT의 문제점으로 지적된다. 챗GPT가 개별적인 질문과 답변을 하는 기제이며 대부분 자동화된 방식으로 운영되기 때문에 챗GPT를 사용하는 한, 굳이 타 학생들이나 교사와의 상호작용이 필요 없는 것이다. 또 하나의 대표적인 부정적인 면은 편향된 데이터나 오류 데이터 문제를 들 수 있다. 챗GPT는 방대한 양의 데이터를 기계학습을 통해 얻은 결과를 토대로 산출하기 때문에, 만일 기계학습에서 사용한 데이터에 심각한 문제가 있다면, 산출되는 답변도 잘못될 가능성이 있다. 실제로 챗GPT가 내놓은 답변은 그럴 듯하게 보여도 자세히 따지면 잘못된 점이 종종 발견된다. 그리고 이런 편향되고 오류가 있는 데이터를 학습한 챗GPT가 뜻하지 않게 여러 사회적 윤리 문제를 노정하기도 한다. 인간이면 주저하거나 언급하기 힘든, 예컨대 인종 차별과 혐오 발언과 같은 비윤리적 답변을 챗GPT는 할 수 있기 때문이다.

하지만 교육 분야에서 챗GPT의 영향력은 점점 더 커지면서 더욱 활성화되며, 챗GPT에게 의존할 가능성이 높다. 긍정적인 면에서 보면, 우선 학교 교사를 도와주는 튜터의 역할을 하거나 교수–학습활동 시에 학습 보조 도구로 사용되어 학습자로 하여금 새로운 지식을 배우게 하고 개인화된 피드백을 제공할 수 있다. 또는 교사의 설명에 대해 이해하지 못한 점을 챗GPT에게 보충 설명을 요청한다거나 설명과 관련한 예시를 보여 달라고 요구할 수도 있다. 즉, 학습자가 이해하기 힘든 어려운 내용을 이해할 수 있도록 챗GPT가 도와주는 것이다. 챗GPT를 잘 활용한다면, 이러한 학습지원은 모두 학습자의 개별화된 학습 스타일이나 개인차 수준에 적합한 방식으로 제공할 수 있게 되면서 맞춤형의 교육도 가능해진다. 또한 문제해결과 같은 학습활동을 수행하다 보면, 자료 검색과 수집에서 불필요하게 많은 시간이 소요되면서 정작 중요한 분석과 해석에는 집중하지 못하는 경우가 종종 발생한다. 이때 챗GPT에게 질문하는 것으로 자료 검색이나 수집에 소요되는 시간을 절약할 수 있고 절약한 시간을 다른 활동에 투자할 수 있다. 더욱이 챗GPT의 활용 내용은 디지털 데이터로 기록되기 때문에 교육용 빅데이터로서의 역할도 한다. 즉, 인공지능 기반의 학습 분석이 가능한 것이다. 이를 분석하면 보다 향상된 교육적인 챗GPT의 역할을 밝혀낼 수도 있다. 특히 대화형 챗봇인 챗GPT에게는 어떤 질문을 하느냐가 중요하다. 기본적으로 질문이 인터페이스이며, 챗GPT가 내놓는 답변은 질문의 수준과 형식에 따라 다르기 때문이다. 단순히 정답을 요구하는 1차원적 질문이나, 구글에 검색하면 얻을 수 있는 질문이 아니라 사고를 요하는 질문, 창의적인 질문을 하는 것이 필요하다. 챗GPT 덕분에 인간은 더욱 고차원적인 사고를 하게 되고, 질문에 대한 챗GPT의 답변을 바탕으로 더 깊은 탐구에 나설 수 있게 되는 것이다. 이처럼 챗GPT가 가져온 부정적 면보다 챗GPT를 교육 상황에서 잘 활용할 수 있는 방안을 마련하는 것이 바람직하다. 앞에서도 언급한 말이지만, 사회에서 자주 사용되는 기술은 어떤 방식으로든 교육 분야로 넘어오기 때문이다.

한편, 챗GPT는 교육에 관심 있는 사람에게 깊게 고민해야 할 점도 선사했다. 교육에서 인간 교사의 역할의 문제가 그러하다. 이 문제의 핵심은 챗GPT가 교사를 대체할 수 있느냐 하는 것이다. 만일 대체할 수 있다면 어디까지일까 하는 대체 정도도 고민할 사항이다. 교육학자나 교육행정가의 고민은 다음과 같다. 학습내용에 대한 설명과 학생들이 이해하지 못한 점에 대한 질문과 답변, 학습활동에 대한 피드백을 챗GPT를 통해 모두 수행할 수 있다면, 인간 교사는 과연 어떤 역할을 해야 할 것인가? 교육의 질은 교사의 질을 능가할 수 없다고 하는 유명한 교육 격언이 있지만, 이미 챗GPT가 교사의 질을 능가하였다고 보아도 무방한 사례는 많다. 21세기 첨단 테크놀로지 시대에 인간 교사만이 교육을 전담해야 한다는 주장 역시 받아들이기 힘든 명제이기도 하다. 이렇게 본다면 챗GPT가 앞으로 얼마나 진화하고 정교해지느냐에 따라 교육의 모습은 큰 변화가 올 수도 있고, 아니면 작은 변화만이 나타날 수 있다. 챗GPT의 현명한 활용이 매우 중요한 시점이다.

3. 에듀테크에서의 인공지능

에듀테크는 이제 인공지능을 기반으로 발전하고 있다. 인공지능과 결합한 형태로 에듀테크가 구현되는 것이다. 인공지능과 결합한 에듀테크는 이제 더 이상 수업의 교수-학습활동을 소극적으로 지원하는 수준에서 행해지는 수업의 보조적·도구적 사용에 머물지 않는다. 디지털 교과서, 다양한 학습경험, 개인별 맞춤형 교육, 학습격차 해소, 교사의 업무 경감 등 여러 방면에서 교육 효과를 향상시키기 위한 적극적 개입을 시도하고 있다. 인공지능과 결합한 에듀테크의 활용사례를 알아보면 다음과 같다.

첫째, 에듀테크로서의 디지털 교과서이다. 디지털 교과서는 기존 종이 교과서의 단순 전자문서화 버전에서 벗어나 스마트 기기의 하드웨어를 바탕으로 디지털로 구현된 컴퓨터 파일 형태를 띤다. 디지털 교과서는 학습내용을 기술하고 있는 텍스트와 관련 사진뿐만이 아니라 클릭하면 실행되는 동영상이 들어 있어 시각적으로도 생생한 정보를 학습자에게 제공하며 또한 학습자 주위를 비추어 주는 360도 카메라와 증강현실이나 가상현실의 기술이 가미되어 실제 환경과 상호작용하는 것과 같은 경험을 가능하게 해 준다. 이처럼 디지털 교과서는 학습자의 학습경험을 다양화한다. 학습에서 다양한 학습경험은 어째서 중요할까? 학습이란 경험을 통해서 이루어지기 때문이다. 즉, 경험이 학습자의 인지와 행동을 변화시키는 것이다. 따라서 학습자가 어떤 학습경험을 하느냐는 매우 중요하며, 학습자가 배우는 교과는 사실상 그 교과로 대변되는 학습경험을 하도록 결정한 것이다. 교과의 성격에 따라 각기 다른 학습경험을 하도록 추구하는 것이다. 예를 들어, 언어 경험과 수학 경험은 상이하지만 학습자에게 필요한 경험이다. 교과에서 이러한 학습경험이 잘 발생하도록 하는 만드는 작업이 교수–학습환경 설계 또는 수업설계이다. 수업설계는 학습자의 학습경험을 위한 의도된 작업인 것이다(조규락, 2022). 최근 뉴스 기사에 따르면, 디지털 교과서를 AI 교과서 수준으로 업그레이드한다. 이때 핵심은 디지털 기술을 활용하여 학생들의 학업성취도를 판단하고 개인별 맞춤형 교육을 지원한다는 것에 있다(머니투데이, 2023. 8. 6.). 디지털 교과서가 AI 교과서가 되면서 그 특징을 개인별 맞춤형 교육에 초점을 두는 것이다. 맞춤형 학습에 대한 내용은 '셋째, 개인 맞춤형 학습'에서 보다 자세히 설명한다.

둘째, 디지털 교과서 외에도 증강현실, 가상현실, 혼합현실, 확장현실의 기술로 구현된 에듀테크 역시 학습자에게 다양한 학습경험을 제공한다. 특히 최근 인공지능이 에듀테크에 접목되면서 이러한 경향성이 매우 커졌다. 즉, 기존과는 차별된 학습경험을 제공하는 것이다. 인공지능이 구현한 이러한 기술들은 실제 공간뿐만 아니라 실제 공간과 가상공간이 겹쳐지거나 합쳐진 공간에서도 혹은 전혀 실제 공간이 아닌 곳에서도 어떤 경험을 할 수 있는 기술이다. 이를 학습에 활용한다면, 학습자는 비록 그 경험이 실제 학습환경에서 발생하는 진짜 경험이 아닐지라도 마치 실제로 이루어지는 것처럼 경험하는 것이 가능하다. 예를 들어, 학습자가 적혈구가 되어 사람의 혈관에서 산소를 운반하거나 백혈구가 되어 병균과 싸우는 경험을 할 수 있다. 또한 우주복을 입고 달 표면을 걸어 보거나, 고구려 시대로 돌아가 만주 벌판 위를 말을 타고 달려 볼 수도 있다. 더욱이 이 과정은 인공지능에 의해 빅데이터로 기록되어 저장되어 학습 분석의 대상이 되며, 분석 결과는 다음에 있을 학습자의 재접속을 준비한다. 학습자가 재접속한다면 지난번에 이어서 연속적이면서도 더 발전된 학습경험을 제공하게 된다. 이처럼 전에는 불가능했던 것을 마치 현실의 실제인 것처럼 생생하게 하는 경험은 인지와 행동 변화에 영향을 미칠 것이다. 그리고 질적으로 다양한 학습경험으로 인해 학습효과도 향상된다.

셋째, 개인 맞춤형 학습으로 활용될 수 있다. 개인 맞춤형 학습에서는 학습내용과 이와 연계된 학습활동이 학습자 수준에 따라 맞춤형으로 제공된다. 수학 교과서로 예를 들면, "받아올림이 있는 두 자릿수 + 한 자릿수는 정답률이 92%로 잘해요. 두 자릿수–두 자릿수는 받아내림을 이해하면 정답률이 현재 55%에서 80%로 향상될 거예요."와 같이 지도하는 것이다(머니투데이, 2023. 8. 6.). 이것이 가능한 이유는 인공지능이 학생의 학습 내용 데이터를 대규모로 학습하고 데이터 분석을 통해서 추론했기 때문이다. 또한 개인 맞춤형 학습은 피드백이나 평가가 지연되지 않고 즉각적이다. 스마트 기기로 모르는 수학 문제를 찍어서 올리면 답변을 바로 받을 수 있고, 문제 풀이에 도움을 주는 피드백이 함께 제시된다. 만일 외국어 학습에서라면, 학생이 문장을 발음하면 문장의 의미를 번역하여 보여 주거나, 발음이 정확한지 아닌지를 알려 주거나, 언제 사용하는 표현인지, 유사한 표현은 무엇인지를 알려 주는 것과 같은 피드백도 받을 수 있다. 핵심은 물론 이러한 내용들이 개별 학습자마다 상이하게 제시된다는 점에 있다. 개인마다 궁금한 질문이 다르고 학습하는 외국어가 다르기 때문이다. 교사도 학생 개인마다 상이한 학습내용과 그 성과를 확인할 수 있어서 학생에 따라 어떻게 지도해야 할 것인지 파악할 수 있다. 경우에 따라서는 인간 교사가 아니라 인공지능 교사 혹은 로봇 교사가 학생과 일대일 수업을 할 것이다. 이렇게 되면, 에듀테크는 개인의 학습 패턴, 좋아하는 과목과 잘하는 과목, 싫어하는 과목과 못하는 과목 등을 분석하여 개인의 관심사와 적성을 잘 발휘할 수 있는 최적의 분야와 역량을 파악하고 진로를 선택할 수 있도록 도움을 준다. 학습자 개인의 분석을 통해 최적의 학습경로를 결정하고 선택할 수 있는 것이다. 이와 관련하여 학생의 학습 진행 상황을 추적함으로써 학생 수준에 알맞게 교육과정을 조정 · 변경하여 학습내용을 모르고 넘어가지 않도록 도와주거나 학생의 학습 성과를 분석해서 지원이 필요한 경우에 학습에 개입할 수 있다. 예를 들어, 어떤 내용을 익히는 데 지속적으로 어려움을 겪는다면, 다양한 방식(예: 퀴즈, 동영상, 대화활동 등)의 학습도구나 피드백을 제공하는 것이다.

넷째, 학습격차의 해소에도 중요한 역할을 할 것이다. 교육부는 디지털 교수–학습 플랫폼과 학력진단 시스템 등에 축적된 빅데이터를 분석하여 '인공지능 학습튜터링 시스템' 혹은 '인공지능 보조교사 시스템'을 개발하려는 계획을 갖고 있다. 이를 통해 기초학력 미달자에게 필요한 학습내용과 학습과제를 적시에 제공할 수 있다. 기초학력 미달이 발생했음에도 적절한 조치가 없이 방치한다면 기초학력 미달은 점차로 더욱 누적되고 어느 순간에는 도저히 따라가기 힘든 학습격차를 초래할 수 있다. 학년이 올라갈수록 학습내용은 더 어려워지고 심화되기 때문에 나중에는 학습격차가 매우 커지게 되는 것이다. 따라서 기초학력 미달 발생 시기를 빠르게 진단하고 그에 맞는 대처가 제때에 이루어지는 것이 중요하다. 기초학력 미달자에게 제공되는 학습내용과 학습과제도 역시 맞춤형으로 제시되는 것은 물론이다.

다섯째, 마이크로 러닝을 실현하는 방안으로 활용될 수 있다. 마이크로(micro) 러닝은 5~10분 정도의 짧은 시간에 한 번에 배울 수 있는 작은 단위로 구성되는 비정형 형태의 학습을 말한다. 여러 내용을 다 제시하는 것이 아니라 학습자에게 필요한 한 가지 내용만을 짧은 시간에 바로 전달하는 방식이다. 전통적인 교육은 긴 교육시간과 높은 비용이 요구되지만, 빠르게 변화하는 현대의 업무 환경에 발 빠르게 반응하여 콘텐츠를 생산하고 학습자를 교육하는 것이 어렵다. 마이크로 러닝이 대두되는 배경이다. 최근에는 학교 등교, 직장 출퇴근, 여행 등 이동 거리와 시간이 늘면서 자투리 시간 혹은 틈새 시간이 많이 생겨나고 있고, 스마트폰이나 태블릿 등의 모바일이 가능한 기기를 사용하는 것이 일상이 되었으며, 이러한 스마트 기기를 통한 학습도 빈번하게 이루어진다. 그런데 학습 콘텐츠의 단위가 크면 이동 중이거나 혹은 쉬는 시간처럼 짧은 자투리 시간 내에 끝낼 수 없다. 나중에 따로 시간을 내거나 다음 자투리 시간을 이용하여 재차 이어서 학습해야만 한다. 하지만 나중에 따로 시간을 뺄 수 없다면 혹은 다음 자투리 시간이 없거나 한참 후에 있다면, 이전에 마치지 못하고 끝낸 학습이 무의미하고 시간 낭비가 될 것이다. 사람은 짧게 시간이 남아 있는 상황에서, 어떤 콘텐츠가 크거나 길어서 짧은 그 시간 내에 끝내지 못할 것이라고 판단하면 처음부터 시작하지 않는 경향이 있다. 게다가 변화하는 업무 환경에 요구되는 새로운 역량이 추가되는 시점에서 긴 호흡이 필요한 학습 콘텐츠보다 짧은 호흡의 학습 콘텐츠가 더 필요하다. 인공지능과 결합한 에듀테크는 학습자의 관심과 흥미에 따라 필요하고 원하는 콘텐츠를 짧은 단위로 만들어 제공할 수 있는 면에서 마이크로 러닝을 실현하는 최적의 방안이 될 수 있다.

여섯째, 교사의 업무 지원이 가능하며 가르치는 일에 집중할 수 있게 된다. 인공지능을 통해 행정업무를 자동화할 수 있기 때문이다. 교사의 주 업무는 무엇보다 수업이다. 하지만 교육청을 비롯한 유관 기관에서 요청하는 공문, 채점과 평가 등의 시험 관련 업무, 학적 업무와 같은 행정처리 등 수업 외적인 많은 일 때문에 온전히 수업에 집중할 수 없다. 인공지능은 이러한 수업과 무관한 비핵심적인 업무를 대체하거나 경감시킬 수 있다.

요약 I 인공지능과 에듀테크

● 정리하기

1. 에듀테크

– 에듀테크는 교육과 기술이라는 단어가 결합된 합성어로 교육의 역사는 그동안 많은 에듀테크의 도입역사라고 할 수 있음. 좁은 의미에서 디지털 기술에 바탕을 두고 소프트웨어를 기반으로 생성되는 데이터를 분석함으로써 개인별 학습자 분석, 의사소통, 정보공유와 관리를 용이하게 하여 학습성과를 향상시키는 기술임.

– 대표적인 에듀테크에는 ① 메타버스, ② 증강현실, 가상현실, 혼합현실, ③ 게임, ④ 소셜미디어와 소셜 네트워크 서비스, ⑤ 챗GPT가 있음.

2. 메타버스

– 메타버스는 초월과 우주라는 단어가 결합된 합성어로 여러 모습으로 구현됨. 물리적 공간에 같이 있지 않은 타인과 함께 창조하고 탐험할 수 있는 완전한 가상공간의 집합체이기도 하며, 가상공간에 실제 현실 세계의 지역과 정보와 특징을 반영하기도 함. 메타버스를 구현하는 증강기술과 시뮬레이션 기술에 따라 증강현실, 라이프로깅, 거울 세계, 가상 세계라는 메타버스의 4개 유형이 존재함.

3. 증강현실, 가상현실, 혼합현실

– 증강현실은 우리가 경험하는 현실 세계의 대상 위에 가상의 이미지와 정보를 중첩시키는 기술을 통해 구현됨으로써 현실 세계에 가상의 정보가 더해진 현실이며, 가상현실은 우리가 경험하는 현실의 물리적인 공간이 아닌 컴퓨터 기술을 통해 구현된 창조된 현실이며, 혼합현실은 증강현실과 가상현실을 결합한 것으로 실제 세계에서의 경험과 가상 세계에서의 상호작용을 동시에 제공함으로써 경험하는 현실임.

4. 게임, 게이미피케이션, 게임기반학습

– 게임은 이용자가 플레이어가 되어 규칙에 따라 설정된 가상의 임무를 완성해 가면서 또는 규칙, 상호작용, 피드백에 따라 설정된 도전 과제에 참여하면서 정량화할 수 있는 결과와 반응을 만들어 내는 시스템이며, 게이미피케이션은 게임 요소인 재미(유희), 보상, 경쟁 등의 특성을 게임이 아닌 다른 분야에 적용 · 활용하는 것이며, 게임기반학습은 게임이 갖고 있는 임무, 과제, 보상, 경쟁과 협력 등 학습자가 플레이어가 되어 게임을 하면서 학습하는 것임. 게이미피케이션 교육이 게임 요소의 전부 혹은 일부를 수업에서 활용하는 것임에 비해, 게임기반학습은 학습자가 게임을 하는 자체가 수업내용과 직접적으로 연결됨.

5. 소셜 미디어, 소셜 네트워크 서비스, 소셜 러닝

– 소셜 미디어는 멀티미디어와 쌍방향 기술을 통해 사회적 상호작용을 가능하게 하는 커뮤니케이션 행태이며 사용자가 생성한 콘텐츠를 서로 교환할 수 있도록 해 주는 인터넷 응용 서비스 묶음이며, 소셜 네트워크 서비스는 사용자들을 연결시켜 관계망을 형성하도록 만들어 주는 소셜 미디어의 구체적 형태임. 소셜 러닝은 소셜 미디어와 소셜 네트워크 서비스가 제공하는 기능을 통해 타 학습자와의 지식 공유, 의견 교환 등의 상호작용을 하면서 이루어지는 학습으로 다양한 종류의 소셜 미디어를 학습 플랫폼으로 하여 타인과의 관계가 학습으로 연결됨.

6. 챗GPT

– 챗GPT는 대화를 인터페이스로 하는 Generative-Pretrained Transformer로서 사전 훈련된 생성형 트랜스포머라는 뜻을 가진 인공지능 챗봇 서비스임. 각종 저서와 학술논문, 위키 등의 텍스트 데이터를 훈련 · 학습하여 콘텐츠를 생성하는 인공지능의 언어모델로서 인간의 대화 수준에 근접하고, 각종 자격시험과 학력 테스트를 통과할 수 있으며, 빠르게 에세이를 작성하는 능력을 갖춤으로써 부정행위나 표절문제와 같은 많은 논쟁을 일으켰음. 하지만 개인차 수준에 적합한 개별 맞춤형 교육과 피드백, 인공지능 기반의 학습분석이 가능한 교육용 빅데이터 생성, 챗GPT 덕분에 향상시킬 수 있는 창의적 질문과 고차원적 사고 등과 같은 긍정적인 면도 갖고 있음.

● 키워드

– 인공지능, 에듀테크, 메타버스, 증강현실, 가상현실, 혼합현실, 게임, 게이미피케이션, 게임기반학습, 소셜 미디어, 소셜 네트워크 서비스, 소셜 러닝, 챗GPT

인공지능과 교수-학습

최근 등장한 챗GPT는 다른 분야뿐만 아니라 교육 분야에서도 인공지능에 대한 논란의 불씨를 일으켰고 교육자들을 당혹케 했다. 논란과 당혹은 '인공지능에게 물어보면 되는데 굳이 힘들게 가르칠 필요가 있는가' '어떤 과제를 제시해야 하는가' '제출한 과제가 학생이 완성한 것인가' '인공지능 사용이 부정행위인가' 등 여러 문제점을 발생시킨 것이다. 이와 같은 논란은 아직 끝나지 않은 현재 진행형이다. 논란의 결과가 무엇이든, 교육에서 인공지능의 활용은 더 이상 선택이 아니라 필수이다. 제3장 '인공지능과 에듀테크'에서 언급한 것처럼, 사람들에게 널리 퍼지고 익숙해진 기술은 막는다고 해서 막을 수 있는 것이 아니다. 그러한 기술은 교육 상황에서도 사용될 것이고 피할 수 없다. 기술 도입의 교육 역사가 증명한다. 예를 들어, 엄격한 군기의 단체 생활을 하는 군인들에게도 스마트폰 사용을 허용하는 마당에 학교나 수업에서 막는다고 해서 막을 수 없는 것과 같다. 인공지능이 없었던 과거로의 회귀는 불가능하다. 따라서 인공지능을 교육적으로 바르게 활용할 방안을 찾아 볼 필요가 있으며, 교수-학습 관점에서 인공지능 활용과 인공지능 교육에 대해서 살펴 볼 필요가 있다.

1. 인공지능 교육의 필요성

인공지능은 어느덧 이미 우리 생활 속에 깊숙이 들어와 있다. 인공지능의 활용 분야는 컴퓨터와 IT 분야뿐만 아니라 국방, 의료, 보안, 판매, 교통 및 운송 등 정치, 사회, 경제, 문화를 아우른다. 어떤 영역에서는 인공지능의 능력이 인간을 넘어섰고, 인간의 고유 영역이라고 생각되어 왔던 음악, 미술, 요리, 소설 등과 같은 창의성 영역에서도 두각을 나타내고 있다. 조만간 인공지능이 인간의 지능을 초월하는 특이점(singularity)이 올 것이라는 예견이 더 이상 허언이 아니다. 이와 관련해서 친(親)인공지능 진영과 반(反)인공지능 진영으로 나누어진 치열한 논쟁이 벌어지곤 한다. "인공지능이 사람을 살리고 우주의 지표 아래를 탐사하게 해 줄 것이다."라고 한 메타의 CEO 마크 저커버그(Mark Zuckerberg)와 "인공지능을 두려워할 필요가 없다. 문제는 인공지능이 기술이 아니라 인간 사회에 있다."고 한 미래학자 레이 커즈와일(Ray Kruzweil)이 친인공지능파라면, "인공지능이 인류의 종말을 불러올 수 있다"고 한 물리학자 스티븐 호킹(Stephen Hawking)과 "인공지능은 핵무기보다 위험하다."고 한 테슬라의 CEO 일론 머스크(Elon Musk)는 반인공지능파에 속한다(한선관 외, 2021).

확실한 사실은 인공지능의 영향 때문에 인간은 인공지능과 별개로 동떨어진 삶을 영위할 수 없으며, 따라서 적극적으로 인공지능을 이해하고 활용하는 편이 보다 나은 삶을 가져올 것이라는 점이다. 또한 인공지능의 영향으로 인해 인간 사회의 많은 것이 변화하고 있는데, 그 변화의 속도가 더욱 가속화되고 있다는 사실이다. 특히 그 변화는 직업 세계에서 두드러지게 나타나면서 인공지능이 대체할 수 있는 직업과 대체가 어려운 직업으로 관심사가 모인다. 그렇다면 곧 다가올 가까운 미래에 인공지능에 의해 대체되는 직업은 인기가 없을 것이지만, 인공지능이 할 수 없는, 인간이 인공지능보다 더 잘할 수 있는 능력이 필요한 직업에는 사람이 몰릴 것이다. 그리하여 젊은 학생들의 대학 학과 선택은 결코 이와 무관하지 않을 것이다. 국가 경쟁력도 인공지능과 밀접히 연관되어 있다. 인공지능 기술이 앞에서 언급한 다양한 활용분야에서 막대한 재화를 창출하는 신사업을 이끌기 때문이다. 국가마다 인공지능 인재개발에 진심일 수밖에 없다. 미국, 유럽, 중국, 일본 등은 발 빠르게 앞서 나가고 있다.

우리나라도 이에 뒤처질 수 없다. 안목 있는 기업은 벌써 많은 투자를 하고 있고, 관련 기술을 제품과 서비스에 응용하고 있으며, 학계에서의 연구 논문 발표도, 정부의 정책 지원도 지속적인 증가 추세에 있다. 그러나 인재개발의 핵심적인 사항은 성인과 기업·산업적 측면에 있는 것이 아니라 어린 학습자와 어린 학습자를 위한 교육적 측면에 있다. 어린 학습자가 교육을 통해 준비된 성인이 되어 기업과 산업에 진출하여 기존 성인의 바통을 이어받고 궁극적으로는 기존 성인을 대체하기 때문이다. 인재 개발의 시작이 어린 학습자로부터 비롯된다면, 첫 출발지는 초등학교, 중학교, 고등학교에서 벌어지는 교육이다.

2. 학교교육과 교수-학습

누구나 어렵지 않게 생각할 수 있는 학교에서 벌어지는 교육의 모습은 '가르침' 활동이다. 이는 가르치는 활동을 하는 사람, 즉 교수자 또는 교사의 입장에서 바라본 시각이다. 교육의 모습에서 가르침을 받는 대상의 시각도 필요하다. 가르치는 활동을 하는 사람의 카운터파트, 즉 배우는 사람, 학습자 또는 학생의 '배움' 활동이다. 교육학에서는 동전의 양면처럼 함께하는 이 양자 간의 활동을 상이하게 개념화하여 가르침 활동을 교수, 배움 활동을 학습으로 구별한다. 따라서 교육은 교수활동과 학습활동으로 나누어 생각할 수 있다. 수업은 이러한 교육 활동이, 예컨대 학교 교실처럼 구체적인 상황에서 실현 · 실천되는 활동이다. 교육이 눈에 보이는 현상적 활동인 수업으로 목격되는 것이다. 그래서 비록 단순하게 표현하는 것이지만 수업은 교육에서의 가르치는 교수활동과 배우는 학습활동, 줄여서 교수-학습활동의 모습으로 이루어진다. 그리고 교수-학습활동보다는 수업이, 수업보다는 교육이 더 큰 개념임을 알 수 있다. 교수-학습활동으로 수업이 이루어지고, 각기 다른 모습의 수업들이 모두 교육의 모습인 것이다.

인공지능이 미래를 위해 새롭게 부각된, 그래서 꼭 배워야 할 기술이라고 해도, 인공지능 교육을 지금까지 교육이란 이름으로 수행하고 이룩해 왔던 학교교육의 범위를 넘어서서 수행할 수는 없다. 학교는 대표적인 어린 학습자를 위한 교육의 장소이며, 이런 목적을 위해 의도적이며 인위적으로 조성한 환경이기 때문이다. 학교에는 교실이라는 구체적인 공간이 있고, 이 공간에서 교사는 교수활동을, 학생은 학습활동을 하면서 수업이 이루어진다. 따라서 인공지능의 인재양성을 학교교육에서 수행한다는 것은 학교교육의 틀 안에서 이루진다는 것을 뜻한다. 그렇다면, 인공지능 교육을 바르게 이해하기 위해서는 이처럼 교육과 수업의 의미와 관계뿐만 아니라 교육목표, 교육내용, 교육방법을 함께 이해해야 한다. 교육목표, 교육내용, 교육방법은 학교에서 벌어지는 교육을 파악하는 기본적이며 핵심적인 이해의 축이다. 즉, 인공지능 교육은 인공지능 교육의 목표, 인공지능 교육의 내용, 인공지능 교육의 방법으로 나누어 파악할 수 있는 것이다.

3. 인공지능 교육의 목적과 목표

인공지능의 발달은 사회 전반에서 발생하는 패러다임 변화를 예고하고 있다. 초·중·고등학교의 학교교육은 미래를 살아갈 모든 학생을, 한편으로는 패러다임 변화에 두려움 없이 대처할 수 있게 하고, 또 한편으로는 패러다임 변화를 적극 활용할 수 있는 역량을 갖춘 인재로 만들어 줄 의무와 책임이 있다. 사회가 변화하면, 이를 거부하는 것이 아니라 이에 부응하고 대비할 수 있도록 교육의 변화도 함께 요청되기 때문이다. 교육목적은 교육을 통해 도달하고자 하는 목적지를 뜻하며, 이 목적지에 가야 하는 이유가 전제되어 있다. 물론 목적지는 비유로서 가야 할 장소가 아니라 달성해야 하는 교육의 결과를 말한다. 특히 학교교육은 아무런 이유 없이 무작정, 대충하는 활동이 아니라, 많은 시간과 비용을 감수하고서라도 특정 시기에 의무적으로 전개하는 의도적이며 계획적인 활동이다. 교육목적은 이 의도와 계획적인 활동을 통해 학습자가 획득해야 하는 결과로서의 능력, 역량 등과 관계된다. 즉, 정상적으로 교육을 받아 교육목적을 달성한다면, 학습자가 발휘할 수 있는 능력이나 역량이 길러진다는 뜻이다.

인공지능 교육의 목적은 교육부(2015)가 제시한 21세기 학습자가 갖추어야 할 인재의 역량과 능력에 잘 드러나 있다. 지식·정보사회를 주도할 인재는 '정보와 정보처리기술을 올바르게 활용할 뿐만 아니라, 새로운 지식과 정보, 기술을 창의적으로 생성하고 협력적으로 문제를 해결하는 능력'을 갖추어야 한다는 것이다. 이러한 인재상을 달성하기 위해 '정보'와 '인공지능' 관련 과목이 필요하며 관련 학문적 지식을 제공해야 한다고 밝힌다. 이런 과목을 토대로 하여 학습자는 다음과 같은 내용을 능력과 태도를 함양해야 한다. 첫째, 인공지능 기술의 발전에 따른 사회 변화에 유연하게 대처하는 태도를 함양한다. 둘째, 인공지능의 기본 개념과 원리를 습득하고 다양한 인공지능 기술을 활용하여 실생활의 문제를 창의적으로 해결하는 능력을 신장한다. 셋째, 인공지능의 관점에서 문제해결을 위한 해법을 설계하고 이를 활용하는 능력과 태도를 함양한다. 넷째, 다양한 분야의 데이터를 인공지능의 관점에서 재해석하고 창의·융합적으로 활용하는 능력을 함양한다. 다섯째, 인공지능이 개인의 삶과 더불어 사회에 미치는 영향을 이해하고 인공지능 윤리를 실천하는 능력과 태도를 함양한다(전우천, 2022).

이와 별도로 교육부와 한국과학창의재단(2021b)이 인공지능 수업을 위한 교사용 지도서에서 밝히고 있는 인공지능의 목표는 일반 목표와 초·중·고등학교의 학교급별 목표 그리고 인공지능 교육내용의 영역별 목표로 나누어진다. 여기에 인공지능 교육내용의 영역별로 이루어진 단원의 목표, 차시별로 이루어진 수업의 목표가 더해진다. 하지만 영역별 목표와 단원의 목표는 매우 구체적인 수준이며, 차시별 목표는 수업을 주관하는 교사에 따라 재량을 발휘하여 상이할 수 있으므로 여기에서 다루기에 적절하지 않다. 먼저, 교사용 지도서에서 제시하고 있는 인공지능 교육의 일반 목표는 다음과 같다(교육부, 한국과학창의재단, 2021b).

「초 · 중등 인공지능 교육내용 기준」을 통해 인공지능에 대한 이해와 올바른 태도를 갖고, 데이터와 인공지능을 활용하여 다양한 문제를 창의적이고 융합적으로, 그리고 올바르고 공정하게 해결할 수 있는 역량을 습득하도록 한다.

한편, 인공지능 수업을 위한 교사용 지도서에 제시되어 있는 초 · 중 · 고등학교의 학교급별 인공지능 목표는 다음과 같다. 학교급별 인공지능 목표는 실제 교사가 학생을 대상으로 수업을 통해 달성해야 하는 목표이므로 매우 실제적이며, 실제 교실에서 이루어지는 차시별 수업의 목표는 이 학교급별 목표를 보다 각 학교의 상황에 맞게 세분화한 것이다.

• 초등학교

인공지능의 기능과 원리를 놀이와 교육용 도구를 통해 체험하고, 자신의 주변에서 인공지능 기술이 적용된 사례를 탐색하고 활용할 수 있다.

• 중학교

인공지능 기술 발전의 원동력이 되는 데이터의 가치와 인공지능 기술의 원리를 이해하고, 실생활 문제를 해결하는 능력을 함양한다.

• 고등학교 심화

'인공지능 기초'[1]의 내용을 바탕으로, 심화된 내용의 인공지능 개념과 알고리즘을 이해하고, 인공지능 기술을 응용하여 문제를 해결할 수 있는 역량을 기른다.

1) 2015 개정 교육과정에 신설된 진로 선택 과목

4. 인공지능 교육의 내용

교육내용은 교육목표 달성을 위해서 교수자가 가르치고 학습자가 배워야 할 콘텐츠이며, 다른 말로 교수-학습활동을 통한 학습자의 경험 내용이다. 교육내용을 흔히 과목 혹은 과목명이라고 하는데, 교과로 불리기도 한다. 하지만 교과는 초·중·고등학교의 학교교육에서의 명칭이며, 대학교육에서는 교과 대신에 대개 강좌 혹은 강좌명으로 불린다. 또한 학교교육에서는 국어, 영어, 수학, 과학, 사회처럼 교과가 한 영역의 이름과 거의 동일하게 사용되지만, 대학에서는 강좌가 한 영역의 이름과 반드시 일치하는 것은 아니다. 학교교육은 일정 연령의 모든 학습자에게 가르치고 배우게 하는 의무교육이므로 여러 영역을 얕지만 넓게 다루는 것이지만, 대학교육은 학습자가 선택한 한 영역 혹은 소수의 영역을 깊은 수준에서 다루기 때문이다. 대학교육에서 학습자가 선택한 전공분야에 대한 여러 강좌가 교육내용으로 개설되는 이유이다.

인공지능의 교육내용을 보면 인공지능의 주요 영역이 무엇인지 파악할 수 있으며, 그 영역이 중요하다는 것을 알 수 있다. 중요하기 때문에 소중한 시간과 비용을 들여서까지 교육하는 것이다. 교육내용으로 선정된 것에는 그 내용을 교육하여 달성하고자 하는 교육목표가 들어 있다. 즉, 앞 절에서 언급한 인공지능 교육의 목표는 다음에 제시되는 인공지능 교육내용을 학습자가 경험하면서 도달해야 한다.

우리나라 인공지능 교육내용은 크게 3개의 영역으로 나누어져 있다. 첫째는 급변하는 인공지능 기술로 인해 변화하는 사회를 인식하고, 지능 에이전트 관점에서 인공지능의 본질을 이해하는 것에 중점을 둔 '인공지능의 이해' 영역이다. 둘째는 실제 인공지능이 동작하는 데 필요한 요소와 원리를 이해하는 것에 중점을 둔 '인공지능 원리와 활용' 영역이다. 셋째는 인공지능 사회 속에서 발생할 수 있는 윤리적인 문제를 통해 인공지능의 긍정적·부정적인 영향을 탐색하고, 인공지능을 올바르게 사용할 수 있도록 하는 것에 중점을 둔 '인공지능의 사회적 영향' 영역이다. 이 3개의 영역은 각각 차례대로 인공지능 교육을 대표하는 3개의 다양한 교육유형인 ① 인공지능 이해교육, ② 인공지능 활용교육, ③ 인공지능 가치교육과 관련을 맺는다(한선관 외, 2021). 혹은 관점에 따라 인공지능 교육의 유형을 ① 인공지능 이해교육, ② 인공지능 활용교육, ③ 인공지능 개발교육, ④ 인공지능 윤리교육 등의 4개의 유형으로 세분화하기도 한다(전우천, 2022). 이 경우는 인공지능 개발교육을 인공지능 활용교육에 포함시킬 수 있고, 인공지능 윤리교육은 인공지능 가치교육과 단지 단어 선택에서 차이가 있을 뿐이다. 따라서 인공지능 교육의 유형을 크게 3개(이해교육, 활용교육, 가치교육)로 보아도 무방하다.

이 3개의 커다란 영역은 총 7~8개의 하위 세부 영역으로 세분화되고, 이 하위 세부 영역은 다시 내용 요소별로 세분화되는데, 이때 내용 요소는 초·중·고등학교의 학교급별로 구분된다. 요약하면, 인공지능 교육내용은 ① 영역, ② 세부 영역, ③ 세부 영역의 내용 요소라는 3단계로 구분되어 있고, 이 중 세부 영역의 내용 요소는 초·중·고등학교라는 학교급별로 나누어지는 모습을 갖고 있다. 이를 표로 정리하여 제시하면 〈표 4-1〉 초등학교 인공지능 교육내용, 〈표 4-2〉 중학교 인공지능 교육내용, 〈표 4-3〉 고등학교 인공지능 교육내용과 같다(교육부, 한국과학창의재단, 2021b).

인공지능 교육내용의 선정과 편성은 나선형 교육과정이라는 일반 교육과정(curriculum)의 원리를 따르고 있다. 나선형 교육과정이란 학교와 학년이 높아짐에 따라 동일한 교과가 점점 깊이와 폭을 더해 가면서 심화되도록 조직된 것을 말한다. 이에 따르면 교육내용은 내용의 성격상 학교급이나 학년에 상관없이 동일하게 반복적으로 가르치고 배우도록 하지만, 학교급이나 학년에 따라 관찰되는 학습자의 발달단계를 고려하여 내용의 범위나 깊이에서만 차이가 나는 것이다. 인공지능 교육내용도 3개의 커다란 인공지능 영역과 세부 영역은 초·중·고등학교 모두에서 동일하지만, 세부 영역의 내용 요소에서만 달라지고 있음을 알 수 있다.

1) 초등학교 인공지능 교육내용과 특징

초등학교 교육내용에서 특이한 사항은 저학년(1~4학년)과 고학년(5~6학년)으로 구분하여 제시한 점이다. 또한 인공지능 윤리라는 세부 영역은 저학년에서는 다루지 않는다는 점이다. 이는 초등학교 저학년과 고학년의 발달적 측면이 매우 커다란 간격을 보인다는 사실을 고려한 것이다. 또한 고학년의 내용이 저학년 내용보다 수준 면에서 더 넓고 깊다는 점을 볼 수 있다. 또 인공지능에 관한 윤리적 측면은 저학년이 경험하기에는 어렵거나 적합하지 않다는 점을 보여 준다(〈표 4-1〉 참조).

〈표 4-1〉 **초등학교 인공지능 교육내용**

영역	세부 영역	내용 요소	
		초등학교 저학년(1~4학년)	초등학교 고학년(5~6학년)
인공지능의 이해	인공지능과 사회	• 인공지능과의 첫 만남	• 인공지능의 다양한 활용 • 약인공지능과 강인공지능
인공지능 원리와 활용	데이터	• 여러 가지 데이터 • 수치 데이터 시각화	• 데이터의 중요성 • 문제 데이터 시각화 • 데이터 경향성
	인식	• 컴퓨터와 사람의 인식	• 컴퓨터의 인식 방법
	분류, 탐색, 추론	• 특징에 따라 분류하기	• 인공지능 분류 방법 • 지식 그래프
	기계학습과 딥러닝	• 인공지능 학습 놀이 활동	• 기계학습 원리 체험
인공지능의 사회적 영향	인공지능 영향력	• 우리에게 도움을 주는 인공지능	• 인공지능과 함께하는 삶
	인공지능 윤리	–	• 인공지능의 올바른 사용

2) 중학교 인공지능 교육내용과 특징

중학생의 교육내용은 학년의 구분 없이 다루어지며, 세부 영역의 내용 요소가 누락된 점도 없다. 초등학교의 교육내용과 비교했을 때 더 구체적이며 세분화되어 있음을 알 수 있다(〈표 4-2〉 참조).

〈표 4-2〉 **중학교 인공지능 교육내용**

영역	세부 영역	내용 요소
		중학교
인공지능의 이해	인공지능과 사회	• 인공지능 발전 과정 • 튜링 테스트
인공지능 원리와 활용	데이터	• 데이터 수입 • 데이터 전처리 • 데이터 예측
	인식	• 사물 인식
	분류, 탐색, 추론	• 인공지능 탐색 방법 • 규칙기반 추론
	기계학습과 딥러닝	• 지도학습 • 비지도학습

인공지능의 사회적 영향	인공지능 영향력	• 인공지능과 나의 직업
	인공지능 윤리	• 인공지능의 오남용 예방

3) 고등학교 인공지능 교육내용과 특징

고등학교의 인공지능 교육내용은 초등학교와 중학교와 비교했을 때 특성이 두드러진다. 우선 세부 영역이 하나 늘어 인공지능과 에이전트 세부 영역이 인공지능의 이해라는 영역에 추가되었다. '지능 에이전트'가 초등학생과 중학생 수준에서 다루기 어렵다는 점이 반영된 것이다. 또한 내용 요소를 고등학교 기초와 고등학교 심화로 이분하여 교육내용의 깊이 수준을 구분한 점이 눈에 띈다. 초등학교에서 교육내용을 저학년과 고학년이라는 발달단계의 수준을 고려한 것과 비교해 보면, 피아제(Piaget)의 인지발달론에 근거하여 고등학생은 학년에 관계없이 이미 인지발달이 다 되어 있음을 반영한 것이다. 그리고 고등학교 기초의 내용 요소는 2015 개정 교육과정에 신설된 진로 선택 과목인 '인공지능 기초'의 내용 구성에서 가져온 것도 특징이다(〈표 4-3〉 참조).

〈표 4-3〉 **고등학교 인공지능 교육내용**

영역	세부 영역	내용 요소	
		고등학교 기초	고등학교 심화
인공지능의 이해	인공지능과 사회	• 인공지능의 개념과 특성 • 인공지능 기술의 발전과 사회 변화	• 인공지능 기술의 적용 분야 • 인공지능 융·복합
	인공지능과 에이전트	• 지능 에이전트의 개념과 역할	• 지능 에이전트 분석
인공지능 원리와 활용	데이터	• 데이터의 속성 • 정형 데이터와 비정형 데이터	• 데이터 속성 분석 • 빅데이터
	인식	• 센서와 인식 • 컴퓨터 비전 • 음성 인식과 언어 이해	• 컴퓨터 비전 응용 • 음성 인식 응용 • 자연어 처리
	분류, 탐색, 추론	• 문제해결과 탐색 • 표현과 추론	• 휴리스틱 탐색 • 논리적 추론
	기계학습과 딥러닝	• 기계학습의 개념과 활용 • 딥러닝의 개념과 활용 • 분류모델 • 기계학습 모델 구현	• 기계학습 • 강화학습 원리 • 퍼셉트론과 신경망 • 심층 신경망

<table>
<tr><td rowspan="2">인공지능의
사회적 영향</td><td>인공지능
영향력</td><td>• 사회적 문제해결
• 데이터의 편향성</td><td>• 인공지능과의 공존
• 알고리즘 편향성</td></tr>
<tr><td>인공지능
윤리</td><td>• 윤리적 딜레마
• 사회적 책임과 공정성</td><td>• 인공지능 개발자 윤리
• 인공지능 도입자 윤리</td></tr>
</table>

4) 초 · 중 · 고등학교 인공지능 교육내용에서 나타나는 생각할 점

일반적으로 초 · 중 · 고등학교 교육에서 각 교과의 교육내용은 〈표 4−1〉, 〈표 4−2〉, 〈표 4−3〉에서 볼 수 있는 것과는 달리 초 · 중 · 고등학교 각각 학년별로 구성되어 있다. 반면에 인공지능의 교육내용은 각 학년별로 구성되어 있지 않다. 중학교는 아예 학년별로 구별될 수 있는 구성이 없어서 어느 학년이든지 학교에서 재량으로 편성해서 가르칠 수 있다. 6년 기간의 초등학교는 저학년과 고학년의 2개, 3년 기간의 고등학교도 기초와 심화의 2개로 구성되어 있지만, 중학교와 마찬가지로 교육내용이 특정 학년에서 다루도록 규정한 것이 아니다. 그런데 그것마저도 초등학교에서는 발달단계로, 또한 고등학교에서는 내용의 깊이 수준이라는 서로 다른 시각에서 구분되어 있다.

인공지능 교육내용의 편성이 이처럼 되어 있는 것은 아직 국어, 영어, 수학과 같은 필수 교과가 아니며, 또한 독립된 교과가 아니기 때문이다. 인공지능 관련 교육내용은 초등학교라면 실과라는 교과에서, 중학교라면 정보 교과에서 한 단원으로 구성되어 있어서 부분적으로만 다루어지거나 또는 초 · 중 · 고의 교과 학습 과정 이외에서 진행되는 '창의적 체험활동', 줄여서 '창체'라고 불리는 특별활동 시간에 다루어진다. 창의적 체험활동은 자율활동, 동아리활동, 봉사활동, 진로활동의 4개 영역으로 구성되는데, 인공지능 교육은 특히 진로활동에서 다루어지고 있는 실정이다. 고등학교는 조금 복잡한데, 그 이유는 인공지능 기초는 정보 교과에 반영되어 다루고 있지만, 인공지능 심화는 교양 교과라는 국가 외 고시과목에서도 다루고 있기 때문이다. 또한 인공지능 수학의 내용은 수학 교과에서 다루어지기도 한다. 국가 외 고시과목의 이름은 '인공지능과 미래사회' '수리와 인공지능' 등 학교마다 동일하지 않다. 더욱이 중학교와 고등학교의 인공지능 교육내용은 모두 진로 선택 과목에서 다루어지기 때문에 선택한 학생들만이 학교에서 인공지능 교육을 학습할 수 있다.

5. 인공지능 교육의 내용과 교육유형

앞에서 인공지능 교육의 내용을 설명할 때, 첫째 인공지능의 이해, 둘째 인공지능 원리와 활용, 셋째 인공지능의 사회적 영향이라는 3개의 커다란 영역을 언급하고 이에 따라 하위 세부 영역과 내용 요소를 기술하였다. 이 내용적 영역과 연결되는 것으로, ① 인공지능 이해교육, ② 인공지능 활용교육, ③ 인공지능 가치교육이라는 3개의 인공지능 교육유형으로 구분할 수 있다.[2)]

1) 인공지능 이해교육

인공지능 이해교육이란 인공지능의 학문이나 기능 자체를 교수-학습활동의 내용으로 하는 교육을 말한다. 인공지능 자체의 내용을 이해하지 않고는 인공지능을 활용하여 문제를 효과적으로 해결할 수도 없으며 인공지능 때문에 야기되는 사회 윤리적인 이슈에 대해 적절한 대처를 할 수도 없다. 인공지능 자체의 이해는 인공지능 교육의 선행요건이며 다른 유형의 교육에 기초가 된다. 인공지능 이해교육에서는 관련 기술과 기능에 대한 개념 등의 지식 형성이 가장 중요하다.

2) 인공지능 활용교육

인공지능 활용교육이란 인공지능 이해교육을 통해 학습한 인공지능의 기술이나 개념을 활용하여 문제를 해결하는 역량을 길러 주는 교육을 말한다. 학생이 타 교과나 다른 학문 분야나 여러 산업 영역에서 발견되는 문제를 인공지능 기술을 통해 해결하도록 해 보는 경험을 갖도록 해 주는 것이다. 이를 위해서 인공지능 지식에 대한 탄탄한 기초가 선행되어야 하는데, 실제 인공지능이 동작하는 데 필요한 요소와 원리를 이해할 필요가 있다. 인공지능 활용교육에서는 인공지능 기술의 기능 향상이 중요한데, 어떤 문제나 활

2) ICT(Information & Communication Technology) 교육, 즉 정보통신기술 교육이 중요했던 시절에 ICT 소양교육과 ICT 활용교육으로 구분하여 수업을 한 적이 있다. 이때 ICT 소양교육은 ICT 자체를 교수-학습활동의 내용으로 삼는 것이었고, ICT 활용교육은 소양교육에서 습득한 역량을 토대로 제기된 문제를 해결하도록 하는 것이었다.

동과 연결시켜 이 기능을 향상시킬지가 관건이다.

인공지능 활용교육은 파생된 유형이 존재한다. 대표적인 것으로 '인공지능 교과활용 교육' '인공지능 융합교육' '인공지능 기반 교육'이 있다(한선관 외, 2021). 인공지능 교과활용교육은 교과 교육에 인공지능을 활용해서 교과의 목표를 달성하는 것에 도움을 주고자 하는 교육이다. 예를 들어, 국어, 수학, 과학, 음악 등의 각 교과가 목표로 하는 내용을 학습자가 잘 익힐 수 있도록 해서 각 교과의 수업에서 목표를 달성할 수 있도록 도와주는 것이다. 이 유형의 교육에서 인공지능의 기술과 기능은 각 교과의 학습을 보조하는 도구로서 사용된다.

앞서 설명한 인공지능 교과활용교육의 주안점이 각 교과라는 하나의 특정 영역 안에만 있다면, 인공지능 융합교육은 하나의 교과에만 특정된 영역이 아니라 여러 영역의 교과의 내용이 함께 혼재되어 있는 것에 주안점이 있다. 따라서 이 유형의 교육에서 학생은 어느 한 교과의 목표에 집중하는 것이 아니라 융합이 가능한 영역에서 발생하는 문제를 해결하는 활동을 하게 된다. 사실, 이미 널리 알려져 있는 STEAM(Science, Technology, Engineering, Art, Mathematics) 교육은 과학, 기술, 공학, 인문 · 예술, 수학 분야의 융합적 사고력과 실생활 문제 해결력 향상을 위한 교육이므로, STEAM의 T(기술)에 인공지능 기술을 넣으면 인공지능 융합교육의 모범적 사례가 될 수 있다. '인공지능 융합교육'은 다시 '인공지능 교과융합교육'과 '인공지능 방법융합교육'으로 나누어진다(정영식, 2022). 전자는 수업활동에서 다루어질 문제나 주제의 분야 측면에서의 융합이라서 문제나 주제 자체가 복잡한 반면에, 후자는 수업활동에서 다루어질 문제나 주제를 해결하는 방법 측면에서의 융합이라서 문제나 주제보다 다양한 방법으로 접근 · 해결할 수 있는 것이어야 한다.

인공지능 기반 교육은 인공지능 기술을 수업활동의 플랫폼으로 이용하는 교육이다. 대개 MOOC(Massive Open Online Courses), 학습앱, LCMS(Learning Contents Management System)와 같은 인공지능 기반의 튜터링 시스템이나 온라인 교육 시스템 또는 각종 에듀테크를 기반으로 한다. 이 유형의 교육은 학습자의 학습활동을 이와 같은 인공지능 기술이 적용된 플랫폼을 이용하여 도와주고 교사와 협력해서 수업을 진행하는 교육이다. 이와 관련해서 현재 구글 AutoML, 애플 CreateML, MakeML 등 범용적인 인공지능 상용 플랫폼, 티처블머신, ML4Kids, 텐서플로와 같은 인공지능 교육을 위한 특화된 플랫폼, 다니얼로그플로우, 매니챗과 같은 인공지능 챗봇 플랫폼이 개발되어 있다. 교사가 관심을 갖는다면, 이런 플랫폼을 활용해서 수업에서 인공지능 기반 교육을 수행할 수 있다.

3) 인공지능 가치교육

인공지능은 항상 인간에게 신뢰와 이익 등을 제공하는 긍정적인 면만을 가지고 있을까? 아니면 인간을 소외시키는 등의 악영향도 가지고 있을까? 이 장의 1절에서 언급한 친인공지능 진영과 반인공지능 진영으로 갈라진 이유는 인공지능에 대한 상반된 관점과 그 관점에서 파생한, 윤리적 이슈를 포함한 여러 이슈가 있기 때문이다. 인공지능 가치교육이란 인공지능 이해교육과 활용교육을 통해서 나타나는 사회적 영향과 윤리적인 이슈를 다루는 교육이다. 인공지능 기술이 적용되는 분야는 매우 다양한데, 각 분야마다 윤리적 이슈들이 존재한다. 예를 들어, 자동차 산업에서 자율주행 자동차는 자동차 사고가 발생할 때 자동차 승객의 생명을 우선할 것인지 보행자의 생명을 우선할 것인지에 대한 이슈, 국방 산업에서 자율 무기체계는 군사적 목적 달성을 위해서 인간 지휘관이면 주저할 상황에서도 과감히 폭탄을 투하할 것인지에 대한 이슈 등이다. 이와 같은 인공지능 가치교육에는 두 가지 접근을 생각해 볼 수 있다. 하나는 학습자로 하여금 인공지능에 대한 바른 태도와 가치관을 갖도록 해 주는 것이며, 다른 하나는 인공지능 기술을 활용할 때 윤리적으로 실천하고 활용하며 개발하도록 하는 것이다.

4) 인공지능 교육유형의 시사점

앞서 설명한 3개의 인공지능 교육유형은 인공지능 교육을 바라보는 시각인데, 특히 교사가 수업에서 인공지능 교육을 실천할 때 내용적 측면과 활동적 측면에서 귀중한 시사점을 제공한다. 먼저, 내용적 측면의 시사점을 보면, 〈표 4-1〉, 〈표 4-2〉, 〈표 4-3〉에서 기술한 인공지능 교육의 내용은 모두 그 개념의 지식과 기능 자체를 이해하지 않으면 안 된다는 사실이다. 즉, '인공지능 이해교육'을 통해서 알아야 할 지식과 기능을 알려 준다. 예를 들어, 〈표 4-3〉의 인공지능 원리와 활용, 세부 영역, 고등학교 기초의 '정형 데이터와 비정형 데이터'에서 정형 데이터와 비정형 데이터의 개념을 모르면, 즉 인공지능 이해교육이 되어 있지 않으면, 인공지능 활용도 불가능하고 그것 때문에 발생하는 인공지능의 윤리나 가치, 사회적 영향력도 파악하기 어렵다. 〈표 4-1〉, 〈표 4-2〉, 〈표 4-3〉에서 제시된 교육내용은 그것이 둘째 '인공지능 원리와 활용' 속의 내용이든, 셋째 '인공지능의 사회적 영향'의 내용이든 모두 '인공지능 이해교육'의 내용인 것이다.

다음으로 활동적 측면의 시사점을 보면, 인공지능 교육이 수업에서 어떤 활동을 해야 할지가 반영되어 있다. 수업에서 해야 할 활동은 인공지능 교육유형이 제시하고 있는 것처럼, 학생이 인공지능을 '이해'하고, 인공지능을 '활용'하며, 인공지능의 '가치문제'를 깨닫는 것이며, 각각을 위해서 교사는 구체적으로 수업 중에 학생들에게 무엇을 제공하고 어떤 활동을 함께 할지를 선택, 결정하는 것이다. 〈표 4-1〉, 〈표 4-2〉, 〈표 4-3〉에서 기술한 인공지능 교육의 내용은 수업에서 다루는 내용적인 면에서는 유용하지만 수업에서 교사가 추구하고 해야 할 활동은 제시하지 않기 때문에 수업 중 어떤 활동을 해야 할지는 교사의 몫인 것이다. 하지만 이처럼 인공지능의 3개의 유형은 교사의 수업 활동에 대한 시사점을 제공한다.

인공지능의 교육유형을 이처럼 3개로 구분하지만, 3개의 유형이 완전히 독립적으로 별개인 것은 아니다. 앞서 언급하였듯이, '인공지능 활용교육'과 '인공지능 가치교육'은 '인공지능 이해교육'의 기반 위에서 가능하다. 인공지능의 지식과 기능을 모르는 상태에서는 인공지능을 실생활 문제해결에 활용할 수 없으며, 인공지능 관련한 도덕적 · 윤리적 이슈에도 적절히 대처할 수 없다. 또한 '인공지능 활용교육'과 '인공지능 가치교육'은 서로 상보적이다. 인공지능 관련한 도덕적 · 윤리적 이슈는 인공지능의 활용 맥락에서 발생하므로 인공지능을 활용하는 방법을 알아야 하며, 인공지능 관련한 도덕적 · 윤리적 이슈를 학습하는 과정에서 인공지능의 올바른 활용방안을 깨달을 수 있다.

6. 인공지능 교육의 방법

교육목표와 교육내용이 설정되면, 실제 수업에서 교육목표 달성을 위해 교수자는 교육내용을 가르치는 활동을, 학습자는 교육내용을 배우는 활동을 구체적으로 실천해야 한다. 그렇다면 이 구체적 실천, 즉 수업이 어떻게 전개되어야 하는지가 관건이다. 적어도 수업은 교육내용의 성격과 교육목표 달성에 부합해야 한다. 부합하지 않는다면 그 수업은 의미가 없다. 당연한 말이지만 수업이 내용에 따른 목표에 효과적이어야 한다는 뜻이다. 문제는 교수-학습활동을 위한 충분한 시간적 여유가 없고 재정과 같은 자원도 충분하지 않다는 점이다. 학교교육에서의 수업은 20주가 넘는 2개의 학기가 모여 1년 단위의 학년을 이루면서 진행된다. 여기에 교과마다 주당 서로 다른 수업 시간, 즉 수업시수를 갖고 있다. 어떤 교과는 더 많이, 어떤 교과는 더 적게 수업을 하는 것이다. 자원의 분배와 배치도 교과마다 동일하지 않다. 수업시수는 법정시수라고 해서 미리 정해 놓아 모든 학교가 따를 수도 있지만 자원은 시수처럼 정해 놓기 까다롭다. 이처럼 수업은 시간적인 면에서도, 자원적인 면에서도 허투루 해서는 안 되고, 매우 효율적이어야 한다는 뜻이다. 또한 수업의 방식이 학습자의 동기나 흥미를 유발하고 수업에 적극적으로 참여하도록 만들어야 하는 것에도 어려움이 있다. 가르치는 사람의 입장에서 아무리 잘 가르쳤다고 해도 배우는 사람의 입장에서 제대로 경험하지 못했다면 교육목표 달성은 불가능하다. 결국 수업의 방식은 학습자에게 재미를 선사하여 계속해서 학습하도록 학습자에게 어필하는 매력이 있어야 한다. 이처럼 수업은 교육내용과 교육목표에 부합하는 효과성을 담보해야 하며, 동시에 시간적인 면과 자원적인 면에서도 효율성을 추구해야 하고, 덧붙여 학습자를 홀리는 매력성을 지녀야 한다는 뜻이다. 이를 위해 다양한 교육방법이 개발되어 수업에서 활용되고 있다.

인공지능 교육내용 자체가 인공지능 교육목표 달성을 이끌어 갈 수 없다. 교육내용은 교육방법이 구체적으로 펼쳐지는 수업이라는 활동, 즉 교수자와 학습자가 실천하는 교수–학습활동을 통해서 실현되는 것이다. 그런데 수업은 교수자 임의로 아무렇게나 진행하는 것이 아니다. 수업에는 지켜야 할 원리가 있고, 고려해야 할 조건이 있으며, 해야 할 활동이 있다. 이를 교수자와 학습자가 수업에서 따라야 할 단계와 절차로 체계화하여 정립한 것이 수업모형 또는 교수–학습모형이다. 즉, 수업모형은 교육방법이 구체적으로 상황에서 수업에서 실천될 때 사용되는 용어이다. 수업모형은 구체적인 수업활동의 안내자 역할을 한다.

학교현장에서 교사의 수업은 교과 내용의 성격을 고려하여 신중하게 선택한 수업모형에 따라 진행된다. 수업에서 적용할 수 있는 수업모형이 많이 개발되어 있기 때문이다. 개발되어 있는 여러 수업모형 중에는 인공지능 교육을 위해 응용할 수 있는 것도 많다. 다음은 인공지능 교육을 위해 수업에서 적용할 수 있는 수업모형인데, 초 · 중 · 고등학교 현장의 교사가 인공지능 교육 수업 공모전에 제출한 수업지도안을 분석하여 도출한 수업모형이다(정영식, 2022)[3].

3) 정영식(2022)에 따르면, 공모전에 제출한 수업지도안을 기존의 교과별 수업모형에 따라 분류한 후에 동일하거나 유사한 모형은 통합하여 도출하였다. 여기의 수업모형을 '인공지능 융합교육'을 위한 수업모형이라고 있지만, 굳이 하나의 유형에만 고착화할 필요는 없다. 한편, STS수업 모형, 개발중심 모형은 다른 모형과 상당히 유사하므로 제외하였고, 비교적 최근에 개발된 사례기이드학습 모형을 추가하였다.

1) 개념형성 모형

개념형성 모형은 학습자가 인공지능의 개념과 원리를 학습하도록 만드는 것에 초점을 둔 수업모형이다. 구체적인 모형에는 개념학습 모형과 원리탐구 모형이 있다.

- 개념학습 모형: 공통된 특징과 속성을 가진 항목들을 분류한 개념들을 학습시키는 모형으로 기초적인 인공지능의 개념과 지식을 체계적으로 이해시키는 데 도움을 주는 모형이다(김현석, 2004 재인용). 수업에서 학습자로 하여금 인공지능과 관련한 개념을 형성시키고 이를 내면화하게 한다면 활용할 수 있는 모형이다. 이 모형은 3단계로 구성되어 있다. 1단계의 개념 탐색 단계에서는 학생들이 자신의 경험을 토대로 새롭게 학습하는 개념에 대해 생각하게 만들며, 2단계의 개념 도입 단계에서는 새로운 개념을 획득하는 과정을 통해 개념을 형성하도록 하고, 3단계의 개념 적용 단계에서는 형성된 개념을 갖고 다른 현상들에 대해 탐색하게 함으로써 그 개념을 내면화한다. 개념학습 모형의 단계별 학습과정 및 교수–학습활동의 예시는 〈표 4–4〉와 같다.

〈표 4–4〉 **개념학습 모형의 단계별 학습과정 및 교수–학습활동 예시**

단계	학습과정	교수–학습활동(예시)
개념 탐색	학습 문제 제기	• 일상생활 속의 문제 상황 제시하기(경험 제시) • 학습의 준비 확인과 동기 유발하기 • 학습 문제 및 학습 활동 제시
	교사의 간단한 시범활동	• 인공지능 맞춤 추천 서비스를 통한 합리적 선택 방법 살펴보기 • 합리적인 선택 기준 정하기
	새로운 규칙성 파악	• 합리적인 선택 체험하기 • 새로운 규칙성 파악하기
개념 도입	용어 도입하기	• 학생의 경험을 토대로 KNN 알고리즘 원리 익히기 • KNN 알고리즘 개념 도입하기
	개념 정리 및 보완	• KNN 알고리즘 개념을 학습 문제에 적용하기 • 인공지능의 KNN 알고리즘 활용으로 개념 확장시키기
개념 적용	모델 만들기	• 엔트리 인공지능 블록 활용 KNN 분류 인공지능 학습시키기 • 엔트리 블록코딩을 활용하여 인공지능 추천 프로그램 만들기
	자신의 사고 정교화하기	• 학습 내용 공유하기 • 학습한 개념을 자신의 삶에 적용시켜 내면화하기

- 원리탐구 모형: 실생활과 관련된 문제를 해결해 가는 과정에서 개념 안의 원리를 파악해 가도록 하는 모형이다. 학생들은 파악한 원리를 타 문제에 적용함으로써 원리를 활용할 수 있는 추론능력을 향상시키는 데 도움을 준다(고은성, 김상미, 2017). 수업에서 학습자로 하여금 실생활 문제를 통해 개념 속 원리를 파악하도록 하고 싶다면 활용할 수 있는 모형이다. 이 모형은 4단계로 구성되어 있다. 1단계의 문제 확인 단계에서는 학생 주위의 익숙하고 쉽게 해결할 수 있는 문제를 찾아보면서 원리를 인식하도록 하며, 2단계의 원리 파악 단계에서는 찾은 문제를 해결하는 과정을 통해 사고력을 기르면서 개념 속의 원리를 파악하도록 하며, 3단계의 원리 적용 단계에서는 파악한 원리를 새로운 도전적인 문제에 적용해 보면서 그 문제를 해결하여 파악한 원리를 내면화하며, 4단계의 원리 확산 단계에서는 내면화된 원리를 더 큰 문제나 분야가 다른 문제에 적용해 보면서 추론능력을 키우도록 한다. 원리탐구 모형의 단계별 학습과정 및 교수-학습활동의 예시는 〈표 4-5〉와 같다.

〈표 4-5〉 **원리탐구 모형의 단계별 학습과정 및 교수-학습활동 예시**

단계	학습과정	교수-학습활동(예시)
문제 확인	학습 주제 인식	• 동기 유발 • 학습 문제 확인
	학습 개념 확인	• 학습 개념 소개 • 개념 파악
원리 파악	학습 개념 원리 파악	• 익숙한 문제에 개념 원리 적용 • 개념 원리 파악
	학습 개념 원리 정리	• 개념 원리 정리(도식화 및 시각화)
원리 적용	학습 개념 원리 적용	• 도전성 있는 문제 인식하기 • 파악한 개념 원리를 활용해 문제 해결하기
	학습 개념 원리 내면화	• 문제 해결 방법 발표 및 공유
원리 확산	학습 개념 원리 확산	• 원리 활용 사회적 문제 적용 • 사회적 문제 해결 방법 추론

2) 기능습득 모형

기능습득 모형은 학습자가 인공지능 프로그래밍 시연이나 실습을 통해서 인공지능 기술의 기본 기능을 습득하도록 만드는 수업모형이다. 구체적인 모형에는 시연중심 모형과 실습중심 모형이 있다.

• 시연중심 모형: 교사가 모델이 되어 학습활동을 시연하여 학생들에게 보여 주면, 학생들은 모방 활동을 하면서 반복적인 연습을 통해 인공지능의 기능을 익히거나 프로그램을 만들어 보는 모형이다. 이 모방 활동에서 학생들의 질문과 대답이 이어지고 인공지능의 알고리즘이나 프로그래밍과 같은 제작 활동을 집중하게 하는 것이다(김진숙 외, 2015). 수업에서 다루는 내용이 학습자가 교수자의 시범을 꼭 참고해야 할 것이라면 활용할 수 있는 모형이다. 이 모형은 3단계로 구성되어 있다. 1단계의 시연 단계에서 교사가 모델 제작을 위한 기초 기능을 설명하고 사용 방법과 모델 제작의 과정에 대한 시범을 보이면, 2단계의 모방 단계에서 학습자는 교사의 모델 제작 과정을 모방하고 궁금한 사항은 질문하여 답변을 들으면서 반복적인 연습을 하면서 제작 과정을 이해하며, 3단계의 제작 단계에서 학습자가 자기주도적으로 모델 제작을 하면서 절차적 사고를 익히게 된다. 시연중심 모형의 단계별 학습과정 및 교수-학습활동의 예시는 〈표 4-6〉과 같다.

〈표 4-6〉 **시연중심 모형의 단계별 학습과정 및 교수-학습활동 예시**

단계	학습과정	교수-학습활동(예시)
시연	설명	• 기계학습의 개념 및 원리 설명하기 • 기계학습 중 이미지 분류 방법 설명하기
	시범 보이기	• 프로그램 설계 안내하기 • 인공지능 모델 만들기 시범 보이기
모방	따라하기	• 프로그램 만들기 • 인공지능 모델 만들기
	질문, 답변	• 발문하기 • 답변하기
제작	만들기	• 프로그램 수정 및 보완하기
	반복	• 반복하기

• 실습중심 모형: 학습자가 참여하는 다양한 실습 활동을 통해 인공지능 기본 기능을 익히게 하고 창의성을 신장시키려는 데 주안점을 둔 모형이다. 수업에서 창의성을 기를 수 있는 다양한 실습 활동이 가능한 상황이라면 활용할 수 있는 모형이다. 이 모형은 실습 목적 및 지식 이해 단계, 실습 과정 제시 단계, 실험 · 관찰 단계, 실습을

통한 기본 기능 습득 단계, 평가 단계, 적용 및 확산 단계 등의 6단계로 구성되어 있는데(이수정, 왕석순, 2022), 마지막 6단계는 실습을 통해 학습하고 이해한 인공지능의 지식과 기술의 경험을 실생활과 사회 현상에 연결하는 것이다. 실습중심 모형의 단계별 학습과정 및 교수-학습활동의 예시는 〈표 4-7〉과 같다.

〈표 4-7〉 **실습중심 모형의 단계별 학습과정 및 교수-학습활동 예시**

단계	학습과정	교수-학습활동(예시)
실습 목적 및 지식 이해	실습의 목적 인식	• 문제 상황 확인 • 실습 활동의 필요성과 중요성 인식
	관련 지식 이해	• 실습 활동(문제 해결)에 필요한 관련 지식 습득
실습 과정 제시	교사의 시범	• 실습 활동의 기본이 되는 간단한 교사의 시범
실험 · 관찰	기본 기능 시범 관찰	• 교사의 시범 모방
	역할놀이 무대 준비	• 실습에 요구되는 용구와 재료 다루는 법 시범 관찰
실습	기본 기능 습득	• 실습 과정, 실습 방법에 따른 학습자의 실습
평가	실습 과정 및 결과 평가	• 실습 활동에 대한 자기 평가 및 교사 평가
적용 및 확산	실습 개념 적용	• 실습을 통해 습득한 기술 및 개념 다른 분야 적용
	확산 및 일반화	• 공유 및 일반화

3) 문제해결 모형

문제해결 모형은 학습자가 인공지능을 활용하여 교과 속의 문제나 생활 속의 문제를 해결하도록 만들어 주는 것에 초점을 둔다. 구체적인 모형에는 창의적 문제해결학습 모형, 탐구학습 모형, 토의 · 토론학습 모형이 있다.

• 창의적 문제해결학습 모형: 일상생활에서 발생할 수 있는 문제 상황에서 문제의 성격을 이해하고 정의하며, 새로운 아이디어를 구안하여 실행 계획을 세워 보도록 하는 모형이다(박도인, 2007). 특히 수업에서 학습자로 하여금 문제해결에 대한 창의적인 아이디어를 떠올리게 하고 그 아이디어의 실행 계획까지 마련하도록 만들고 싶다면 활용할 수 있는 모형이다. 이 모형은 6단계로 구성되어 있다. 1단계의 관심 영역 발견 단계에서는 실생활에서 발견할 수 있는 문제 상황을 분석하고 해결할 목표를 발견하며, 2단계의 사실 발견 단계에서는 문제 파악을 위한 정보를 수집하고

분석하며, 3단계의 문제 발견 단계에서는 앞 단계에의 정보 수집과 분석을 통해서 다양한 문제를 진술하고 핵심적인 문제를 선택하며, 4단계의 아이디어 발견 단계에서는 선택한 핵심 문제를 해결할 수 있는 아이디어를 산출해 내고, 5단계의 해결책 발견 단계에서는 문제해결의 다양한 아이디어를 평가하면서 최선의 아이디어를 선정하고, 6단계의 수용안 발견 단계에서 선정한 해결책을 실천하는 데 필요한 계획을 수립하도록 한다. 창의적 문제해결학습 모형의 단계별 학습과정 및 교수-학습활동의 예시는 〈표 4-8〉과 같다.

〈표 4-8〉 **창의적 문제해결학습 모형의 단계별 학습과정 및 교수-학습활동 예시**

단계	학습과정	교수-학습활동(예시)
관심 영역 발견	상황 분석	• 문제 상황 분석
	목표 발견	• 촌락과 도시의 문제점
사실 발견	데이터 수집	• 스마트 시티에 대한 데이터 수집
	데이터 분석	• 스마트 시티에 대한 데이터 분석
문제 발견	문제 진술	• 가능한 한 많은 문제와 하위 문제 진술
	문제 정의	• 핵심 문제 선택하기 • AI 기술을 활용한 문제 해결 방법 찾기
아이디어 발견	아이디어 산출	• AI와 함께하는 미래 도시 계획 세우기
		• 브레인스토밍, 마인드맵을 통한 다양한 아이디어 산출
해결책 발견	아이디어 평가	• 기준에 따른 아이디어 평가와 선정
	아이디어 정교화	• 선정된 아이디어 정교화
수용안 발견	아이디어 선택	• 모둠별 미래 도시 발표
	실천 계획 수립	• 선정한 해결책을 실천에 옮기기 위한 실천 계획 수립

• 탐구학습 모형: 과학자들은 탐구 문제가 무엇인지 규정하고 이를 해결하기 위해 가설을 설정하고 실험을 통해 가설을 검증한다. 탐구학습 모형은 이러한 과학자들의 탐구과정을 수업에 응용한 것인데, 기존 지식으로는 해결할 수 없는 새로운 문제에 직면한 상황에서 이를 해결해 가도록 할 때 유용하다(권재술, 김범기, 1994). 수업에서 학습자로 하여금 문제를 규정하고 그 문제를 해결하기 위한 가설을 설정하고 실험을 통해 검증하는 경험을 제공하고 싶다면 활용할 수 있는 모형이다. 이 모형은 탐색 및 문제 파악 단계, 가설 설정 단계, 실험 설계 단계, 실험 단계, 가설 검증 단

계, 적용 및 정리 단계 등의 6단계로 구성되어 있는데, 각 단계는 과학자의 탐구과정을 수업에 그대로 응용한 것이다. 가설과 실험 때문에 주로 과학 교과 관련 수업에서 적용할 수 있지만 사회 교과에서 사용이 불가능한 것이 아니다. 또한 이 모형을 실제 수업에서 적용할 때 반드시 실제 실험을 해야 하는 것이 아니다. 인공지능 기술을 활용하여 가상 실험이나 사고 실험도 가능하다. 탐구학습 모형의 단계별 학습과정 및 교수-학습활동의 예시는 〈표 4-9〉와 같다.

〈표 4-9〉 **탐구학습 모형의 단계별 학습과정 및 교수-학습활동 예시**

단계	학습과정	교수-학습활동(예시)
탐색 및 문제 파악	자료 관찰	• 인공지능을 활용한 화학실험 살펴보기
	문제 정의	• 가상실험실에서 중화반응 수행하기
가설 설정	가설 설정	• 가설 설정하기
실험 설계	변인 설정	• 핵심속성(독립변수)과 예측속성(종속변수) 정하기
	실험 계획	• 가상 실험 설계하기
실험	변인 통제	• 데이터 업로드하기 • 핵심속성(독립변수)과 예측속성(종속변수) 정하기
	실험	• 인공지능 모델 만들기 • 인공지능 모델 학습하기
가설 검증	자료 해석	• 그래프를 통한 자료 해석하기 • 인공지능 모델을 활용한 입출력 프로그램 만들기
	가설 수용 또는 수정	• 프로그램에 데이터 입력하여 결괏값 확인하기 • 가설 수용 또는 수정하기
적용 및 정리	적용	• 실생활 문제 해결에 적용하기
	학습 내용 정리	• 학습한 과학 내용 정리하기 • 인공지능을 활용한 실험의 장단점 정리하기

• 토의 · 토론수업 모형: 교사와 학생이나 학생과 학생끼리 서로 대화를 통해 학습 문제를 해결해 가도록 하는 모형이다. 대화는 문제 상황에 따라서 내용을 설명하거나 대화 상대를 설득하는 목적을 갖기도 하는데, 치열한 논변이나 논쟁이 벌어질 수도 있다(조규락, 조영환, 2019). 이 토의 · 토론 참여의 과정에서 학습자는 학습내용을 깊게 학습하고, 학습내용에 대한 자신의 생각과 가치를 성찰할 수 있으며, 타인과의 의사소통 능력도 향상시킬 수 있다. 수업에서 학습자로 하여금 토의 · 토론처럼 정

해진 규칙과 절차에 따라 대화를 나누면서 학습문제를 해결하도록 만들고 싶다면 활용할 수 있는 모형이다. 이 모형은 문제 제시 단계, 토의 · 토론 단계, 적용 및 실천 단계의 3단계로 구성되어 있다. 토의 · 토론수업 모형의 단계별 학습과정 및 교수–학습활동의 예시는 〈표 4–10〉과 같다.

〈표 4–10〉 **토의 · 토론수업 모형의 단계별 학습과정 및 교수–학습활동 예시**

단계	학습과정	교수–학습활동(예시)
문제 제시	관련 개념 확인	• 검색 알고리즘에 개발자의 편견이 개입된 실제 사례 확인하기 • 데이터 편향성의 개념 확인하기
	토의 · 토론 주제 제시	• 데이터 편향성이 우리에게 미치는 부정적인 영향
토의 · 토론	토의 · 토론 활동	• 데이터 편향성이 미치는 부정적인 영향에 대해 토의하기
적용 및 실천	실생활 문제 적용과 실천	• AI 윤리 가이드라인 카드 뉴스 제작하기, 캠페인 활동
	정리하기	• AI 기반 데이터 알고리즘과 신뢰성 • 데이터 편향성 해소와 개발자 윤리

4) 창의계발 모형

창의계발 모형은 학습자가 인공지능 자체나 인공지능을 활용한 작품을 기획부터 개발까지 전 과정에 참여하도록 만드는 수업모형이다. 구체적인 모형에는 디자인중심 모형, 개발중심 모형, 프로젝트중심 모형, 창작중심 모형이 있다.

- 디자인중심 모형: 이 모형은 스탠퍼드 대학교 D-School에서 제안한 디자인 사고 과정(Design Thinking Process)을 수업에 응용한 것인데, 디자인 사고란 산업계의 디자이너가 새로운 제품이나 프로그램을 계획 · 설계할 때 밟아 나가는 사고과정을 말한다(김선연, 2019). 인공지능은 단순한 프로그램 제품 개발이 아니라 인간의 삶 개선, 인류의 요구에 부합하는 활동이므로 고도의 창의적 설계가 필요한 분야이다(정영식, 2022). 수업을 통해 학습자의 창의적 설계 능력을 향상시키려 한다면 활용할 수 있는 모형이다. 이 모형은 4단계로 구성되어 있다. 1단계의 요구분석 단계에서는 학습자가 주어진 문제에 대한 고찰과 문제와 관련된 사람 혹은 사용자에 대한 탐색을 하게 되는데, 인간중심 분석이므로 요구분석의 내용은 개발하고자 하는 제품

이나 프로그램이 인간의 삶에 도움을 주는 방향으로 이루어져야 한다. 2단계는 디자인 단계로 학습자는 개발할 프로그램에 대한 다양한 아이디어를 산출하고, 어떤 아이디어를 선정하여 프로토타입 모델로 개발할지 목표를 세우며 설계한다. 3단계의 구현 단계는 프로토타입 모델을 만들어 보고 수정하며 실생활에서 활용할 수 있도록 한다. 끝으로 4단계의 공유 단계에서는 개발한 모델을 공유하고 피드백을 주고받으며, 각 단계의 과정을 성찰하게 된다. 디자인중심 모형의 단계별 학습과정 및 교수-학습활동의 예시는 〈표 4-11〉과 같다.

〈표 4-11〉 **디자인중심 모형의 단계별 학습과정 및 교수-학습활동 예시**

단계	학습과정	교수-학습활동(예시)
요구분석	문제 이해	• 시각장애인이 겪는 생활 속 어려움 파악하기
	요구 분석	• 인간중심의 관찰과 사용자 요구 분석하기
디자인	아이디어 산출	• 브레인스토밍, 마인드맵을 활용한 다양한 아이디어 산출
	창의적 설계	• 아이디어 선정과 창의적 설계
구현	모델 만들기	• 캔음료 구별 모델 제작하기
	모델 수정하기	• 캔음료 구별 앱 만들기
공유	공유하기	• 모델 공유하기
	평가하기	• 모델 평가하기

- 프로젝트중심 모형: 학습자에게 장기간의 깊이 있는 연구와 조사가 요구되는 특정 과제를 제시하면, 학습자는 동료 학습자와의 협력과 탐구를 통해 과제를 해결하고 실제적인 결과를 제작하여 완성해 가는 모형이다. 인공지능 분야에서는 실생활과 관련된 심도 있는 탐구가 요구되는 과제가 많다. 수업에서 장기간 지속될 수 있는 과제이면서 팀을 이룬 학생들끼리 협력과 탐구를 통해 해결할 수 있는 과제가 마련되어 있다면 활용할 수 있는 모형이다. 이 모형은 팀 스스로 과제를 찾거나 선택하게 함으로써 동기를 부여하고, 몰입을 유도하여 높은 성취를 유도할 수 있다(이지애, 2015). 이 모형은 3단계로 구성되어 있다. 1단계의 프로젝트 도입 단계에서는 과제를 선정하고 프로젝트를 진행하기 위한 계획서를 작성하며, 2단계의 프로젝트 수행 단계에서는 프로젝트 진행을 위해 필요한 자료를 수집 · 분석하고 탐구하며, 분석한 자료를 바탕으로 문제해결안을 도출하고, 문제해결안을 적용한 발표 자료를 준비하고, 3단계의 프로젝트 평가 단계에서는 팀별로 프로젝트 결과물을 발표하

고, 전체의 프로젝트 과정을 성찰한다. 프로젝트중심 모형의 단계별 학습과정 및 교수-학습활동의 예시는 〈표 4-12〉와 같다.

〈표 4-12〉 **프로젝트중심 모형의 단계별 학습과정 및 교수-학습활동 예시**

단계	학습과정	교수-학습활동(예시)
프로젝트 도입	주제 선정	• 생활 속 소프트웨어 찾아보기 • IoT 스마트 하우스 만들기
	계획서 작성	• 프로젝트 계획서 작성하기
프로젝트 수행	자료 수집	• 우리 삶에 적용하면 좋을 AI 기술 조사하기
	자료 분석 및 탐구	• AI 기술에 대해 탐구하기
	문제해결안 도출	• IoT 스마트 하우스에 적용할 AI 기술 선정하기
	발표 자료 준비	• IoT 스마트 하우스 만들기
프로젝트 평가	프로젝트 발표	• IoT 스마트 하우스 발표하기
	정리 및 성찰	• 소감 나누기 • 프로젝트 과정 성찰하기

- 창작중심 모형: 음악과 같은 교과의 작품 창작 활동을 수업에 응용한 모형이다. 특히 음악 수업에서 인공지능 기술 및 디지털 도구를 활용하여 음악 생성 과정과 음악 기능을 체험하며 자신만의 작품을 창작할 수 있다(정영식, 2022). 하지만 반드시 음악 교과만 이 모형을 활용할 수 있는 것은 아니다. 어느 교과든 인공지능 기술과 디지털 도구를 사용하여 학습자만의 작품을 완성하도록 하는 수업이라면 활용할 수 있는 모형이다. 이 모형은 4단계로 구성되어 있다. 1단계의 인지 단계에서는 인공지능 기술이 접목된 작품을 감상하고 수행해야 할 학습 문제를 제시받으며, 2단계의 기능 파악 단계에서 인공지능 도구를 체험하면서 창작을 위한 기능을 익힌다. 3단계의 표현방법 탐색 단계에서는 앞 단계에서 익힌 인공지능 도구를 활용해서 자신의 창작 작품에 들어갈 수 있는 여러 내용을 표현해 보고 느낌을 말하며, 4단계의 창작 단계에서는 익힌 기능을 활용하여 작품을 창작하고 다른 학생의 작품을 감상한다. 창작중심 모형의 단계별 학습과정 및 교수-학습활동의 예시는 〈표 4-13〉과 같다.

〈표 4-13〉 **창작중심 모형의 단계별 학습과정 및 교수-학습활동 예시**

단계	학습과정	교수-학습활동(예시)
인지	동기 유발	• AI 기술이 접목된 음악 감상하기
	문제 제시	• AI 도구로 난타 리듬곡 창작하기
기능 파악	체험하기	• 디지털 도구로 음악적 요소 체험하기
	기능 익히기	• 안내에 따라 인공지능 작곡 도구 체험 방법 익히기
표현방법 탐색	표현하기	• AI 도구로 리듬 만들기
	느낌 말하기	• AI 도구로 만든 리듬을 듣고 느낌 말하기
창작	창작하기	• AI 도구로 리듬곡 창작하기
	감상하기	• 창작한 리듬곡 감상하기

5) 가치형성 모형

가치형성 모형은 학습자가 인공지능과 관련해서 도덕적이며 윤리적 가치를 발견하거나 스스로 찾는 것에 초점을 둔 수업모형이다. 구체적인 모형에는 가치학습 모형, 역할놀이 모형, 반응중심 모형, 미래예측 모형, 사례가이드학습 모형이 있다.

- 가치학습 모형: 학습자에게 익숙하지 않은 도덕적 가치를 학습시킬 때 사용할 수 있는 모형이다. 자신의 경험과 상황을 통해서 이해하고 있는 기존 자신의 도덕적 가치를 다른 상황에 적용해 보는 과정에서 새로운 도덕적 가치가 형성될 수 있다. 그리고 새롭게 형성된 도덕적 가치는 자신의 생각을 다양하게 표현하는 과정에서 내면화가 가능하다(정영식, 2022). 이 모형은 3단계로 구성되어 있다. 1단계의 이해 단계에서는 학습자가 빠르게 변화하는 사회 속에서 새롭게 발생한 상황과 관계와 가치를 인식하며, 2단계의 생각 넓히기 단계에서는 새로운 관계를 파악하고 새로운 가치에 대한 생각을 정리하고 표현해 보며, 3단계의 활동하기 단계에서는 새로운 가치를 여러 상황에 적용해 보고 자신의 생각을 발표하며 공유한다. 가치학습 모형의 단계별 학습과정 및 교수-학습활동의 예시는 〈표 4-14〉와 같다.

〈표 4-14〉 가치학습 모형의 단계별 학습과정 및 교수-학습활동 예시

단계	학습과정	교수-학습활동(예시)
이해하기	상황 인식	• 새롭게 발생한 상황 인식 • 학습 문제 확인
	가치 확인	• 새로운 관계 확인 • 새로운 가치 확인
생각 넓히기	관계 파악	• 새로운 관계 정의 • 새로운 가치의 적용 범위 파악
	가치 정리	• 새로운 가치에 대한 자신의 생각 정리 • 자신의 생각 표현
활동하기	가치 적용	• 더 넓은 관계, 범위에 새로운 가치 적용
	가치 내면화	• 새로운 가치에 대한 자신의 생각 발표 및 공유

• 역할놀이 모형: 역할놀이 수업은 학습자가 어떤 가상적인 역할을 수행하게 함으로써, 그 역할 상황 속에서 자신과 타인의 모습을 살펴보고 관련된 가치를 발견하도록 하는 모형이다(Shaftel et al., 1982). 인공지능 교육에서 역할놀이 모형은 학습자로 하여금 인공지능 기술의 발달과 함께 새롭게 생겨나는 상황과 관계 속에서의 역할을 수행하게 만들거나, 인공지능의 기술을 역할극으로 수행하게 함으로써 인공지능에 대한 가치를 형성하거나 발견하도록 도와준다. 특히 인공지능은 기술 및 도구에 대한 기존과 매우 상이한 상황과 관계를 창조해 내었기 때문에 학습자에게는 익숙하지 않은 매우 낯선 환경이다. 따라서 단순한 개념적 접근만으로는 피상적인 경험이 되기 때문에, 낯선 환경에서의 역할놀이나 역할극은 실제적 경험을 제공하는 방법으로서 매우 유용하다(정영식, 2022). 이 모형은 준비 단계, 역할자 선정 단계, 무대 설치 단계, 청중 준비 단계, 시연 단계, 논의와 평가 단계, 재시연 단계, 경험 공유와 일반화 단계의 8단계로 구성되어 있다. 역할놀이 모형의 단계별 학습과정 및 교수-학습활동의 예시는 〈표 4-15〉와 같다.

〈표 4-15〉 역할놀이 모형의 단계별 학습과정 및 교수-학습활동 예시

단계	학습과정	교수-학습활동(예시)
준비 단계	문제 선정	• 역할놀이 설명 • 역할놀이로 표현할 문제 선정(인공지능 기술, 새로운 사회)
	문제 탐색	• 문제 속 관계 탐색 • 문제 속 상황 탐색

역할자 선정	역할 준비	• 역할 분석 • 역할 연기자 선정
무대 설치	상황 설명	• 상황과 관계에 대한 재설명
	무대 준비	• 역할놀이 무대 준비
청중 준비	관찰 과제 선정	• 역할놀이 속 관찰 과제 선정(필요한 인공지능 개념 설명)
	관찰 과제 분담	• 관찰 과제 분담
시연	역할놀이 시연	• 역할놀이 시연
논의와 평가	행동 검토	• 역할놀이 행동 검토하기
	초점 논의	• 중요한 초점 논의 및 토의
재시연	수정된 역할놀이	• 토의 내용 반영 및 역할 교체
경험 공유와 일반화	상황 연결	• 문제 상황 현실 문제와 연결(인공지능 기술, 새로운 사회)
	일반화	• 경험한 새로운 상황 및 관계 속 인공지능 기술 및 사회의 이해

• 반응중심 모형: 문학 경험에 대한 자신의 반응과 감정을 자유롭게 표현하는 것에 주안점이 있는 모형이다. 이 모형을 통한 수업에서는 문학 작품의 내용을 지식적으로 이해하는 것이 아니라, 학습자의 문학 작품에 대한 반응이나 감상을 자유로운 분위기에서 드러낼 수 있다(윤지혜, 2012). 수업에서 학습자로 하여금 인공지능 기술과 도구를 적용하여 문학 작품에 대한 반응이나 감정을 자유롭게 표현하도록 만들고 싶다면 활용할 수 있는 모형이다. 이 모형은 4단계로 구성되어 있다. 1단계의 반응 준비 단계에서는 본격적으로 작품을 읽기 전에 작품과 관련된 상황이나 소재 제시 등으로 학습동기를 유발하고, 제목이나 표지 등으로 작품 내용을 짐작하게 하며, 작품에 대한 학생들의 배경 지식을 활성화한다. 2단계의 반응 형성 단계에서는 작품을 읽으면서 즉각적으로 떠오르는 생각과 느낌을 자유롭게 표현하고, 작품에 대해 반응을 형성토록 한다. 3단계의 반응 명료화 단계에서는 작품 속의 갈등 상황이나 인물의 문제를 해결하기 위해 인공지능 도구로 모델을 만들거나 프로그래밍한다. 4단계의 반응 심화 단계는 현재의 기술로 인물의 문제를 해결할 수 있는 방법을 찾아보고 학습한 내용을 정리한다. 반응중심 모형의 단계별 학습과정 및 교수-학습 활동의 예시는 〈표 4-16〉과 같다.

〈표 4-16〉 **반응중심 모형의 단계별 학습과정 및 교수-학습활동 예시**

단계	학습과정	교수-학습활동(예시)
반응 준비	동기 유발하기	• 작품 속 상황, 소재 제시 등으로 학습 동기 유발하기
	배경지식 활성화하기	• 작품 내용 짐작하기 • 작품의 배경과 관련된 지식 활성화하기
반응 형성	작품 읽기	• 작품 읽기(『자전거 도둑』)
	작품 반응 형성하기	• 주인동의 감정 재료 찾기 • 갈등 상황에서 주인공이 느꼈을 감정 떠올려 보기
반응 명료화	AI 모델 만들기	• 인물의 긍정적/부정적 감정 분류 프로그램 만들기
	프로그래밍하기	• 인물의 문제를 해결하는 프로그램 만들기
반응 심화	적용하기	• 현재의 기술로 문제를 해결할 수 있는 방법 찾기
	정리하기	• 학습한 내용 정리하기

• 미래예측 모형: 막연하게 상상하는 것보다 수집한 데이터를 입력하고 학습시키는 것이 정확도가 더 높은 미래를 예측할 수 있다. 이 모형은 데이터 분석을 통한 인공지능 예측모델을 만들고, 이 모델을 통해 미래의 변화 가능성을 분석하고 앞으로 직면하게 될 문제에 대한 판단과 대안을 제시해 보는 모형이다(정영식, 2022). 수업에서 분석에 투입할 데이터를 수집하고 확보할 수 있고 학습자가 데이터 분석에 필요한 지식과 소프트웨어를 사용할 수 있다면 활용할 수 있는 모형이다. 이 모형은 5단계로 구성되어 있다. 1단계의 문제인식 단계에서는 학습동기를 유발하고, 학습문제를 파악하게 한다. 2단계의 탐구 단계에서는 학습자가 데이터를 수집하고 전처리를 한 후에 이를 분석하고 예측모델을 만들게 한다. 3단계의 예측 단계에서는 인공지능 예측모델에 새로운 데이터를 입력하여 결과를 예측한다. 4단계의 선택 및 수용 단계에서는 예측 결과에 따라 예상되는 문제를 상상하고 이 문제를 해결하기 위해 가져야 할 바람직한 가치에 대해 토의하면서 미래를 위한 실천방안을 수립한다. 5단계의 행위 단계에서는 학습한 내용을 정리하고 캠페인, 운동 등의 구체적인 실천 활동을 통해 예측한 결과를 실생활에 반영한다. 미래예측 모형의 단계별 학습과정 및 교수-학습활동의 예시는 〈표 4-17〉과 같다.

〈표 4-17〉 **미래예측 모형의 단계별 학습과정 및 교수-학습활동 예시**

단계	학습과정	교수-학습활동(예시)
문제 인식	학습동기 유발	• 사진을 보고 날씨 예측하기
	학습 문제 파악	• 이상고온과 미세먼지 발생의 관련성
탐구	데이터 수집 및 전처리	• 기상자료개발포털에서 미세먼지 데이터 다운로드하기 • 스프레드시트에서 데이터 추출하기
	데이터 분석 및 관계 탐색	• 데이터 시각화하기 • 이상고온과 미세먼지의 상관관계 탐색하기
	예측모델 만들기	• 온도에 따른 미세먼지 농도를 예측하는 모델 만들기
예측	예측하기	• 미세먼지 예측하기
선택 및 수용	가치 토의	• 예측 결과에 따라 예상되는 문제를 상상하기 • 문제 해결을 위해 가져야 할 바람직한 가치 토의하기
	바람직한 미래 상황 선택	• 미래를 위한 실천 방안 수립하기
행위	학습 내용 정리	• 학습 내용 정리하기
	실천	• 캠페인, 운동 등 실천하기

• 사례가이드학습 모형: 많은 학습이론과 교수이론은 사례를 중시하는데, 그 이유는 사례를 탐구하고 분석하면 그 사례와 관련된 내용을 자연스럽게 습득할 수 있기 때문이다. 사례에는 실제 발생했던 사건, 사태 등의 주요 내용이 내러티브와 이야기 형태로 이루어져 있어서 사례를 배운다는 것은 관련 사건과 사태의 주요 내용을 배우는 것과 같다. 사례가이드학습(Case-Guided Learning: CGL) 모형은 사례를 실제 수업에 어떻게 활용하는지에 대해 구체적인 절차를 밝혀서 교수-학습과정에서 사례의 역할을 접목하고자 하는 모형이다. 이 모형은 이름처럼 사례가 수업을 안내하여 이끌어 간다는 의미를 가지는데, 수업에서 학생들이 팀별 과제를 수행할 때 필수적으로 관련된 사례를 과제 해결을 위한 학습자원으로 활용하는 것을 기본으로 한다. 즉, 과제 해결을 위한 주요 내용을 사례를 분석하면서 도출하는 것이다. 이 모형은 4단계로 구성되어 있다. 1단계의 주제 및 해결과제 확인 단계에서는 학습자가 해결해야 하는 과제를 제시하고 관련된 경험 사례를 수집해서 제출하도록 한다. 2단계의 소사례 탐색 및 분석 단계에서는 학습자가 제출한 여러 소사례를 팀별로 분석하는 단계인데, 사례를 분석할 때 사례 간의 공통점, 차이점, 특이점, 및 다양한 관점을 파악하도록 하게 하면서 그 분석 결과를 토의하며 학습과제 완성에 필요한 요소와 해결과제가 요구하는 사항들을 확인하고 정립하도록 한다. 3단계의 협력적 문제

해결 단계에서는 2단계에서 마련한 학습자원 요소와 학습이슈를 통해서 제시받은 해결과제에 대한 잠정적인 해결안을 마련하여 발표를 하고 피드백을 받는다. 4단계의 종합 및 성찰 단계에서는 피드백 내용을 참고로 해서 해결과제에서 요구하는 사항들을 다시 점검한 후에 최종 해결안을 마련한다. 사례가이드학습 모형의 단계별 학습과정 및 교수–학습활동의 예시는 〈표 4–18〉과 같다(조규락, 2019).

〈표 4–18〉 **사례가이드학습 모형의 단계별 학습과정 및 교수–학습활동 예시**

단계	학습과정	교수–학습활동(예시)
주제 및 해결과제 확인	주제 및 해결과제 제시	• 인공지능 기술에 의해 대체되는 직업의 특징은 무엇일까?
	사례 수집 및 제출	• 인공지능에 의해 영향받을 수 있는 직업에 대해 조사하고 관련 사례를 수집하기
사례 탐색 및 분석	탐색, 분석 및 토의	• 직업 사례들 간의 공통점, 차이점, 특이점 및 여러 관점들 파악하기
		• 사례 탐색/분석 결과를 토의하기
	학습자원 요소와 학습이슈 정립	• 토의를 통해서 해결과제가 요구하는 사항들 확인하고 정립하기
협력적 문제해결	잠정적 해결안 마련	• 제시된 해결과제에 대한 잠정적 해결안을 마련하기
	발표와 피드백	• 잠정적 해결안을 발표를 하고, 피드백을 받기
종합 및 성찰	학습이슈 재정립	• 피드백의 결과를 반영하여 해결과제가 요구하는 사항들을 재확인하기
	최종 해결안 마련	• 재확인된 사항들을 반영하여 최종 해결안을 마련하기

앞에서 교육방법(또는 수업모형)은 교육목표나 교육내용보다 더 다양하고 복잡하다고 했다. 이를 지리산 등산에 비유해 보자. 지리산 최고봉인 천왕봉은 등산객이 도달해야 할 최종 목적지로 삼는 교육목표이고, 노고단, 반야봉, 제석봉, 천왕봉 등 지리산을 구성하는 여러 봉들은 등산객이 경험해야 하는 지리산의 교육내용이며, 최고봉을 포함한 각 봉들을 올라가는 다양한 루트인 산길은 등산객이 지리산을 경험할 때 구체적이며 실제적으로 참여하는 교육방법이다. 산이 높고 클수록 봉우리가 다양하며 각 봉우리마다 올라가는 루트가 많이 존재하는 것처럼, 교육목표의 수준이 높고 클수록 경험해야 할 교육내용이 다양하며 교육내용을 구체적이며 실제적으로 경험하는 교육방법(수업모형)은 많아질 수밖에 없다.

지금까지 살펴본 수업모형은 많은 수업모형 중 일부이다. 실제로 수업에서 활용할 수 있는 매우 다양한 수업모형이 존재한다. 수업모형 사이에서 나타나는 작은 차이를 별개의 수업모형으로 간주하면, 수업모형의 수는 상당할 것이다. 계속해서 새로운 수업모형이 등장하는 이유에는 교육사조의 변화, 기존 수업모형에서 발견되는 문제점의 개선, 새로운 기술의 등장으로 인한 사회적 요구 등이 있다. 예를 들어, 교수자 중심에서 학습자 중심의 관점으로 변화한 교육사조, 학습자들의 자발적 · 협력적 문제해결 과정 참여가 부족하다는 기존 수업모형의 문제점, 사례의 중요성에도 불구하고 사례를 구체적으로 활용하는 모형이 없었다는 점, 컴퓨터가 등장하자 이를 교육해야 한다는 사회적 요구 등을 들 수 있다. 인공지능이 새로운 기술이며 사회적 요구라는 것은 인공지능 교육의 중요성과 필요성의 대두에서 알 수 있다. 따라서 이 장에서 소개한 수업모형과는 다른 새로운 수업모형이 앞으로도 더 개발될 것으로 예측할 수 있다. 아마도 이 장에서 소개한 수업모형을 실제 수업에 적용하면서 나타나는 문제점을 개선한 모형이 등장할 가능성이 크다.

요약 | 인공지능 기술 및 활용 분야

● 정리하기

1. 인공지능 교육 필요성

– 인공지능의 영향 때문에 인간은 인공지능과 동떨어진 삶을 영위할 수 없고, 사회는 많은 변화가 나타날 것인데, 특히 인공지능에 의해 직업 세계의 변화는 매우 지대함. 이에 따라 국가 경쟁력도, 학생의 대학 학과 선택도 좌우되며, 인공지능 관련 인재 개발은 필수가 되었음.

2. 인공지능 교육목적과 교육목표

– 인공지능 교육목적은 지식 · 정보사회를 주도할 인재로서 '정보와 정보처리기술을 올바르게 활용할 뿐만 아니라, 새로운 지식과 정보, 기술을 창의적으로 생성하고 협력적으로 문제를 해결하는 능력'을 갖추도록 하는 것임.

– 인공지능 교육목표는 '인공지능에 대한 이해와 올바른 태도를 갖고, 데이터와 인공지능을 활용하여 다양한 문제를 창의적이고 융합적으로, 그리고 올바르고 공정하게 해결할 수 있는 역량'을 습득하도록 하는 것임. 이러한 교육목표는 초 · 중 · 고등학교의 학교급별 목표와 인공지능 교육내용의 영역별 목표로 나누어짐.

3. 인공지능 교육내용

– 인공지능 교육내용은 크게 1) 인공지능 이해, 2) 인공지능 원리와 활용, 3) 인공지능의 사회적 영향 등 3개의 영역으로 나누어져 있고, 각 영역은 하위 세부 영역으로 세분화되어 있으며, 각 세부 영역의 내용 요소는 초 · 중 · 고등학교의 학교급별로 다시 나누어져 있음.

4. 인공지능 교육유형

– 인공지능 교육유형은 인공지능 교육내용과 관련되어 있는데, 1) 인공지능 이해 영역은 '인공지능 이해교육'으로, 2) 인공지능 원리와 활용은 '인공지능 활용교육'으로, 3) 인공지능의 사회적 영향은 '인공지능 가치교육'으로 연결됨. 이처럼 교육유형을 구분하여도 각 유형이 완전히 독립적이지는 않고 상보적인 관계임.

5. 인공지능 교육방법

– 인공지능 교육방법은 특징과 성격 면에서 매우 다양한 모습을 가질 수 있지만, 수업에서 활용할 수 있는 대표적인 것으로 1) 개념형성 모형, 2) 기능습득 모형, 3) 문제해결 모형, 4) 창의계발 모형, 5) 가치형성 모형으로 구분할 수 있음. 각 모형에는 특징과 성격에 따라

수업활동의 구체적인 절차와 안내가 제시되어 있는 여러 하위 모형들이 존재함.

● 키워드

– 인공지능 교육, 인공지능 교육목적, 인공지능 교육목표(초 · 중 · 고등학교), 인공지능 교육내용(인공지능의 이해, 인공지능 원리와 활용, 인공지능의 사회적 영향), 인공지능 교육유형(인공지능 이해교육, 인공지능 활용교육, 인공지능 가치교육), 인공지능 교육방법(개념형성 모형, 기능습득 모형, 문제해결 모형, 창의계발 모형, 가치형성 모형)

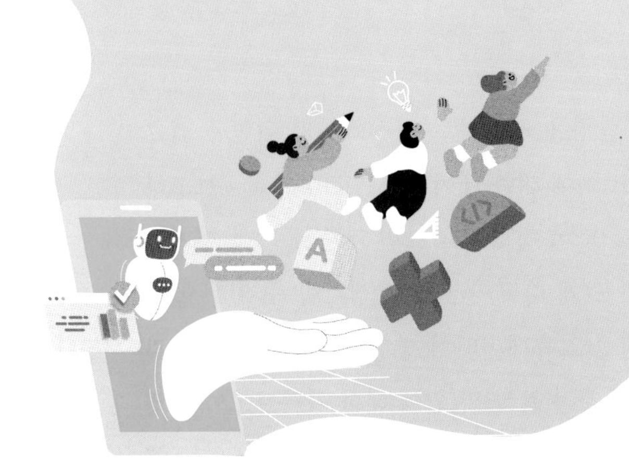

인공지능과 학습분석

1. 학습분석의 개념

최근 인공지능(Artificial Intelligence: AI)이 교육과 접목되면서 인공지능을 활용한 학습분석(Learning Analytics: LA)에 대한 관심이 높다. 학습분석을 말 그대로 해석해 보자면, '학습'과 '분석'의 두 용어가 합쳐진 것으로, 먼저 학습을 어떻게 볼 것인가에 따라 그 범위가 인지적 영역에서부터 사회적 · 정서적 영역까지 광범위하게 포괄할 수 있다. 또한 국어에서는 'analysis'와 'analytics'를 모두 '분석'으로 번역하고 있으나 영어적 표현에서의 의미적 차이를 파악할 필요가 있다.

나아가 교육분야 또는 학교현장에서의 학습분석과 컴퓨터공학 또는 인공지능 전문가들이 바라보는 학습분석에 대한 관점에 차이가 있을 수 있고, 교육학 내에서도 교육공학 분야에서 보는 학습분석의 핵심 연구 주제 및 내용과 교육통계 및 평가 분야 관점에서의 관심 주제나 학문 이론에 미세한 차이가 있을 수 있다. 이와 관련하여 학습데이터의 유형과 종류에 따라 분석 방법 또한 다양하다.

따라서 교육학의 관점에서 학습분석에 대한 개념을 이해하고, 교육데이터의 종류 및 분석 기법에 대해 종합적으로 논의함으로써 학습자와 교수자에게 제공되는 정보로서의 인공지능 기반 학습분석을 살펴볼 필요가 있다. 다만 앞서 언급하였듯이, 학습분석에 대한 개념, 데이터, 분석 기법 등이 학문 분야 및 활용 용도에 따라 다를 수 있으며, 여전히 이론적 체계 및 학습분석에 대한 논의가 현재 진행 중인 상황을 고려하여 교육학 및 교육현장에서의 활용을 위한 핵심 사항만을 제한적으로 살펴본다.

1) 학습분석의 개념

일반적으로 학습분석(LA)은 학습 및 학습 환경을 이해하고 최적화하기 위한 목적으로 학습자와 학습 환경·맥락에 대해 측정하고 이에 대한 데이터를 수집·분석·보고하는 것으로 정의할 수 있다(Long & Siemens, 2011). 이 정의에 따르면 기존 교육자, 학자들이 생각하는 교육데이터 분석 및 결과 산출과 크게 다르지 않다고 생각할 수 있겠으나, 인공지능을 포함한 과학·기술의 발달로 다양한 교육데이터의 생성과 축적에 따른 양과 질이 급격히 증가·향상됨에 따라 전통적인 통계적 분석 및 그에 대한 결과보고와는 명백한 차이가 있다. 즉, 다양한 정형·비정형 데이터를 가공하고 분석하여 의미 있는 결과를 도출하기 위해서는 학습 데이터에 대한 이해가 선행되어야 하며 분석 방법에 대한 이해가 필요하다. 나아가 학습분석은 학습의 효과 및 품질을 관리하고 향상시키기 위한 목적성이 분명해야 하고, 관련 학습 데이터를 수집·분석·활용하는 데 필요한 학습관리시스템(Learning Management System: LMS)이나 학생 및 학교 관련 각종 행정 데이터와의 연계, 학습 행동(learning behavior) 정보 축적을 위한 플랫폼 또한 함께 고려되어야 한다(Prinsloo, Slade, & Khalil, 2022).

유진은(2019)의 국내 학습분석 관련 연구 분석 결과를 살펴보면, 국내 연구에서는 대학을 중심으로 LMS에 관한 연구가 주를 이루었으며, 관련하여 LMS 기반 대시보드(dashboard) 설계와 LMS에 기록된 로그파일(log file) 등과 같은 데이터(예: 출석, 접속 횟수, 학습시간 등) 분석이 대부분을 차지하고 있음을 보고하였다. 이 연구 결과를 통해 국내에서 학습분석을 어떻게 파악하는지를 간접적으로 확인할 수 있었다.

2) 학습분석과 교육데이터 마이닝

학습분석(LA)의 개념을 파악하기 위해 관련 분야 및 유사 용어들을 우선적으로 살펴보면, 먼저 학습분석과 가장 많이 연관지어 언급되는 용어가 교육데이터 마이닝(Educational Data Mining: EDM)이다. 학습분석을 이해하기 위해서 관련 인접 분야 학문을 파악할 필요가 있는데, [그림 5-1]은 교육데이터 마이닝과 학습분석이 교육학, 통계학, 컴퓨터 과학, 세 학문 분야의 융합 측면에서 어떠한 위치를 차지하고 있는지를 시각적으로 보여 주고 있으며, 세 학문 분야가 결합된 신생(burgeoning) 영역임을 제시하고 있다. 또한 주목할 점으로, [그림 5-1]에서 제시한 바와 같이, 교육데이터 마이닝과 학습

분석은 교육통계(educational statistics)와 인접해 있지만 구분되는 개념이며, 컴퓨터 과학과 통계학이 접목되어 데이터 마이닝과 머신러닝 분야가 생성되었고, 이 두 가지 분야가 교육학과 융합되면서 학습분석과 교육데이터 마이닝이라는 새로운 분야가 출현하였음을 알 수 있다.

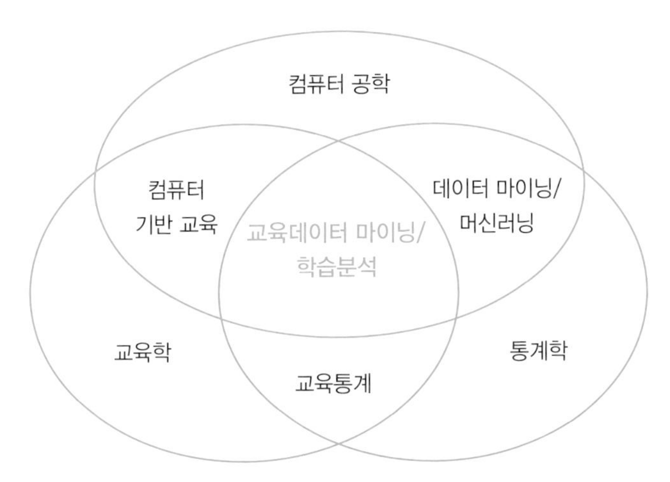

[그림 5-1] **교육데이터 마이닝과 학습분석 관련 주요 분야 도식**

출처: Romero & Ventura (2020).

그렇다면 학습분석의 개념을 좀 더 면밀히 이해하기 위해 [그림 5-1]의 학습분석(LA)과 밀접하게 관련있는 교육데이터 마이닝(EDM)의 개념을 파악해 볼 필요가 있다. [그림 5-2]는 Lang 등(2022)의 「Handbook of Learning Analytics」에서 제시된 것으로, 학습분석 관련 4,000여 개가 넘는 논문들의 키워드를 중심으로 동시출현 네트워크(co-occurrence network) 분석 결과를 시각화하여 나타내었다. [그림 5-2]에 제시된 바와 같이, 학습분석 관련 주요 용어를 살펴보면, 데이터 마이닝(data mining), 고등교육(higher ed), MOOC(Massive Open Online Courses) 등이 있다. 좀 더 구체적으로 살펴보면, 데이터 마이닝과의 연관 키워드로 빅데이터(big data), 머신러닝이 제시되었으며, LMS와 이러닝(e-learning), 시각화(visualization) 또한 학습분석의 하위 핵심 용어로 자주 등장하였음을 알 수 있다. 또한 주목할 점으로 유진은(2019)의 연구분석 결과와 마찬가지로 학습분석 관련 연구가 주로 대학을 중심으로 많이 수행된 점을 들 수 있다.

[그림 5-1]과 [그림 5-2]에서 보여 주듯이, 학습분석과 데이터 마이닝은 긴밀히 연결되어 있음을 확인할 수 있다. 최근 두 개념을 비교한 연구들을 살펴보면, 먼저 Baek과 Doleck(2021)은 2015년부터 2019년까지 발표된 492편의 논문을 중심으로 교육데이터

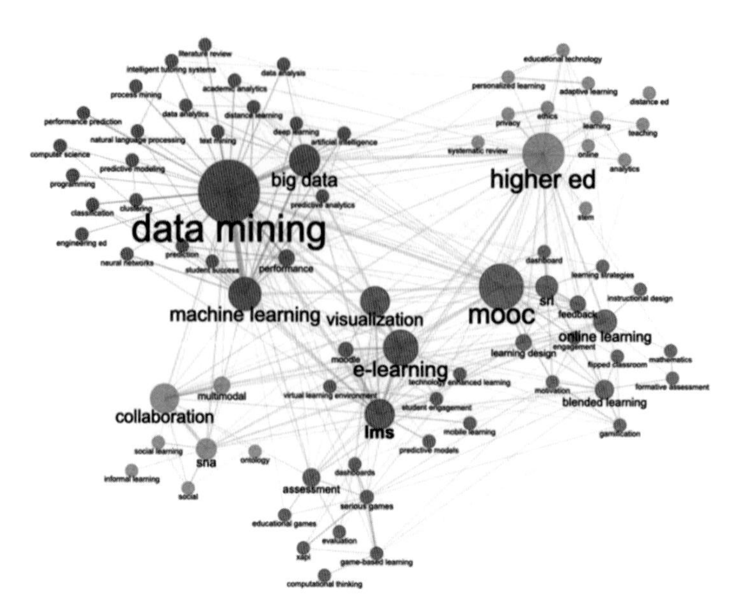

[그림 5-2] **학습분석 관련 문헌 동시출현 키워드 네트워크 분석 예시**

출처: Lang et al. (2022).

마이닝(EDM)과 학습분석(LA)에 대해 공통 키워드, 데이터 분석 도구, 관련 이론 및 정의를 중심으로 체계적 문헌고찰(systematic review)을 수행하였다. 키워드 분석 결과, EDM과 LA는 서로 가장 관련성이 높은 키워드로 밝혀졌으며, 저자에 따라 두 가지 개념을 다르게 정의하기도 하고 서로 교차적(interchangeable)으로 사용하는 것으로 나타났다. 또한 Baek과 Doleck(2021)에 따르면, EDM과 LA 관련 대부분의 연구에서 이론적 틀을 명확하게 제시하지 않았으며, 자기 조절 학습(self-regulated learning) 이론이 가장 높게 사용되었다고 밝혔다. 이처럼 EDM과 LA는 교육 분야에서의 전통적인 이론을 근거로 지속적으로 발전되어 온 학문 분야라기보다는 인공지능 기술이 교육데이터와 연계되어 경험적으로 연구되어 왔으며 현재에도 성장하고 있는 분야라 할 수 있다.

한편, Dormezil 등(2019)은 계량 서지학적 접근(bibliometric approach) 연구를 통해 EDM이 학습분석의 중요한(prominent) 하위 분야로 결론지으면서 학습분석을 좀 더 상위의 개념으로 이해하였으며, 각각의 정의를 다음과 같이 제시하였다. 즉, Dormezil 등(2019)은 『Journal of Educational Data Mining』의 정의를 참조하여 EDM은 교육 분야에서 끊임없이 생성되는 대규모 데이터(big data)를 탐색하기 위한 방법들을 개발하는 것과 관련이 있고, 이러한 방법을 적용하여 학습자 및 학습 환경을 더 잘 이해하는 분야로 요약하였다. 한편, 『Journal of Learning Analytics』의 정의에 따라 LA는 학습을 향상하기 위한 의도된 목적을 가지고 데이터를 수집-분석-보고하는 연구로 정의하였다.

Dormezil 등(2019)은 〈표 5-1〉에 제시한 바와 같이 네 가지 범주에 따라 핵심어를 분류하여 표로 제시하였으며, 이를 통해 다음과 같은 결론을 도출하였다. 즉, 키워드 군집화 분석을 통해 LA의 주요 연구 주제는 학생 중심의 학습 목표에 초점을 두고, 교육과정, 학생 행동, 지식 축적 등과 같은 키워드를 포함함에 따라 LA의 특징으로 학생들이 어떻게 배우고 학습하는지를 파악하고 지원하기 위한 기술(technology) 활용이라고 요약하였다. 이와 관련하여 LA의 키워드로 포함된 자연어 처리(natural language processing)는 학습분석이 인공지능 기술을 활용하여 인간과 컴퓨터와의 상호작용을 자연어 처리 기술로 구현하기 위함이라고 설명하였다. 반면, Dormezil 등(2019)은 EDM은 학생 성과 예측을 위한 알고리즘에 초점을 두는 점을 강조하였고, LA와 EDM의 결합에서도 통계 모형, 예측 모델링 등과 결합된 알고리즘과 관련이 있음을 강조하였다. 마지막으로, LA의 대표적인 연구 예시로는 MOOC에서의 중도탈락 연구나 학습 대시보드 연구가 있으며, EDM에서는 여러 가지 다양한 분석 기법을 활용하여 학생 성과를 예측하는 모델링 연구를 들 수 있다.

〈표 5-1〉 **교육데이터 마이닝(EDM), 학습분석(LA) 관련 문헌 핵심어 카테고리 범주화 사례**

구분	키워드 분석		
	EDM 관련 문헌	LA 관련 문헌	EDM & LA 관련 문헌
분석/도구	알고리즘, 연관 규칙, 분류기, 데이터 세트, 인수분해, 정보 관리, 행렬 대수, 행렬 인수분해, 추천 시스템, 지도학습	계산언어학, 자연언어처리, 자연언어처리 시스템, 통계	코드(기호), 예측, 선형회귀, 성능 예측, 예측 모델링, 프로세스 마이닝
맥락(환경)	인지 튜터, 의사결정 지원 시스템, 지식 관리, 학습 시스템	컴퓨터 지원 학습지도, 정보 시스템, 모바일 애플리케이션, 모바일 학습, 유비쿼터스 학습	컴퓨터 기반 평가, 교육학습 환경, 이러닝, 학습 관리 시스템
맥락(목표 집단)	학생 모델, 학생, 학생 성과, 대학생	학습자 행동	개인화, 학생성과
교수/학습	–	평가, 개념틀, 교육과정, 설계, 교육 컴퓨팅, 정보과학, 지식 구축, 학습 성향, 언어학, 온톨로지(ontology)	교육 컴퓨팅

출처: Dormezil et al. (2019)에서 발췌하여 재구성함.

3) 학습분석 프로세스

Chatti 등(2012, 2019)은 학습분석에 대한 참조 모델(reference model)을 제안하였으며, 학습분석 생태계의 주요 구성요소에 대한 이해를 도모하고자 다음과 같이 네 가지 차원을 제시하였다.

- What: 시스템이 어떤 종류의 데이터를 수집·관리하고 분석에 사용하는가에 관한 것으로, 이 차원은 학습분석을 위해 사용되는 데이터를 의미하며, 학습이 일어나는 환경과 맥락을 포함함.
- Why: 시스템이 수집한 데이터를 왜 분석하는가에 관한 것으로, 학습분석에는 다양한 이해 관계자의 관점에 따라 학습분석의 목표가 달라질 수 있음. 목표로는 모니터링, 예측 및 개입, 튜터링/멘토링, 평가와 피드백, 적응(adaptation), 개인화 및 추천(personalization/recommendation), 성찰(reflection) 등을 포함함.
- Who: 분석 대상은 누구인가에 관한 차원으로, 학습분석의 적용은 여러 다른 이해관계자(예: 학습자, 교수자, 튜터/멘토, 기관, 연구자, 시스템 설계자 등)의 관점, 목표 및 기대에 따라 다양할 수 있음.
- How: 시스템에서 수집한 데이터를 어떻게 분석하는가의 분석 방법에 관한 것으로, 학습분석은 교육데이터에 내포된 흥미로운 유형을 추출하고 발견하기 위한 다양한 방법(예: 통계, 시각화, 데이터 마이닝, 소셜 네트워크 분석 등)을 적용하게 됨.

[그림 5-3]은 학습분석에서 일반적으로 이루어지는 반복적이고 순환적인 프로세스 단계를 시각적으로 제시한 것으로, '학습활동-데이터 수집-데이터 저장 및 처리-분석-시각화-실행'과 같은 반복적인 과정을 통해 각 주기(cycle)마다 더 효과적인 학습활동을 지속할 것을 기대하게 된다(Chatti et al., 2019, p. 248).

[그림 5-3] **학습분석 주기**

출처: Chatti & Muslim (2019).

- 학습활동(Learning Activities): 학습분석의 주기는 구체적인 학습활동으로부터 시작되며, 학습활동은 학습관리시스템(LMS)와 같은 체계적인 교육시스템에서 수행될 수도 있으며, SNS나 MOOC와 같은 개방된 네트워크 학습 환경을 포함함.
- 데이터 수집(Data Collection): 학습분석은 기본적으로 데이터 기반(data-driven) 접근 방식으로, 다양한 학습 환경으로부터 데이터를 수집하는 것이 학습분석 과정의 근간이 됨. 데이터의 다양성은 데이터의 출처, 포맷, 형태, 크기, 시공간, 매체(media) 측면에서의 다양성을 포함하는 것으로, 따라서 공식적 · 비공식적 학습 채널 모두를 포함함. 또한 LMS 데이터와 함께 학생정보시스템(student information system) 및 교과 정보(course management system) 데이터 등을 포괄함.
- 데이터 저장 및 처리(Data Storage and Processing): 수집한 데이터는 적절히 저장되어져야 하는데, 기존에 생성된 플랫폼에 저장될 수도 있고, 별도의 데이터 저장소(data warehouse)로 이전되어 보존될 수 있으며, 최근에는 클라우드(cloud) 데이터베이스를 활용하기도 함. 핵심은 양질의 데이터가 궁극적으로 유용하고 의미하는 결과를 생성할 수 있으므로, 데이터 전처리를 통해 학습분석에 활용할 수 있는 형식으로 변환하는 과정이 필요함.
- 분석(Analysis): 데이터 분석에는 기본적으로 통계뿐만 아니라 데이터 마이닝, 소셜 네트워크 분석과 같은 다양한 분석 방법을 사용함으로써 데이터에서 패턴이나 의미를 찾아냄.
- 시각화(Visualization): 오늘날 데이터 분석 결과를 사용자에게 좀 더 효과적 · 효율

적으로 제공하기 위해 결과의 시각화는 매우 중요한 영역으로 자리매김하였으며, 이러한 노력은 관계자들의 이해를 도모하여 궁극적으로 학습과정의 개선에 도움을 주는 결론을 도출하는 데 효과적임. 대시보드, 표, 그래프 등을 활용함.

- 실행(Action): 일련의 과정을 통해 그 결과를 반영하여 조치를 취하는 것은 학습분석의 주된 목표임. 일종의 알림(alert) 및 경고(warning) 정보를 제공할 수도 있으며, 개입(intervention), 자기 성찰(self-reflection), 목표나 전략 적응, 새로운 학습 활동의 계획 등을 포함할 수 있음.

조일현(2021)은 학습분석의 수행 절차를 좀 더 세밀하게 교수・설계적 처방 관점에서 8단계로 제시하였다. 문제인식, 관찰 및 측정, 데이터 수집과 정리, 통계분석, 인과관계 추론, 처방책(솔루션) 개발, 처방 실행 및 모니터링, 평가와 피드백으로 구분함으로써 교수-학습설계와 연계하여 궁극적으로 빅데이터 학습분석학의 최적(optimal)의 교육 처방을 위한 지원 기능을 강조하였다.

Chatti 등(2012, 2019)과 조일현(2021)은 공통적으로 학습분석은 학습데이터의 단순한 탐색에 그치지 않고 학습 개선을 위한 유용한 정보를 제공하여 실제로 교육의 변화를 이끌어 내고자 하는 목표가 명확하다는 점을 특징으로 강조하였다. 앞서 교육데이터 마이닝이 데이터로부터 유의미한 패턴을 찾아내는 귀납적 접근 방식으로 알고리즘이나 모델링에 초점을 둔다면, 학습분석은 데이터 마이닝의 결과를 활용하거나 종합하여 학습 성과까지를 이끌어 내는 단계까지를 포함한다(조일현, 박연정, 김정현, 2019, p. 29).

결과적으로, 이러한 학습분석과 그에 따른 교수학습 지원이 가능하기 위해서는 컴퓨터 기반 교육시스템이 전제되어야 한다. 온라인 교육환경 및 인공지능과 결합한 대표적인 시스템에 대한 간단한 설명은 다음과 같다(Romero & Ventura, 2020; 〈표 4-6〉 참조).

- LMS: 가장 일반적인 교육환경 시스템으로는 학습관리시스템(Learning Management System)이 있음. LMS는 교육과정 전달 기능을 제공하는 소프트웨어로, 교육 프로그램, 교실・온라인 이벤트, e-러닝 프로그램 및 교육 콘텐츠 전반에 대한 관리・추적・문서화・보고 기능을 포함함. 또한 LMS에서 학습자의 시험・퀴즈 응시 및 점수, 과제 수행, 동료들과의 협업 등 학생 활동 기록이 가능함.
- MOOC: 말 그대로 대규모 개방형 온라인 강좌(Massive Open Online Courses)로, 수강 인원 제한 없이 원하는 사람들에게 온리인으로 학습 콘텐츠를 제공하고 학습을

지원하도록 설계된 웹 기반 수업을 칭함. 개방형 강좌라는 특징을 제외하고는 LMS와 매우 유사한 기능을 담당함.

- ITS: 인공지능과 결합된 지능형 튜터링 시스템(Intelligent Tutoring System)으로, 학생의 행동을 모델링하고 분석하여 학생 맞춤형 지도 또는 피드백 제공 기능을 포함함. 전형적인 ITS 아키텍처로는 세 가지 하위 모델, 즉 ① 도메인(domain) 모델, ② 학습자(student) 모델, ③ 튜터 또는 교수적(tutorial/pedagogical) 모델 간 긴밀한 상호작용(interactive)으로 운영될 수 있음(Murphy, 2019). 학생과 튜터 사이의 모든 상호작용(마우스 클릭, 타이핑, 음성 등)을 기록함.

2. 교육 빅데이터와 머신러닝

전통적으로 교육데이터에는 학생들의 성취도 또는 인지능력에 대한 평가 데이터를 비롯하여 설문을 통한 학생들의 사회정서적 영역에 대한 정보와 교육환경 및 맥락을 파악하기 위한 교사 · 학교장으로부터의 설문 데이터를 떠올릴 수 있다. 나아가 각종 학교 및 교육기관의 행정데이터도 중요한 교육데이터로 사용되어 왔는데, 앞서 언급한 학생평가 데이터들과 연계 · 분석하여 유의미한 교육 정보를 산출하는 교육연구들이 오랫동안 수행되어 있다. 실제로 교육데이터 수집 및 분석은 교육학(교육행정, 교육정책, 교육심리, 교육평가, 초 · 중등 및 고등교육 분야, 교과교육 등)의 증거기반 연구의 중요한 부분을 차지해왔다. 이러한 데이터들은 다음에서 논의될 데이터의 형태 측면에서 대부분 정형데이터(structured data)로 구조화된 자료 형태를 띤다.

1) 교육 빅데이터

(1) 빅데이터 특징

먼저 빅데이터의 개념부터 살펴보면, 1997년 이후 처음 빅데이터라는 용어가 등장하면서 초기 인공지능을 학습시키는 원데이터(raw data)라는 협의의 개념에서 오늘날 컴퓨터공학뿐만 아니라 사회과학을 포함하여 인간의 행동과 관련된 전 분야에 중요한 키워드로 인식되고 있다(이상기, 2023). 특히 정보사회의 패러다임이 PC 시대, 인터넷 시대, 모바일 시대를 거쳐 스마트 시대에 접어들면서 '지능화' '개인화' '사물정보화(Internet of

Things: IoT)'와 같은 키워드가 우리 사회와 일상에 영향을 주는 가운데, 빅데이터는 스마트 시대를 견인하는 핵심 원료인 '21세기 원유'라 할 수 있다(한국소프트웨어기술인협회, 2017, pp. 13-14).

빅데이터를 이해하기 위해 일반적으로 통용되는 특징을 5가지 용어(5V: 규모, 다양성, 속도, 정확성, 가치)로 제시되곤 하는데, 다음과 같이 각각의 용어의 특징을 요약할 수 있다(한국소프트웨어기술인협회, 2017, 〈표 1-3〉의 내용을 재구성함).

- 규모(Volume): 디지털 정보 사회를 살면서 정보 데이터의 생성이 기하급수적으로 증가함에 따라 데이터의 크기와 관련한 것으로 제타바이트(Zettabyte)와 같은 데이터의 양을 특징한다.
- 다양성(Variety): 데이터 형식과 관련된 것으로, 로그데이터, 위치 정보, 소셜 미디어 게시물 등 데이터의 생성 방식이 다양해지고 따라서 데이터의 형태가 영상이나 텍스트, 이미지 등 비정형 데이터의 확대를 의미한다.
- 속도(Velocity): 센서와 같은 사물정보, 스트리밍 정보 등 데이터 생성의 실시간성과 함께 데이터의 공유 · 유통에 관한 속도의 증가, 이에 따라 데이터의 현재 가치 및 활용도 제고를 위해 데이터 처리 및 분석에 대한 속도의 중요성, 즉 적시성을 포함한다.
- 정확성 또는 진실성(Veracity): 데이터 품질과 정확성을 강조하는 것으로 분석의 신뢰성을 높이기 위해서는 양질의 데이터가 선행되어야 한다.
- 가치(Value): 빅데이터는 궁극적으로 가치창출에 있으며, 분석 결과물들이 실제 문제해결을 위해 유용하고 통찰력 있는 정보를 제공하는 것을 강조한다.

앞의 5V에 더하여 빅데이터 특징을 설명하는 것으로 변동성, 타당성, 휘발성을 설명하거나(Jane & Ganeshi, 2019), 또는 휘발성, 시각화, 위치로 8V를 설명하는 연구(Donald et al., 2023)가 있다. 그 특징을 보면, 변동성(Variability)은 데이터의 비일관성(inconsistency)을 의미하는 것으로 이는 데이터 형식의 변화, 결측 데이터, 이상치(outliers)를 포함하며, 따라서 빅데이터 분석에서 일종의 도전적인 부분이라 볼 수 있고(Donald et al., 2023), 나아가 데이터 속도(data flow rates)의 변동성까지를 포함한다(Jane, & Ganeshi, 2019). 타당성(validity)은 진실성(veracity)과 유사하지만, 데이터의 의도된 사용을 위한 데이터의 정확성(accuracy)과 연관된 것으로 데이터의 품질, 메타 데이터 관리, 데이터 거버넌스 등과도 관련이 있다. 빅데이터의 휘발성(Volatility)은 데이터의 규모와 속도와도 연관이 있지만, 저장된 데이터가 사용자에게 앞으로 얼마나 오랫동안 유용한지에 대한 고려의 필요성을 강조하는 개념으로, 관리 측면에서 빅데이터의 저장 및 검색에 따른 비용과 복잡성을 고려하여 데이터의 최신성과 이용 가능성에 대한 규칙의 중요성을 함의하고 있다. 시각화(Visualization)는 데이터를 시각적 형식으로 나타내는 것으로 데이터 분석 결과에 대해 외부와 소통하고 해석하는 데 있어서 일반 및 대중에게 인사이트를 전달하기 위한 유용성을 강조한다. 데이터의 위치(Venue)는 데이터가 생성되거나 수집되는 위치를 강조하기 위함으로 클라우드 컴퓨팅 등의 발전으로 인해 데이터 저장 및 장소의 생성과 처리가 다양함을 함축하고 있다.

또한 데이터의 유형에 따라 정형데이터, 반정형(semi-structured)데이터, 비정형(unstructured)데이터로 구분할 수 있다(한국소프트웨어기술인협회, 2017, p. 21).

- 정형데이터: 일종의 행과 열을 갖는 테이블 형태의 규칙과 체계를 갖춘 구조화된 데이터베이스를 일컬으며(예: 엑셀파일의 스프레드시트), 따라서 그 자체로 바로 분석 가능하며 유용한 정보를 산출할 수 있다.
- 비정형데이터: 구조화되지 않는 정보로 이미지, 영상, 오디오를 예로 들 수 있으며, 스마트 기기 등을 통해서 형성되는 다양한 텍스트 등을 포함한다. 오늘날 스마트 시대에서 비정형데이터는 끊임없이 대량으로 생성되고 있으며, 이에 비정형데이터에 대한 수집 · 저장 · 분석 · 활용에 대한 관심과 연구, 응용에 대한 전망이 높다.
- 반정형데이터: 구조화된 테이블 형식의 데이터는 아니지만 일종의 파일 형식(예: 한글이나 워드 파일, HTML, XML 형식)을 갖고 있으며, 정형데이터와 비정형테이터의 중간 지점에 위치한다.

이러한 내용들을 종합해 볼 때, 빅데이터의 수집, 처리(저장 · 관리) 및 분석은 기존의 데이터 처리 방식을 뛰어넘어 방대한 데이터를 처리하는 능력과 복잡성을 다룰 수 있는 기술과 분석 방법이 요구된다. 이러한 맥락에서 빅데이터의 개념이 데이터를 처리하도록 하는 물리적 하드웨어부터 소프트웨어 기술과 애플리케이션 등을 활용한 데이터의 유통 · 활용, 이를 통한 가치 창출까지의 프로세스를 포괄하는 플랫폼의 개념으로 확장되고 있다(한국소프트웨어기술인협회, 2017, p. 22).

(2) 빅데이터 수집 및 관리

학습분석을 위한 데이터는 종류, 원천 소스, 수집 및 저장에 따라 다양하며, 따라서 관련 조직 안팎에서 분산되고 흩어진 정형·비정형 데이터를 수집하는 단계부터 체계적 전문성이 필요하다. 즉, 데이터 수집 단계부터 다양한 도구와 프로그래밍 응용이 요구되며, 예컨대 정형데이터의 경우 여러 데이터베이스에서 일정 형태를 추출하거나 스크래핑(scrapping)하는 방식이 있고, 비정형데이터 수집의 경우 전문적인 데이터 수집 에이전트를 통해 데이터를 긁어모으는 크롤링(crawling)을 활용하게 된다(조일현, 박연정, 김정현, 2019). 좀 더 구체적으로 빅데이터를 자동 수집하는 방법을 〈표 5-2〉에 제시하였다(한국소프트웨어기술인협회, 2017).

〈표 5-2〉 **빅데이터 자동 수집 방법**

구분	자동 수집 방법
로그 수집기	• 조직 내부의 웹서버의 로그 수집, 웹 로그, 트랜잭션 로그, 클릭 로그, 데이터베이스의 로그데이터 등 수집 • 대표적인 오픈 소스 솔루션으로 Scribe, Flume, Chukwa가 있음 • Scribe: 분산된 서버에서 발생하는 데이터를 중앙 집중 서버로 전송하는 방식으로, 다양한 저장소 활용 가능. 설치와 구성이 용이하며 페이스북 채택 • Flume: 대규모 분산 데이터를 수집하고 전송하는 데 효율적인 시스템으로 하둡(Hadoop)[1]같은 중앙 처리 저장 시스템에 저장하는 역할. Cloudera에서 활용 • Chukwa: 분산되어 있는 노드들의 다양한 로그를 수집하여 HDFS(Hadoop Distributed File System)에 저장하고 프로세싱하는 시스템으로, 사용자는 HICC(Hadoop Infrastructure Care Center) 웹 포털 인터페이스에서 실시간 모니터링 가능. 중복 제거는 맵리듀스(MapReduce)로 처리하며, 야후에서 채택

1) 대용량 데이터 관리 및 분석을 효율적으로 수행하기 위해 분산 컴퓨팅 환경이 요구되며, 하둡은 컴퓨터 클러스터에서 분산 애플리케이션 개발을 위한 JAVA 오픈소스 프레임워크로, 하둡의 HDFS(Hadoop Distributed File System)는 구글의 GFS(Google File System)와 함께 대규모 데이터 저장을 위한 대표적인 솔루션으로 컴퓨터 네트워크를 통해 컴퓨터 간 파일 엑세스가 가능하도록 하는 시스템이다(한국소프트웨어기술인협회, 2017, pp. 277-279). 하둡은 스토리지 빅데이터를 위한 HDFS와 빅데이터 분석을 위한 Map Reduce라는 두 가지 주요 요소로 구성된다.

크롤링 (crawling)	• 주로 웹 로봇을 이용하여 조직 외부에 존재하는 소셜 데이터 등과 같은 인터넷에 공개되어 있는 자료 수집 • 웹 로봇(Web Robot): 지정된 URL 리스트에서 웹 문서를 수집하고, 수집된 웹 문서에 포함된 URL을 추출하여 새롭게 발견된 URL에 대한 웹 문서를 수집 반복하는 소프트웨어로, 웹 문서를 돌아다니며 필요한 정보를 수집하고 이를 색인해 정리하는 기능을 담당함(주로 검색엔진에서 사용). 수집기, 분류기, 데이터 처리기로 구성 • 웹 크롤러(Web Crawler): 조직적, 자동화 방법으로 웹(world wide web)을 탐색하는 컴퓨터 프로그램으로, 크롤러가 방문한 사이트의 복사본을 생성하면 검색엔진(예: Google, Bing) 등이 인덱싱을 통해 사용자가 보다 빠른 검색이 가능하도록 함
센싱(sensing)	각종 센서를 통해 데이터를 수집
RSS 리더(Reader) 오픈 API (Application Programing Interface)	데이터의 생성, 공유, 참여환경인 웹 2.0을 구현하는 기술로 필요한 데이터를 프로그래밍을 통해 수집

출처: 한국소프트웨어기술인협회(2017).

다양한 방식으로 수집된 데이터들이 적절히 분석되기 위해서는 전처리 과정이 필요하다. 전처리는 비정형데이터를 정제하여 분석가능한 형태로 만들거나 익명화, 인증, ETL(Extraction, Transformation, Loading) 등의 과정으로, ETL은 논리적 데이터 변환, 도메인 검증, 데이터 키 값의 재구성, 중복이나 불필요한 데이터 삭제, 데이터 요약, 레코드 통합 등을 포함한다(한국소프트웨어기술인협회, 2017).

[그림 5-4]는 빅데이터 처리 절차를 수집(수집과 저장)과 활용(분석과 시각화)으로 나누고 관련 솔루션 및 기능들을 도식화하여 제시하여 이해를 도모하고자 하였으며(한국소프트웨어기술인협회, 2017), 특히 빅데이터를 관리하기 위해서는 관리 시스템(management system) 인프라 확보 및 데이터 과학자(data scientist)의 필요성을 강조하고 있다.

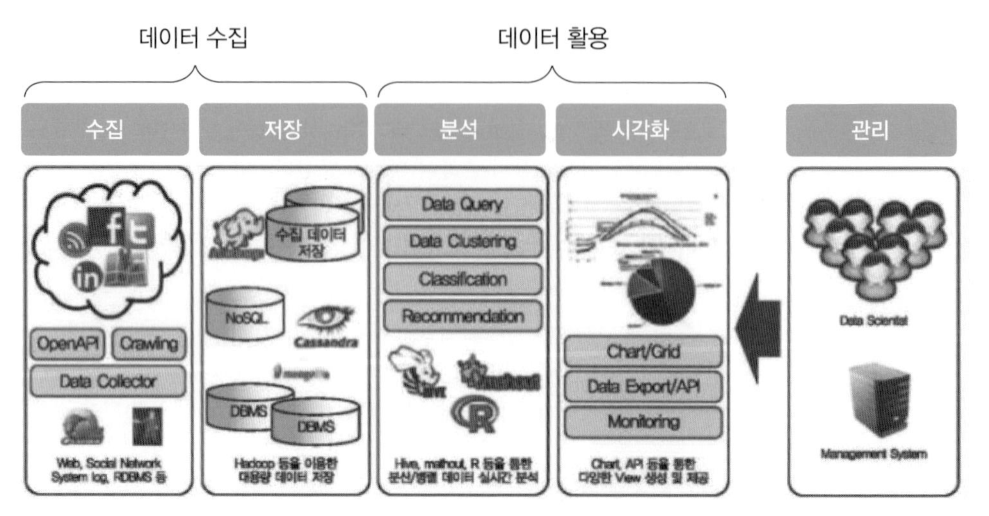

[그림 5-4] **빅데이터 솔루션 기능 및 처리 흐름과 관리 구조**

출처: 한국소프트웨어기술인협회(2017).

(3) 학습분석 대상으로서의 교육 빅데이터

그렇다면 교육 빅데이터는 어떠한 형태를 띠며 어떠한 방식으로 수집되고 활용되고 있을까? 조일현(2021)은 교육 빅데이터 활용에 대한 일례로 학습자별 상황별 시계열 데이터 수집을 설명하면서 "학습자의 시선, 바이오, 동작, 위치 등 가용한 센서에 따라 특정 반응 정보를 지속적으로 수집할 수 있고, 디바이스 클릭, 터치 등 인간과 컴퓨터의 상호작용 관련 학습자 행동에 대한 로그 정보를 축적하며, 온라인상에서의 교육 콘텐츠에 대한 메타정보를 활용하여 학습자의 반응이나 행동이 일어나는 시점의 콘텐츠 내용이나 학습상황을 세밀히 분석"하여 유용한 교육 정보를 도출할 수 있다고 설명하였다.

Nistor와 Hernández-García(2018)에 따르면, 학습분석은 인지-사회적 과정(cognitive-social process)에 대한 데이터와 그에 따른 결과(output) 사이에 위치하여 생성되는 데이터와 산출물(artifacts)에 초점을 두며 이를 바탕으로 생성, 출처 및 과정에 따라 다음과 같이 학습분석 데이터를 구분하였다.

- 과정상에서 직접 측정한 기본 데이터(primary data-activities): 시선 추적(eye tracking) 데이터, IoT 센서 데이터, 사용자 입력 데이터 등
- 과정으로부터 생성된 산출 데이터(artifacts): 블로그 게시판 자료, 소셜 네트워크 데이터, 교사-학생 상호작용 데이터, 학생 팀워크 활동 데이터, 내비게이션 행동 데이터, 대화식 연습활동(interactive exercise) 데이터, 학생 발표/보고서/동영상 데이터 등

- 원래 다른 목적으로 수집된 기존 데이터의 재사용 및 재분석(repurposed data): 학교 행정 데이터(학교 및 교사 정보), 학교 · 교사 설문 데이터, 인구배경 정보, 학생 정의적 영역 데이터 등 각종 아카이브(archive)
- 기본 데이터의 변형데이터(transformed data): LMS 로그 기록 등

이처럼 오늘날 학습분석의 기본 데이터는 개인별 추적 데이터(trace data)이다. 주로 온라인 학습 환경에서 개별 학습 활동 등을 추적하는 개별화 데이터, 연속 · 누적 데이터로 특징지을 수 있으며, 양과 질 측면에서 기존의 교육데이터와 비교하여 확연히 차별성이 드러난다. 전통적으로 교육데이터는 일회성의 데이터 수집 및 분석이 주를 이루었고, 개인 종단 데이터의 경우에도 국가수준이나 대규모 연구기관에서 표집자료(sample data)에 한하여 연도별로 추적 조사하는 종단 데이터 구축 연구로 개인별 추적 정보로는 제한적인 측면이 있다. 데이터 처리 및 결과 보고까지의 시간 경과 측면에서도 오늘날 인공지능과 결합된 스마트 시대의 속도를 고려할 때 상당한 지연되어 결과가 산출되었다.

[그림 5-5]는 Romero와 Ventura(2020, p. 9)가 교육데이터의 세분화(granularity) 정도에 따라 데이터의 양과 상세화 측면에서 데이터의 수준을 도식화한 것이다. 오늘날 온라인 교육과 교육데이터의 디지털화가 강조되면서 다양한 형식과 여러 다른 층위에서 서로 다른 소스로부터 막대한 양의 데이터 확보가 가능하다. 교육데이터의 위계성(hierarchy) 측면에서 살펴보면, 학교–교사–학생의 내재된 데이터 구조를 갖게 되고, 이러한 자료 구조의 위계성을 반영한 다층모형(multilevel analysis)과 같은 통계분석을 통해 종속변수(예: 성취도)에 미치는 관련 주요 변인들을 학교 · 교사 · 학생 수준에서 파악하여 교육적 시사점을 얻는 경험적 연구들이 교육학에서 오랫동안 수행되어 왔다.

[그림 5-5]는 데이터의 위계성이 개별 과목(course) 안에서도 좀 더 세분화되어 저장되고 명세화될 수 있음을 나타내고 있는데, 교과목 내의 학생(students) 정보가 있고 학생별 세션이나 활동(activities) 정보 수집이 가능하며, 각 세션/활동별 사건(events)이나 행동(actions)까지 수집할 수 있음을 보여 준다. 행동(actions) 정보에는 개별 학생의 답변이나 키보드와 같은 입력 장치를 사용하여 누른 키의 동작이나 입력(keystroke) 정보까지를 포함하는 수준으로, 오늘날 학습분석의 데이터의 양과 상세함의 정도가 어느 정도인지를 가늠해 볼 수 있다.

따라서 학습분석을 위한 원데이터를 처리하고 통합하는 것은 컴퓨터공학적인 기술 부분의 이해, 데이터 전처리 스킬뿐만 아니라 향후 데이터 특성별 분석(analytics)과 연계하

고 내용 영역에 대한 이해에 바탕을 둔 데이터 및 분석결과 시각화(visualization)까지를 고려한 융합적이고 전문적인 역량들이 필요하다.

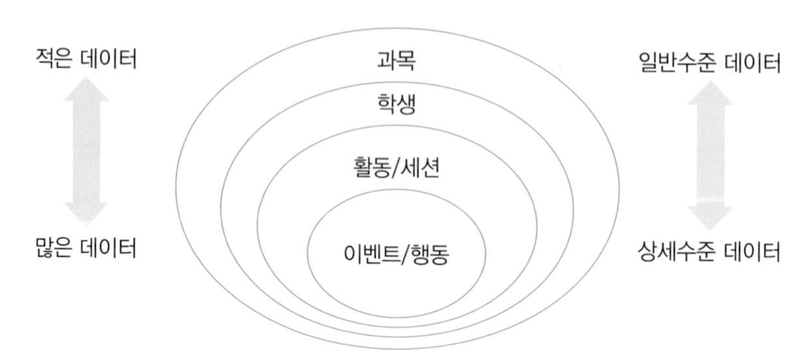

[그림 5-5] 데이터의 세분화 수준과 해당 수준별 데이터 양과의 관계

출처: Romero & Ventura (2020).

2) 학습분석과 머신러닝

(1) 학습분석 방법으로서의 애널리틱스

앞서 언급하였듯이, 학습분석의 '분석'은 영어로 'analytics'로, analysis와는 구별되어 이해될 필요가 있다. 애널리틱스는 해당 분야(domain)에 대한 전문적 지식을 바탕으로 다양한 데이터를 활용하여 통계 · 수학, 컴퓨터 프로그래밍 등을 활용하는 의사결정 분석틀(한국소프트웨어기술인협회, 2017)로 통계분석의 범위를 넘어서는 개념이라 할 수 있다. 또한 애널리틱스는 데이터 마이닝과 비교하여 의사결정 문제 또는 목표를 미리 정한다는(targeting) 측면에서 활용의 목적이 좀 더 명확하다고 볼 수 있다(한국소프트웨어기술인협회, 2017).

Romero와 Ventura(2020)는 최신의 학습분석 또는 교육데이터 마이닝 관련 연구 주제를 정리하였는데, 제시된 예들(Romero & Ventura, p. 15 〈표 11〉 참조)을 살펴보면 다음과 같은 대표적인 주제들이 있으며, 이러한 내용들을 통해 애널리틱스와 모델링에 대해 간접적으로 파악할 수 있다[다음 분류는 Romero와 Ventura(2020)가 데이터 마이닝 또는 학습분석을 위한 기능적인 측면으로 분류한 것으로 통계학이나 머신러닝의 분류체계와는 맞지 않을 수 있음].

• 통계(statistics): 기술통계 및 추리 통계 분석을 통한 교육데이터를 요약 · 해석하여

결론을 도출하는 과정

- 예측(prediction): 여러 변수의 조합으로부터 목표 변수(target variable) 또는 관심 변수에 대해 추론하는 것으로, 분류(classification), 회귀(regression) 및 밀도 추정(density estimation) 등을 포함하며, 교육데이터를 활용하여 학생 성적 예측 및 학생 행동을 감지하는 데 활용 가능
- 군집(clustering): 유사한 관측치들의 집단(group)을 식별하는 방법으로, 데이터를 서로 다른 집단으로 분류하는 데 유용한 프로세스를 통칭함. 교육데이터를 활용하여 학습 및 상호작용 패턴에 기반하여 유사한 자료를 집단화하거나 또는 학생들을 집단화하는 데 활용 가능
- 지식 추적(knowledge tracing): 학생들의 지식 · 기술(skills) 습득 정도를 추정하기 위해, 문항(items)과 문제 해결에 필요한 지식 · 기술을 매핑하는 인지 모델(cognitive model)을 적용하거나 학생들의 정답 · 오답 관련 로그데이터를 사용하여 특정 지식 · 기술에 대한 학생의 수준에 대한 증거로 활용 가능
- 프로세스[2] 마이닝(process mining): 특정 사건(events) 로그로부터 프로세스(수행 경로)에 대한 지식을 얻는 것으로, 학생들의 활동 로그데이터를 분석하여 학습 프로세스 정보를 발견하고 데이터 흐름 등을 파악하여 학생을 이해하고 지원하는 데 활용. LMS나 MOOCs에 기록된 이벤트 로그로부터 지식을 추출하는 접근 방식으로는 지역적 패턴보다는 종단(end-to-end) 프로세스를 활용하는 특징이 있음(AlQaheri & Panda, 2022).
- 관계 마이닝(relationship mining): 변수 간의 관계를 연구하고 규칙을 인코딩하는 것으로, 상관분석(correlation)을 포함하여 연관 규칙(association rule) 마이닝, 순차적 패턴(sequential pattern) 마이닝, 인과 데이터(causal data) 마이닝이 관계 마이닝을 구성하는 주요 유형[3]임. 교육데이터 분석 시 학습자 행동 패턴에서 관계를 파악하고 학생들의 어려움을 진단하는 데 활용 가능함.

2) 교육 프로세스 데이터는 인지적 또는 행동적 과정(예: 읽기, 쓰기, 문제 해결 과정 등) 등에 대한 데이터를 의미한다(Bergner & von Davier, 2019, p. 708).

3) 상관분석은 두 변수 간의 선형적(linear) 관계를 −1과 1 사이의 표준화된 값으로 나타내는 통계수치이며, 연관 규칙 마이닝은 if-then과 같은 규칙을 찾아내는 것으로, 특정 변수들에 대한 결괏값 세트가 발견되면 다른 변수가 일반적으로 특정 값을 갖는 패턴을 알아내는 방식이며, 순차적 패턴 마이닝은 어떤 사건들 간의 시간적 연관성을 찾아내는 방법으로 어떤 학생 행동 경로가 특정한 학습 사건으로 이어지는지 결정하는 기법이며, 인과 데이터 마이닝은 한 사건이 다른 사건을 발생시키는 원인(cause)인지를 알아내는 접근 방식이다(Baker, 2010).

- 인과관계 마이닝(causal mining): 인과관계 또는 인과효과를 찾아내는 것으로, 학생들의 행동 특징(feature) 중 어떤 것이 학습 성과, 학업 실패, 중도 탈락 등을 일으키는지를 찾는 데 활용 가능함.
- 텍스트 마이닝(text mining): 텍스트로부터 양질의 정보를 추출하는 방식으로, 각종 포럼, 채팅, 웹 페이지 및 문서의 내용을 분석하여 정보를 제공함.
- 추천(recommendation): 사용자가 특정 항목에 대해 부여할 평가나 선호도를 예측하는 것으로, 이러한 추천 알고리즘을 통해 학습자에게 특정 활동(activities)이나 과제(task)를 추천, 또는 온라인 웹 링크를 유용한 정보로 추천하거나, 수행할 만한 문제(problems) 또는 수강 강좌 등에 대한 추천을 제공함으로써 개인화 학습을 지원함.
- 소셜 네트워크 분석(social network analysis): 네트워크화된 정보에서 개체(entities) 간의 사회적 관계를 분석하는 것으로, 교육에서의 학생들 간 협업 활동이나 커뮤니케이션 도구를 통한 상호작용의 구조와 관계를 분석하고 해석하는 데 유용함.
- 시각화(visualization): 데이터 및 그 결과를 그래픽하게 표현하여 보여 주는 것으로, 교수자, 학습자들에게 학습분석 연구 결과를 전달하는 데 도움이 되도록 데이터 시각화를 생성하여 제시함.

(2) 머신러닝

학습분석을 위해서는 인공지능(AI)의 기반 모델링이 적극 활용되며 따라서 여러 가지 맥락에서 언급되어지는 모델(model)에 대한 일반적인 이해가 필요하다. 일상에서 모델이라는 용어는 맥락에 따라 여러 가지 정의를 갖지만, AI의 핵심이라 할 수 있는 모델은 패턴을 파악하거나 예측을 수행하거나 대안적 결정을 파악하는 데 있어 실제에 대한 근사치(approximation)를 산출하는 모형이라 일반적으로 설명할 수 있다(Cardona, Rodriguez, & Ishmael, 2023). 이에 '관련 모델이 현실의 어떤 측면을 잘 근사적으로 나타내는가?' '해당 모델이 의사결정을 내리는 데 있어 얼마나 적합한가?' 또는 '특정 AI 모델이 입력 데이터에서 출력 데이터로 연결하는 데 구체적인 의사결정 과정으로서의 알고리즘은 무엇인가?' 등이 AI 기반 모델에 대해 우리가 종종 할 수 있는 질문일 것이다(Cardona, Rodriguez, & Ishmael, 2023).

AI 기반 모델의 핵심적인 알고리즘으로 교육학에서 비교적 널리 활용되는 머신러닝(machine learning, 기계학습)에 대해 좀 더 살펴보고자 한다. 머신러닝은 말 그대로 "데이터로부터의 학습"(Hastie et al., 2021)으로, 데이터에 접근하여 스스로 학습할 수 있는 컴퓨터 프로그램 개발을 목표로 한다(Jane & Ganesh, 2019).

머신러닝을 이해하기 위해서는 몇 가지 변수에 대한 용어를 이해할 필요가 있는데, 전통적인 통계 분석에서는 대부분 정형데이터 내 변수들을 종속변수(independent variable)와 독립변수(independent variable) 또는 예측변수(predictors)로 구분하고 통계 모형을 적용하여 데이터를 분석하게 된다. 반면, 머신러닝은 데이터의 다양성 및 컴퓨터 시스템적인 측면을 반영하여 데이터를 입력(inputs)과 출력(outputs)으로 구분하거나(Hastie et al., 2021), 입력변수는 경우에 따라 '피쳐(features)'로 언급되며, 특징 또는 특성 변수로 번역

〈표 5-3〉 **머신러닝 유형별 개념과 알고리즘**

지도학습	비지도학습	강화학습
[개념] • 지도학습 목표는 입력값을 사용해 출력값을 예측하는 것 • 훈련의 목표는 정답을 재현하는 것. 즉, 반응변수의 값을 예측하는 것 • 출력타입 또는 반응변수에 따라 양적(연속형) 출력을 예측할 경우 회귀(regression), 질적(이산변수, 범주형 변수) 경우 분류(classification)로 구분됨 • 라벨 있는 데이터 사용 [알고리즘] • k-최근접 이웃(k-nearest neighbors) • 선형 회귀(linear regression) • 로지스틱 회귀(logistic regression) • 서포트 벡터 머신(Support Vector Machine: SVM) • 결정 트리(decision tree)와 랜덤 포레스트(random forest) • 신경망(neural networks)	[개념] • 분류되지 않은 데이터에 대해 데이터 구조를 비지도 방식. 즉, 일종의 자율학습을 통해 알아냄 -무작위 데이터 기반 확률 밀도의 속성을 직접 추론 • 라벨 없는 데이터 사용 [알고리즘] • 군집 - k-평균(k-means) 군집 - DBSCAN -계층 군집 분석(hierarchical cluster analysis) - 원 클래스 SVM - 아이솔레이션 포레스트 • 시각화 및 차원 축소 -주성분 분석(Principal Cluster Analysis: PCA) -커널 PCA -지역적 선형 임베딩(t-distributed stochastic neighbor embedding) • 연관 규칙 학습(association rule learning) -어프라이어리(Aprriori) -이클렛(Eclat)	[개념] • 목표변수가 없는 대신 에이전트가 환경을 관찰하고 행동을 실행한 후 보상 또는 벌점을 받으면서 가장 큰 보상을 얻기 위한 전략 또는 정책(policy)을 스스로 학습하는 것 -에이전트: 환경과 상호작용하는 자동화된 학습 시스템 -환경과 상태: 상태(환경 설명변수 및 특징의 집합)가 정의되고 전이가 가능한 구조를 만드는 시스템 -행동과 정책: 상태의 전이가 행동이며, 환경 내의 어떤 상태에서 취해야 할 행동이나 정책 -예: 자율비행 헬리콥터, 컴퓨터 체스, 보행로봇 등 [알고리즘] • Q-learning • R-learning • TD learning

출처: Dangeti (2017); Géron (2019); Hastie et al. (2021).

되어 사용된다. 출력변수 또한 '반응(response)변수'로 불리며, 반응변수의 수치 또는 클래스(class)를 '레이블/라벨(label)'로 언급되기도 한다(Géron, 2019, p. 36). 이에 라벨은 학습 데이터에 제공된 해답(정답)으로 이해될 수 있다(이영호, 2020). 결과적으로, 머신러닝에서 '목표(target)'는 알고리즘을 통해 최적화하려는 항목이며, 따라서 학습 알고리즘은 "훈련 데이터를 사용하여 목적 함수를 모델링하려는 일련의 명령 집합"(이영호, 2020)이다.

머신러닝을 체계적으로 이해하기 위해서는 먼저 지도학습, 비지도학습, 강화학습의 개념을 이해하고 이와 관련된 하위의 분석 기법들의 용어를 파악할 필요가 있다. 학습하는 동안 사람의 감독하에 훈련하는가에 따라 지도학습(supervised learning), 비지도학습(unsupervised learning), 강화학습(reinforced learning)으로 구분하며, 일부에서는 준지도학습(semi-supervised learning)으로 세분화하기도 한다(Géron, 2019). 특히 지도학습과 비지도학습은 반응변수의 라벨값의 여부로 구분된다. 〈표 5-3〉은 머신러닝에 대한 주요 개념 및 관련 알고리즘을 정리한 것이다.

〈표 5-3〉의 다양한 알고리즘 중에서도 교육 빅데이터 분석에서 비교적 활발히 활용되는 방법을 중심으로 기본 개념을 좀 더 구체적으로 설명하면 다음과 같다(Brooks & Thompson, 2022; Dangeti, 2017):

- 선형 회귀분석: 특성(feature) 간의 선형 조합으로부터 반응변수 중 연속형 라벨을 예측하는 데 사용
- 로지스틱 회귀분석: 이산변수의 레이블에 대한 확률을 예측하는 데 사용
- 의사결정 트리: [그림 5-6]에 보이는 것처럼 트리는 노드(node: 질문), 가지(branches: 다음 질문으로 이어짐), 잎(leaves: 최종 분류)으로 구성하고 재귀적 이진 분할을 통해 모든 공간을 분할하기 위해 테스트[4] 과정을 거쳐 분할 내 분류의 순도를 최대화하는 알고리즘을 적용함. 가지치기(pruning)를 통해 과적합(overfitting)[5] 문

4) 머신러닝은 일반적으로 데이터를 훈련(training) 데이터, 검증(validation) 데이터, 테스트(test) 데이터(또는 훈련과 테스트로 구분하고, 훈련 데이터 안에 검증 데이터를 포함하기도 함)로 나누어, 훈련 데이터를 활용해 모델을 개발하고, 검증 단계에서 초매개변수(hyperparameter)를 튜닝하여 모델의 안정성을 확보한다(Dangeti, 2017, p. 80). 초매개변수는 머신러닝 모델 생성 시 학습 모델을 통제하고 설정하기 위한 과정이라 할 수 있으며, K-평균 군집의 경우 초매개변수는 군집의 수가 된다(이영호, 2020, p. 89). 따라서 머신러닝에서의 테스트는 전통적인 통계모형에서의 가설 검정이 아닌 새로운 데이터에 대한 오차를 확인하고 최소화하는 자동화된 학습 과정이라 할 수 있다(이영호, 2020, p. 18).

5) 모델의 성능 평가를 위해서는 편향(bias)과 분산(variance) 두 가지 측면을 동시에 고려해야 하는데, 편향은 훈련 데이터에서의 실제값과 예측값의 차이의 제곱으로 계산되며, 편향이 높다는 것은 예측의 과소추정(underfitting)을 나

제를 축소

- 랜덤 포레스트: 의사결정 트리의 앙상블(ensemble)[6] 방식으로, 개별 트리 생성 시 전체 변수를 사용하는 것이 아니라 피쳐 변수들도 무작위 추출하여 모델의 다각화를 도모하고 생성된 결정 트리들의 결과를 취합하여 보편적인 결과를 도출
- 서포트 벡터 머신(SVM): 주어진 고차원 데이터에 대해 서로 다른 클래스들 사이의 최대한 분리하기 위한 초평면[7]을 도출
- K-평균 군집: 군집화의 목적은 관측값들을 서로 유사성이 높은 데이터들끼리 묶어 몇 가지 집단을 생성하는 것으로([그림 5-6] 참조), 집단 내 데이터들 간의 유사성은 높고 집단 간 데이터들의 이질성을 높이는 원리로 작동함(예: 생물학 유전자 집단 탐색). K-평균 군집화 알고리즘은 각 군집의 중심을 평균값으로 하고 중심을 반복적으로 옮기면서 중심으로부터 가장 가까운 점들을 군집의 구성원으로 하고 그 거리를 계산하여 군집의 중심의 변화가 유의미하지 않을 때까지 반복함. 군집의 숫자와

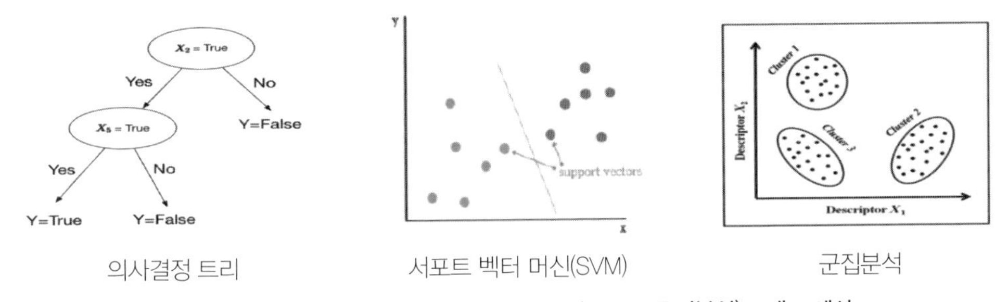

[그림 5-6] **머신러닝 알고리즘(의사결정 트리, SVM, 군집분석) 그래프 예시**

출처: Jane & Ganesh (2019).

타낸다. 즉, 모델이 데이터의 구조에 대한 학습이 불충분하였다. 반면에 과적합(overfitting)은 모델이 훈련 데이터를 잘 설명하지만 모형이 복잡하여 테스트 데이터 예측에서의 성능은 떨어지는 결과를 초래한다. 즉, 테스트 데이터 예측값의 오차 분산이 커진다. 따라서 최종 모델은 편향과 분산의 이러한 역상관 관계를 고려하기 위해 편향과 분산의 결합값으로 산출된 예측오차(error)가 가장 적은 지점에서 최적화된 모델을 확정한다(Hastie et al., 2021, p. 73; Dangeti, 2017, p. 51).

6) 앙상블 방식에는 크게 배깅(Bootstrap Aggregating)과 부스팅(Boosting)이 있다. 앙상블 방식은 훈련 데이터를 다시 임의로 여러 하위 데이터 세트로 구성한 후 각 데이터 세트에 대해 의사결정 트리를 생성하고 개별 트리의 예측값들 중 최빈값(범주형 변수에 해당) 또는 평균값(연속형 변수에 해당)을 산출하여 최종 추정값으로 제시하는 통합 방식이다(Géron, 2019, p. 247). 배깅이 병렬 방식으로 독립적으로 진행된 각 훈련 데이터 분석결과를 통합하는 방식이라면, 부스팅은 순차적 알고리즘을 활용하여 후속적인 반복 과정에서 이전의 오분류된 데이터의 가중치를 높이는 방식 등으로 훈련과 학습의 반복을 통해 강한 분류기를 생성한다.

7) [그림 5-6]에서 보여 주는 것처럼, 2차원 공간의 초평면은 2차원을 분리하는 직선이 될 수 있으며, n차원 공간에서의 초평면은 n-1 차원의 평면 아피인 서브 공간(flat affine subspace)이다. SVM은 정확한 분류가 불가능한 경우에 오차 범위 내에서 최적의 적합화를 시도하며, 커널 함수를 써서 비선형 데이터를 분리한다.

군집의 평가는 엘보(elbow) 기법(군집의 수 K값의 변화에 따른 비용함수 그래프) 및 실루엣 계수(silhouette coefficient)를 통해 군집의 품질을 평가

- 주성분 분석: 차원 축소를 위한 기술로(예: 2차원은 1차원인 선으로, 3차원은 2차원 평면으로 투영해 차원을 줄임), 빅데이터의 차원의 저주를 완화하여 축소된 변수들을 활용하여 다음 단계의 지도학습 등에 사용 가능
- 신경망: 신경망은 신경계의 기본단위인 뉴런을 모방하여 입력과 출력 신호 간의 관계를 수학적으로 모델링한 기법으로, [그림 5-7]의 왼쪽에서 제시한 바와 같이 각 뉴런이 입력(input)값을 갖고 가중값(weights) 함수를 적용하여 계산된 총합에 대해 활성함수(activation function; 예: ReLU 함수)를 적용하여 망 내 다른 뉴런으로 전달하게 됨. 빅데이터에 대한 인사이트, 패턴, 관계를 도출하는 딥러닝(deep learning)의 핵심 방법으로 신경망이 활용되고 있음[합성곱 신경망(Convolutional Neural Networks: CNN), 순환 신경망(Recurrent Neural Networks: RNN), 오토 인코더(auto encoder) 등 인공신경망 모델링의 비약적인 발전이 진행 중임]. [그림 5-7]의 오른쪽 그래프는 입력 데이터가 은닉층(hidden layer)을 거쳐 출력층(output layer: 모델이 예측하려는 부류)으로 가는 복잡한 과정을 묘사한 것으로, 모델의 출력값이 산출되면 실제값과 비교하여 오차값을 산출하고 이를 기반으로 역전파 과정을 거쳐 전체 신경망의 가중값을 갱신하게 됨. 신경망 응용은 음성 인식, 자연언어처리(natural language processing)[8], 이미지 및 비디오 식별 등 최근 많은 주목을 받고 있음(Dangeti, 2017).

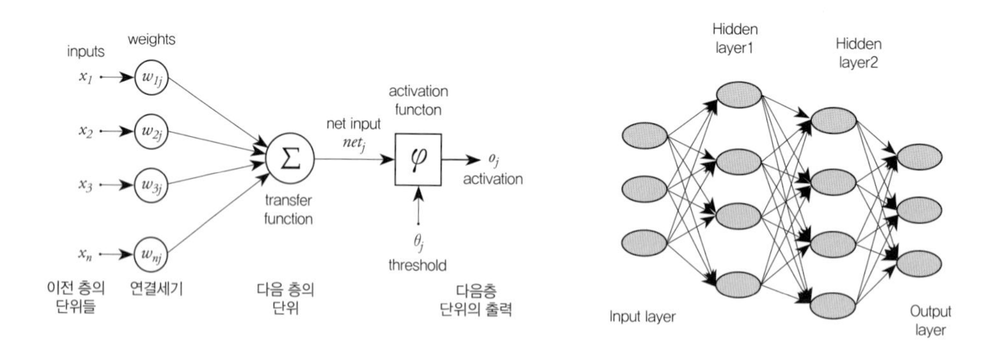

[그림 5-7] **인공신경망 그래프 예시**

출처: Xuan, Zhu, & Xu (2021)에서 재구성함.

교육 관련 연구에서 비교적 널리 알려진 머신러닝 프로그래밍 언어로는 R과 Python이 있다. R은 다양한 환경에서 통계 분석, 시각화에 성능이 우수한 프로그래밍 언어로서 이 언어를 사용하는 소프트웨어도 R이라고 명칭하며, 오픈 소스로서 뛰어난 확장성을 가지고 있다. R 프로그램 언어에 기반하여 통계 및 데이터 분석을 위한 툴로는 교육학에서도 많이 사용하는 Rstudio가 있다. Python은 동적 타이핑(dynamic typing)의 범용 프로그래밍 언어로, R과 마찬가지로 다양한 라이브러리가 있으며 다른 언어와의 연결을 통한 문제 해결이 쉽다는(glue language) 특징이 있다(한국소프트웨어기술인협회, 2017). 딥러닝 라이브러리의 경우도 Python을 응용한 소프트웨어로 티아노(Theano), 텐서플로(TensorFlow), 케라스/라자냐(Keras/Lasagne)가 있다(Dangeti, 2017).

인공지능을 활용한 머신러닝 프로젝트를 구현하기 위해서는 데이터, 알고리즘, 데이터에 알고리즘을 적용한 모델링의 단계를 체계적으로 거쳐야 하며, 〈표 5-4〉는 이용호(2020)가 제시한 머신러닝 세부 파이프라인의 절차 및 개요이다. 인공지능 모델을 개발하고 상용화하기 위해서는 '데이터 준비 및 탐색-머신러닝 모델 생성 및 평가-모델 배포'의 과정을 파악할 필요가 있다.

〈표 5-4〉 **머신러닝 파이프라인 및 세부 내용**

단계	단계명	내용
1	데이터 준비 (data preparation)	데이터 소스, 식별 (빅데이터 인프라 구축 포함)
2	데이터 탐색 (data explorer)	데이터 설정, 선택, 정제, 생성, 통합, 데이터 형식 적용 [데이터 클리닝 및 피처 엔지니어링: 스케일링/더미, 데이터 정규화(0-1의 구간값으로 변경) · 표준화(평균 0, 표준편차 1로 변환), 범주형 데이터 표준화]
3	머신러닝 모델 생성 (modeling learning)	모델링 기법 선택, 테스트 설계 및 생성, 모델 생성, 모델 평가 (머신러닝 학습모델을 적용하고 최종 도출된 모델이 최적인지를 확인하는 단계)

8) 자연언어처리(NLP)는 인간이 사용하는 언어를 컴퓨터로 자동으로 처리하고 분석하는 기술이며 컴퓨터의 언어인 프로그래밍 언어와 구별하기 위해 명명된 것으로, RNN, CNN 방식을 적용하여 자동번역, 스피츠 투 텍스트(speech to text) 방식 등에 활용됨. 학습분석 측면에서 멀티모달(multimodal) 데이터를 활용하여 학생들의 아이 트랙킹, 독서 시간 등을 추적하여 교육자료와 학습자의 인지과정을 파악하거나, 학생 글쓰기의 최종 결과물뿐만 아니라 타이핑 분석(키 입력 타이밍, 백스페이스 등)을 분석하여 쓰기 과정에 대한 분석을 예로 들 수 있다(Allen, Creer, & Öncel, 2022, p. 50).

4	머신러닝 모델 평가 (validation)	결과 평가, 프로세스 재검토, 향후 단계 결정 [생성된 머신러닝 모델을 새로운 데이터에 입력하여 모델의 성능을 평가하는 단계로, 일반적으로 혼동 행렬(confusion matrix)을 바탕으로 정확도, 정밀도, 재현율, F1-score를 산출하여 성능을 평가하거나 ROC 학습곡선을 활용하여 민감도 및 특이도를 시각화하여 확인]
5	모델 배포 (deployment)	전개 계획 수립, 모니터링/유지보수 계획 수립, 최종 보고서 작성, 프로젝트 재검토 (최종 완성된 머신러닝 모델은 모바일 앱이나 웹으로 배포하거나 클라우드 서비스로 제공 가능)

출처: 이영호(2020).

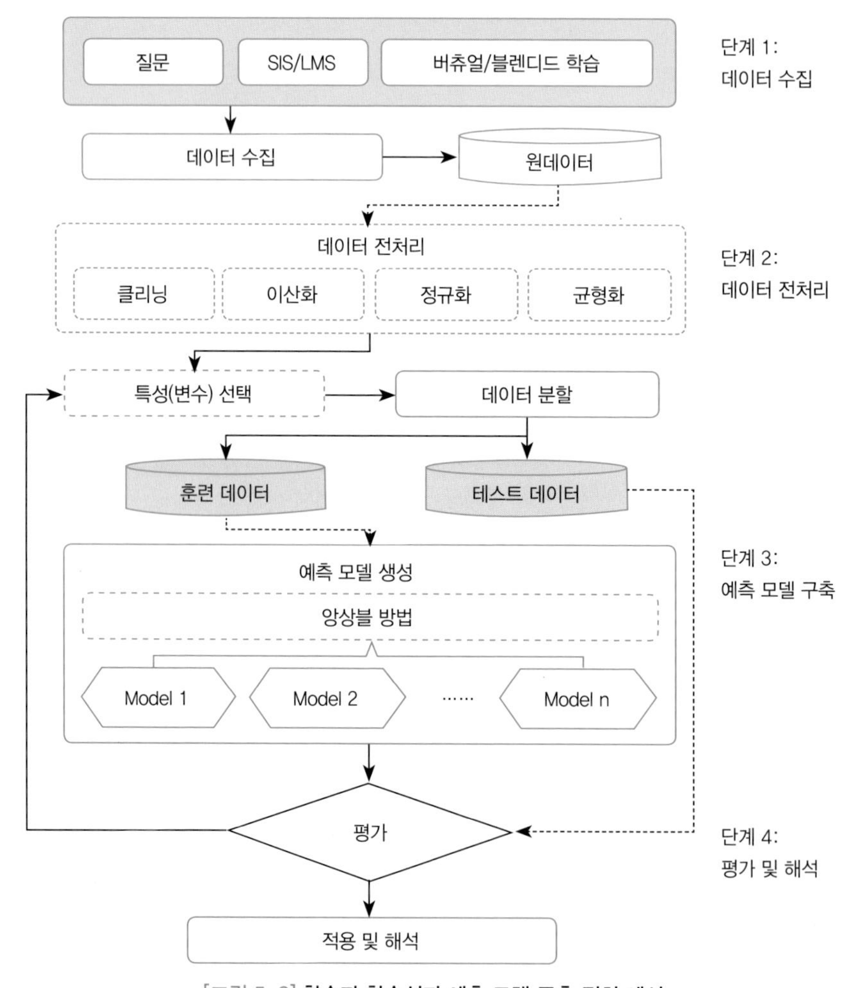

[그림 5-8] **학습자 학습성과 예측 모델 구축 절차 예시**

출처: Xiao, Ji, & Hu (2022).

지금까지의 설명된 머신러닝에 대한 일반적인 이해를 바탕으로 교육의 맥락에서 학습자 성과(performance)에 대한 예측 모델 구축 절차를 살펴보고자 한다. [그림 5-8]은 Xiao 등(2022, p. 6)이 교육 빅데이터 기반 학생 성과 예측 모델 개발 과정을 시각적으로 요약하여 제시한 것으로, [그림 5-4]의 빅데이터 처리 절차와 〈표 5-4〉의 머신러닝 파이프라인 절차의 주요 핵심 요소들이 결합된 것을 알 수 있다. 머신러닝의 활용 목적 중에서도 예측(prediction)에 목표를 두고 1단계로 데이터[설문조사, 학생정보시스템(SIS), 학습관리시스템(LMS), 블렌디드 학습 데이터, 가상학습 데이터 등]를 수집하여 원자료를 확보한 후, 2단계에서 데이터 전처리[클리닝(결측치, 이상치 등 처리)], 정규화, 범주화[discretization: 연속형 변수를 구간(binning) 또는 이산변수로 변형], 균형(balancing: 과대표집 · 과소표집으로 데이터 불균형 해소) 과정을 거쳐, 3단계에서 예측 모델 개발을 위해 필요한 경우 피처를 선택하고 데이터를 훈련 데이터와 테스트 데이터로 분리하는 과정을 거쳐 앙상블 모델과 같은 머신러닝 알고리즘을 적용하여 모델을 구축하고, 4단계에서는 모델을 평가하여 실제 적용하고 결과를 해석하는 과정을 수행하게 된다.

3. 교육에서의 학습분석 활용

1) 머신러닝 기반 학습분석 활용

조일현 등(2019)은 학습분석 연구 사례를 제시하면서 세 가지 영역으로 구분하고 학습심리모형 영역, 분석예측모형 영역, 처방모형 영역에서의 활용 사례를 제시하였다. 먼저, '학습심리모형'에서는 학습자의 동기, 인지전략, 학업 성취 간의 구조를 파악하거나 시간 관리 전략과 성취도의 관계에 대한 연구 사례를 제시하였으며, 온라인 행동 변수 중 하나인 시간 관련 변수 측정으로는 총 접속 시간, 총 로그인 횟수, 접속 간격의 규칙성을 예로 들었다. 특히 시간 연구(temporal research)는 학습분석의 루프를 완결시키는 데 기여하기 때문에 학습분석에서 시간적 측면(temporal aspect)에 대한 관심과 연구는 확대되고 있다(Molenaar & Wise, 2022). Molenaar와 Wise(2022)는 시간의 경과(passage of time: 사건들의 연속적인 흐름)와 시간 내 순서(order in time: 사건들 간의 조직)로 학습분석에서의 시간 관련 요인을 구분하였다[9]. 이러한 시간 분석의 체계적이며 정밀한 접근은 결과적으로 언제, 어떤 순서로 학습을 지원하거나 관련 환경을 설계할지에 대한 중요한 정보를 제공한다.

다음으로, '분석예측모형' 영역에서의 적용 사례로는 [그림 5-8]에서 제시한 바와 같이 학생의 학업 성취·성과에 대한 인공지능 기반 예측 모델을 적용하여 학습자에 대한 피드백 지원을 들 수 있다. 일례로, 미국의 많은 주정부에서는 조기 경고 시스템(early warning system)을 도입하여 교육적 개입(intervention)을 수행하고 있는데, 교수-학습 및 교육정책적 지원을 제공하기 위해 우선적으로 도움이 필요한 학생들(at-risk students)을 발견(identification)하기 위해 머신러닝 예측 모델을 활용한 바 있다(Murphy, 2019). 구체적으로, 교육 성과 지표[예: 기간 내 고등학교 졸업, 수학/과학/국어 핵심 교과 우수(proficient) 성취수준 도달, 학업 중도탈락(dropout)]를 정하고 학생 정보 시스템의 빅데이터(예: 초·중학교 종단 데이터)를 활용하여 머신러닝 예측 모델을 적용함으로써 고등학교 1학년 초기에 고등학교 중퇴 확률을 추정하고 이를 바탕으로 기간 내 졸업이 어려운 학생을 찾아 조기에 필요한 교육 지원을 제공함으로써 긍정적인 교육성과를 이끌어 내는 데 궁극적인 목적이 있다. 실제 기존의 통계모형보다 머신러닝 예측 모델의 학업 위험 또는 성공(on-track) 예측에 대한 결과가 우수하다는 연구 결과물들이 산출되고 있다(Murphy, 2019).

마지막으로, '처방모형' 영역의 맥락에서 학습분석의 대표적인 사례로는 대시보드(dashboard)의 활용을 들 수 있다. 인공지능을 활용한 맞춤형 학습 지원이 최근 교육 분야의 핵심 목표로 자주 회자되는 가운데, 대시보드는 교수자와 학습자가 올바른 의사결정을 하고 다음 단계로의 교육활동을 이행하기 위한 정보를 효율적·효과적 제공하는 역할을 수행한다. 일반적인 이해를 위해 대시보드는 "각종 정보를 컴퓨터 스크린 화면을 통해 한눈에 볼 수 있도록 가장 중요한 정보를 시각적으로 배치한 것"(Few, 2013: 조일현 외, 2019 재인용)으로 정의할 수 있다. 구체적으로, 학습분석 대시보드는 교사들이 실시간으로 학생들의 학습 수행 상황을 모니터링하고 학습을 잘 지원하기 위해 즉시적인 교육적 의사결정을 할 수 있도록 제공하는 기술적 장르라 할 수 있다(Dickler, Gobert, & Sao

9) Molenaar와 Wise(2022)는 시간 경과의 하위지표(metric)로 위치, 지속 시간, 빈도 및 비율을 측정 변수로 제시하였으며, 시간 내 순서에서는 일관성, 재현/비재현 변화, 불규칙적 변화로 순서를 식별하고 고급 분석 방법[예: 순차적 지연 분석(sequential lag analysis), 주요 경로 분석, t-패턴 분석, 프로세스 마이닝, 마코프(Markov) 모델링, 잠재전이분석(latent transition analysis)]을 적용하여 시간 내 순서에 대한 연구가 가능함을 설명함. 이와 관련하여 시간 분할 방법(segmentation of time: 시간 창)과 시간 세분화(granularity of time: 시간 창 내에서의 시간 단위)도 학습분석의 패턴을 발견하는 데 중요한 부분으로, 예컨대 전체 과정, 수업 시간, 또는 온라인 수업을 연구의 대표적인 시간 창으로 정할 수도 있고 상호작용하는 특정 기간만을 시간 창으로 삼아 분석하기도 하며, 세분화 측면에서 연구할 시간 창 내에서의 분석 단위의 크기를 정의하여 데이터 기록, 코딩 및 분석하는 수준을 정하게 된다.

Pedro, 2021). 따라서 대시보드는 대상, 데이터의 종류 및 변동성, 수요자의 요구 등을 반영하여 다양하게 구성될 수 있는데, 대시보드의 효과적 설계 및 활용을 위해서는 목적지향적이어야 하며 사용자의 매체(컴퓨터, 태블릿 등)와 상관없이 핵심 정보가 한눈에 직관적으로 보이도록 설계함으로써 궁극적으로 정보 수혜자의 행동의 변화까지 유도할 수 있어야 한다(조일현 외, 2019, p.140).

[그림 5-9]의 왼쪽 사례는 Inq-Blotter라는 과학탐구 실시간 알림(alert) 대시보드로, 미국의 차세대과학표준(Next Generation Science Standards) 교육과정에 근거하여 중학생의 과학탐구 능력 평가 결과에 대한 알림을 실시간으로 제공하는 교사용 대시보드 형태이다(Dickler, Gobert, & Sao Pedro, 2021). 알림 내용에는 그림에서 보이는 것처럼 여러 층위(alert by time, alert by type, students 등)의 정보가 제공되는데, 예컨대 학생별 성적에 대한 설명 문구와 시각화 정보, 각각의 탐구과제 수행 점수가 포함된 진행 막대와 학생들이 완료한 활동에 대한 정보 및 그에 따른 상세 정보(예: 학생이 데이터 분석에서 어려움을 겪고 있음)가 제공되며, 수업 수준에서의 종합 정보도 제공된다. 이는 학생들이 Inq-ITS라는 자동평가 플랫폼을 활용하여 진행하는 모든 인터랙티브한 탐구과제 단계에 대한 행동 정보가 로그에 기록되고 지식 공학(knowledge-engineered) 기법과 교육데이터 마이닝 알고리즘을 적용하여 자동으로 점수화되며, 이러한 정보를 Inq-Blotter 대시보드에 실시간 정보로 제공된다.

[그림 5-9]의 오른쪽 사례는 Lumilo라는 혼합 현실 스마트 안경(mixed-reality smart glasses)을 활용한 좀 더 혁신적인 대시보드 형태이다. Lumilo는 AI 기술 환경이 구축된 K-12 교실에서 개인화된 학습 소프트웨어를 활용하여 학습하는 학생들의 학습 정도, 메타인지 및 학습 행동들을 교사들이 실시간으로 지각할 수 있도록 정보를 제공하는 착용

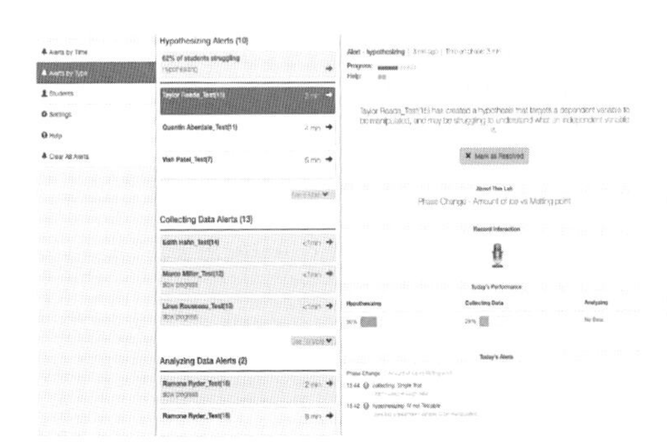

[그림 5-9] **학습분석 대시보드 사례**

출처: Dickler, Gobert, & Sao Pedro (2021); Holstein, McLaren, & Aleven (2019).

형(wearable) 실시간 학습분석 도구이다(Holstein, McLaren, & Aleven, 2019). 현재도 연구 중에 있으며, 멀티모달 학습분석 정보와 착용형 인지 보조 기술의 결합을 통한 공교육 교실 수업 환경에서 개인화 학습 지원의 가능성을 보여 주는 사례라 할 수 있다.

2) 학습분석 활용 방향 및 시사점

지금까지 학습분석의 개념과 활용을 위한 제반 용어, 개념들을 개괄적으로 살펴보았다. 학습분석학의 일반적인 특징을 정리해 보면, 인공지능의 발달로 멀티모달 데이터를 포함한 교육 빅데이터 수집이 용이해졌으며, 컴퓨터·정보기술의 발달에 따른 플랫폼 활용이 가능해지고 머신러닝 알고리즘이 결합되면서 '교육 분야의 빅데이터 수집 및 분석—머신러닝 모델링 개발 및 적용—분석 결과 산출 및 피드백'의 일련의 과정이 최소한의 시간으로 효율적으로 수행이 가능해졌다. 특히 학습분석은 컴퓨터공학, 통계학, 교육학이 접목된 다학제적·융합적 접근이 필요하며, 학습분석의 궁극적 목적이 학습분석을 통한 결과를 기반으로 실천적이며 실행가능한(actionable) 피드백 정보를 제공함으로써 궁극적으로 교수자와 학습자(end-user)의 행동의 변화를 유도한다는 점은 시사하는 바가 크다. 즉, 학습분석은 교육데이터 분석과 예측에 기반하여 교수학습 지원, 교육적 개입, 교육 문제 해결 등을 위해 교수자-학습자, 학습자-컴퓨터, 학습자-학습자 간의 상호작용이 즉각적으로 이루어지도록 함과 동시에 그 방향성이 성장과 발전을 위함임을 주지할 필요가 있다(OECD, 2021).

학습분석의 시스템 개발, 구축, 적용은 아직까지 현재 진행 중인 가운데, 학습분석의 시스템 구축 및 모델링 개발 및 연구도 중요하지만, 교육현장 전문가 및 수요자의 의견을 반영하여 개발 및 평가가 이루어져야 하며, 특히 학습분석의 핵심 자원인 교육 빅데이터 수집 및 데이터의 품질 보증과 더불어 수집 과정에서 개인정보 및 윤리를 비롯하여 차별과 편의(bias)가 발생하지 않아야 한다(Perrotta & Selwyn, 2019). 미교육부 에듀테크 부서(Office of Educational Technology)는 교육의 관점에서 AI 모델 및 시스템 개발 시 그 핵심에는 학생과 교사가 있어야 하며, 모든 과정에서 인간이 참여(humans in the loop)할 것을 강조하였다([그림 5-10] 참조). 구체적으로 여섯 가지 방향성을 제시하였는데, 그 특징은 다음과 같다(Cardona, Rodriguez, & Ishmael, 2023).

• 교육자의 학습 비전과 AI 모델 연계: 교육시스템에 AI 모델을 도입할 경우 교육적

목표를 우선적으로 고려하며, 기존에 축적되어 온 교육적 지식과 증거에 기반한 최상의 실천들이 반영될 필요가 있다.

- 데이터 프라이버시: AI 시스템에서 학생, 교사 및 교육 관계자들의 데이터 보안과 개인정보 보호를 보장해야 한다.
- 알림 및 설명: 교육자들은 에듀테크 기술 자체를 조사(inspect)할 수 있어야 하고 AI가 교육기술 시스템 내에 어떻게 통합되는지를 확인할 수 있어야 한다. 따라서 교육 관계자들이 AI 모델에 대한 이해를 바탕으로 패턴이나 추천을 제공하는 근거에 대해 설명할 수 있어야 하며, 인간이 이러한 제안들에 대한 통제력을 유지해야 한다.
- 알고리즘적 차별 방지: 교육에서 AI를 개발하고 구현하는 사람들은 AI 모델의 편견을 최소화하고 공정성을 증진하기 위한 강력한 조치를 취해야 한다.
- 안전하고 효과적인 시스템: 교육에서 AI 모델의 적용은 기존의 교육과정이나 이미 확립된 준거(standards)와 연계하여 교육 효과성에 대한 검증된 실천적 증거에 기반하여야 한다. 또한 다양한 학습자와 서로 다른 교육 환경을 고려해야 한다.
- 인간적 대안, 고려 및 피드백: 교육에서의 AI 모델 사용이 교육적 가치와 원칙을 우선시할 수 있도록 인간의 참여를 핵심으로 둠으로써 인공지능 모델의 투명성, 책무성, 책임감을 확보해야 한다.

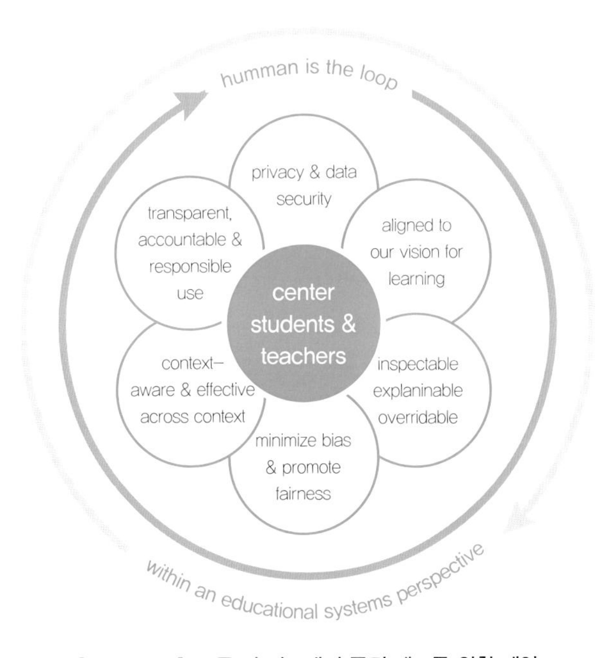

[그림 5-10] AI 툴 및 시스템의 품질 제고를 위한 제언

출처: Cardona, Rodriguez, & Ishmael (2023).

요약 | 인공지능과 학습분석

● 정리하기

- 학습분석: 학습 및 학습 환경을 이해하고 최적화하기 위한 목적으로 학습자와 학습 환경 · 맥락에 대해 측정하고 이에 대한 데이터를 수집 · 분석 · 보고하는 것
- 교육데이터 마이닝: 학생 성과 예측을 위한 알고리즘에 초점을 두는 점을 강조하거나, 여러 가지 다양한 분석 기법을 활용하여 학생 성과를 예측하는 모델링 연구가 주를 이룸.
- 빅데이터: 초기 인공지능을 학습시키는 원데이터(raw data)라는 협의의 개념에서 오늘날 컴퓨터공학뿐만 아니라 사회과학을 포함하여 인간의 행동과 관련된 전 분야에 중요한 키워드로 인식됨. 규모, 다양성, 속도, 정확성/진실성, 가치 등의 특징을 포함함.
- 빅데이터 유형: 정형, 비정형, 반정형 데이터로 구분됨.
- 학습분석과 머신러닝: 학습분석을 위해서는 AI의 기반 모델링이 적극 활용되며 AI 기반 모델의 핵심적인 알고리즘으로 머신러닝이 있음. 인공지능 모델을 개발하고 상용화하기 위해서는 데이터 준비 및 탐색, 머신러닝 모델 생성 및 평가, 배포 등이 필요함.
- 머신러닝: 지도학습, 비지도학습, 강화학습으로 구분됨.
- 지도학습: 입력값을 사용해 출력값을 예측하는 것으로, 라벨이 있는 데이터를 활용하여 훈련을 통해 정답을 재현하는 것을 목표로 함. 알고리즘으로 k-최근접 이웃, 랜덤 포레스트, 서포트 벡터 머신 등을 활용함.
- 비지도학습: 분류되지 않은 데이터에 대해 데이터 구조를 자율학습을 통해 정보를 제공하는 방식으로, 라벨 없는 데이터를 활용하며, 군집 및 차원 축소를 위한 알고리즘을 활용함.
- 강화학습: 목표변수가 없는 대신 에이전트가 환경을 관찰하고 행동을 실행한 후 보상 또는 벌점을 받으면서 가장 큰 보상을 얻기 위해 스스로 학습하는 것으로, 컴퓨터 체스, 보행로봇 등의 사례를 들 수 있음.
- 학습분석 대시보드: 교사들이 실시간으로 학생들의 학습 수행 상황을 모니터링하고 학습을 잘 지원하기 위해 즉시적인 교육적 의사결정을 할 수 있도록 제공하는 기술적 장르로, 사용자의 매체(컴퓨터, 태블릿 등)와 상관없이 핵심 정보가 한눈에 직관적으로 보이도록 설계하는 것이 중요함.

● 키워드

- 학습분석, 교육 빅데이터, 데이터 마이닝, 머신러닝, 대시보드

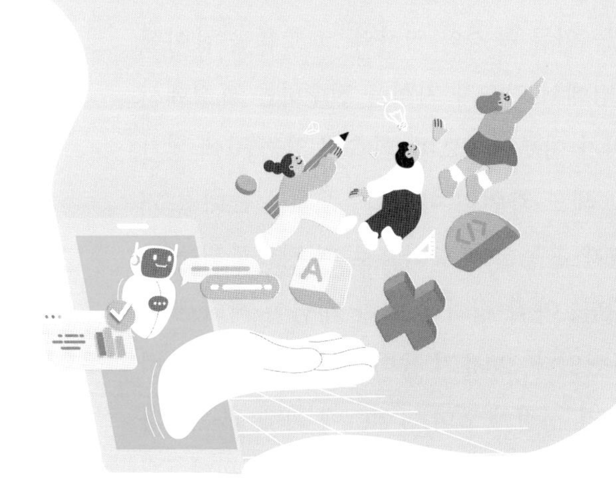

제6장

인공지능과 교육평가

1. 교육평가의 개념과 역사

[그림 6-1] Lee J. Cronbach (1916~2001)

출처: http://www.nasonline.org/publications/biographical-memoirs

교육평가에 대한 개념 정의는 학자들마다 다소 상이하다. 예를 들어, Tyler(1942)는 교육평가를 교육목표의 달성 여부를 판단하는 행위로 규정하였으며, Cronbach(1969)는 교육평가는 의사결정을 위한 정보를 제공하기 위한 것으로 규정하였다. 한편, Stufflebeam(1976)은 어떤 것의 가치, 질의 유의성, 양, 정도, 조건에 대한 판단과 시험행위를 교육평가라고 정의하였다. 이러한 교육평가에 대한 다양한 정의를 종합해 보면, 교육평가는 교육과 관련된 모든 것을 체계적으로 측정하는 주관적 행위로서 교육목적에 대한 가치 판단으로 규정해 볼 수 있다(성태제, 2019). 교육평가는 학습자의 잠재적 능력이 개발 가능하다는 전제하에 시작된다. 교육평가의 목적은 크게 학습의 극대화, 학업성취수준에 대한 총평, 교육의 질 향상, 교육과정, 교수-학습 프로그램 등의 개선, 교육정책 수립이나 의사결정을 위한 기초자료 제공 등으로 나누어 볼 수 있다(성태제, 2019). 과거에는 교육평가의 목적 중 학생들의 학업성취수준에 대한 총평이 가장 중요한 교육평가의 목적이었으나, 최근에는 학생들의 학습을 지원하고 극대화하는 데 도움을 주기 위한 목적이 교육평가의 주요한 목적이자 가치가 되고 있다.

[그림 6-2] Ralph W. Tyler (1902~1994)

출처: http://www.museumofeducation.info/Guide-Tyler.html

교육평가는 인류 문명의 역사와 그 흐름을 같이했다. 고대 문명에서 기술과 지식을 전수하는 과정에서도 평가 행위가 이루어졌으며, 학습이 있는 곳에 평가가 있었다고 해도 과언이 아니다. 중세와 근대를 거치며 교육평가 활동은 제도적으로 더 정교화되는 과정을 거쳤지만, 아직 평가에 대한 개념이 제대로 정립되지는 못했었다. 20세기 들어서 평가의 개념이 비로소 정립되기 시작했으며, Tyler에 의해 교육평가(educational evaluation)라는 용어가 처음 사용되면서 본격적으로 교육평가에 대한 이론과 방법론이 정립되기 시작되었다고 할 수 있다. 이러한 측면에서 많은 학자는 교육평가의 역사를 Tyler가 교육평가라는 용어를 사용하게된 시점을 기준으로 나누기도 한다. 예를 들어, Stufflebeam과 Shinkfield(1985)는 교육평가의 역사를 Tyler 이전 시대와 Tyler 시대, 순수시대, 현실시대, 전문화시대로 구분한 바 있으며, Walberg와 Hareted(1990)는 형성기, 검사와 효율성 시대, Tyler 시대, 순수시대, 확장시대, 전문화시대로 나누기도 하였다(성태제, 2019). 이와 같이 학자에 따라 교육평가의 역사를 구분하는 방식이 다소 상이하기는 하나, Tyler 시대를 별도로 구분하고 있다는 공통점이 있다. 이는 교육평가의 역사에 있어서 Tyler가 가지는 의미와 위상이 그만큼 크다는 것으로 보여 준다.

Stufflebeam과 Shinkfield(1985)는 Tyler가 교육평가라는 용어를 사용하기 시작한 1930년과, 제2차 세계대전 종전인 1945년, 옛 소련의 인류 최초의 인공위성인 스푸트니크 1호 발사에 성공한 1957년, 그리고 아폴로 11호가 달 착륙에 성공한 1969년을 교육평가의 역사에서 주요 변환점으로 인식하였다. Tyler 시대에는 교육평가의 개념이 정립되고, Tyler의 8년 연구(1933~1941년)를 통해 교과중심의 교육보다 폭넓은 경험중심의 교육을 통해 학생들이 보다 성공적으로 사회에 진출할 수 있음을 보여 주는 등 진보주의 교육의 성과를 실증적으로 증명하였다. 이와 같은 결과는 종전 이후 미국의 교육 정책 방향에 큰 영향을 주었다. 제2차 세계대전 이후 미국은 Tyler 시대의 연구 성과를 바탕으로 새로운 이론과 방법론을 학교 현장에 적극적으로 적용하였으며, 이를 통해 평가 방법론의 발전이 이루어질 수 있었다. 순수시대는 미국이 대공황 극복과 제2차 세계대전의 승전에 힘입어 경제적 · 정치적 · 군사적으로 세계 최강대국으로 부상함에 따라 미국의 진보주의 교육 방법론에 대한 자신감에 차 있던 시기이기도 하였다.

그러나 냉전시대 미국의 경쟁국가였던 옛 소련이 미국보다 먼저 인공위성 발사에 성공하면서 미국의 교육분야는 한 번의 큰 변곡점을 맞이하게 되었다. 소련의 인공위성 발사 성공은 과학기술 분야에서 소련이 미국보다 한 발 앞서 있다는 것을 보여 주는 사건이었으며, 이는 소련만큼 우수한 인재를 길러 내지 못한 미국의 교육 시스템에 대한 비판으로 이어졌다. 이에 따라 지금까지 미국의 교육 및 평가 방식에 대한 전면적인 성찰이 이루어졌으며, 이에 따라 이후 미국의 교육 정책 방향은 큰 변곡점을 맞이하게 된다. 요약하면, 순수시대에는 Tyler 시대의 연구 성과를 바탕으로 교과 교육보다는 비교과중심의 교육에 많은 관심을 두었으며, 평가 방식은 학습자의 상대적 위치를 파악하게 해 주는 규준참조평가보다 성취기준에 따라 학생들의 능력과 기술 그리고 지식 등을 평가하는 준거참조평가가 보다 교육적으로 바람직한 평가로 받아들여졌다. 그러나 순수시대에 준거참조평가에 대한 믿음이 교육현장에서 학생들 간 경쟁을 유발하지 않았고, 이러한 평가 방식이 미국의 교육 경쟁력을 약화시키고 결과적으로 소련이 보다 우수한 과학자들을 육성하여 미국보다 인공위성 발사에 먼저 성공하게 만들었다는 인식이 퍼지게 되었다.

[그림 6-3] **스푸트니크 1호**

출처: https://nssdc.gsfc.nasa.gov/nmc/spacecraft/display.action?id=1957-001B

이와 같은 인식의 확산에 따라 스푸트니크 1호 발사 성공 이후 미국에서의 교육은 그 이전과 달리 학생들 간의 경쟁을 촉진할 수 있는 규준참조평가, 즉 상대평가에 더 많은 관심을 가지게 되었고, 이 시대를 교육평가의 역사에서 현실시대로 규정한다. 현실시대는 스푸트니크 1호 발사와 함께 미국의 달 착륙 계획인 아폴로 계획이 추진되던 시기를 말한다. 현실시대는 교육평가의 역사에 있어서 교과 교육에 대한 강화와 더불어 상대평가에 대한 관심과 객관식 평가가 확산되던 시기라 할 수 있다. 아폴로 11호가 달 착륙에 성공한 1969년 이후 교육평가는 전문가의 역할이 강조되는 이른바 전문가시대를 맞이하게 된다. 전문가시대에는 교육평가를 수행하는 데 전문적인 지식과 기술을 갖춘 전문가들의 역할이 강조되었으며, 따라서 교육평가를 담당자들의 평가 설계, 데이터 수집, 분석 및 해석 등 평가의 모든 단계에서 전문성이 요구되는 시기라 할 수 있다. 이와 같은 평가 전문성에 대한 사회적 요구와 평가 담당자들의 평가 전문성 신장은 다양한 평가 도구와 방법론의 개발로 이어졌으며, 이는 평가의 다양성과 유연성이 증대되는 결과를 낳았다. 교육평가의 역사에서 최근 또 하나의 변곡점은 COVID-19 팬데믹 상황과 인공지능의 발전이라 할 수 있다. 전 세계적으로 COVID-19의 확산에 따라 비대면 온라인 교육이 급속도로 확산되었으며, 이는 평가 방식에 있어서도 기존의 오프라인 중심의 평가에서 벗어나 비대면 온라인 평가가 확산되는 결과를 낳았다. 비대면 온라인 평가 방식에 관심 증대는 인공지능 기술의 발전과 맞물려 인공지능 기반 온라인 평가 방식에 대한 관심 증대와 투자로 이어지고 있으며, 최근 정부에서 추진 중인 디지털 교과서 도입 정책도 이러한 시대적 흐름이 반영된 결과라 할 수 있다.

[그림 6-4] **아폴로 11호의 달 착륙**

출처: https://terms.naver.com/entry.naver?docId=3573579&cid=58947&categoryId=58981

2. 교육평가에서 인공지능 적용 사례

교육분야에서 인공지능이 가지는 잠재적인 가능성은 무한하다고 할 수 있다. 오늘날 인공지능은 교수-학습을 혁신하고 학생들의 성장을 촉진하는 데 광범위하게 활용될 수 있지만, 동시에 기술의 급속한 발전이 가져올 수 있는 다양한 도전과 위험을 충분히 고려한 정책이 신속하게 나오지 못하고 있어 인공지능이 교육 분야에 가지고 올 수 있는 부작용도 간과할 수 없는 상황이다. 이러한 위기 의식에 더해 UNESCO(2019)는 인공지능에 대한 인간중심의 접근을 강조하면서 인공지능이 국가 간 격차나 국가 내 개인 간의 격차를 확대하지 않도록 역할을 할 필요가 있다고 주장한 바 있다. 이에 따라 현재까지 교육분야에서 인공지능은 교사와 학생의 교수-학습을 다양한 측면에서 지원하고 학생 간 격차 발생을 최소화할 수 있는 교육적 보조도구로서 기능에 초점을 맞춰 활용되고 있으며, 이는 인공지능을 이용한 개별화 맞춤형 교육 구현으로 이어지고 있다. 개별화 맞춤형 교육을 위한 인공지능의 활용 사례는 국내외에서 어렵지 않게 찾아볼 수 있다. 우리나라의 경우, 2022 교육과정 개편과 더불어 정부가 발표한 디지털 기반 교육혁신 방안(교육부, 2023a)을 살펴보면, 인공지능 기반 디지털 교과서 도입을 통한 맞춤형 교육 구현은 인공지능을 교육 분야에서 가장 폭넓게 활용하는 국내 사례가 될 것이다. 해외에서는 이미 맞춤형 교육을 실현하기 위해 ALEKS(Assessment and LEarning in Knowledge Spaces) 등과 같은 인공지능 기반 적응형 학습 평가 시스템을 활용하고 있다.

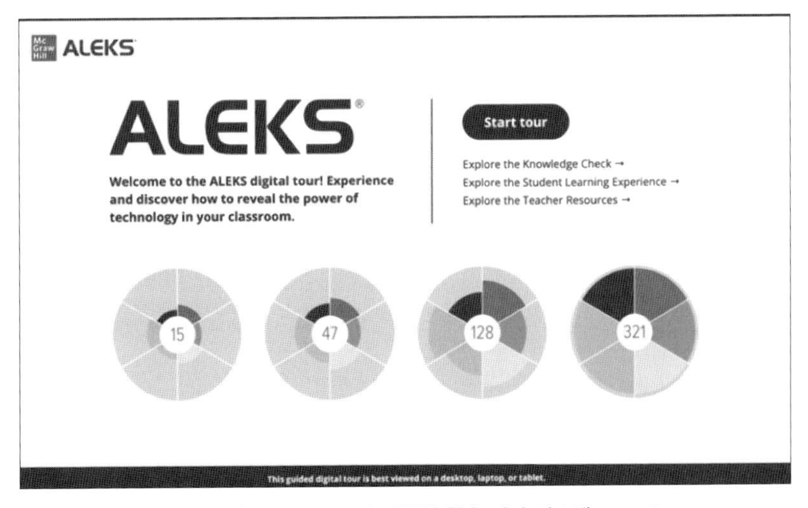

[그림 6-5] 인공지능 기반 적응형 학습 평가 시스템 ALEKS

교육 분야 전반에 걸쳐 인공지능을 활용하고자 하는 다양한 시도가 이루어지고 있음에도 불구하고 아직까지 평가 분야에서 인공지능을 활용하는 사례는 상대적으로 많지 않은 상황이다. 해외에서는 학생들에 대한 진단평가에서 인공지능 기반 지능형 튜터 시스템(ITS)이 활용되거나 토익이나 토플과 같은 언어 능숙도 시험의 글쓰기 평가 등에서 인공지능을 적용한 사례들이 있으나, 국내에서는 일부 사교육 업체에서 인공지능을 활용한 사례들이 공유될 뿐 본격적으로 인공지능을 활용하지 못하고 있는 실정이다. 그럼에도 불구하고 최근 COVID-19 팬데믹 상황으로 인한 온라인 교육의 확산과 더불어 컴퓨터 기반 온라인 평가가 확산되고, 개별화 맞춤형 평가에 대한 사회적 요구가 높아지면서 인공지능을 기반으로 하는 평가 방식에 대해 관심이 증대되고 있으며, 인공지능 기반 평가 서비스에 대한 개발도 이어지고 있다.

인공지능을 기반으로 하는 평가 서비스는 인공지능을 활용한 맞춤형 평가를 비롯하여, 평가 결과를 기반으로 다양한 예측, 피드백 등을 제공하는 서비스들이 있으며, 교육평가 분야에서 인공지능을 활용하는 주요 사례들을 살펴보면 다음과 같다.

- 인공지능 기반 평가 및 예측: 뤼이드의 '산타 토익'(https://kr.aitutorsanta.com/)

뤼이드에서 선보인 '산타 토익'은 인공지능 기반으로 학생들의 토익 능력을 측정하여 실제 시험에서의 점수를 예측하고, 더불어 진단을 통해 토익 시험에서 학생들의 취약점

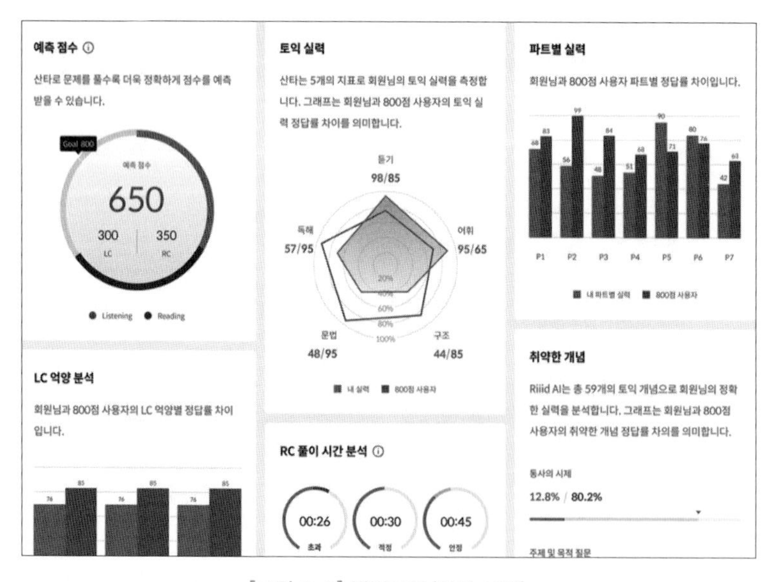

[그림 6-6] 뤼이드의 '산타 토익'

출처: https://kr.aitutorsanta.com/

을 분석하고 이를 바탕으로 개인별 맞춤형 학습 방법을 제공하는 서비스이다. 산타 토익이 학생들의 토익 능력을 측정하고 개인별 맞춤형 학습 방법을 제안하는 데에는 지식 추적(knowledge tracing) 기술이 접목되어 있는 것으로 알려져 있다. 산타 토익은 인공지능을 기반으로 진단 테스트, 개인형 맞춤형 학습 코스, 현재 실력에 대한 종합 분석, 목표 점수 획들을 위한 어휘 학습, 상대적으로 부족한 부분에 대한 파트별 학습 방법 등을 제공한다.

• 인공지능 기반 문항 생성: 아티피셜 소사이어티의 'genQue'(https://www.genque.ai/)

아티피셜 소사이어티에서 제공 중인 'genQue'는 인공지능을 활용하여 평가 문항을 생성해 주는 서비스이다. genQue는 영어 지문 생성 및 수정, 문항 생성 등을 위한 서비스이다. genQue는 문항 개발 및 수정 보완에 대한 부담을 경감하고 문항 개발의 절차를 간소화하는 데 활용될 수 있는 서비스이다. genQue는 최근 주목받고 있는 챗GPT를 교육 분야에 활용하는 이른바 에듀gpt 서비스로서 대학수학능력시험의 문항 형식을 기준으로 지문과 문항을 생성해 주는 기능을 제공한다.

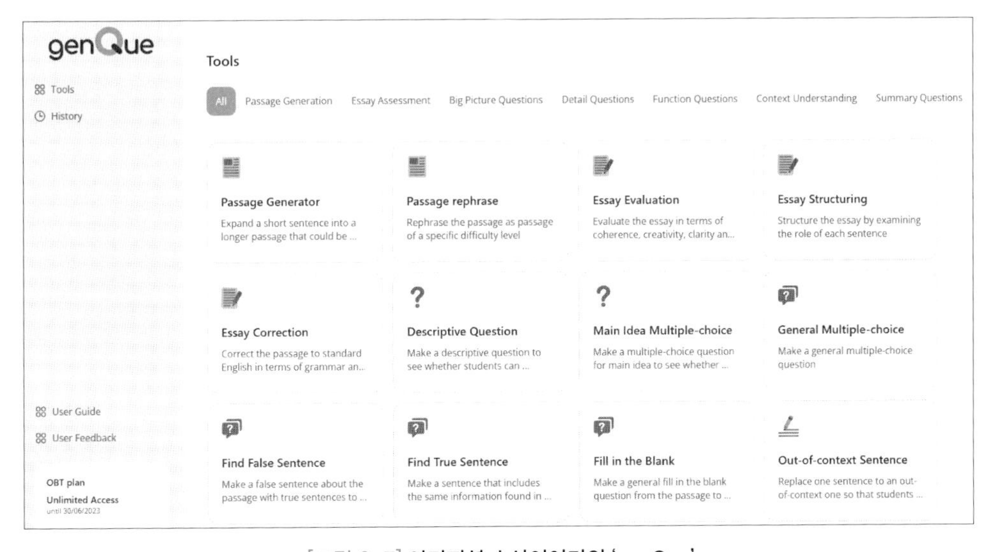

[그림 6-7] 아티피셜 소사이어티의 'genQue'

출처: https://www.genque.ai/

• 인공지능 기반 학습 진단: 애리조나주립대학교의 'eAdvisor'(https://eadvisor.asu.edu/)

애리조나주립대학교의 교육 관리 정보 시스템인 'eAdvisor'는 학생들의 학습 빅데이터를 분석하여 학생들의 성과를 예측하고 낙제 위험이 있는 학생들을 지원하기 위한 시스템이다. eAdvisor는 학생들의 학습데이터를 분석하여 학생들의 적성과 진로에 맞는 교육과정과 강의를 추천해 주는 지능형 튜터 시스템(ITS)이다. 이 시스템은 학생들의 학습 관련 데이터를 분석하여 현재 학습 상태에 대한 평가 결과를 도출하고 이를 바탕으로 학생들의 학습을 지원하기 위한 각종 서비스를 제공한다는 측면에서 인공지능을 활용한 평가의 또 다른 형태라 할 수 있다.

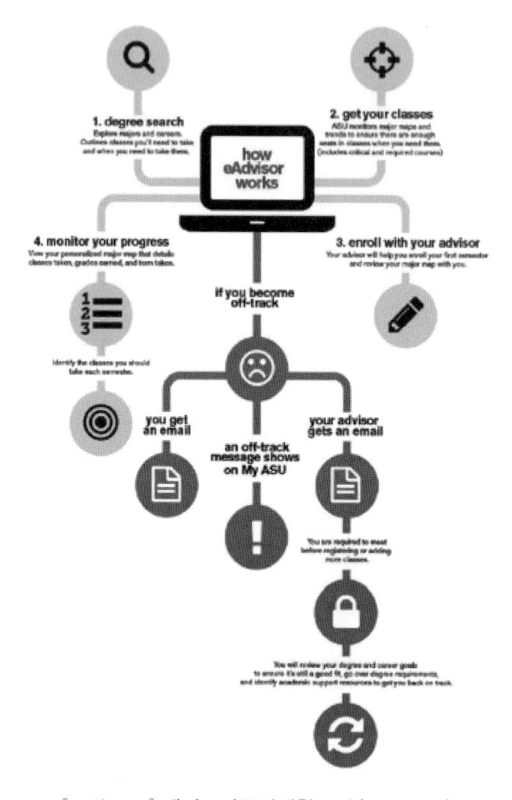

[그림 6-8] 애리조나주립대학교의 'eAdvisor'

• 평생학습 지원을 위한 평가 시스템: 싱가폴의 'SkillsFuture'(https://www.skillsfuture.gov.sg/)

싱가폴의 평생학습 지원시스템인 'SkillsFuture'는 기본적으로 지능형 튜터 시스템(ITS)이라 할 수 있으나, 특별히 평생학습에서 활용되는 인공지능 기반 플랫폼으로 학습자들의 직업 흥미와 적성, 직무에 대한 자신감 등을 평가하여 이들에게 적절한 평생학습 기회를 제공하기 위한 서비스이다. SkillsFuture에서는 학습자의 학습 결과를 평가하고 이 결과를 축적하여 학습성과를 추적할 수 있도록 해 주는 인공지능 플랫폼이다.

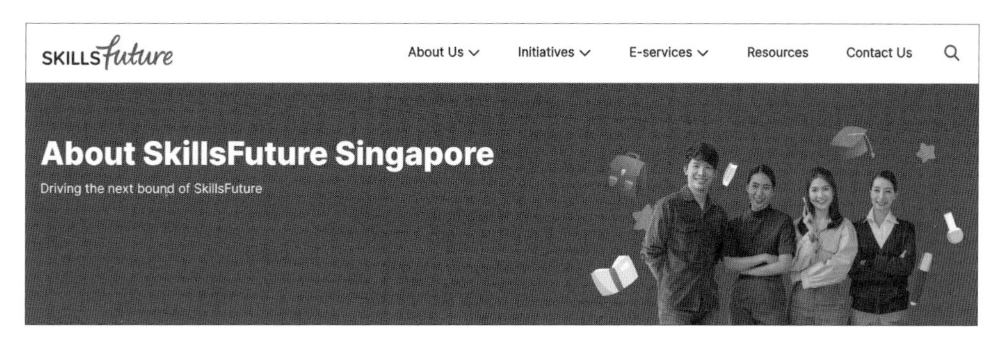

[그림 6-9] 싱가폴의 'SkillsFuture'

출처: https://www.skillsfuture.gov.sg/aboutssg

• 인공지능 로봇, 챗봇을 이용한 개별화 평가(이용상, 신동광, 2020)

인공지능 로봇인 챗봇을 이용한 개별화 평가도 인공지능을 활용한 평가의 대표적인 사례라 할 수 있다. 이용상과 신동광(2020)은 인공지능 로봇 챗봇인 '미추쿠'를 활용한 개별화 평가 방안을 제시한 바 있다. 이 연구에서는 학생들의 영작문 평가에서 챗봇을 이용하여 효과적인 평가를 수행할 수 있음을 보여 주었다. 예를 들어, 학생들은 미추쿠와의 대화를 통해 글을 쓰기 위한 자료를 얻고 이를 바탕으로 글쓰기를 완성하는 방식으로 평가를 받게 되며, 학생들은 과제나 챗봇과의 상호작용 측면에서 개별화된 평가를 받게 되어 비대면 온라인 교육이 확산되는 상황에서 온라인 평가에 유용하게 활용될 수 있는 방법이 될 수 있음을 보여 주었다.

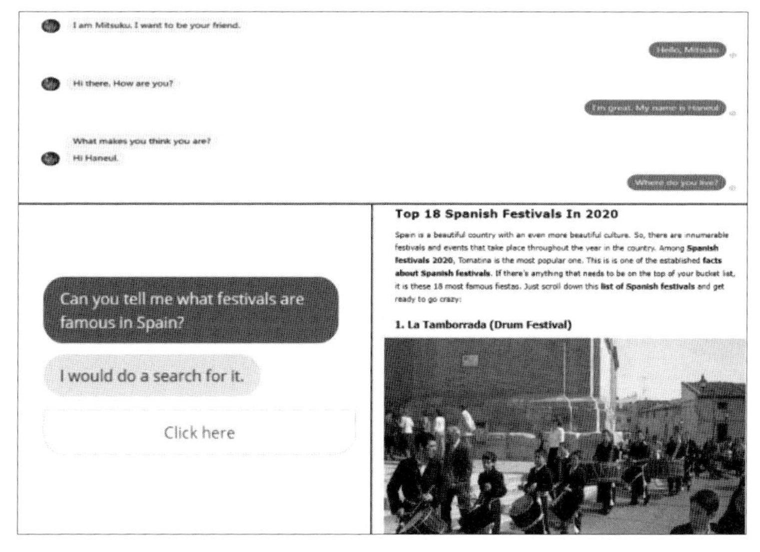

[그림 6-10] 챗봇 미추쿠를 이용한 개별화 평가 예시

3. 인공지능을 활용한 교육평가의 장점과 한계

교육평가에서 인공지능을 활용할 경우 얻을 수 있는 이점이 분명히 있지만 동시에 한계도 존재한다. 우선, 인공지능을 활용할 경우 개별 맞춤형 평가가 가능하다는 점은 교육평가에서 인공지능 활용의 가장 큰 장점일 것이다. 인공지능을 활용하여 학생들의 개별적인 학습 패턴과 능력을 파악하여 맞춤형 평가를 제공할 수 있으며, 이를 통해 학생들은 자신의 학습 상태를 정확히 알 수 있고, 필요에 따라 보다 효과적인 학습 경로를 선택할 수 있을 것이다. 인공지능을 활용한 평가의 가장 대표적인 사례 중의 하나로 논・서술형 답안에 대한 평가가 있으며, 인공지능 기반의 자동채점 또는 평가 시스템을 통해 신속하고 객관적인 채점을 할 수 있다는 것은 인공지능을 활용한 교육평가의 또 다른 장점이라 할 수 있다. 예를 들어, 인공지능 기반 자동채점 프로그램을 이용하여 논・서술형 답안을 채점할 경우, 대규모의 학생 답안을 신속하고 정확하게 채점할 수 있어, 논・서술 답안 채점 시 발생할 수 있는 시간과 비용의 문제와 더불어 채점자의 주관성 개입이나 채점의 일관성 부재로 인한 평가의 공정성 문제 등을 해결할 수 있을 것이다. 자동채점은 또한 교사의 채점 부담을 경감시켜 줌으로써 교사가 학생들에 채점 결과를 토대로 피드백을 주고 학생들의 학습을 지원하는 데 더 집중할 수 있도록 해 준다는 장점을 가지고 있다.

이와 같은 장점에도 불구하고 인공지능을 활용한 평가의 한계점도 명백하게 존재한다. 우선, 일반적으로 인공지능의 한계점으로 논의되는 데이터 편향으로 발생할 수 있는 오류의 가능성은 평가에 인공지능을 적용함에 있어서 가장 큰 걸림돌이라 할 수 있다. 인공지능은 기존의 데이터를 학습한 결과를 토대로 작동하므로 학습 데이터에 편향성이 존재할 경우, 이러한 데이터를 학습한 인공지능 서비스도 그러한 편향성이 그대로 반영될 수밖에 없다. 과거 인공지능 챗봇 '이루다'의 성별, 인종, 성소수자 등에 대한 편견과 혐오 논란은 데이터 편향의 문제를 여실히 보여 준다. 데이터 편향의 문제는 평가에서 더욱 심각한 결과를 초래할 수 있다. 편견이나 선입견 등이 반영된 편향된 데이터를 학습할 경우 인공지능 평가 시스템은 학습 데이터의 편견이나 선입견을 그대로 반영하여 평가를 수행하게 되므로 평가의 공정성이 심각하게 훼손될 수 있기 때문이다.

다음으로, 평가 결과에 대한 설명 가능성 여부도 아직까지 인공지능이 완벽하게 해결하지 못하고 있는 한계점이다. 현재 인공지능이 채택하고 있는 알고리즘들은 분류와 예측 등의 정확성에 있어서 괄목할 만한 발전을 이루고 있으나 랜덤 포레스트와 같이 일부 기계학습(machine learning)의 알고리즘을 제외하고는 그 결과가 어떻게 나왔는지에 대한 설명을 할 수가 없다는 한계점을 가지고 있다. 즉, 인공지능을 이용하여 평가를 하더라도 왜 그러한 평가 결과가 나왔는지를 학생들에게 설명하지 못하기 때문에 평가의 공신력을 확보하기 힘들 수 있다. 이와 같은 한계점은 특히 학생들의 성취 결과를 평가하는 총합 평가보다 학생들에게 피드백을 주어 그들의 학습을 지원하기 위한 형성평가에서 인공지능이 활용되지 못하는 주요한 원인이 되고 있다.

기술적 제약과 인공지능의 윤리적 문제도 현재까지 인공지능의 한계점이라 할 수 있다. 인공지능 기술이 급격하게 발전하고 있지만 아직 완벽하지 않기 때문에 평가의 다양한 요소를 충분히 반영하는 데는 기술적인 제약이 있다. 예를 들어, 학생들의 글을 평가할 경우 글의 창의성이 주요한 평가 요소 중 하나라면, 아직까지 인공지능은 인간의 창의성을 평가하는 데 어려움이 있다. 더불어, 인공지능 알고리즘은 방대한 연산능력을 필요로 하기 때문에 대규모 컴퓨터 자원이 필요하며, 대규모 컴퓨터 자원이 확보되지 않으면 실시간으로 인공지능을 활용한 서비스를 이용할 수 없다. 이와 같은 기술적 한계점 이외에도 최근 부각되고 있는 인공지능 윤리의 문제는 향후 인공지능을 평가에서 활용하는 데 넘어야 할 가장 큰 제한점 중 하나라 할 수 있다.

4. 인공지능 기반 교육평가의 전망

인공지능 기반 평가는 앞으로 더욱 확산될 전망이다. 개별화 맞춤형 평가에 대한 사회적 요구는 지속적으로 있었으나 교사가 담당하는 모든 학생 또는 학습자를 대상으로 개별화 맞춤형 평가를 실시하는 것은 현실적으로 불가능했으며, 이에 따라 개별화 맞춤형 평가를 통한 효과적 학습 지원은 매우 요원했다. 그러나 인공지능 기술의 발달과 인공지능을 활용한 다양한 에듀테크 서비스들이 개발되면서 교사의 평가 부담을 경감시키고 동시에 개별화 맞춤형 평가 실현이 가능해지고 있다. 요컨대, 인공지능 기술은 개인의 학습 스타일과 수준에 맞춘 맞춤형 평가를 제공할 수 있으며, 이러한 맞춤형 평가를 통해 학습자들은 자신의 강점과 약점을 더 잘 파악할 수 있고, 개별적인 피드백을 통해 학습을 극대화할 수 있을 것이다.

다음으로, 인공지능을 활용한 평가는 학습자의 대규모 학습 데이터를 빠르게 분석하여 정확하고 신뢰성 높은 결과를 제공할 수 있을 것으로 기대된다. 기존의 지필중심의 평가에서 학습자들에 대한 다차원적인 평가가 매우 제한적이었다면, 대규모 학습 데이터에 대한 분석은 학습자의 능력과 기술, 태도 등을 입체적으로 평가할 수 있도록 하여 평가의 정확성을 높이고, 이는 평가의 공신력으로 높이는 데 기여할 것이다.

인공지능은 또한 평가의 자동화에도 널리 활용될 것이다. 예를 들어, 논·서술 답안에 대한 자동채점이 가장 대표적인 예라 할 수 있다. 자연어 처리 기술의 발달에 힘입어 평가의 객관성을 최대한 높이고 평가 절차를 자동화하여 평가의 효율성을 높이는 데 인공지능이 적극적으로 활용될 것으로 예상된다. 특히 평가자의 주관성이나 편견을 배제하고 평가의 일관성을 손쉽게 확보할 수 있으므로, 이 분야에서 인공지능의 활용은 향후 급격하게 확대될 것으로 예상된다.

인공지능은 평가 시험 중에 부정행위를 탐지하고 예방하는 데에도 널리 활용될 것이다. 얼굴 인식 기술과 감정 인식 기술을 활용하여 부정행위를 감지하는 데 활용되어 온라인 평가 확산과 더불어 가장 우려되고 있는 부정행위 확산에 대한 해결방안을 제시할 수 있을 것이다.

이처럼 인공지능 기술의 발달과 더불어 인공지능을 평가에 적용하는 분야는 지속적으로 늘어날 것으로 기대되며, 이를 통해 평가의 정확성과 효율성 등이 높아질 것으로 예상된다. 그러나 이러한 인공지능 기술이 평가에 널리 도입되어 활용되더라도 인공지능이 평가에서의 인간의 역할을 완전히 대체하는 것은 어렵기 때문에 이러한 인공지능을 활용하여 평가를 수행할 수 있는 평가 전문가에 대한 수요가 그 어느 때보다 증대될 것이다.

요약 | 인공지능과 교육평가

● 정리하기

- 교육평가는 교육과 관련된 모든 것을 체계적으로 측정하는 주관적 행위로서 교육목적에 대한 가치 판단으로 규정해 볼 수 있으며, 교육평가의 목적은 학습의 극대화, 학업성취수준에 대한 총평, 교육의 질 향상, 교육과정, 교수-학습 프로그램 등의 개선, 교육정책 수립이나 의사결정을 위한 기초자료 제공 등으로 나누어 볼 수 있음.
- 교육평가의 역사는 Tyler가 교육평가라는 용어를 사용하기 시작한 1930년, 제2차 세계대전 종전인 1945년, 옛 소련의 인류 최초의 인공위성인 스푸트니크 1호 발사에 성공한 1957년, 그리고 아폴로 11호가 달 착륙에 성공한 1969년을 기점으로 나누어 볼 수 있음.
- 교육분야에서 인공지능을 활용하고자 하는 시도가 다양하게 이루어지고 있으며, 인공지능 기반 평가 및 예측, 문항 생성, 학습 진단, 평생학습 지원을 위한 평가 시스템, 인공지능 로봇, 챗봇을 이용한 개별화 평가 등에 활용되고 있음.
- 인공지능 활용을 통해 개별 맞춤형 평가를 구현할 수 있고, 맞춤형 평가를 통해 학생들은 자신의 학습 상태를 정확히 알 수 있으며, 필요에 따라 보다 효과적인 학습 경로를 선택할 수 있다는 장점이 있으나, 인공지능 학습용 데이터 편향으로 발생할 수 있는 오류의 가능성이나 평가 결과에 대한 설명 가능성의 문제, 인공지능의 윤리적 문제 등은 인공지능 활용에 있어서 제한점이라 할 수 있음.
- 인공지능은 교사의 평가 부담을 경감시키고 동시에 개별화 맞춤형 평가 실현을 가능하게 만들 것이며, 또한 학습자의 대규모 학습 데이터를 빠르게 분석하여 정확하고 신뢰성 높은 결과를 제공할 수 있을 것으로 기대됨. 또한 인공지능은 평가의 자동화와 부정행위 탐지 및 예방에도 널리 활용될 것으로 기대됨.

● 키워드

- 교육평가, 개별 맞춤형 평가, 평가 및 예측, 문항 생성, 학습진단, 평생학습 지원

인공지능과 국어교육

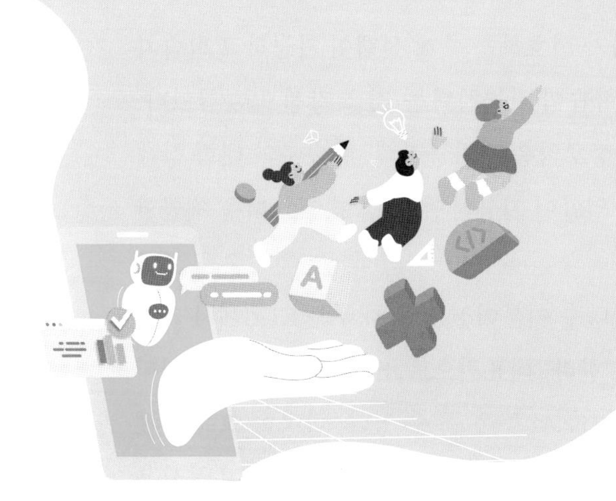

1. 국어교과에서 인공지능 활용 사례

인공지능을 활용한 국어교육 논의는 아직 시론 수준이다. 국어교육에서 인공지능 관련 연구가 활발히 이루어지지 못한 이유는 국어교육이 모국어 화자를 대상으로 보다 높은 수준의 언어 능력을 목표로 하기 때문인 것으로 보인다. 국어교육은 능숙한 모국어를 전제로 하여, 보다 고차원적인 언어적 상호작용을 통한 교육적 처치가 이루어져야 하는데, 그동안 인공지능의 한국어처리 기술은 그 정도의 발전을 보여 주지는 못했다. 그러나 최근 딥러닝을 통해 자연어처리 기술의 발전이 급속도로 이루어지면서 보다 고차원적인 언어처리가 가능해지고, 국어교육 또는 한국어교육 분야에서 인공지능 활용 방안이 모색되고 있다.

1) 듣기 · 말하기 교육에서의 인공지능 활용

(1) 한국어 말하기 연습용 챗봇

① 듣기 · 말하기 교육에서의 챗봇의 활용

듣기 · 말하기 교육에서 인공지능 활용은 모국어 교육보다는 한국어 교육에서 활발하다. 특히 인공지능 음성 챗봇을 활용하여 한국어 학습자가 스스로 말하기 연습을 할 수 있는 한국어 말하기 연습용 학습 도구에 대한 연구가 주목할 만하다. 챗봇은 개인 맞춤형 학습이 가능하다는 점에서 언어 수준 차이가 큰 외국어 학습에서 그 활용 가능성이 높다. Fryer와 Carpenter(2006)는 챗봇이 학습자가 선호하는 주제 선택이 가능하고 학습자의 흥미를 유발할 수 있으며 무엇보다 반복 학습이 가능하다는 것을 장점으로 꼽았다. 뿐만 아니라, 챗봇은 다른 학습 도구와 달리 상호작용이 가능한데, 학습자의 대화 상대자가 되어 줄 수 있으며, 조언자 또는 교사의 역할이 가능하며, 맞춤형 피드백을 제공할 수 있다는 점에서 유용하다(서지혜, 2021).

국내에서는 그간 영어 교육용 챗봇 개발이 다수 이루어졌는데, 대부분 ETRI에서 개발한 음성 인식 및 자연어처리 기술을 기반으로 한다. 대표적으로, ETRI의 지니튜터, 이비에스(EBS)에서 개발한 펭톡, 삼성의 셀리나(SELENA) 등을 들 수 있다. 한국어 교육용 챗봇은 영어 교육 분야에 비해서는 개발이 늦은 편인데, 대표적 사례로 ETRI 엔진을 사용한 한국어 교육용 챗봇인 'AI 세종학당 선생님'을 들 수 있다.

② 한국어 교육용 챗봇 'AI 세종학당 선생님'

'AI 세종학당 선생님'은 세종학당 재단이 제공하는 인공지능 기반 한국어 대화 연습 서비스로서, 말하기뿐만 아니라 쓰기 학습도 가능하다. 이 애플리케이션은 2021년 3월부터 구글 플레이스토어, 애플 앱스토어, 세종학당 홈페이지 등에서 무료로 제공되고 있으며, 현재 1~4급에 해당하는 대화 연습이 가능하다.

우선 앱에 접속하여 로그인을 하면 AI 세종학당 선생님을 사용할 수 있다. 다만 한국어 교육 특성상 사용자들이 다국적이고 음성의 인식이 중요하므로 음성 인식 테스트를 거쳐 홈 화면으로 이동한다. 사용자들은 홈 화면에서 대화 연습을 선택하여 이동할 수 있는데, 대화 연습은 주제 선택, 기능 선택, 미션 부과, 대화 연습, 대화 종료의 순서로 진행된다. 사용자가 홈 화면에서 대화 연습을 클릭한 후에 화면에 제시된 대화 주제들 중 하나를 선택하면 주제에 따른 기능들이 화면에 제시된다. 그리고 이 기능들 중 하나를 선택하면 대화 화면으로 바뀌면서 대화가 시작되며 미션이 부과된다. 예를 들어, '여행' 주제에는 급수별로 '숙소 예약'과 같은 기능을 선택할 수 있으며, 각 기능에서는 '2박 싱글룸 예약하기'와 같은 미션이 제시된다. 사용자는 챗봇과 대화를 하면서 부여된 미션을 수행하고 화면의 안내와 함께 대화가 종료된다. 대화 종료 후에 사용자는 대화를 저장하여 추후 복습할 수 있도록 구성되어 있다.

세종학당에서는 교육 효과를 위해 사용자가 대화 연습에서 학습 목표에 맞는 표현을 사용할 수 있도록 대화문 시나리오를 개발하였다. 또한 이 과정에서 세종학당의 한국어 교재를 활용하였으며, 주제와 기능, 대화 쌍 수, 문장 길이 등을 고려하였다(세종학당, 2020).

[그림 7-1] **대화 연습 화면**

[그림 7-2] **힌트 제시 화면**

[그림 7-3] **발화 평가 제시 화면**

출처: 세종학당재단(2020).

[그림 7-1]은 대화 연습 화면으로 챗봇의 주도하에 대화가 이루어짐을 보여 준다. 숙소 예약하기라는 기능을 연습하기 위해 챗봇은 호텔 직원, 사용자는 손님 역할이 되어 대화를 진행한다. 대화 연습 시에는 미션이 주어지는데, 대화 연습 시작 화면에 '2박 싱글룸 예약하기'와 같은 미션이 제시되고 이에 따라 발화하지 않을 경우 그 응답은 오류로 처리된다. 대화 과정에서는 챗봇의 질문에 대답을 하지 못할 경우 힌트를 볼 수 있다. [그림 7-2]는 전화 상대방의 인사말에 대해 "네, 안녕하세요."라는 인사말을 힌트로 제공한 예이다. 이 힌트는 매 대화 상황에서 정답으로 제시되므로 학습자는 제시된 문장을 보고 읽으면 다음 대화로 넘어갈 수 있다. 또한 사용자는 대화 중간에 자신의 발화에 대한 평가를 확인할 수 있는데, [그림 7-3]과 같이 자신의 발화와 관련하여 억양, 유창성, 정확성, 속도, 명료성 측면에서의 평가 결과를 확인할 수 있고 대화가 종료되면 전체적인 피드백이 제공된다.

AI 세종학당 선생님은 국내외 많은 한국어 학습자들이 시공간의 제약을 받지 않고 한국어 대화를 연습할 수 있도록 인공지능 기반 한국어 대화 연습 서비스를 제공한다는 점에서 의의를 찾을 수 있다. 특히 음성화 기술(STT-TTS)[1]을 활용하여 한국 사람과 대화하는 것 같은 실감형 대화 서비스를 제공하며, 사용자가 주제 기반으로 자유 대화에 준하는 대화 연습이 가능하도록 주제별 정밀한 대화 연습 시나리오를 구성하였다. 이 서비스에서 구성한 시나리오는 '국제 통용 한국어 표준 교육과정'의 주제와 기능에 따라 분류 및 유형화된 것으로, 한국어 교육의 체계를 따르고 있다(세종학당, 2020). 더불어 학습자는 음성 대화 연습 시 자기 발화의 문법 오류를 확인하여 이에 대해 피드백을 제공받을 수 있어 교육적 효과가 높을 것으로 보인다.

③ 한국어 교육에서의 챗봇 활용의 과제와 전망

향후 한국어 교육에서 챗봇 활용의 효과를 높이기 위해서는 챗봇이 사용자의 학습에 유의미한 대화를 이어 나갈 수 있도록 주제, 내용 전개, 등장인물 등을 표현하는 교육용 시나리오가 더욱 체계적으로 개발될 필요가 있다(신동광, 2018). 나아가 현재 AI 세종학당 선생님의 경우 챗봇의 질문에 대해 미리 정해둔 답만을 정답으로 인식하며 이를 미션 제시 기능으로 처리하고 있다. 그러나 이러한 방식은 사용자 입장에서 정해진 어휘만을 사용해야 함을 의미하므로 활용의 한계가 있다. 따라서 챗봇을 활용한 듣기·말하기 학습 효과를 극대화하기 위해서는 챗봇과의 대화 과정에서 새로운 어휘나 문장의 출력과 학습이 가능하도록 하는 기술적 보완이 마련될 필요가 있다.

(2) 챗GPT를 활용한 한국어 대화 연습

① 언어 교육용 챗봇의 현황 및 한계

앞서 살펴보았듯이, 챗봇은 상대방과 음성 대화를 통해 학습을 수행하고 사용자가 친근감을 느낄 수 있어 유용도가 높다. 지금까지 한국어 듣기·말하기 교육에서 적용된 인공지능 자연어처리 사례는 앞서 살펴본 '세종학당 AI 선생님'과 ㈜이르테르에서 개발한 'KOKOA' 애플리케이션 등이 있다. 이 두 학습 플랫폼에 탑재된 챗봇은 모두 ETRI에서 개발한 음성 인식 및 발음 평가 기술이 적용되었는데, 김형민과 고민중(2022)에 따르면 이 기술은 문자 읽기에 꽤 높은 정확성을 보이나 자유 발화를 평가하기에는 부족함이 있다. 즉, 이러한 앱에서는 이미 정해진 대화를 수행해야만 인공지능이 이를 인식하고 대화를 이어 나가는 구조로 설계되어 있어 초급 학습자에게는 좋은 학습 도구가 될 수 있으나 한국인과 일상적으로 대화하는 듯한 자연스러운 상호작용이 이루어진다고 보기는 어렵다.

1) STT(Speech To Text): 음성 → 텍스트; TTS(Text To Speech): 텍스트 → 음성

② 챗GPT를 활용한 한국어 말하기 수행 사례

이러한 교육용 챗봇의 대안으로 최근 주목받고 있는 것이 생성형 AI 챗GPT이다. 2022년 11월 공개된 챗GPT는 OpenAI가 개발한 생성형 인공지능 챗봇으로 대량의 데이터를 기반으로 학습되어 다양한 분야에서 비교적 정확한 답변을 제공한다. 또한 대화를 이해하고 생성하는 능력이 뛰어나 언어교육 현장에서도 그 교육적 활용성에 대해 많은 관심을 기울이고 있다. 인공지능의 혁명과도 같은 챗GPT가 한국어 교육에서도 적용이 가능한지 살펴보기 위해 김형민(2023)은 챗GPT와 한국어 학습자의 듣기 · 말하기 상호작용을 분석하였다. 챗GPT는 텍스트 기반 챗봇으로 개발되었으나 'Talk-to-ChatGPT'라는 음성 인식 플러그인[2]이 개발되어 음성 기반 챗봇으로도 활용이 가능하다. 이 연구에서는 고급 한국어 학습자에게 〈표 7-1〉과 같은 말하기 과제를 부여하고 챗봇과의 상호작용을 분석하였다.

〈표 7-1〉 챗GPT를 활용한 한국어 말하기 과제

분류	과제	지시문 예
말하기	인터뷰	대학원 면접 인터뷰를 하고 싶어. 내가 면접자를 할 테니 네가 면접관을 해 줘. 네가 먼저 질문 하나를 하고 내가 대답할 때까지 기다려 줘. 질문은 하나씩 해 줘.
	대화/역할극	식당에서 주문하기 대화를 하고 싶어. 내가 손님을 할 테니 네가 식당 주인을 해 줘. 근데 한 번에 대화를 다 써 주지 말고 한 문장 말한 다음 내 대답을 기다려 줘.
	자유로운 말하기	자유롭게 말하기 상호작용을 해 보십시오.

출처: 김형민(2023).

널리 알려져 있다시피, 챗GPT와 원활하게 상호작용을 하기 위해서는 지시문(prompt)이 매우 중요하다. 단순히 학습자들에게 챗봇과 상호작용하고 그 결과를 알려 달라고 할 경우 학습자들마다 상호작용의 양과 질의 편차가 클 것이므로 구체적인 과제를 제시하는 것이 좋다. 인공지능 챗봇은 사용자가 명령어를 어떻게 입력하는가에 따라 결괏값이 달라지므로, 한국어 학습자에게 이를 명확히 인식시키고 지시문 생성 과정에서 교수자의 개입을 통해 챗봇과의 의사소통이 원활히 일어나도록 하는 첫 단계가 매우 중요하다.

2) 플러그인(plug-in)이란 추가 프로그램을 설치하여 특정 기능을 수행하도록 하는 소프트웨어를 말한다. Talk-to-ChatGPT는 구글 크롬(Google-Chrome)에서 쉽게 설치가 가능하다.

김형민(2023)은 고급 한국어 학습자 3인에게 말하기 과제를 제시하고 챗GPT와의 상호작용 결과를 수합하여 분석하였다. 한국어 듣기・말하기 교육 연구에서 이처럼 고급 학습자를 대상으로 하는 이유는 챗봇과의 상호작용의 성패가 학습자의 발음 인식과 발화 의도의 처리, 학습자 오류의 처리에 달려 있기 때문이다(서지혜, 2021). 즉, 챗봇을 통한 한국어 학습은 한국어 발음이 비교적 정확하고 문법 능력이 있는 고급 학습자일수록 유리하며, 초급 학습자의 경우 발음 오류 등의 다양한 문제가 존재하며 다양한 분야의 정보를 한국어로 말하는 것에 부담을 느낄 수 있다. [그림 7-4]는 한국어 학습자가 챗GPT와 대화한 내용의 일부를 전사한 것이다.

(가)

학습자 A: 저는 한국어와 한국 문화를 공부하면서 한국어 교사가 되기 위해서 한국어 교육학은 전공하게 되었습니다.

ChatGPT: 그렇군요. 한국어와 한국 문화를 공부하면서 한국어 교육 전문가가 되기 위해 전공하게 되었다는 것이 인상적입니다. 그렇다면 한국어를 가르치면서 가장 중요하다고 생각하는 것은 무엇인가요?

학습자 A: 가장 중요한 부분이 바로 맞춤형교육이라고 생각합니다. 왜냐하면~~ (생략)

ChatGPT: 맞춤형 교육이 중요하다는 것에 동의합니다. 학습자의 수준이나 학습 목적에 따라서 적절한 교육 방법과 교재를 선택해야 합니다. 그리고 학습자 개개인의 특성을 고려하여 개인별 맞춤형 교육을 제공하는 것도 중요합니다. 그렇다면, 맞춤형 교육을 제공하기 위해서 어떤 방법이 가장 효과적일까요?

학습자 A: 요구 조사를 해야 한다고 생각합니다. 학습자가 실제로 필요한 한국어를 먼저 제공해야 학습자의 흥미와 동기를 유발할 수 있다고 생각합니다 그리고 한국어와 다른 언어들은 대조 하므로서(대조함으로써) 이런 1억원(언어권) 학습자들은 어떤 어려움을 다 죽였는지(겪었는지) 알람 알아내고 그것은(그것을) 집중적으로 다르면(다루면) 해당 학습자가 한국어를 배우는데 어떤 어려움이 됐는지(겪는지) 그거를 극복 배선 해 줄 수 있을 거라고 생각합니다. (극복해 줄 수 있을 거라고 생각합니다)

(나)

학습자 B: 식당에서 주문하기 대화를 해 보고 싶어 내가 손님을 할테니까 너는 식당 주인을 해 줘 근데 한꺼번에 대화를 다 써 주지 말고 한 문장 말한 다음에 왜 대답을 기다려 줘

ChatGPT: 좋아요! 그렇게 해서 대화를 해 보겠습니다.

[손님]: 안녕하세요, 이 식당에서 주문하려고 하는데요.

[식당 주인]: 안녕하세요! 어떤 종류의 요리를 원하시나요?

[손님]: 중식 메뉴를 주문하려고 하는데요. 메뉴판을 볼 수 있을까요?

[식당 주인]: 네, 메뉴판은 이쪽에 있습니다. 원하시는 요리가 있으신가요?

[손님]: 네, 짜장면과 탕수육을 주문할게요.

[식당 주인]: 좋아요. 짜장면은 어느 정도의 매운맛을 원하시나요?

[손님]: 매운 맛은 그닥 좋아하지 않으니까, 안 매운 걸로 주세요.

[식당 주인]: 알겠습니다. 탕수육은 몇 인분 드릴까요?

[손님]: 두 인분 주문할게요.

[식당 주인]: 좋아요. 주문하신 음식은 짜장면과 탕수육 두 인분이구요, 매운 맛은 안 주시겠다고 하셨죠. 바로 준비하도록 하겠습니다. 감사합니다!

[손님]: 감사합니다.

[그림 7-4] 챗GPT와의 대화 전사 내용

출처: 김형민(2023).

[그림 7-4]의 (가) 대화를 보면 한국어 학습자 A가 챗GPT와 매우 성공적인 인터뷰를 하고 있음을 확인할 수 있다. 특히 챗GPT가 학습자 A의 답변을 해석하여 다시 말하는 부분을 보면 마치 실제 상황에서 한국인과 인터뷰하는 듯한 느낌을 갖게 한다. 이러한 대화의 자연스러움은 챗GPT가 일방적으로 자신의 지식을 서술하는 것이 아니라 사용자인 인간의 피드백을 통한 강화학습(Reinforcement Learning from Human Feedback: RLHF)을 하기 때문이다. 이는 기존 강화학습과 달리 인간의 피드백을 보상으로 활용하여 문장 생성 방법을 개선하는 방식을 취한다(김태원, 2023). 이를 통해 생성형 인공지능은 인간적

인 말투, 문화적 요소 등을 반영하며 궁극적으로는 인간과 구별할 수 없을 정도로 자연스러운 문장을 구사하게 된다.

그러나 외국인을 대상으로 하는 한국어 듣기·말하기의 경우, 정확한 한국어 음성 인식 등에 어려움이 있다. (나)의 대화는 식당에서 주문하는 과정에서의 상호작용인데, 대화의 전체 흐름에서 다소 어색함이 있으며 짜장면에 어느 정도의 매운 맛을 원하는지를 묻거나 '두 인분'과 같은 어휘 오류, "매운 맛은 안 주시겠다고 하셨죠."와 같은 비문이 사용되는 등 한국어 대화 생성에서 아직 어려움이 있음을 보여 준다. 이러한 한계에도 불구하고 전체적인 대화의 자연스러움을 고려할 때 챗GPT를 한국어 교육에 활용할 수 있는 가능성은 충분한 것으로 보인다. 특히 한국어 대화 데이터가 축적된 국내 기업에서 대화형 인공지능을 출시할 경우, 한국어 교육에 보다 적극적으로 활용될 수 있을 것으로 보인다.

③ 한국어 교육에서의 생성형 AI 활용의 전망

한국어 듣기·말하기 교육에서 챗봇의 활용은 학습자 맞춤형 대화 연습이 가능하다는 점, 읽기나 쓰기 학습에 비해 부족한 말하기 연습의 기회를 부여한다는 점, 학습자의 말하기 불안을 낮춰 한국어 학습자의 학습 효능감에 긍정적 영향을 미친다는 점에서 매우 효과적인 학습 도구로 인식되고 있다. 물론 챗GPT는 영어 기반으로 개발되어 한국어 대화의 기술적 완성도 면에서는 아직 한계가 있다. 이는 자연어처리에서 기본적으로 수행되는 '토큰화' 방식에 기인한다. 영어는 단어 기반으로 문장이 쪼개지지만, 한국어는 그보다 더 작은 형태소 단위로 쪼개지기 때문에 자연어처리에 그만큼 어려움이 따른다. 따라서 현재의 생성형 AI가 한국어로는 100%의 성능을 보이지 못하고 있다. 그럼에도 불구하고 한국어 교육용 챗봇으로 활용 가능성은 충분하다고 보인다. 특히 최근 유료로 출시된 챗GPT 4.0 버전에서는 한국어 및 외국어 이해 및 생성 성능이 훨씬 향상된 것으로 보고되고 있다. 뿐만 아니라 한국어 데이터가 축적된 카카오, 네이버 등의 학습 인공지능이 고도화되면 한국어 학습자들에게 보다 정확하고 신뢰할 만한 언어 입력을 제공할 수 있을 것으로 보인다.

2) 읽기 교육에서의 인공지능 활용

(1) 인공지능 기반 이독성 측정

① 이독성 측정의 개념 및 필요성

독자의 수준을 고려한 텍스트 선정은 읽기 교육에서 매우 중요한 과제라고 할 수 있다. 독자는 자신의 수준에 맞는 텍스트를 읽을 때 성공적인 독서 경험을 쌓을 수 있으며, 이를 통해 유능한 독자로 성장할 수 있다. 이와 달리 독자 수준에 맞지 않는 텍스트는 독자의 읽기 효능감을 약화시키고 독서 경험에 부정적 영향을 미친다. 따라서 독자 수준에 적합한 텍스트의 선정은 성공적인 독서 경험의 필수 요건이라고 할 수 있다. 이에 따라 텍스트의 수준을 나타내는 이독성(readabiltiy) 지수에 대한 연구가 활발히 이루어져 왔다. 이독성이란 "글을 읽고 이해하기 쉬운 정도"(이성영, 2011)를 의미하며, 문자 텍스트에 대한 이해 정도를 중심으로 텍스트의 수준을 파악하는 개념이다. 이독성 지수 또는 독해지수란 텍스트의 쉽고 어려운 정도를 측정하여 정량적으로 수치화한 것으로서, 텍스트 선정 과정에서 이독성 지수를 활용하면 평가자의 주관적 판단으로 인한 편향을 극복하고 학습자의 수준에 맞는 텍스트 선정에 도움을 줄 수 있다.

이독성 측정 프로그램은 이러한 이독성 지수를 자동으로 측정하여 산출하는 프로그램으로 텍스트 언어학과 인공지능 등의 기술의 융합을 요구한다. 영어권의 대표적인 이독성 측정 프로그램으로는 미국 메타메트릭스사에서 개발한 Lexile과 ATOS(School Renaissance Institite, 2001), 멤피스대학교 연구소에서 개발한 Coh-Metrix 등이 있다. 이들 프로그램들은 주로 '등급별 어휘 목록' '문장 길이' 등의 텍스트 자질에 기반하여 텍스트의 이독성 지수를 자동으로 산출한다.

② 이독성 자동측정 프로그램 '크리드(KReaD)'

독자에게 적합한 텍스트 선정의 필요성에 대한 인식을 바탕으로 국어교육 분야에서도 다양한 연구가 수행되어 왔다(박영민, 2011; 이성영, 2011; 서혁 외, 2013; 서혁, 류수경, 2014; 조용구, 2017). 이러한 연구가 축적되면서 최근에는 독해지수를 개발하는 연구 성과로 이어지고 있으나 실제 독자의 능력을 고려한 정확한 텍스트 선정에는 여전히 어려움이 있다. 이는 독해지수 측정을 위한 기술적 완성도의 미비, 누구나 쉽게 사용가능한 프로그램 개발의 부족 등에 기인한다(조용구, 이경남, 2020).

이러한 상황에서 최근 광주교육대학교 연구팀이 출판업체 D사와 협업하여 이독성 측정 프로그램을 개발하였다. 프로그램 개발 과정에서는 빈도 지표와 분포 지표를 토대로 28,332개의 어휘를 계량하고, 어휘를 1~10등급으로 구분하여 어휘 목록을 구축하였다. 다음으로 텍스트를 전처리하였는데, 형태소 분석기 중 동형어 분석이 가능한 UTagger-R버전을 만들어 활용하였다. 또한 접사 및 품사 통용어를 전처리하여 분석의 정확도를 높이고자 하였으며 텍스트에 대한 20가지의 지수를 산출하였는데, 이 중 'KReaD 지수'는 이독성 핵심 지수로 0~2,000점의 척도로 텍스트의 난이도를 측정한다(조용구 외, 2020). 텍스트 난이도 자동측정 프로그램에 사용된 인공지능 기술은 명확히 공개되어 있지 않으나 저장된 텍스트 데이터의 이독성을 바탕으로 입력된 글의 특성을 분석하는 기계학습이 응용된 것으로 보인다. 프로그램에 텍스트를 업로드하고 텍스트의 유형을 '문학 텍스트'와 '정보 텍스트' 중 선택하면 프로그램의 알고리즘에 따라 분석이 진행되고 결과가 산출된다. [그림 7-5]는 KReaD 프로그램으로 산출된 양적 분석 결과와 시각화 결과이다.

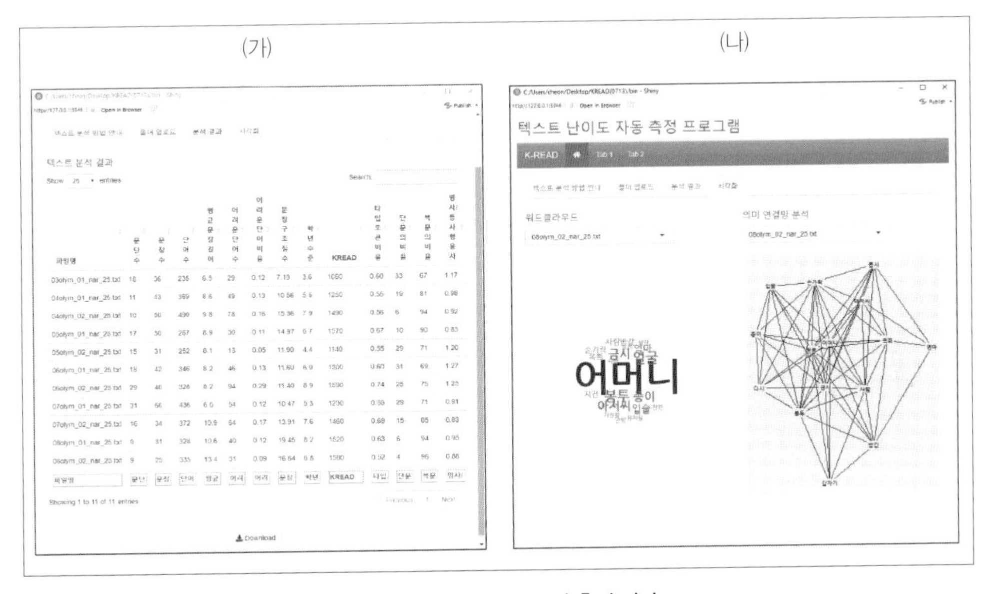

[그림 7-5] **KReaD 이독성 측정 결과**

출처: 조용구 외(2020).

[그림 7-5]의 (가)의 분석 결과는 문단 수, 문장 수, 단어 수, 평균 문장 길이, 어려운 단어 비율, 문장 구조 점수, 학년 수준, KReaD 점수, 타입 토큰 비율, 단문과 복문 비율 등을 제공하여 각 텍스트 난이도 점수에 대한 근거들을 구체적으로 파악할 수 있도록 제시

하고 있다(조용구 외, 2020). (나)는 워드클라우드와 네트워크 분석을 통해 입력 텍스트를 시각화하여 제시한다. 워드클라우드를 통해 텍스트의 주요 단어들을 시각적으로 식별할 수 있으며, 네트워크 분석은 단어들 간의 연결 관계를 확인하는 데 도움을 준다.

그 동안 국어교육 분야에서는 영어의 Lexile, ATOS, Coh-Metrix와 같은 이독성 산출 프로그램이 부재하였는데, 이는 프로그램 개발이 인공지능 분야의 협업이 요구되는 고비용의 작업이기 때문이었다. 이런 점에서 KReaD는 한국어 이독성 측정 프로그램의 가능성을 보여 준 첫 사례라고 할 수 있으며, 향후 기술적 보완을 통해 다양한 교육 분야에서 텍스트 난이도 측정에 활용될 수 있을 것으로 보인다.

③ KICE 이독성 자동측정 프로그램

KReaD는 이미 상용화되고 있으나 프로그램의 알고리즘이 공개되어 있지 않아 구체적인 측정 과정을 살펴보기 어렵다는 문제가 있다. 반면에 아직 개발 중이기는 하나 KICE의 이독성 지수 프로그램은 텍스트 분석 시스템의 구조를 제시하고 있어 이를 통해 이독성 측정에서 인공지능 적용 방식을 구체적으로 살펴볼 수 있다.

KICE 이독성 지수(KICE Readability Index)는 학습 목적의 읽기 지원을 위해 한국교육과정평가원에서 개발 중인 이독성 측정 프로그램이다. [그림 7-6]에서 확인할 수 있듯이, 프로그램은 기계학습 및 딥러닝 방식을 사용하여 사전에 구축된 예측 모델(predictive

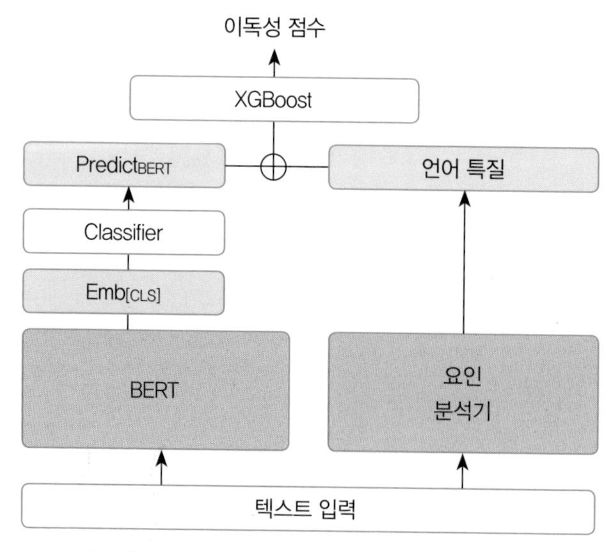

[그림 7-6] KICE 이독성 자동측정 프로그램 구조도

출처: 박태준 외(2022).

model)에 기반하여 새로운 텍스트의 이독성을 예측한다. KICE 이독성 프로그램은 딥러닝 기반의 모델과 기계학습의 XGBoost를 결합한 하이브리드 방식을 채택하였는데, 이는 결정 트리 기반의 알고리즘이 제공해 주는 언어 요인의 중요도에 대한 정보와 함께, 딥러닝 모델의 높은 예측 성능이라는 두 가지 장점을 모두 얻기 위함이다. 우선 새로운 텍스트가 입력되면 사전 학습된 자연어처리 모델인 BERT가 각 단어의 의미 표현에 대한 정보를 출력하고(Emb), 이를 다시 입력으로 처리하는 회귀 모델을 구축한 후 이 회귀 모델을 예측 모델로 사용하여 텍스트의 이독성 지수를 일차적으로 산출한다(Predict BERT). 한편, 우측 하단에 제시된 요인 분석기(Feature Analyzer)는 사용자가 입력한 텍스트를 분석하여 이독성 수준에 영향을 미치는 언어 요인들을 추출한다. 끝으로, 마지막 단계인 XGBoost 모델은 딥러닝 모델이 산출한 이독성 지수 측정값과 요인 분석기에서 추출된 언어 요인 측정값을 함께 입력값으로 사용하여 텍스트의 적정 이독성 지수를 최종적으로 산출하게 된다.

④ 이독성 자동측정 연구의 전망

국내에서 기존에 연구된 이독성 공식은 자동화되지 못해서 활용도가 크게 떨어졌다. 영어권에서는 이미 텍스트의 이독성을 자동으로 산출하는 프로그램이 다수 개발되어 웹 서비스를 통해 제공되고 있으며, 누구나 쉽게 활용이 가능하다. 이독성 양적 도구를 개발하고 이를 자동화하는 단계에 이르지 못하면 기존의 많은 연구처럼 실용적으로 쓰이지 못하고 문서로만 남게 된다(최소영 외, 2021). 이런 맥락에서 KReaD나 KICE 이독성 자동측정 프로그램은 교육용 텍스트의 독해 수준을 효과적으로 측정하여 관련 분야에 새로운 전기를 마련할 것으로 기대된다. 특히 한국어 텍스트의 특성과 교육용 텍스트의 목적성을 고려한, 공신력 있고 범용으로 쓰일 수 있는 이독성 양적 평가 도구가 개발되면 교육과정 개발이나 교과서 편찬 등 텍스트를 다루는 교육적 의사결정에 많은 기여를 할 것으로 전망된다. 나아가 텍스트의 이독성 산출 빅데이터를 수집함으로써 지속적으로 평가 도구를 업데이트하고 고도화할 수 있을 것으로 기대된다.

(2) 인공지능 기반 도서 검색 및 추천

① 독서 교육에서의 도서 검색 및 추천

이독성 측정이 학생 수준에 맞는 텍스트의 선정을 위한 기초 작업에 해당한다면, 실제 학생들의 독서 활동과 보다 긴밀한 관련을 갖는 것은 도서 검색과 추천 기능이라고 할 수 있다. 학습자의 수준과 흥미를 고려한 독서 제재의 선정은 독서 교육이 성공적으로 이루어지기 위한 핵심 요소라고 볼 수 있다(서혁, 류수경, 2014). 독서 교육 과정에서는 활동 대상이 되는 제재를 선정하여 읽기 수업을 진행하거나 이미 개발된 교재를 활용하기도 하지만, 개별 도서를 대상으로 독서를 하고 독서 활동이 이루어지거나, 온전히 독서만이 이루어지는 경우가 있다. 또한 교사와 함께 하는 독서 수업이 아니라 학습자가 개별적으로 독서를 할 수 있도록 도서를 선정・추천해야 하는 경우도 발생한다(천경록 외, 2022). 학습자 입장에서는 개별적 독서를 위해 책을 선택하는 과정에서 어려움을 겪는 경우가 많고, 선정된 책이 학습자의 수준과 흥미에 부합하는가에 따라 독서 경험의 질이 달라지므로 도서 검색과 추천은 매우 중요하다. 그러나 소위 '권장 도서'의 선정 과정에서는 선정하는 주체의 개인적 성향이나 관점 등이 개입하기도 하며, 개별 독자의 연령, 성별, 진로, 의식 구조 등에 따른 세심한 선정이 어렵기 때문에 이 과정에서 인공지능 기술을 도입하려는 시도가 나타나고 있다.

② '책열매' 웹서비스

책열매(https://ireading.kr)는 초등학교 학생 및 교사의 한 학기 한 권 읽기, 나아가 독서 교육 전반을 지원하기 위해 교육부 및 17개 시・도교육청이 위탁하여 한국교육과정평가원에서 개발한 웹서비스이다. 한 학기 한 권 읽기는 발췌된 텍스트를 통한 분절적 독서 경험을 극복하고 학생들에게 "온전한 독서 경험"(서수현, 2019)을 제공하기 위한 취지로 2015 개정 교육과정에서 도입된 독서 운동이다. "책을 읽고, 생각 나누고, 쓰는 통합적 독서 활동"(교육부, 2015a)이 구현되기 위해서는 교사의 전문성이나 다양한 물적・제도적 지원이 뒷받침되어야 하나, 실제 이에 대한 교사의 인식이나 전문성의 편차가 상당하며, 많은 교사가 여전히 한 학기 한 권 읽기의 어려움을 토로하고 있다(서수현, 2019; 손균욱, 2020).

이와 관련하여 개발된 책열매 웹서비스는 초등학교 교사들이 도서 목록 및 교수-학습 자료를 쉽게 검색・이용・공유할 수 있는 플랫폼 개발을 목적으로 한다(김종윤 외, 2021). 나아가 학생들의 독서 교육을 지원하기 위해 학생들이 자신의 흥미에 맞는 도서를 검색하고, 독서 내용을 공유하며, 독서 이력을 정리할 수 있도록 하였다. 학생들은 관심 있는 책을 직접 찾거나, 담임 교사와 함께 고르거나, 책열매로부터 추천을 받는 방식으로 독서 활동에 참여할 수 있으며, 자신이 읽은 책에 대해 친구들과 의견을 교환하고,

그 책을 고른 다른 친구들의 생각을 확인할 수 있다. 또한 자신이 '찜'하거나 읽은 책을 누적 기록하여 자신의 독서 이력이나 습관을 확인할 수 있도록 구성하였다.

이 과정에서 책열매 웹서비스는 인공지능에 기반한 도서 검색 및 추천 시스템을 구현하고자 하였다. 즉, 기존 도서 및 신간 도서 정보로 구성된 데이터베이스를 기반으로 사용자 검색 빈도, 선호도, 독서 후기, 도서 평점 등의 데이터를 분석하여 인공지능을 활용한 추천 기능을 설계하였다. 또한 인공지능을 활용한 도서 추천 시, 인공지능의 특성상 편향된 정보만을 추천할 수 있다는 점(Abdollahpouri et al., 2019)을 고려하여, 학생들이 읽고 싶어 하는 책을 추천하는 '유사 추천'뿐만 아니라 학생들이 읽어 볼 만한 가치가 있는 다른 취향의 책을 추천할 수 있도록 AI 시스템을 개발하였고 이를 '확장 추천'으로 명명하였다(김종윤 외, 2021).

책열매의 도서 추천 알고리즘은 어휘 벡터화를 통해 어휘 사이의 유사도를 측정하는 Word2vec에 기반하여 단어 대신 문서의 의미나 아이템을 임베딩(embedding)한 Doc2vec과 item2vec 방식을 활용한다. '내 서재 기반 모델(item2vec)'은 내 서재, 독서 활동, 별점 데이터 등의 데이터를 이용하여 학습하는 모델로, 사용자의 데이터를 다른 사용자의 데이터와 비교하여 가장 유사한 사용자들이 가지고 있는 '내 서재에 없는 도서'를 추천한다[[그림 7-7]의 (가) 참조]. '도서 기반 모델(Doc2vec)'은 도서명, 책 소개, 목차, 출판사의 도서 소개 등을 이용하여 학습하는 모델로서, 도서 데이터를 입력하면 그와 가장 비슷한 도서의 도서명, 목차, 도서 소개 등을 찾아 준다[[그림 7-7]의 (나) 참조].

[그림 7-7] **'책열매'의 도서 추천 예시**

출처: 김종윤 외(2021).

책열매 도서 추천 시스템은 '내 서재 기반 모델(item2vec)'과 '도서 기반 모델(Doc2vec)'의 유사 추천과 확장 추천 결과를 기하 가중 평균하여 최종적으로 추천할 도서를 산출한다. 그 결과 〈표 7-2〉와 같이 다양한 방식으로 도서를 추천하게 된다.

〈표 7-2〉 **'책열매' AI 도서 추천 방식**

AI 도서 추천 항목	추천 방식에 대한 설명
1. 이 책을 클릭한 친구들이 관심 있어 하는 책	이 책을 본 사용자들이 관심 있어 할 만한 책으로, 해당 책을 본 사용자들의 독서 활동 데이터 및 선택 도서와 밀접한 관련이 있는 도서를 기준으로 추천 결과를 제공함.
2. 책열매가 나에게 추천하는 책	사용자가 관심 있어 할 만한 책으로, 전체 학년 사용자의 내 서재 및 도서 활동 데이터를 기반으로 사용자와 밀접한 관계를 내포하는 추천 결과를 제공함.
3. 다른 성향의 친구들이 관심 있어 하는 책	도서의 편향을 줄이기 위하여 사용자의 관심주제 외 다른 분야의 다양한 도서 추천 결과를 제공함.
4. N학년 친구들이 관심 있어 하는 책	사용자가 관심 있어 할 만한 책으로, 각 학년별 사용자의 내 서재 및 독서 활동 데이터를 기반으로 사용자와 밀접한 관계를 내포하는 추천 결과를 제공함.

출처: 김종윤 외(2021).

③ 인공지능 도서 추천 시스템의 의의

책열매는 국내에서 인공지능을 활용한 최초의 교육용 도서 추천 시스템이라는 점에서 의의가 있다. 물론 AI를 활용한 추천이 편향에서 완전히 자유로울 수 없으며, 충분한 데이터가 축적되기 전까지는 완벽한 추천이 이루어지기 어렵다는 점은 한계로 남아있다. 그러나 이를 통해 독서 교육의 실행 공간을 교실에서 인터넷 공간으로 확장하고, 교사의 독서 수업뿐만 아니라 학생들의 개별적인 독서 활동에도 많은 도움을 줄 수 있을 것으로 기대된다. 특히 AI를 활용한 도서 추천 프로그램의 정보가 축적될 경우, 학생들의 독서 실태를 보여 주는 빅데이터를 수집·분석할 수 있어 향후 독서 교육의 개선 및 독서교육 정책 수립 등에도 중요한 기초 정보를 제공해 줄 수 있을 것으로 보인다.

3) 쓰기 교육에서의 인공지능 활용

(1) 한국어 자동채점 프로그램 개발

① 한국어 쓰기 자동채점 연구의 현황

미래 지식정보화 사회에 대비하여 학생들의 핵심역량을 신장시키기 위해서는 선택형 문항이 아닌 서술형·논술형 문항을 통해 비판적 사고력, 통합적 사고력을 평가할 필요가 있다. 이에 세계 각국에서는 대규모 서답형 평가를 도입하고자 하나 이를 실행하기 위해서는 채점 신뢰성 확보 및 대규모 채점에 따른 시간과 비용 등의 문제를 해결할 필요가 있다. 이에 따라 국내외에서는 학생 글에 대한 자동채점 기술을 개발해 왔다. 국외에서는 이미 1960년대부터 자동채점 연구가 진행되어 현재는 IEA(Intelligent Essay Assessor), e-rater, IntelliMetric 등 다양한 글쓰기 자동채점 시스템이 대단위 평가와 교실 맥락에서 활용되고 있다.

그러나 한국어를 대상으로 하는 자동채점 연구는 아직 시작 단계라고 볼 수 있다. 한국교육과정평가원을 중심으로 한국어 서답형 자동채점 연구가 이루어진 바가 있으나(노은희 외, 2016), 단어나 구, 문장 수준의 답안 채점에 머물렀고, 채점자질을 근거로 점수를 부여하는 방식이 아니라 정답과의 비교를 통해 답안을 분류하는 방식을 채택하여 기술적 제한점이 있었다.

그러나 최근에는 인공지능 기술이 발전하면서 자동채점 연구에도 새로운 전기가 마련되고 있다. 특히 한국전자통신연구원(ETRI)은 자동채점에 반드시 선행되어야 하는 자연어처리 기술을 개발하였다. 또한 한국정보통신진흥원(NIA)은 딥러닝 기반 자동채점에 요구되는 에세이 응답 및 채점 데이터셋을 AI HUB(https://aihub.or.kr)에 공개하였다. 이러한 연구들을 바탕으로 한국교육과정평가원(KICE)은 현재 컴퓨터 기반 서술형·논술형 평가를 위한 대규모 자동채점 연구를 수행 중이다. 또한 국립국어원은 그간 축적된 한국어 데이터와 인공지능 자연어처리 경진대회 성과 등을 종합하여 대단위 글쓰기 평가 체제와 자동채점으로 이어지는 종합적 연구 계획을 수립하였다. 이처럼 많은 기관에서 자동채점 관련 연구를 수행하고 있다는 것은 자동채점이 향후 교육평가 분야에서 매우 핵심적인 분야임을 방증한다.

② 글쓰기 자동채점 시스템의 원리

글쓰기 자동채점 시스템은 학생의 쓰기 답안을 분석하여 채점 기준에 따른 점수를 예측하고 이를 알려 주는 기능을 수행한다. 이를 위해 글쓰기 자동채점 시스템은 ① 인공지능 기술 기반의 글쓰기 자동채점 모델 생성 단계, 그리고 ② 생성된 자동채점 모델을 실제 채점에 적용하는 글쓰기 자동채점 시행 단계로 작동된다. ①에서는 이미 채점된 대량의 글쓰기 답안을 수집한 후 이에 대해 언어 분석, 채점자질 추출, 최적화의 과정을 거쳐 글쓰기 답안의 점수를 예측할 수 있는 인공지능 알고리즘으로 글쓰기 채점 모델을 훈련하여 생성하게 된다. 이후 ②에서는 단계 ①에서 생성한 자동채점 모델을 사용하여 미채점된 글쓰기 답안의 채점 결과를 예측하는데, 이 과정에서는 자동채점 모델 생성 단계와 마찬가지로 입력된 답안을 자연어처리하여 언어 분석, 채점자질 추출, 최적화와 같은 전처리 과정을 거쳐 자동채점 모델을 적용한다. [그림 7-8]은 이러한 자동채점 시스템의 구조를 대략적으로 도식화한 것이다.

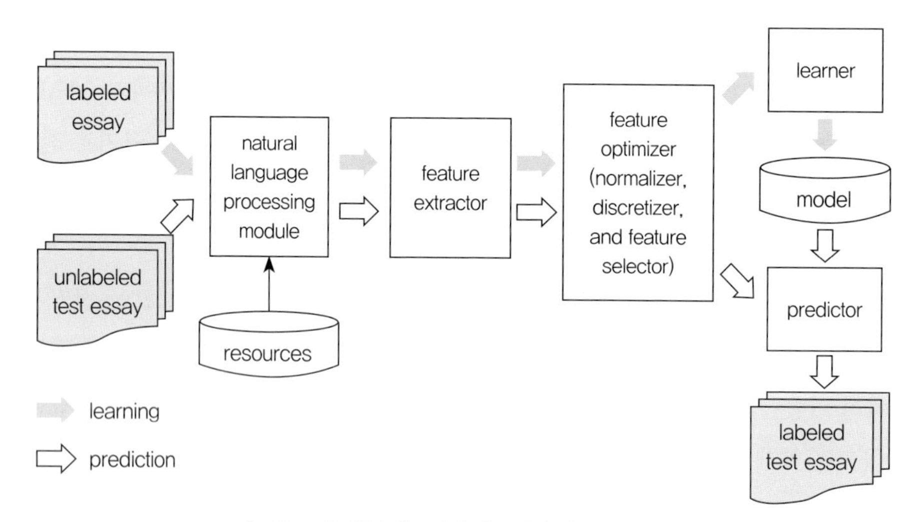

[그림 7-8] 인공지능 기반 자동채점 시스템의 구조

출처: Yi et al. (2015).

이러한 자동채점 시스템 구축에서 핵심이 되는 것은 채점자질 설계와 채점 알고리즘을 개발하는 것이다. 채점자질은 기계가 인식할 수 있는 에세이의 언어적 특성으로 채점의 근거가 되는 자질을 의미한다. 이러한 채점자질에는 주로 단어 수나, 문장 수, 단어 평균 길이, 명사 수, 동사 수와 같은 계량적 자질이 널리 쓰이고 있으나, 최근에는 유의미한 n-gram 수나 고난도 어휘의 수, 이독성 지수와 같이 보다 복잡한 자질들도 활용되고 있다. 나아가 잠재의미분석에 기반한 의미 유사성, 주장과 전제의 수와 같은 논증적 자질들도 탐색적으로 활용된다. 이러한 채점자질들은 기계학습을 통해 채점 모델에 적용된다. 자동채점에 적용되는 알고리즘에는 선형회귀(linear regression)나 의사결정 나무와 같은 지도학습 알고리즘, 군집분석과 같은 비지도학습 알고리즘이 널리 사용되어 왔으며, 최근에는 인공신경망의 발달로 인해 RNN(Recurrent Neural Network)이나 CNN(Convolutional Neural Network) 등의 딥러닝 알고리즘이 활용되기도 한다. 그러나 딥러닝 구조의 복잡성은 인공신경망이 어떻게 작동하는지, 특정 답안에 대해 왜 그 점수를 부여하는지를 이해하고 설명하는 것을 매우 어렵게 하여, 최근에는 기계학습과 딥러닝을 결합한 하이브리드 채점 방식도 활용되는 추세이다.

③ 글쓰기 자동채점 연구 사례

한국어 쓰기 자동채점 연구는 아직 실현 가능성을 탐색하는 초기 단계로서, 실질적으로 구축 및 운영이 가능한 시스템 개발은 거의 없다고 볼 수 있다. 국어과에 한정된 것은 아니지만 2019년 한국과학창의재단의 지원으로 국내 서술형 자동채점 시스템 개발을 위한 WA3I(Web-based Automated Assessment with Artificial Intelligence) 프로젝트가 진행되었다(하민수 외, 2019). WA3I 프로젝트는 서답형 자동채점뿐만 아니라 피드백 기반의

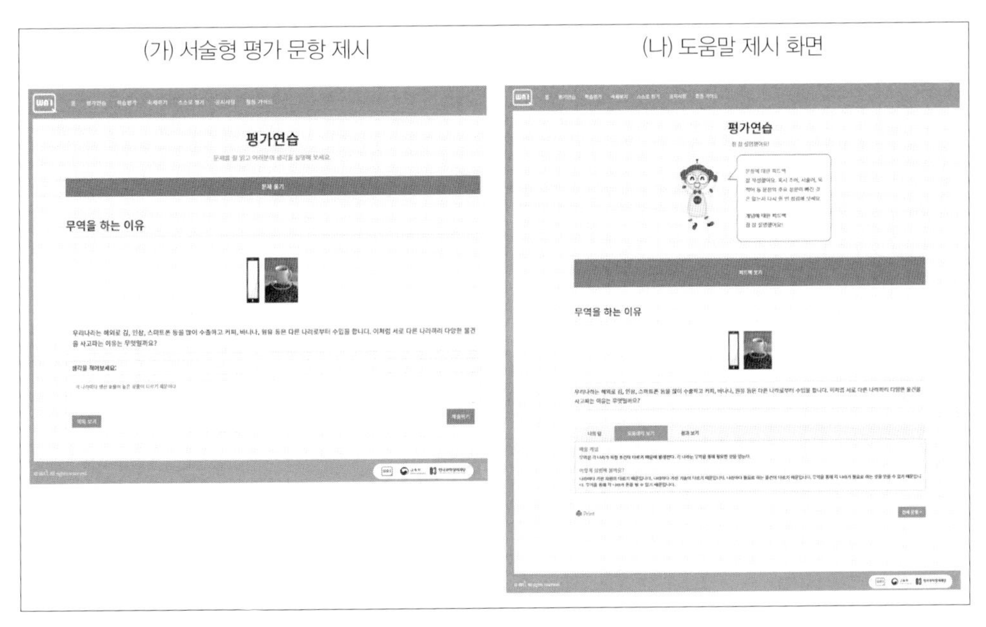

[그림 7-9] WA3I 프로젝트의 서술형 평가 화면

출처: https://bit.ly/3toqZrm

학습 지원 도구로 개발되었으며, 학생 답안의 채점을 위해 랜덤 포레스트 알고리즘을 활용한 채점 모델을 개발하였다. 이 연구는 학습자나 교수자에게 익숙한 웹 기반 시스템을 기반으로, 학생 응답에 대해 자동채점 후 즉각적 피드백을 제공하고, 불완전한 응답을 한 학생들에게는 스캐폴딩을 제공하여 다시 응답할 수 있도록 구성하였다. [그림 7-9]는 WA3I 프로젝트의 문항 제시 화면과 채점 후 피드백 제공 화면에 해당한다.

하민수 등(2019)에 따르면, 채점 모형의 정확도는 90% 이상의 매우 높은 성능을 보여준다. 그러나 내용 교과의 서답형 문항에 대해 정오답으로 채점이 이루어지고, 특정 키워드 포함 여부가 정답과 오답의 결정에 중요한 역할을 한다는 점에서 이 채점 모형을 그대로 글쓰기 평가에 적용하는 것은 무리가 있다.

글 수준의 한국어 자동채점 프로그램 개발은 이용상 등(2021)이 수행한 기초 연구가 거의 유일하다. 이 연구는 컴퓨터 기반 세종한국어평가(Sejong Korean Assessment: SKA) 쓰기 영역 중 1개 문항의 응답 데이터를 활용하여 기계학습을 통해 채점 모형 구축 및 점수 예측을 시행하였다. 문항에 대한 답변은 2명의 채점 전문가에 의해 채점되었으며, 각 문항별로 3개의 평가 요소('과제수행' '언어사용' '내용')에 대한 분석적 채점이 이루어졌다. 랜덤 포레스트를 활용한 기계학습 및 평가에 사용된 자료는 응시자들의 답안과 채점 자료가 모두 존재하는 자료로서, 총 343명의 자료가 사용되었다. 문장 난이도, 글자 수, 각 어휘별 빈도, 맞춤법 · 띄어쓰기 오류 등의 채점자질을 조합하여 채점 모델을 구성하였으며, 추출한 채점자질을 이용하여 점수를 예측하고 그 결과를 채점자가 채점한 결과와 비교하였다. 일반적으로, 기계학습 모형의 성능을 평가하기 위해서는 정확도(Accuracy), 정밀도(Prescison), 재현율(Recall), F1(F1-measure), 카파(Kappa)값 등을 산출한다.[3] 〈표 7-3〉은 이 연구에서 생성된 채점 모형의 성능 지표를 제시한 것이다.

〈표 7-3〉에서 나타나듯이, 과제 수행과 언어사용, 내용의 채점 영역별로 정확도와 정밀도, 재현율 등의 지표들이 점수대별로 상이하게 나타났다. 이는 이 연구의 분석에 사용된 데이터가 적어 데이터 편향성에 따라 기계학습 모형의 성능 지표 값들이 크게 영향을 받기 때문이다. 채점 모형의 성능을 평가하는 절대적 기준은 없으나 카파값을 기준으로 .40 이상이면 '적정 수준'으로 판단할 수 있어(Landis & Koch, 1977), 이 연구에서는 언어사용 영역과 내용 영역에서의 채점 모형의 성능이 양호한 것으로 볼 수 있다.

3) 정확도는 전체 예측 중에서 실제 점수와 같게 예측한 비율이며, 정밀도는 모형이 특정 점수로 예측한 응답 중 실제 특정 점수인 비율, 재현율은 전문가가 특정 점수로 예측한 응답 중 실제로도 특정 점수인 비율을 의미한다. F1은 정밀도와 재현율을 모두 고려한 지표이며, 카파는 채점자 간 일치도를 확인하기 위한 지수이다.

〈표 7-3〉 **채점 모형의 정확도, 정밀도, 재현율, F1, 카파값**

채점 영역	점수 범주	정확도	정밀도	재현율	F1	카파
과제 수행	2	.550	.667	.300	.414	.260
	3		.455	.417	.435	
	4		.586	.773	.667	
언어사용	2	.727	.850	.654	.739	.459
	3		.707	.930	.803	
	4		.500	.125	.200	
내용	2	.690	.818	.750	.783	.402
	3		.676	.877	.763	
	4		.667	.323	.435	

출처: 이용상 외(2022).

더불어 이 연구에서는 자동채점 점수와 채점자 간 상관 분석 결과를 비교하였는데, 채점 구인별로 .444~.572로 인간 채점자 간의 상관계수에 비해 다소 낮게 나타났다. 다만 이 연구에서는 채점자 2인 중 한 명의 채점 결과와 상관만을 활용하였으며 추후 채점자질의 고도화와 충분한 데이터를 확보할 경우 인간 채점자의 일부를 대체하는 것이 가능할 것으로 보인다(이용상 외, 2022).

④ 한국어 글쓰기 자동채점의 전망

미래 사회에서 학생들의 고차원적 사고를 평가하기 위한 에세이 평가는 보다 일반화될 것으로 보이며, 인공지능 기술을 활용하여 대규모 학생 답안을 평가하는 자동채점 연구는 향후 더욱 급속도로 발전할 것으로 전망된다. 다만 한국어 자동채점 연구는 아직 초기 단계라고 볼 수 있다. 자동채점 시스템을 개발하기 위해서는 예측도가 높은 채점자질을 설계해야 하며, 기계학습에 최적화된 대규모 학습용 데이터를 구축해야 한다. 나아가 채점 알고리즘을 고도화하여 채점의 정확도를 높일 필요가 있다. 현재 국내 여러 기관에서는 막대한 예산을 들여 자동채점 인공지능 기술을 개발하고 대규모 데이터세트를 구축하고 있다. 이러한 연구가 축적되면 멀지 않은 시기에 상용 가능한 한국어 자동채점 시스템이 개발될 수 있을 것으로 기대된다.

(2) 자동 피드백 및 AI 작문 보조 도구

① 자동 피드백의 개념 및 필요성

쓰기 교육에서는 학습자가 쓰기 과정에서 겪는 여러 어려움을 진단하고 학습자에게 맞는 교육적 중재를 제공해야 한다. 이 과정에서 특히 중요한 것이 학생 글에 대한 피드백(feedback)이다. 교사 및 동료의 의미 있는 피드백을 통해서 학생들은 독자가 기대하는 바가 무엇이며, 글에서 수정하거나 보완해야 할 점, 발전시켜야 할 점을 구체적으로 파악할 수 있다. 그러나 학교 현장에서 개별 학생에게 양질의 피드백을 제공하는 것은 쉽지 않다. 교사 한 명이 담당해야 하는 학생 수가 여전히 많은 데다 학생의 글을 읽고 개별적 피드백을 제공하는 데에는 상당한 시간과 노력이 요구되기 때문이다. 더불어 피드백을 제공하는 교사 역시 자신의 피드백에 대해 확신을 갖지 못하는 경우가 많다(Sommers, 1982; Stern & Solomon, 2006). 이 때문에 최근에는 학생 글에 대한 자동 피드백 연구가 수행되고 있다. 자동 피드백이란 자동채점 결과에 기반하여 학생들의 쓰기능력 향상에 도움을 줄 수 있는 객관적 정보를 제공하는 방법이라고 정의할 수 있다(권태현, 박현, 2023).

이러한 자동채점 연구는 주로 자동채점을 위한 시스템 개발 연구와 다르지 않은데, 영어권의 PEG(Project Essay Grader) 이후 IEA(Intelligent Essay Assessor), e-rater, IntelliMetric 등 다양한 자동채점 프로그램들은 자동채점 기능과 함께 학생 글에 대한 형성적 피드백 기능을 포함하고 있다. 자동채점 시스템이 현장에 활용되면서 단순히 점수를 예측하거나 등급을 구분하는 수준에서 나아가 학생의 글쓰기를 보조하거나 쓰기 교수-학습 과정에 활용할 수 있는 기능이 추가·보완되었다(Grims & Warschauer, 2010). 더구나 최근 평가 패러다임의 전환과 함께 학습을 위한 평가, 학습으로서의 평가가 강조되면서 다양한 교수-학습 맥락에서 학생들의 글쓰기를 보조하거나 교사의 쓰기 평가를 보완하는 피드백 시스템과 자동채점 시스템의 경계가 점차 모호해지고 있는 상황이다(Foltz et al., 2020; Lim & Kahang, 2012).

② 한국어 자동 피드백 프로그램 개발 사례

한국어 자동 피드백 기능이 상용화된 AI 글쓰기 도구는 아직까지 개발되지 못한 상황이다. 다만 권태현과 박현(2023)이 그 가능성을 탐색하였다. 이 연구에서는 고등학생들의 글을 수집하여 채점한 후, 글에 나타난 언어적 차이를 자연어처리 기술을 통해 분석하여 확인하고, 자동 피드백 프로그램으로 개발하였다. 이를 위해 동일한 쓰기 과제에 대해 고등학생의 글 448편을 수집하고 채점 결과를 바탕으로 학생들의 글을 상, 중상, 중하, 하의 4수준으로 구분하였다. 그리고 자연어처리 기술을 활용하여 채점 데이터에서 피드백 자질을 탐색한 후 추출된 자질들이 실제 표집된 글의 수준을 잘 예측하는지 검증하여 피드백 자질을 선별하였다. 또한 학습자에게 유의미한 피드백이 제시될 수 있도록 알고리즘을 생성하고, 이를 검증하기 위해 Python으로 프로토타입을 개발하여 그 교육적 활용도에 대해 논의하였다.

이 연구에서는 크게 두 가지의 자동 피드백 방식을 활용하였다. 하나는 쓰기 수행 수준 차이에 기반하여 선별적 피드백을 제공하는 방식이며, 다른 하나는 쓰기 수준과 무관하게 일괄적으로 피드백을 제공하는 방식이다. 전자가 쓰기 수행 수준 차이를 결정하는 지표를 설정하여 현재 수준보다 좀 더 나은 수준으로 발전할 수 있는 피드백을 선별적으로 제공하는 것이라면, 후자는 모든 수준의 글에서 필수적으로 참고해야 하는 정보를 제시하거나, 글의 오류가 발견될 경우 그에 대한 수정 방향을 제공하는 피드백에 해당한다. 권태현과 박현(2023)의 연구에서 도출한 자동 피드백 자질은 어절 수, 어휘다양도, 어휘 밀도, 문단 수, 전체 내용어 수, 개별 품사의 수, 토픽 모델링 결과 등으로 일부 자질은 자동채점에서 쓰이지 않는 것들이다.

자동 피드백은 학생 글이 입력되면 그 언어적 특질을 분석하고 이를 채점 데이터 내의 수준별 글의 특성과 비교하여 해당 글의 수정에 유의미한 정보를 제공하는 것을 목적으로 한다. 이를 위해 이 연구에서는 피드백 프로그램 구성을 위한 알고리즘을 [그림 7-12]와 같이 구성하였다. 이는 내용어 피드백 알고리즘을 예로 든 것인데, 우선 피드백을 받고자 하는 글이 입력되면 먼저 형태소 분석을 수행하고 두 가지 루트를 통해 분석을 진행한다. 먼저, '점수 예측 및 등급 예측'으로, 이는 자동채점 과정에 해당한다. 프로그램이 사전에 학습한 채점 데이터를 바탕으로 학생 글을 분석하여 예측 점수를 산출한다. 그리고 이 예측 점수에 기반하여 사전 데이터 점수 수준에 따라 등급(A~D)을 부여한다. 다음으로, '내용어 피드백'의 경우 형태소 분석 결과를 바탕으로 입력된 글의 내용어(일반 명사, 동사, 형용사, 일반 부사)를 산출하고 그 빈도를 계산한다. 그 후 입력된 글의 상위 빈도 30개 단어를 Set 1로, 사전 데이터의 A등급 학생 글의 상위 빈도 30개 단어를 Set 2로 호출하여 비교하고 그 일치 여부에 따라 선별적인 피드백이 제공되는 방식이다.

이 연구에서는 자동 피드백 프로그램의 프로토타입을 개발하여 앞서 구상한 자동 피드백 방안의 구현 가능성을 탐색하였다. 자동 피드백 프로그램은 GUI(Graphical User Interface) 기반 설계로 사용자의 편의성을 강화하고 학습자가 프로그램 입력창에서 실시간으로 글을 입력하거나 사전에 작성된 글 파일을 불러올 수도 있도록 하였다. 또한 학생이 프로그램을 통해 피드백을 받는 것에 그치지 않고, 이를 참고하여 즉각적으로 글을 수정할 수 있는 기능을 제공하였다.

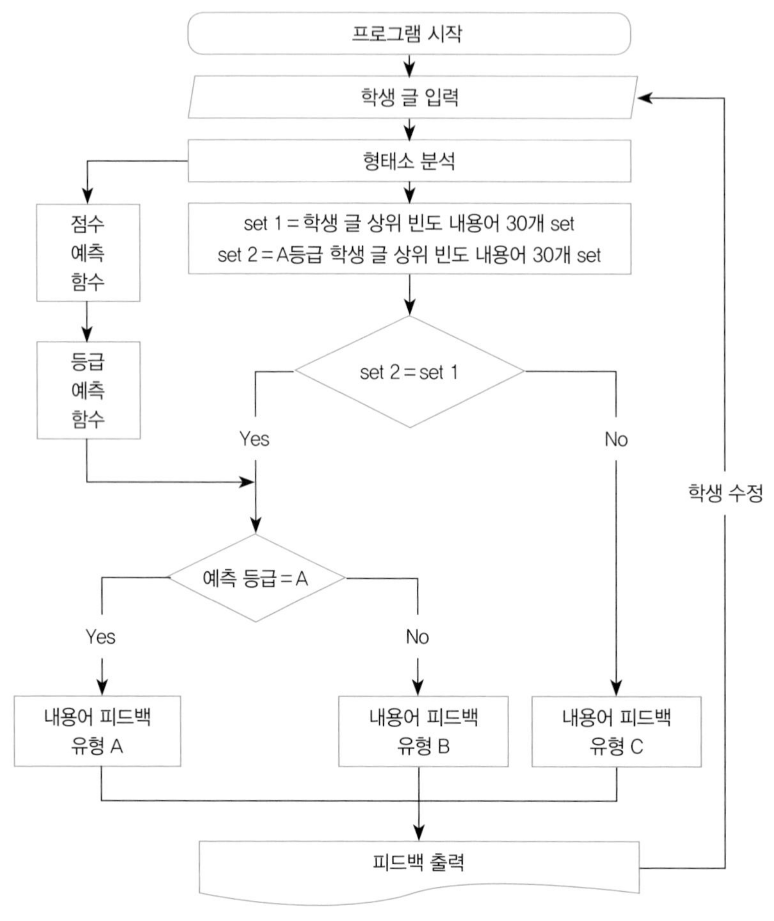

[그림 7-10] **내용어 자동 피드백 알고리즘**

출처: 권태현, 박현(2023).

또한 이 프로그램은 피드백 편집 및 저장 기능을 통해 학교 현장에서 교사가 학생의 피드백 결과를 보고 상황에 맞게 피드백 결과를 수정·보완할 수 있도록 하였으며, 산출된 피드백을 저장하여 학습자가 수정 과정에서 활용할 수 있도록 하였다. 이는 PEG Writing®의 형성평가 기능을 참조한 것이다(Shermis et al., 2015).

프로그램 작동의 예시는 [그림 7-11]과 같다. [그림 7-11]의 (가)와 같이 학생이 글을 입력하고 하단의 '피드백 받기' 버튼을 클릭하면 그림 (나)와 같이 피드백 결과가 산출된다.

해당 피드백의 내용은 '내가 쓴 글에 대한 정보' 'A 등급 학생 글과 비교하기' '인공지능이 채점한 나의 점수 확인하기' '등급별 학생 글 특징'의 네 가지 요소로 구분할 수 있다.

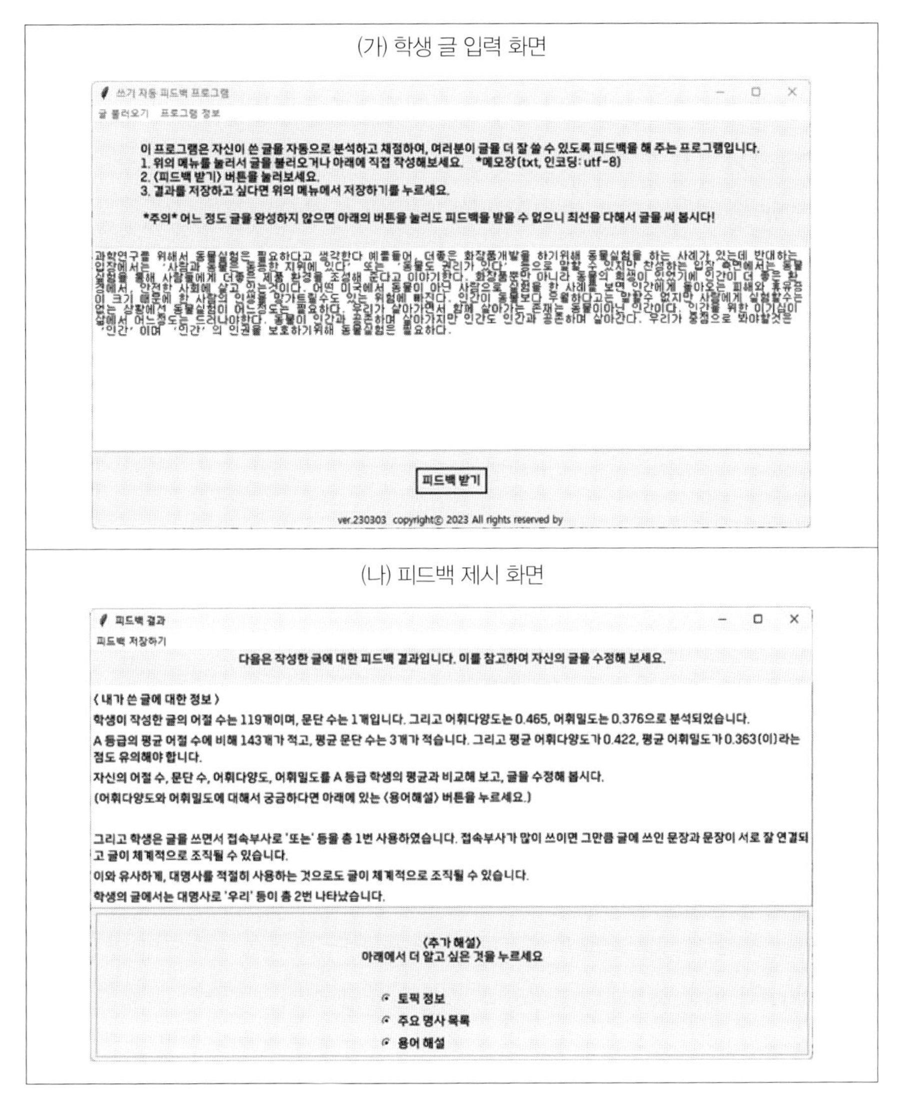

[그림 7-11] **자동 피드백 프로그램**

출처: 권태현, 박현(2023).

이 가운데 '인공지능이 채점한 나의 점수 확인하기' 기능에서는 프로그램의 학습 데이터로 활용된 448편의 논설문 채점 결과와 각 글의 형태소 분석 결과를 선형회귀분석을 기반으로 머신러닝한 결과를 활용하였다. 이때의 자동채점 성능을 평가하기 위한 전체 인간 평가자와의 상관계수는 0.613으로 높은 수준으로 나타났다.

③ 한국어 자동 피드백 프로그램의 전망

국외의 자동 피드백 정보는 대부분 자동채점 프로그램에 부가되는 정보로서 제시되며, 대규모 말뭉치와 채점 데이터가 축적된 시스템에서 구현이 가능하나, 국내에서는 아직 자동채점 기술이 충분히 발전하지 못한 상황이므로 자동 피드백 기능에 대한 관심은 더욱 부족한 상황이다. 그러나 대단위 평가가 아닌 학교 단위의 쓰기 교수-학습 국면에서는 자동채점 기능 그 자체보다는 학생들의 쓰기 수행에 대한 실질적인 피드백을 제공하는 것이 보다 중요할 것으로 보인다. 이는 인공지능 기술을 통해 그간 학생들에게 개별적으로 제공하기 어려웠던 글에 대한 다양한 정보를 가시적인 피드백으로 제공한다는 점에서 의의가 있다. 향후 쓰기 자동 피드백 기술이 확장되면 교사에게는 쓰기 평가의 부담을 덜어 주고 학습자에게는 즉각적인 피드백을 제공함으로써 쓰기 교수-학습에 실질적으로 기여할 것으로 전망된다.

2. 국어교과에서 인공지능 관련 쟁점 및 이슈

1) 인공지능을 활용한 언어 교육의 한계

(1) 인간과의 언어적 상호작용 부족

국어교육은 학생들의 국어 사용 능력을 신장시키는 것을 목적을 지니며, 이는 실제 인간과의 언어적 상호작용을 통해 이루어진다(교육부, 2022b). 인공지능은 학생들에게 적절한 피드백과 맞춤형 지도를 제공할 수 있으나, 인간과의 직접적 대화나 상호작용을 대체하기는 어렵다. 예를 들어, 인공지능 도구를 활용한 듣기·말하기 교육의 경우, 단방향적인 인공지능과의 대화는 실제 듣기·말하기 능력에 문제를 야기할 수 있다. 학생들은 인공지능에게 말을 하고 그에 대한 응답을 받지만, 실제 대화에서의 상호작용과는 차이가 있다. 이로 인해 학생들은 자신의 의견을 표현하고 대화를 주도하는 기회를 제한받을 수 있다. 또한 인공지능은 자연어처리 기술을 사용하여 인간의 말을 이해하고 처리하나, 언어의 상황과 문맥을 완벽하게 이해하는 것은 여전히 어려운 과제이다. 인공지능은 특정 문맥에 따른 미묘한 차이나 뉘앙스를 이해하지 못할 수 있으며, 학습자가 이러한 대화에 익숙해질 경우 문맥과 상황을 고려하는 능력을 기를 기회를 잃게 될 수도 있다. 나아가 인공지능은 말하기나 쓰기 불안을 지닌 학습자를 도울 수 있으나 이러한 학습자들이 인공지능에 지나치게 의존할 경우 인간과의 대면 의사소통을 기피하게 되고 자연스러운 국어능력 발달에 어려움을 겪을 수 있다. 따라서 인공지능은 언어적 상호작용을 보완하는 개인별 맞춤형 도구 등의 용도로 사용하고 인간과의 직접적인 언어적 상호작용이 줄어들지 않도록 유의할 필요가 있다.

(2) 창의성과 다양성, 언어적 유연성의 부족

인간의 언어는 의사소통의 기능을 수행하면서 동시에 창의적 아이디어를 발견하고 새로운 문화를 창조하는 기반이 된다. 이런 점에서 언어교육은 학습자의 다양성과 개별성, 학습 스타일 등을 고려할 필요가 있다. 그러나 아직까지 인공지능은 이러한 다양성과 개인화된 기능을 제공하는 데 어려움이 있다. 예를 들어, 말하기나 쓰기는 주관적 측면이 많이 포함된 활동이다. 학생들은 다양한 방식의 말하기, 쓰기를 통해 자신의 창의성과 생각의 유연성을 발전시킬 수 있다. 그러나 인공지능 기반의 자동채점은 주로 문법 오류나 어휘 사용 등 정해진 기준이나 규칙을 기반으로 채점하기 때문에 학생들의 창의성이나 다양한 접근방식을 평가하는 데에는 어려움이 있을 수 있다. 또한 대부분의 인공지능 평가는 훈련 데이터나 언어모델에 기반하는데, 기존 데이터에 없는 새로운 발상이나 전개 방식은 제대로 평가받기 어려운 측면이 있다. 나아가 언어 교육은 학생들의 다양성과 문화적 차이를 고려해야 한다. 그러나 인공지능 기반 평가는 이미 구축된 데이터에 기반하여 작동하기 때문에, 다양한 문화적 배경과 언어적 스타일을 충분히 이해하고 평가하기 어려울 수 있다. 따라서 이러한 학습자의 창의성, 다양성, 유연성을 보장하기 위해서는 인공지능의 평가 결과를 보완하고 피드백을 제공하는 교수자의 개입이 필수적이다.

2) 인공지능 활용과 병행되어야 하는 교육적 실행

(1) 인공지능 결과에 대한 해석과 판단

교육적 맥락에서 인공지능을 통해 산출된 결과물은 그 자체로 의미가 있다기보다 그 결과에 대한 인간의 해석 및 판단을 통해 교육적 의의를 갖는 경우가 많다. 대표적으로, 읽기 교육에서 AI를 활용한 도서 추천이 그러하다. 도서 검색에 관한 빅데이터를 통해 인공지능이 최적의 도서를 추천했다고 하더라도 그 책은 AI의 편향에서 완전히 자유로울 수 없으며, 교육적으로는 '학생들이 읽어야 하는' 다른 종류의 책을 추천할 필요도 있다. 이때 독서 교육의 전문성을 갖춘 교사의 개입은 필수적이다. 교사는 인공지능의 도서 추천을 기반으로, 학생 개개인의 특성 및 독서 이력을 검토하고 현 시점에서 학생에게 필요한 도서를 추천할 필요가 있다. 따라서 AI에 기반한 학습 콘텐츠 추천은 절대적인 것이 아니며, 교사의 독서 지도를 보완하는 주요 정보로서 활용되는 것이 보다 바람직하다.

교육용 텍스트의 이독성 측정 역시 마찬가지이다. 인공지능을 활용한 이독성 측정은 주로 텍스트의 양적 요인을 계량화하는 방식이다. 그러나 텍스트의 난이도는 실제 학습자의 읽기능력에 따라 다른 결과를 보일 수 있다. 인공지능에 의해 특정 학년 수준의 텍스트로 이독성 지표가 나온다 하더라도 동일 학년의 학습자 간에는 읽기능력의 편차가 존재하며, 이에 따라 어려움을 느끼는 정도가 다를 수 있다. 따라서 양적 평가 도구를 통해 도출된 이독성 결과를 그대로 적용하기보다는 교사가 학습자의 독서능력을 개별적으로 평가하거나 별도의 읽기능력 검사를 실시한 결과를 토대로 적절한 텍스트 수준을 맞춰 나가야 한다.

(2) 인공지능의 기반이 되는 교육 데이터 구축

인공지능 기술이 지속적으로 발전하면 인간을 배제한 교육이 가능할까? 그렇지는 않을 것이다. 윤리적인 문제는 둘째로 치더라도 인공지능 기술만으로는 신뢰할 만한 교육적 정보 도출에 무리가 있다. 대표적인 것이 자동채점을 위한 채점 데이터 구축이다. 학생 글이나 말하기에 대한 자동채점을 위해서는 대규모의 학생 글이나 말뭉치와 그에 대한 채점 과정이 선행되어야 한다. 채점 데이터의 질은 자동채점의 정확성에 많은 영향을 미치기 때문에 전문성을 갖춘 과제와 채점 루브릭 개발, 타당하고 신뢰할 수 있는 채점 절차에 이르는 교육적 실행이 매우 중요하다. 이를 위해서는 우선 초등학교부터 고등학교까지 다양한 학년 수준에 맞는 평가 과제를 개발하고 학생들의 글이나 발화를 대단위로 표집할 필요가 있다. 또한 언어 평가의 전문성을 갖춘 평가자를 위촉하고 채점자 훈련을 거쳐 채점 데이터를 구축해야 한다.

특히 자동채점을 위해서는 학생들의 언어적 산출물을 전산 처리하는 데 드는 비용을 고려하여 컴퓨터 기반의 언어 평가 시스템을 구축할 필요도 있다(박종임 외, 2022). 즉, 학생이 온라인상에서 정해진 쓰기 과제에 따라 글을 쓰면 이를 채점자가 해당 시스템에 접속하여 채점하는 방안이 강구될 필요가 있다. 이 과정에서 양질의 채점자 확보는 매우 중요하다. 현직 국어교사나 예비 교사 등을 포함하여 상시 채점이 가능한 전문 인력을 양성하고 시스템상에서 채점자 훈련을 거쳐 채점 전문성을 확보할 수 있노록 해야 한다.

현재는 자동채점에 필요한 인공지능 기술 개발이 일차적 과제이지만 이 부분이 해결되면 대규모 글쓰기 상황에서 전문성을 갖춘 채점자를 확보하고 이들로부터 양질의 채점 데이터를 얻어 내는 것이 보다 중요해질 것이다.

3) 국어교육을 위한 인공지능 기술 개발

(1) 교육 목적의 한국어 자연어처리 기술 개발

국어교육 또는 한국어 교육에서 인공지능을 활용하기 위해서는 기본적으로 학습자의 언어에 대한 자연어처리가 정확히 이루어져야 한다. 자연어처리(Natural Language Processing: NLP)란 컴퓨터를 이용하여 사람의 자연어를 분석하고 처리하는 기술을 의미하는데, 이는 학습자가 산출한 언어 자료에서 컴퓨터가 무엇을 기준으로 분석하고 평가할 것인지를 결정짓는 핵심 단계라고 할 수 있다. 즉, 자연어처리가 불가능한 응답은 컴퓨터가 인식할 수 없으며 챗봇이나 자동채점과 같은 교육적 접근 자체가 불가능하다.

그런데 인공지능 기반의 자연어처리를 요하는 타 분야와 달리 교육 목적의 자연어처리는 보다 세부적인 고려가 필요하다. 왜냐하면 불완전하거나 오류가 포함된 학습자의 언어를 세심하게 이해하고 분석할 수 있어야 하기 때문이다. 타 분야의 자연어처리는 인간이 오류가 포함된 언어를 산출하였더라도 기계는 이미 구축된 언어 데이터에 의거하여 이를 발화 맥락에 가장 가깝게 처리하면서 과업을 수행한다. 그러나 교육 영역에서는 이를 맥락에 따라 자동 수정하는 것이 아니라 있는 그대로 인식하여 오류로서 탐지하는 것이 더욱 중요하다. 예를 들어, 한국어 말하기 연습용 챗봇의 경우 외국인 화자들의 음성 인식률이 낮고 대화 과정에서 많은 오류를 생성하게 되는데, 이를 오류로서 인식하고 교육적으로 처리하기 위해서는 교육적 목적에 맞는 자연어처리 기술이 개발되어야 한다. 나아가 단순한 대화 연습을 뛰어넘어 사용자와 상호작용을 하려면 상황 인식 능력, 오류 수정 능력 등 보다 적극적인 자연어처리 기능이 필요하다(서지혜, 2021).

현재 개발된 자연어처리 기술이나 말뭉치 등은 교육 목적이 아니라 전산언어학적 정확성과 일관성에 초점이 있기 때문에 학습자의 오류 수정 및 상호작용과 같은 교수-학습 목적이 충분히 반영되지 못했다는 한계가 있다(박종임 외, 2022). 따라서 한국어 교육을 목적으로 하여 한국어의 조사나 어미 등 보다 세부적인 언어적 특성을 분석할 수 있는 자연어처리 기술이 개발될 필요가 있다.

(2) 한국어 교육에 특화된 말뭉치 구축

한국어 교육을 위한 자연어처리의 성능을 높이기 위해서는 학습용 데이터를 기반으로 지속적인 훈련이 필요하다. 기존에 개발된 자연어처리 프로그램의 경우, 이미 다양한 학습용 데이터셋을 활용하여 훈련이 끝난 상태이나 챗봇 개발이나 자동채점과 같이 전문적인 내용(교과 내용 지식)과 특수한 목표(채점 등)를 고려한 것이 아니기 때문에 필요에 따라 기존 자연어처리 프로그램을 개량하거나 추가 훈련이 필요해질 수 있다. 이 과정에서 핵심적인 것이 한국어 교육에 특화된 말뭉치이다. 예를 들어, 국내에서 현재 활용가능한 말뭉치는 '모두의 말뭉치'(구 세종말뭉치)나 'AiHub' 등인데, 이들 말뭉치는 주로 일상어를 기반으로 하고 있어 교육과정이나 교과 교육에서 사용하는 용어와 차이가 있는 경우가 많다. 교과 교육에서는 개념어가 중요하며, 비슷한 유의어라도 교과마다 그 의미에 차이가 있다. 또한 교과 개념어의 띄어쓰기 등이 표준국어대사전 등 사전류와 다른 경우도 존재한다. 띄어쓰기가 자연어처리에서 중요하게 다루어지는 표현이자 식별자라는 점을 고려할 때 이러한 차이는 자연어처리 결과에 많은 영향을 미칠 수 있다. 국외의 경우 교과 특성을 반영한 말뭉치를 활용하는 사례가 존재하는데, 대표적인 것이 BERT에 수학적 표현(수학 용어, 수식 등)에 관한 말뭉치를 학습한 M-BERT와 같은 언어모델이다. 이처럼 한국어 자동채점이라는 교육 목적으로 고려한 자연어처리 프로그램을 개발하고 학습시키기 위해서는 표준국어대사전과 같은 표준어뿐만 아니라 교육과정의 용어, 교과 개념어에 대해 프로그램이 학습할 수 있도록 말뭉치를 구축할 필요가 있다.

한국어 교육용 말뭉치 구축 과정에는 이독성 측정을 위한 어휘 등급화도 요구된다. 어휘의 난이도는 텍스트의 이독성을 평가하는 핵심 요인으로 알려져 있으나 이러한 등급화가 교육적 목적으로 시행되지는 못하고 있다. 기존의 어휘 등급은 일반 성인의 언어사용을 고려하여 개발되어 학령기 아동·청소년을 위한 교육용 어휘 등급화가 필요하다. 서혁 등(2013)이 이독성 판별을 위해 어휘 목록을 개발한 바 있으나, 보다 다양한 교육용 텍스트의 이독성을 측정하기 위해서는 어휘 등급이 체계화된 말뭉치를 구축할 필요가 있다.

4) 국어교육에서의 인공지능 활용의 윤리적 문제

(1) 인공지능 기반 언어 평가의 윤리적 문제

인공지능에 기반한 평가는 신속하게 학생들의 언어적 산출물을 평가하고 이에 대해 개인 맞춤형 피드백을 제공할 수 있다는 장점이 있다. 무엇보다 대규모 답안의 채점에서 인간 평가자에 비해 시간과 비용이 절약된다는 효율성은 가장 큰 강점이라고 할 수 있다. 그러나 인공지능을 활용한 언어 평가는 많은 윤리적 문제를 안고 있다. 가장 심각한 것은 인공지능 기반 평가를 위한 정보 수집 과정에서 발생하는 개인정보 보호의 문제이다. 실제로 학생 글에 대한 자동채점을 위해서는 교육적 맥락에서 광범위한 학생 글 수집과 이에 대한 채점이 요구된다. 실제 이 글에는 필자의 개인적 경험이나 견해들이 포함되어 있으나 이에 대한 적절한 동의가 이루어지지 않는 상황이다(Ashok et al., 2020). 따라서 인공지능 학습에 활용되는 모든 언어 자료나, 학생 글에 대한 평가 자료 등은 적절한 개인정보 보호 정책에 따라 관리될 필요가 있다.

인공지능 기반 평가의 또 다른 문제는 인공지능 기술의 한계나 접근성의 문제로 인한 불공정한 평가의 문제이다. 실제 많은 학생이 자신의 글을 AES(Automated Essay Scoring)가 평가하는 것을 좋아하지 않는다(Lewis, 2013). 학생들은 인공지능이 자신의 창의적 생각이나 새로운 아이디어의 가치를 제대로 평가하지 못한다고 여기며, AES 결과에 따른 성적 처리에 불만을 갖는다. 이는 주로 인공지능의 기술적 한계와 관련되는데, 자동채점 모델은 학생 글의 표면 층위의 문제는 잘 짚어 내는 데 비해 글의 내용 구조나 논증 요소처럼 고차원적인 언어 능력을 채점하는 데에는 여전히 어려움이 있다. 물론 이러한 기술적 문제가 멀지 않은 시기에 해결되더라도 해당 기술에 대한 접근성의 문제가 존재한다. 또한 인공지능을 활용한 언어 교육에는 기술적인 환경과 자원이 요구된다. 그러나 모든 학생이 이러한 기술에 쉽게 접근할 수 있는 것은 아니다. 이는 디지털 격차와 교육 부조화를 야기할 수 있으며, 결과적으로 불공정한 교육평가로 이어질 수 있다.

(2) 생성형 인공지능을 통한 글쓰기의 윤리성

2022년 OpenAI의 초거대 인공지능 모델 챗GPT가 공개되면서 인공지능에 기반한 글쓰기는 새로운 전기를 맞고 있다. 특히 학생들의 쓰기능력을 신장시켜야 하는 작문 교육에서는 방대한 지식을 기반으로 새로운 글을 작성하는 챗GPT의 저작능력에 많은 관심을 기울이고 있다. 그러나 챗GPT와 같은 생성형 인공지능을 활용한 글쓰기는 많은 윤리적 문제를 안고 있다. 우선, 챗GPT의 답변은 때로 꽤 논리적으로 보이나 잘못된 정보이거나 무의미한 정보일 수 있다. 이를 할루시네이션(hallucination)이라고 하는데, 인공지능 모델이 훈련 데이터에서 학습한 내용을 기반으로 실제로는 존재하지 않는 가상의 정보, 이미지, 문장 등을 생성하는 현상을 의미한다. 이를 바탕으로 쓰기 수행을 할 경우 학습자는 의도치 않게 허위의 정보를 작성할 수 있다. 또 다른 문제는 생성형 인공지능이 학습하는 데이터에는 인종 차별, 성차별, 연령 차별, 동성애 혐오, 문화적 무감각 등의 비윤리적 콘텐츠가 포함되어 결과적으로 의도하지 않은 편향적이고 경멸적이며 유해한 결과물을 생성할 수 있다는 점이다. 따라서 생성형 인공지능을 활용한 글쓰기를 학습할 때에는 관련 정보의 타당성이나 신뢰성에 대해 인간의 검증 절차를 반드시 거치도록 해야 한다. 이 밖에도 생성형 인공지능을 활용한 표절이나 대필 등의 학문적 정직성의 문제, 인공지능 과의존에 따른 비판적 · 창의적 사고력 저하 등의 문제도 예상된다. 특히 생성형 인공지능은 지식을 습득하고 이를 바탕으로 자신의 생각을 전개해 나가는 글쓰기의 본질적인 욕구 자체를 축소시킬 수 있다는 두려움이 크다. 그러나 이런 이유들로 생성형 인공지능을 차단하거나 이를 배제한 교육을 시행하는 것은 학생들의 일상적 언어 활동을 고려할 때 실제성이 떨어진다(권태현, 2023). 앞으로 인공지능을 활용한 글쓰기는 스마트폰이나 인터넷처럼 일상이 될 것이다. 이제 학생들이 자신의 아이디어와 비판적 사고를 대체하는 도구가 아닌, 언어수행을 지원하는 도구로서 인공지능을 효과적으로 활용할 수 있도록 하는 국어교육을 고민해야 하는 시점이다.

요약 | 인공지능과 국어교육

● 정리하기

1. 국어교과에서 인공지능 활용 사례

1) 듣기 · 말하기 교육에서의 인공지능 활용

(1) 한국어 말하기 연습용 챗봇

- 인공지능 음성 챗봇을 활용하여 한국어 학습자가 스스로 말하기 연습을 할 수 있는 한국어 말하기 연습용 학습 도구에 대한 연구가 활발함.
- 세종학당재단이 제공하는 인공지능 기반 한국어 대화 연습 서비스인 'AI 세종학당 선생님'은 한국어 학습자들이 시공간의 제약을 받지 않고 한국어 대화를 연습할 수 있도록 인공지능 기반 한국어 대화 연습 서비스를 제공하며, 자신의 발화의 문법 오류를 확인하여 이에 대해 피드백을 제공받을 수 있음.

(2) 챗GPT를 활용한 한국어 대화 연습

- 일반적인 챗봇이 정해진 대화만을 수행하는 학습 목적으로 활용되는 데 비해, 챗GPT와 같은 생성형 AI는 대화를 이해하고 생성하는 능력이 뛰어나 보다 자연스러운 대화 연습이 가능함.
- 김형민(2023)이 고급 한국어 학습자를 대상으로 챗GPT와의 음성 상호작용을 분석한 결과, 성공적인 대화가 가능했으나 부분적으로 문법 오류나 어색한 발화도 발견되었음.

2) 읽기 교육에서의 인공지능 활용

(1) 인공지능 기반 이독성 측정

- 이독성이란 "글을 읽고 이해하기 쉬운 정도"(이성영, 2011)를 의미하며, 이독성 지수 또는 독해지수란 텍스트의 쉽고 어려운 정도를 측정하여 정량적으로 수치화한 것임. 텍스트 난이도 자동측정 프로그램인 '크리드(KReaD)'는 한국어 텍스트 이독성 지수의 가능성을 보여 줌.
- 현재 개발 중인 KICE 이독성 지수 프로그램의 알고리즘이 공개되어 있는데, 딥러닝 기반의 모델과 기계학습의 XGBoost를 결합한 하이브리드 방식을 채택하고 있음.

(2) 인공지능 기반 도서 검색 및 추천

- 학습자의 수준과 흥미를 고려한 독서 제재의 선정은 독서 교육이 성공적으로 이루어지기 위한 핵심 요소임. 최근에는 이러한 도서 추천에 인공지능 기술이 도입되고 있음.
- '책열매'(https://ireading.kr)는 초등학교 학생 및 교사의 한 학기 한 권 읽기, 나아가 독서 교육 전반을 지원하기 위해 한국교육과정평가원에서 개발한 웹서비스로서, 사용자 검색 빈도, 선호도, 독서 후기, 도서 평점 등의 데이터를 분석하여 인공지능을 활용한 추천 기능

을 설계함.

3) 쓰기 교육에서의 인공지능 활용

(1) 한국어 자동채점 프로그램 개발

– 글쓰기 자동채점 시스템은 학생의 쓰기 답안을 분석하여 채점 기준에 따른 점수를 예측하고 이를 알려 주는 기능을 수행함.
– 최근 국내 서술형 자동채점 시스템 개발을 위한 WA3I(Web-based Automated Assessment with Artificial Intelligence) 프로젝트가 진행되었으며, 한국어 교육 분야에서 컴퓨터 기반 세종한국어평가(SKA)를 위한 컴퓨터 자동채점 연구가 수행되었음.
– 학생들의 고차원적 사고를 평가하기 위한 에세이 평가는 보다 일반화될 것으로 보이며, 인공지능 기술을 활용하여 대규모 학생 답안을 평가하는 자동채점 연구는 향후 더욱 급속도로 발전할 것으로 보임.

(2) 자동 피드백 및 AI 작문 보조 도구

– 글쓰기 자동 피드백이란 자동채점 결과에 기반하여 학생들의 쓰기능력 향상에 도움을 줄 수 있는 객관적 정보를 제공하는 방법이라고 정의할 수 있음.
– 권태현 · 박현(2023)에서는 학생 글의 언어적 특질을 분석하고 이를 채점 데이터 내의 수준별 글의 특성과 비교하여 해당 글의 수정에 유의미한 정보를 제공하였는데, 피드백 자질에는 자동 피드백 자질은 어절 수, 어휘 다양도, 어휘 밀도, 문단 수, 전체 내용어 수, 개별 품사의 수, 토픽 모델링 결과 등이었음.

2. 국어교과에서 인공지능 관련 쟁점

1) 인공지능을 활용한 언어 교육의 한계

(1) 인간과의 언어적 상호작용 부족

– 인공지능은 자연어처리 기술을 사용하여 인간의 말을 이해하고 처리하나, 언어의 상황과 문맥을 완벽하게 이해하는 것은 여전히 어려운 과제임.
– 학습자들이 인공지능과의 상호작용에 익숙해지면 문맥과 상황을 고려하는 능력을 기를 기회를 잃어버릴 수 있으며, 지나치게 의존할 경우 인간과의 대면 의사소통을 기피하게 되고 자연스러운 국어능력 발달에 어려움을 겪을 수 있음.

(2) 창의성과 다양성, 언어적 유연성 부족

– 인공지능은 인간 언어의 다양성과 개인화를 지원하는 데 한계가 있음. 예를 들어, 인공지능 자동채점은 주로 문법 오류나 어휘 사용 등 정해진 기준이나 규칙을 기반으로 채점하기 때문에 학생들의 창의성이나 다양한 접근방식을 평가하는 데에는 한계가 있음.
– 학습자의 창의성, 다양성, 유연성을 보장하기 위해서는 인공지능 결과를 보완하는 교수자

의 개입이 필수적임.

2) 인공지능과 병행되어야 하는 교육적 실행

(1) 인공지능 결과에 대한 해석과 판단

- 교육적 맥락에서 인공지능의 결과물은 인간의 해석 및 판단을 통해 교육적 의의를 갖는 경우가 많음.
- 인공지능이 독서 교육에 필요한 도서를 추천했다 하더라도 이는 AI의 편향에서 완전히 자유로울 수 없으므로, 독서 교육을 담당한 교사가 이에 대해 적절한 판단과 해석을 해야 함.
- 이독성 측정 역시 인공지능의 판단에 전적으로 의존하기보다는 교사가 학습자의 독서 능력을 개별적으로 평가하거나 별도의 읽기능력 검사를 실시한 결과를 토대로 적절한 텍스트 수준을 맞춰 나가야 함.

(2) 인공지능의 기반이 되는 교육 데이터 구축

- 인공지능의 신뢰도 향상을 위해서는 교육적 맥락에서 충분한 데이터가 구축되어야 함.
- 학생의 글이나 말하기에 대한 자동채점을 위해서는 대규모의 학생의 글이나 말뭉치와 그에 대한 채점 과정이 선행되어야 하며, 이 과정에서 학년별 표집과 함께 언어 평가의 전문성을 갖춘 평가자를 위촉하여 일정한 채점자 훈련을 거쳐 채점 데이터를 구축할 필요가 있음.

3) 국어교육을 위한 인공지능 기술 개발

(1) 교육 목적의 한국어 자연어처리 기술의 개발

- 국어교육 또는 한국어 교육에서 인공지능을 활용하기 위해서는 기본적으로 학습자의 언어에 대한 자연어처리가 정확히 이루어져야 함.
- 학습자의 오류 수정 및 상호작용과 같은 교수-학습 목적을 반영한 교육용 자연어처리 기술의 개발이 시급함.

(2) 한국어 교육의 특화된 말뭉치 구축

- 한국어 교육을 위한 자연어처리의 성능을 높이기 위해서는 학습용 데이터를 기반으로 지속적인 훈련이 필요하며, 이 과정에서 핵심적인 것이 한국어 교육에 특화된 말뭉치임.
- 국내에서 현재 활용 가능한 말뭉치는 주로 일상어를 기반으로 하고 있어 교육과정이나 교과 교육에서 사용하는 용어와 차이가 있는 경우가 많으므로 교과 교육용 말뭉치 구축이 요구됨.

4) 국어교육에서의 인공지능 활용의 윤리적 문제

(1) 인공지능 기반 언어평가의 윤리적 문제

- 인공지능 평가를 위한 정보 수집 과정에서 발생하는 개인정보 보호의 문제가 발생함. 자동채점을 위해서는 교육적 맥락에서 광범위한 학생 글 수집과 채점이 요구되며, 이 글에는 필자의 개인적 경험이나 견해들이 포함되어 있으므로 인공지능에 활용되는 모든 언어자료에 대해 적절한 개인정보 보호 정책이 시행될 필요가 있음.
- 인공지능 기반은 인간의 창의적 아이디어를 평가하는 데 제한이 있으며, 고차원적 사고력에 대한 평가에서 불공정한 평가가 이루어질 가능성이 있음. 또한 인공지능 활용에 필요한 기술적 환경과 자원에 대한 디지털 격차에 유의해야 함.

(2) 생성형 인공지능을 통한 글쓰기의 윤리성

- 챗GPT와 같은 생성형 인공지능을 활용한 글쓰기의 경우, 인공지능 모델이 훈련 데이터에서 학습한 내용을 기반으로 실제로는 존재하지 않는 가상의 정보, 이미지, 문장 등을 생성하는 할루시네이션(halluciation) 현상으로 인해 의도치 않게 허위의 정보를 작성할 수 있음.
- 생성형 인공지능이 학습하는 데이터에는 비윤리적 콘텐츠가 포함되어 결과적으로 의도하지 않은 편향적이고 유해한 결과물을 생성할 수 있으며, 표절이나 대필 등의 학문적 정직성의 문제, 인공지능 과의존에 따른 비판적, 창의적 사고력 저하 등의 문제도 예상됨.
- 생성형 인공지능을 활용할 경우, 관련 정보의 타당성이나 신뢰성에 대해 인간의 검증 절차를 반드시 거치고, 학생들의 언어수행을 지원하는 도구로서 활용할 수 있도록 해야 함.

● 키워드

- 인공지능, 국어교육, 챗봇, 챗GPT, 생성형 인공지능, 이독성, 인공지능 도서 추천, 책열매, 한국어 자동채점, 자동 피드백, 자연어처리, 말뭉치, 할루시네이션, 인공지능 편향, 윤리성

인공지능과 수학교육

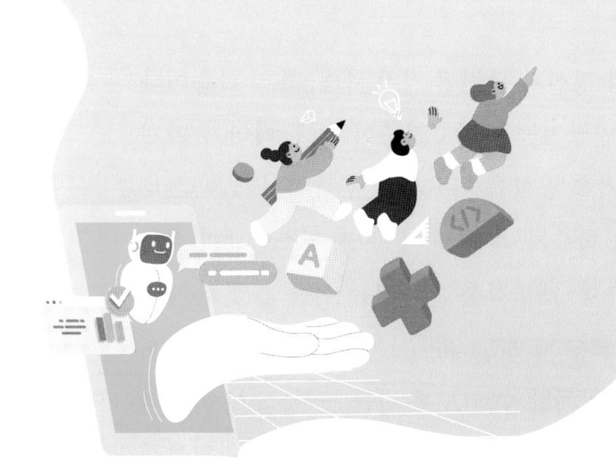

1. 수학교과에서 인공지능 활용 사례

학교에서 배우는 교과 중 특히 수학과 관련된 인공지능 연구가 많이 이루어지고 있는데, 이는 개념 위계가 뚜렷하고 명확한 답을 갖는 수학의 학문적 특성에 기인한다(Holmes et al., 2019). 즉, 수학교과는 인공지능 교수-학습 및 평가를 맞춤형, 단계형, 적응형으로 설계하기에 적합하다. 우리나라에서는 2020년 9월부터 인공지능을 초등 수학에 도입한 '똑똑! 수학탐험대'를 개발하여 현장 적용하고 있으며, 2020년에는 고등학교 진로 선택 과목으로 '인공지능 수학'을 도입하는 등 수학교과에 대한 인공지능 활용을 강조하고 있다(교육부, 2020b; 2020c). 한편, 이러한 인공지능을 개발하고 그 원리를 이해하려면 진법, 논리, 행렬, 벡터, 확률, 미분 등의 수학 지식이 요구된다. 이 절에서는 '수학을 위한 인공지능'과 '인공지능을 위한 수학'이라는 두 가지 주제로 수학교과와 관련된 인공지능 활용 사례와 연구에 대해 살펴보고자 한다.

1) 수학을 위한 인공지능

인공지능(Artificial Intelligence: AI)은 인간의 인지모델을 분석하여 의사결정과 문제해결과 같은 인간의 인지능력을 모방하는 시스템(신동조, 2020), 인간의 지능을 모방하여 학습, 추론, 예측, 판단하는 시스템(이소율, 유민선, 백성혜, 2023), 인간의 지적 능력을 컴퓨터로 구현하는 과학 기술로 상황을 인지하고 이성적 · 논리적으로 판단하고 행동하며 감성적 · 창의적 기능을 수행하는 능력을 포함하는 것(과학기술정보통신부웹진, 2020) 등으로 다양하게 정의된다.

Baker와 Smith(2019)는 인공지능을 인간의 정신과 관련된 인지 과제, 특히 학습이나 문제해결을 수행하는 컴퓨터로 정의하면서 인공지능을 알고리즘이나 앱, 나아가 기계 학습, 신경망에 이르기까지 다양한 범주의 기술 공학을 아우르는 포괄적인 것으로 보았다. 이때 교육 분야에 활용되는 인공지능을 학습자 측면, 교사 측면, 시스템 측면으로 구분하였다. 학습자 측면의 인공지능은 맞춤형, 개별화를 지원하는 학습 플랫폼 체제(Learning Management System: LMS), 지능형 교수 체제(Intelligent Tutoring Systems: ITS) 등을 통해 학생들이 새로운 정보를 습득하고 이해할 수 있도록 하는 도구, 교사 측면의 인공지능은 평가, 피드백 등과 같은 업무를 자동화하여 교사의 업무를 경감하고 교사를 지원하는 것, 시스템 측면의 인공지능은 학교 전체의 학생의 학습 상황에 대한 정보를 관리자에게 제공하는 것을 말한다.

수학과 인공지능은 논리의 사용을 기반으로 합리적인 추론의 구성을 요구한다는 면에서 유사점을 갖는다. 수학교육에서 수학적 추론능력을 기르는 것은 중요한 교육의 목표가 되며, 인공지능 시스템 역시 자동화된 방식으로 추론 작업을 수행하도록 설계된다(Van Vaerenbergh & Pérez-Suay, 2022). 수학교육에 공학 도구를 도입하려는 시도는 일찍이 1970년대부터 시작되었으나 수학교육에서의 인공지능에 대한 논의는 Schoenfeld(1985), Balacheff(1993)에 이르러 본격적으로 이루어졌다. Balacheff(1993)는 수학교육에서 인공지능은 수학 교수-학습의 목적을 위한 유연하고 적절한 컴퓨터 기반 시스템의 설계를 위한 개념, 방법, 도구를 제공한다고 했으며, Schoenfeld(1985)는 인공지능이 수학교육에 여러 가지 유용함을 제공하지만 인간과 인공지능이 지식, 발견술, 통제 전략 등을 다루는 방식이 다를 수 있으므로 인공지능이 문제를 해결하는 과정과 결과를 비판적 관점에서 바라볼 필요가 있다고 하였다.

인공지능을 기반으로 한 수학교육은 '교육'과 '인공지능기반 기술'을 '수학교육'에 적용하는 통섭의 관점에서 바라볼 수 있으며, 인공지능 기술의 활용을 통하여 수학 교수학습을 지원하는 내용, 구조, 활동으로 볼 수 있다. 인공지능 기반 수학교육은 수학교육 환경에서 인공지능 기술과 교수-학습 요소들의 상호작용에 의해 이루어지는 것으로 인공지능 기술의 발달과 함께 변화하며, 의미 있는 교육적 활동을 위해서는 수학교육 및 교실 현상에 대한 이해가 요구된다(임웅, 박미미, 2021). 다음에 제시한 수학교과 활용 사례들의 대부분은 인공지능을 통한 학생들의 학습 지원을 일차적인 목표로 하지만, 교사와 학교 관리자에게도 유용한 정보를 제공하여 맞춤형 학습이 설계되고 지원될 수 있도록 돕는다.

(1) 똑똑! 수학탐험대

'똑똑! 수학탐험대'(https://www.toctocmath.kr/)는 우리나라의 학교 교육활동에 인공지능 기술을 도입한 첫 사례로 초등학생들의 수학 학습 빅데이터를 구축하는 기반이 될 것으로 보인다. '똑똑! 수학탐험대'는 저학년 학생들의 학습 참여를 높이기 위해 기능성 게임 기법(gamification)[1]을 적용한 게임 기반 콘텐츠를 제공하며, 학습 결과를 인공지능 기술로 분석하여 학생들에게 수준에 적합한 학습 콘텐츠를 추천하고 학습 조언을 제공한다. 이처럼 학생 개인별 이해도를 측정하고 향후 학업성취를 예측하여 맞춤 처방을 제공함으로써 초등학교 저학년 단계부터 발생할 수 있는 학습 결손에 따른 교육 격차를 예방하는 데 도움이 될 것으로 기대된다(교육부, 2020c).

(a) 메인 화면
(b) 교과 활동
(c) 해양 탐험 활동 선택
(d) 해양 탐험 활동

[그림 8-1] **'똑똑! 수학탐험대' 메인 화면**

출처: https://www.toctocmath.kr/

'똑똑! 수학탐험대'의 구성은 다음과 같다. 먼저 학생들이 로그인하면 자신이 탐험대원 캐릭터가 되어 교과 활동, 해양 탐험, 구출 탐험, 자유 활동에 참여하게 된다([그림 8-1] 참조). 교과 활동은 초등학교 1학년부터 4학년까지 단원, 차시별로 구성되어 있으

1) 교육, 학습, 치료 등의 특별한 목적을 접목시켜 게임이 가지는 순기능을 더욱 확장시킨 형태의 게임을 말한다.

며, 해양 탐험이나 구출 탐험에서는 해당 개념과 관련하여 제공되는 일련의 문제를 풀이하게 된다. 이때 학생들의 학습에 참여한 시간과 평가 결과 등의 학습의 전 과정이 누적 관리되며, 학습 데이터는 인공지능 알고리즘으로 분석되어 학습 결과를 예측하고 보완용 환류 콘텐츠를 제공하는 데 활용된다. 학생들은 자신의 수준에 맞는 콘텐츠를 제공받아 학습할 수 있으며, 분석 결과는 교사가 이를 바탕으로 상세한 지도 계획을 세우고, 나아가 교육과정 및 교과서 개발 시 개선 자료로 활용할 수 있다.

한편, '똑똑! 수학탐험대'는 다음과 같이 기능성 게임 기법을 적용하였다. 첫째, 수학탐험가 캐릭터를 적용하여 학생 개개인이 주인공이 되어 학습에 참여하게 된다. 둘째, 수학탐험가가 되어 함께 멸종 동물을 구하는 탐험을 한다는 게임 스토리를 기반으로 한다. 셋째, 학습 과정에서 보석 획득, 멸종 동물 카드 수집 및 강화와 같은 보상 체계를 제공한다. 넷째, 교과 활동 및 탐험 활동에서 제공되는 수학 문제들이 게임 형식을 취하고 있다. 이때 학습 콘텐츠는 수학적 개념과 원리를 쉽게 이해할 수 있도록 시각화된 그림에서 추상화된 기호 수식의 순서로 단계적으로 제시하고 있다.

(2) MATHia

'매시아(MATHia)'(https://www.carnegielearning.com/solutions/math/mathia/)는 미국 카네기 멜론 대학교(Carnegie Mellon University)의 인공지능 연구자들이 20여 년에 걸쳐 문항반응이론과 인지모델링(Cognitive Modeling)을 바탕으로 개발한 수학 학습 지원 지능형 교수-학습 시스템이다. 이 시스템은 처음 개발될 때에는 명칭이 'Cognitive Tutor Center'였으나 이후 '미카(Mika)'로 바뀌었고, 현재의 명칭은 '매시아(MATHia)'이다. 카네기 멜론 대학교에서는 K-6학년 대상의 'MATHia Adventure'와 6-12학년 대상의 'MATHia'를 개발하여 운영 중에 있다.

[그림 8-2]는 매시아에서 '연립일차방정식' 단원 개요 화면으로, 학습 목표, 핵심 용어, 관련 선수 지식, 실생활과의 연계 등에 대한 정보를 제공한다. 학생은 아바타로 제시되며, 'Let's Go!'를 선택하여 학습을 시작할 수 있다.

학습은 'Step by Step'으로 시작되는데, 먼저 제시된 시나리오를 읽고, 팝업창에 적힌 힌트를 읽으면서 문제에 순서대로 답을 입력하도록 되어 있다. 만약 답을 모르는 경우 여러 가지 시도를 해 볼 수 있는데, 이 결과는 학생의 학습 점수에 영향을 주지는 않는다. 잘못된 답을 두 번 입력한 경우에 시스템이 정답을 제공하는데, 이때 학생들은 왜 그것이 정답인지 생각해 보아야 한다. 문제해결이 완료될 때까지 계속해서 순차적으로 제시

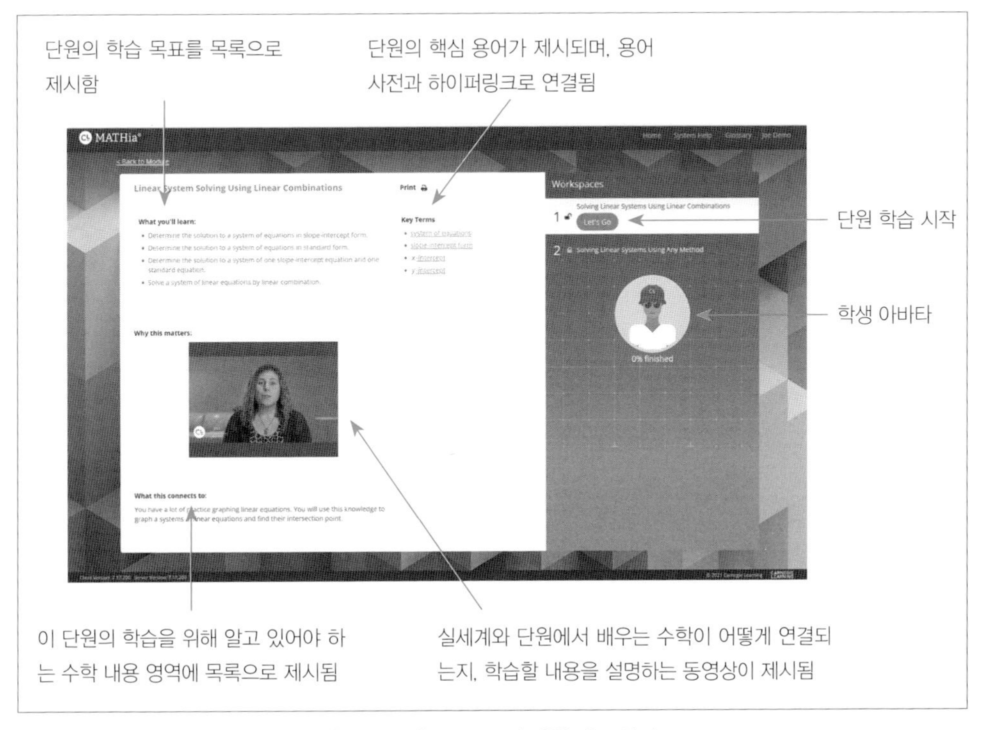

[그림 8-2] MATHia의 단원 개요 화면

출처: https://www.carnegielearning.com/solutions/math/mathia/

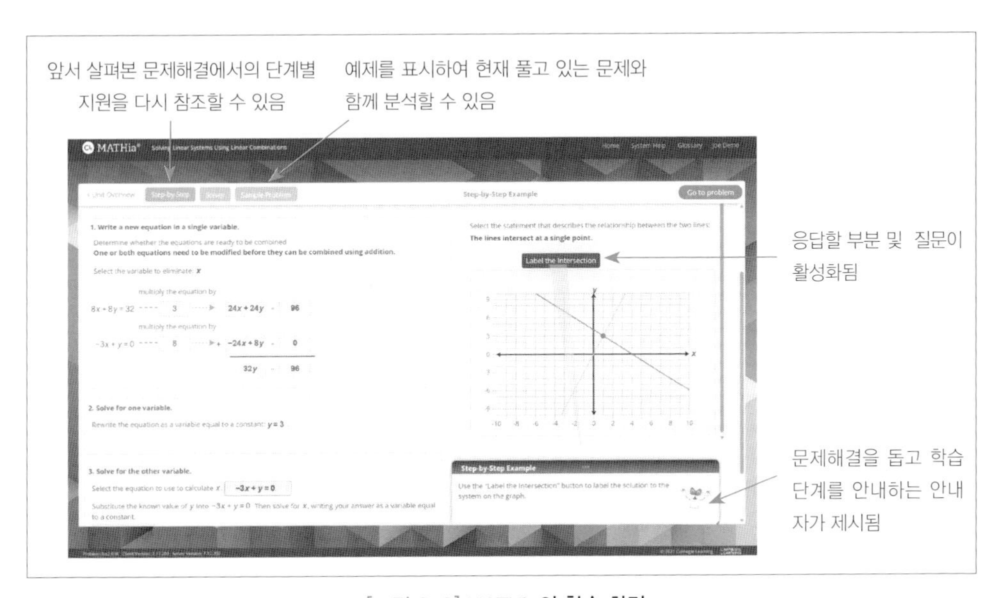

[그림 8-3] MATHia의 학습 화면

출처: https://www.carnegielearning.com/solutions/math/mathia/

되는 질문에 답을 입력하도록 빈칸이 활성화되고 해당 단계를 돕는 팝업 메시지가 나타나서 학습을 돕는다. 이때 답을 입력할 때에는 수식 입력기가 함께 제공되며, 필요한 경우에만 사용하면 된다. 문제해결을 끝내고 'Go to Problem'을 선택하면 본격적인 문제풀이와 더불어 정오 여부에 따른 이해 정도, 하위 개념별 학습 완결 정도 등의 데이터가 산출되어 제시된다([그림 8-3] 참조).

매시아의 특징은 다음과 같다(Carnegie Learning, 2019). 첫째, 학습이 진행될 때 일대일 코칭을 제공한다. 앞서 살펴본 바와 같이, 매시아는 정교한 인공지능기술을 사용하여 학습 상황에 맞는 시의적절한 맞춤형 피드백을 제공한다. 둘째, 학생별 보고서를 통해 주어진 문제해결과 관련된 주요 기술과 해당 기술에 대한 성장 정도, 즉 'Progress Meter'를 보여 주는데, 학습 결과는 문제 상단에 간단하게 제시되는 요약 보기와 이를 클릭했을 때 팝업으로 나타나는 상세 보기의 두 가지 모드로 제공된다([그림 8-4] 참조).

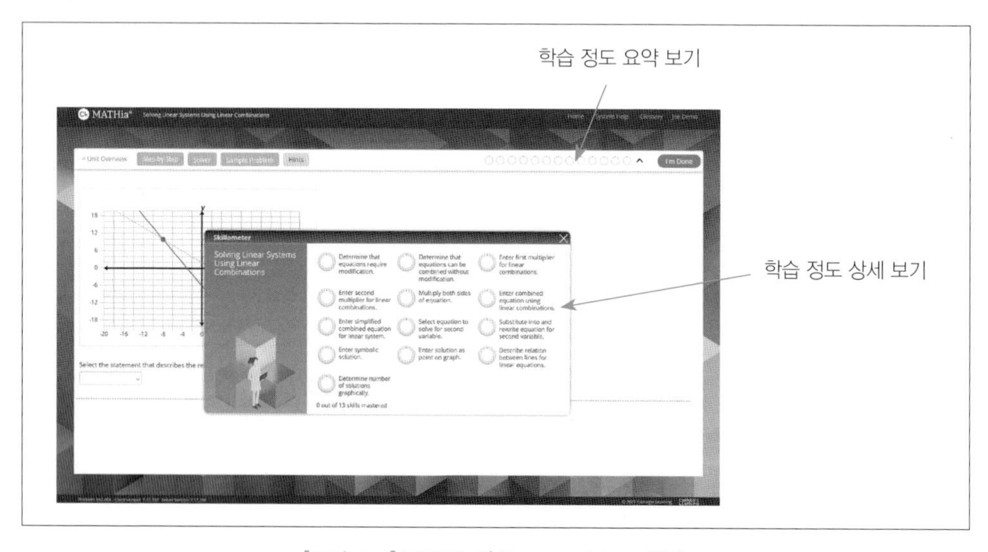

[그림 8-4] MATHia의 Progress Meter 화면

출처: https://www.carnegielearning.com/solutions/math/mathia/

셋째, 교사가 실시간으로 학생의 학습 상황을 파악하고 효과적으로 학습을 안내할 수 있도록 교사용 보고서를 제공한다. 한편, APLSE 보고서(The Adaptive Personalized Learning Score Report)는 학생들이 연말까지 어느 정도 성장할 수 있을지를 정확하게 예측한 결과를 제공한다. 넷째, 라이브랩(LiveLab)이라는 실시간 관리 도구를 사용하여 학생들을 효과적으로 지원한다. 학생이 학습을 하고 있는지 쉬고 있는지를 알려 주며, 어느 부분에서 추가로 학습이 필요하며 언제 학습을 완료했는지 등의 정보를 알려 준다([그

림 8-5] 참조). 특히 'At-Risk Student Alert'는 학생이 특정 수학 개념을 이해하는 데 어려움을 겪고 있어 해당 학습을 마스터하지 못할 위험이 있을 때 교사에게 알람을 제공하며, 기본 클래스 대시보드에서 학생의 현재 상태 옆에 구명 튜브 아이콘이 나타나서 교사가 식별하여 지원할 수 있도록 하고 있다. 다섯째, 리더십 보고서(Leadership Report)를 통해 해당 지역의 학교에 재학 중인 학생들의 결과를 제공함으로써 학교 책임자가 학생들에게 필요한 교육을 할 수 있도록 돕는다.

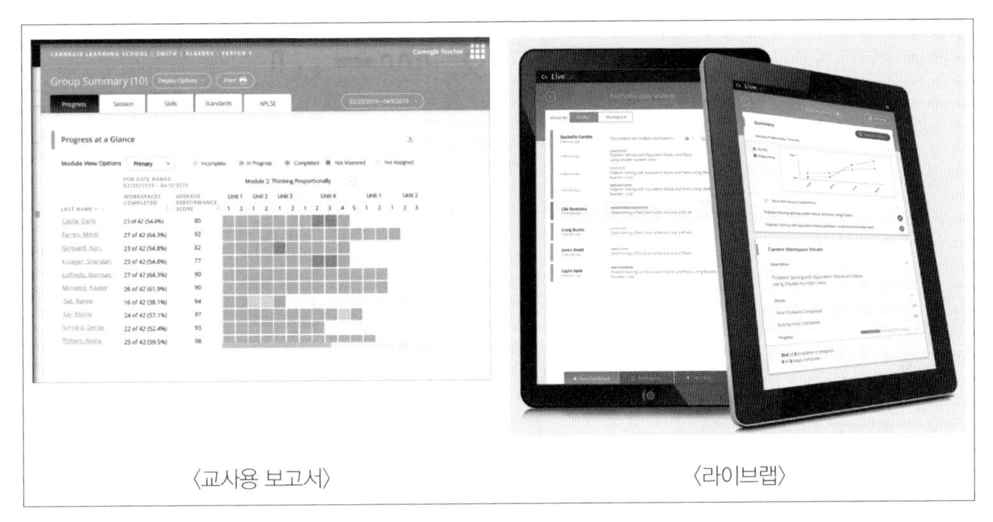

〈교사용 보고서〉 〈라이브랩〉

[그림 8-5] **MATHia의 특징**

출처: https://www.carnegielearning.com/solutions/math/mathia

(3) KnowRe Math

'노리수학(KnowRe Math)'(https://www.knowre.com/)은 데이터 분석을 통해 맞춤형 콘텐츠를 추천하는 인공지능 기반 수학교육 플랫폼이다. 노리수학은 개별화된 교육과정을 통해 학생별 요구에 맞는 내용을 제공하고 학습 단계별로 동영상과 단계별 가이드를 지원한다. 특히 학생이 특정 문제를 틀렸을 경우 그 학생의 취약한 부분을 찾아내어 부족한 하위 개념 문제를 드릴 다운(drill down)하여 제공한다. 또한 인공지능 알고리즘을 통해 특정 문제의 정답 확률을 계산하여 학습 수준에 적합한 문제를 추천하여 수준별로 적합한 문제를 제공한다.

노리수학은 학교 교실 수업에 통합되어 교육과정, 수업, 개별 학생 전반에 걸쳐 유용한 데이터를 제공하여 교사를 지원한다. 노리수학은 1~12학년의 교육과정에 따른 학습을 지원하며, 개별 학습자의 학습 격차는 노리수학의 독점적인 'Walk Me Through' 기술,

동영상, 형성평가를 통해 줄일 수 있다. 만약 학생이 학습에 어려움을 겪는 경우, [그림 8-6]과 같이 'Walk Me Through'를 선택하면 교사와 대화를 하는 것과 같은 방식으로 문제해결을 단계적으로 돕는 채팅이 시작되는데, 이는 스캐폴딩의 역할을 한다.

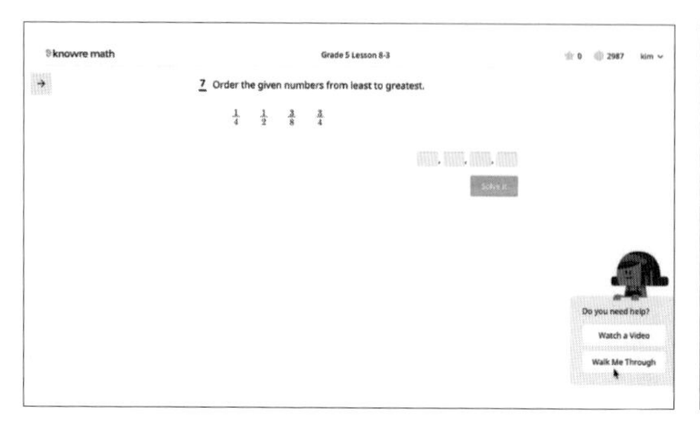

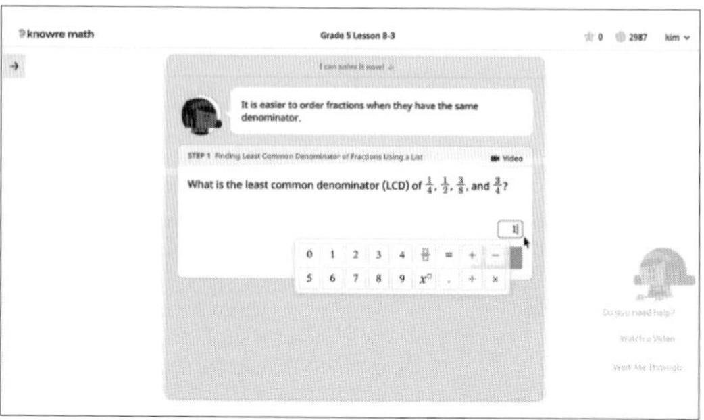

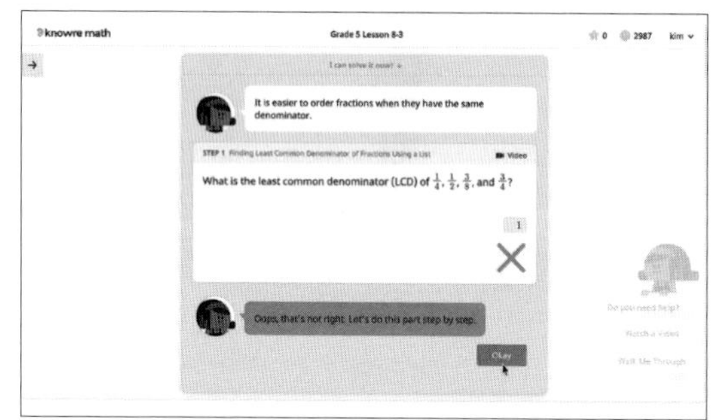

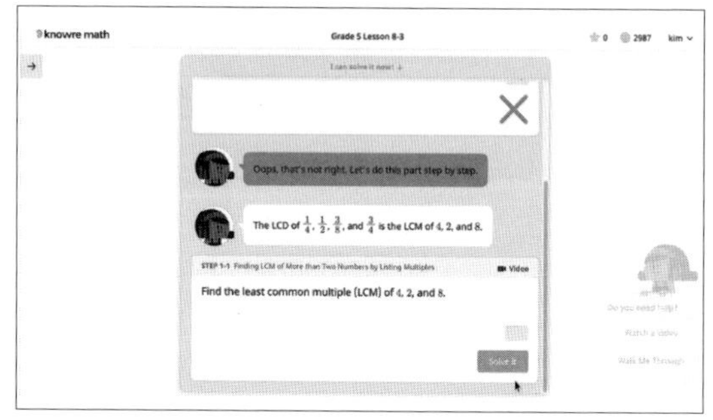

[그림 8-6] **노리수학의 Walk Me Through**

출처: https://www.knowre.com/knowre-personalized-math-platform-walkmethrough-support

노리수학은 교사에게 학생의 성취에 대한 다양한 자료를 제공한다. 학생별 성취도 점수와 함께 문제를 해결하는 데 사용한 지원의 양을 나타낸 '노리성공점수(Knowre Success Score: KSS)'를 제공하는데, 이 두 점수의 차이를 보면 더 많은 지원이나 개별화된 수학 연습이 필요한 학생을 쉽게 식별할 수 있다. 또한 교사는 제공된 점수를 바탕으로 학급 전체 학생이 어려워한 문제에 대한 자료를 찾을 수 있으며, 이를 복습하기 위한 연습 문제를 Knowre Math에서 바로 가져와서 사용할 수도 있다. 또한 학생들이 학습할 단원을 할당하는 등 수업을 계획하고 학생들이 과제를 제시간에 완료했는지, 언제 학생이 독립적인 문제해결 수준에 도달했는지의 여부를 확인할 수 있다. 또한 학교 관리자는 관리자용 대시보드를 통해 학교, 교실 및 개인이 어떻게 발전하고 있는지에 대한 풍부하고 통찰력 있는 데이터를 확인할 수 있다. 이러한 다양한 지원 방식은 노리수학은 대면, 온라인, 하이브리드 수업에 효과적으로 활용될 수 있게 한다.

(4) Amy

'에이미(Amy)'(https://www.amy.app/)는 Osnova사가 개발한 세계 최초의 대화형 수학 인공지능 개인 교사로, 뉴질랜드에서는 인공지능 수학교사 에이미를 고등학교에 보급하여 수학교육에 활용하고 있다. 에이미는 누구나 쉽게 수학을 배울 수 있도록 도와주는 AI 기반의 수학 튜터로 학생들에게 피드백을 제공하고 학습에서 발생할 수 있는 지식 격차를 자동으로 채워 준다. 또한 교사들에게는 학생들의 개별 평가에 대한 즉각적인 채점 결과와 학습 과정에서 학생들이 보여 준 취약점, 진도를 시각적인 자료를 통하여 제공한다.

[그림 8-7]은 에이미를 이용하여 대수 학습을 하는 과정이다. 먼저 식을 간단히 하는 문제가 제시되고 아래쪽에 다섯 개의 선택지가 나타난다. 선택지 중 하나를 선택하면 정답인 경우 다음 단계를 묻는 선택지가 이어서 나타난다. 최종적으로 답을 구하면 답을 구하는 데 소요된 시간, 점수, 실수 횟수가 제시된다. 에이미는 직관적인 인터페이스로 쉽게 탐색하고 학습할 수 있게 도우며, 학생들이 문제를 잘못 해결하는 경우에 자동으로 피드백을 제공하여 학생들이 막힘없이 문제를 해결할 수 있도록 도와서 완전 학습(mastery based learning)을 추구한다. 에이미는 부과된 과제에 대한 학생의 학습 진도 확인, 학생의 수학 개념에 대한 이해 정도 요약, 학생의 지식 격차를 채우기 위해 에이미가 추가한 개

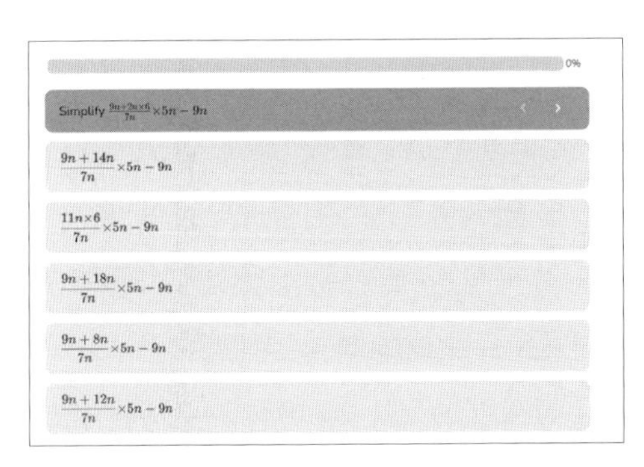

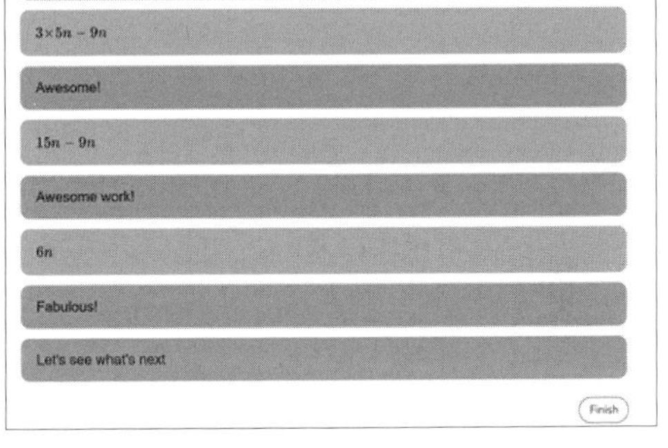

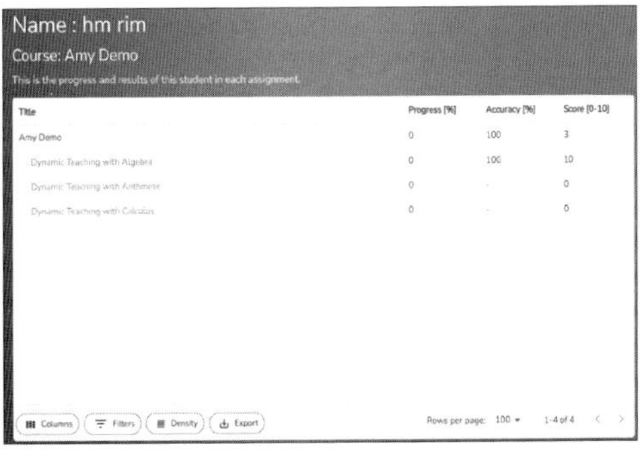

[그림 8-7] Amy의 문제 풀이 화면

출처: https://www.amy.app/

념들에 대한 리포트를 제공한다. 학생, 교사, 학부모는 학생의 학습 진행 상황과 이해도를 모니터링할 수 있으며 에이미는 학급에 모든 학생을 위한 튜터의 역할을 한다.

(5) 챗GPT

'챗GPT'(https://openai.com/gpt-4)는 미국의 OpenAI에서 개발된 GPT(Generative Pretrained Transformer) 모델을 바탕으로 한 자연어처리 인공지능 서비스이다. 최근 챗GPT에 대한 관심이 높아지면서 수학 교수-학습에 어떻게 활용할 것인지에 대한 논의가 뜨거워지고 있다. Wardat 등(2023)은 챗GPT는 학생들에게 수학에 대한 기초 지식과 다양한 주제를 제공해서 수학적 역량 신장에 도움을 줄 수 있지만 챗GPT의 특징을 알고 수학 교수-학습에 도입할 필요가 있다고 하였다.

챗GPT를 활용한 수학 수업의 특징과 고려할 점은 다음과 같다(Wardat et al., 2023). 첫째, 챗GPT는 현재에도 방대한 양의 데이터에 대한 교육으로 수학적인 연산 수행, 대수식 조작, 방정식 풀이, 복잡한 미적분 문제 등에 문제해결 능력을 보이고 있다. 둘째, 챗GPT는 일부 수학 문제에 대해 부정확하거나 불완전한 풀이를 제시할 수 있기 때문에 생성된 응답을 다른 출처와 교차 확인하여 신뢰성과 정확성을 확인해야 한다. 잠재적인 부정확성을 줄이려면 챗GPT에 정확하고 잘 정의된 내용을 입력하고 질문을 정교하게 할 필요가 있다. 셋째, 챗GPT는 수학 문제 풀이에 대한 즉각적인 피드백과 지원을 제공할 수 있고 개별 학생의 요구와 속도에 적합한 맞춤형 도움을 제공할 수 있다. 반면에 학생들의 기술에 대한 과도한 의존 가능성을 갖게 할 수 있으며 사람 간 상호작용이 줄어들 가능성이 있다. 넷째, 개인정보 보호, 지적 재산권 및 책임 문제와 같이 챗GPT 사용의 윤리적 · 법적 영향을 고려하고 해당 분야의 관련 규정을 준수해야 한다.

[그림 8-8]의 (a)는 챗GPT에 "중학교 학생들이 이해할 수 있는 용어를 사용해서 피타고라스 정리를 설명하시오. 이때 피타고라스 정리의 예를 포함하시오."라는 질문을 한 결과로, 챗GPT는 질문의 의도에 맞게 피타고라스 정리에 대한 상세한 설명을 제시하고 있으며, 이는 학생과 교사에게 모두 도움이 될 수 있다. 한편, [그림 8-8]의 (b)는 "삼각형에서 두 변의 길이가 3, 4일 때 나머지 한 변의 길이를 구하시오."라는 질문에 대한 답으로 챗GPT는 주어진 삼각형이 직각삼각형인지 분명하지도 않고 어떤 변이 빗변의 길이인지 명확하지 않음에도 나머지 한 변의 길이를 5로 답하고 있다. 이처럼 챗GPT가 수학적으로 옳지 않은 답을 제시하는 경우가 있기 때문에 챗GPT를 교수-학습에 활용하려면 정교하게 질문을 하고 답을 확인하는 절차가 필요하다.

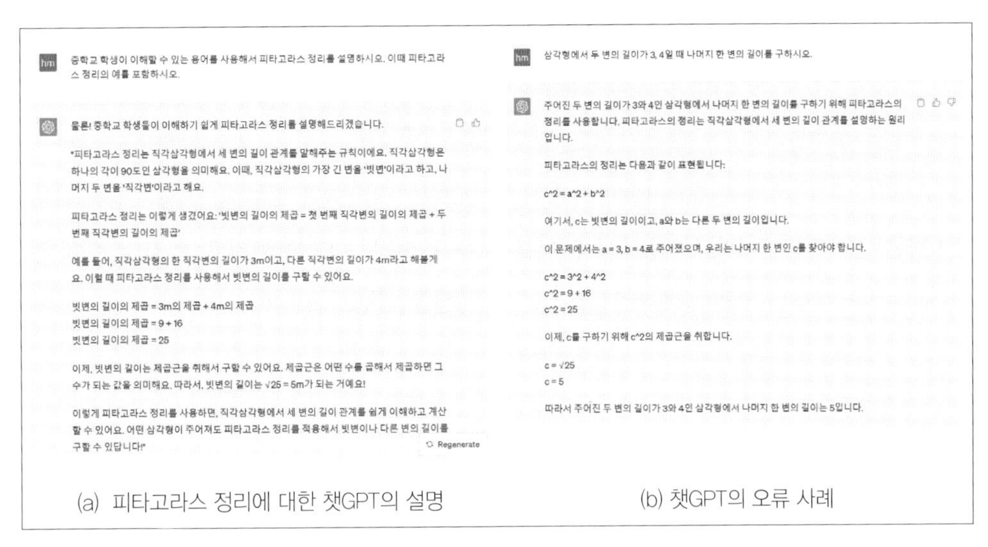

(a) 피타고라스 정리에 대한 챗GPT의 설명 (b) 챗GPT의 오류 사례

[그림 8-8] **챗GPT를 활용한 수학 개념 설명 및 오류**

출처: https://openai.com/gpt-4

한편, Dao와 Le(2023)는 베트남의 국가수준 고등학교 졸업시험 수학 문제를 챗GPT로 풀이한 결과, 지식이나 이해를 묻는 문항에는 정답률이 높았으나 적용력을 요구하는 난이도가 높은 문항에 대해서는 정답률이 매우 낮았으며, 향후 수학교육에 적용을 위해서는 그래픽을 포함한 문항이나 복잡한 문제해결에 대한 챗GPT의 적용력을 높일 필요가 있다고 하였다.

최근 우리나라에서도 챗GPT를 수학교육에 적용하기 위한 연구들이 다수 이루어지고 있다. 권오남 등(2023)은 국가수준 학업성취도 평가 및 대학수학능력시험 문제에 대한 챗GPT의 응답을 분석한 결과 각 평가의 정답률이 각각 37.1%, 15.97%로 나타났으나 정답률만으로 챗GPT의 성능을 판단할 수는 없으며, 이후 Wolfram Alpha와 같은 수학 기반 프로그램이 탑재된 챗GPT의 수학 문제 풀이 수행 능력을 확인해 보는 등의 시도가 요구된다고 하였다. 챗GPT는 빠른 속도로 성능이 개선되고 있기 때문에 향후 수학교육에서 교수-학습의 도구로 폭넓게 활용될 수 있을 것으로 보인다.

2) 인공지능을 위한 수학

최근 생활 곳곳에서 활용되는 인공지능의 원리를 살펴보면 수학이 많이 활용되고 있음을 알 수 있다. 예를 들어, 일상생활에서 사용되는 자료는 컴퓨터가 처리할 수 있는 벡터로 나타낼 수 있으며, 벡터의 내적이나 연산을 통해 텍스트 유사도를 구하거나 분류하는 등의 분석을 할 수 있다. 만약 '수학은 아름답다.'와 '수학은 중요하다. 인공지능에서도 수학은 중요하다.'라는 텍스트가 있을 때, 앞의 문장의 단어 사전은 집합 A={수학은, 아름답다}로, 두 번째 문장의 단어 사전은 집합 B={수학은, 중요하다, 인공지능에서도}로 나타낼 수 있다. 이때 두 문장의 단어를 모두 표현하는 단어 사전은 A∪B={수학은, 중요하다, 아름답다, 인공지능에서도} 등으로 나타낼 수 있는데, A∪B에 있는 단어로 이루어진 문장을 단어의 출현 빈도로 나타내면 첫 번째 문장인 '수학은 아름답다.'는 벡터 (1, 0, 1, 0)으로 나타낼 수 있고, 두 번째 문장인 '수학은 중요하다. 인공지능에서도 수학은 중요하다.'는 벡터 (2, 2, 0, 1)로 표현할 수 있다(교육부, 한국과학창의재단, 2021a).

이처럼 벡터를 사용하면 다양한 글이나 논문에 포함된 주요 키워드를 추출하여 해당 글의 주제를 분류할 수도 있다. 과학에 관한 글에는 '법칙' '가설'과 같은 단어가 많이 포함되고, 인문학에 관한 글에는 '사상' '심리'와 같은 단어가 포함되어 있을 가능성이 높다. 〈표 8-1〉은 어떤 글이 과학과 인문 분야 중 어디에 해당하는지를 분류하기 위해 각 분야의 주요 키워드 6개를 출현 빈도를 가중치로 두어 나타낸 표이다. 즉, 과학 분야는 (6, 1, 3, 1, 1, 0), 인문 분야는 (2, 6, 2, 0, 1, 2)라는 벡터로 나타낼 수 있다(교육부, 한국과학창의재단, 2021a).

〈표 8-1〉 **텍스트 분류를 위한 키워드 출현 빈도**

	1	2	3	4	5	6
	법칙	사상	가설	입자	지능	심리
과학 분야의 글	6	1	3	1	1	0
인문 분야의 글	2	6	2	0	1	2

출처: 교육부, 한국과학창의재단(2021a).

만약 문서 A와 문서 B가 각각 어떤 분야의 문서인지 알고자 한다고 하자. 이때 문서 A가 나타내는 벡터는 (1, 3, 1, 0, 1, 1)이고 문서 B가 나타내는 벡터를 (3, 1, 2, 0, 1, 0)이라 할 때, 이 벡터가 과학 분야를 나타내는 벡터 (6, 1, 3, 1, 1, 0)과 인문 분야를 나타내는 벡터 (2, 6, 2, 0, 1, 2) 중에 어느 벡터와 거리가 더 가까운지를 계산하여 문서를 분류할 수 있을 것이다. 이처럼 벡터 사이의 거리로 유사도를 구하는 것을 '유클리드 유사도(Euclid similarity)'라고 하는데, 이 문서 A와 과학 분야와의 유사도는 $\sqrt{(6-1)^2+(1-3)^2+(3-1)^2+(1-0)^2+(1-1)^2+(0-1)^2}=\sqrt{35}$이고, 인문 분야와의 유사도는 $\sqrt{12}$이므로 문서 A는 인문 분야의 문서로 판단할 수 있고, 같은 방법으로 문서 B는 과학 분야의 문서로 분류할 수 있다.

한편, 인공지능이 처리하는 이미지 자료는 행렬을 이용하여 나타낼 수 있다. 흑백 이미지를 표현할 때에는 각 픽셀에서 검은색은 0, 흰색은 255로 두고, 그 사이의 회색은 광원의 세기에 따라 1부터 254까지의 수로 나타낼 수 있는데, [그림 8-9]에 제시된 이미지에서 해당 부분은 색상을 분석하여 행렬로 표현할 수 있다. 컬러 이미지에서 각 픽셀의 색상 정보는 (R, G B)의 순서쌍으로 나타나는데, 각 픽셀의 색상 정보를 RGB 채널로 분리하여 세 행렬 R, G, B로 변화하여 나타낼 수 있다. 이렇게 이미지를 행렬로 표현하면 행렬의 연산을 이용하여 두 개의 이미지를 겹치거나 일부를 제거할 수 있고 음영을 조절하거나 변환을 하는 등의 다양한 처리를 수학적 계산을 통해 처리할 수 있다.

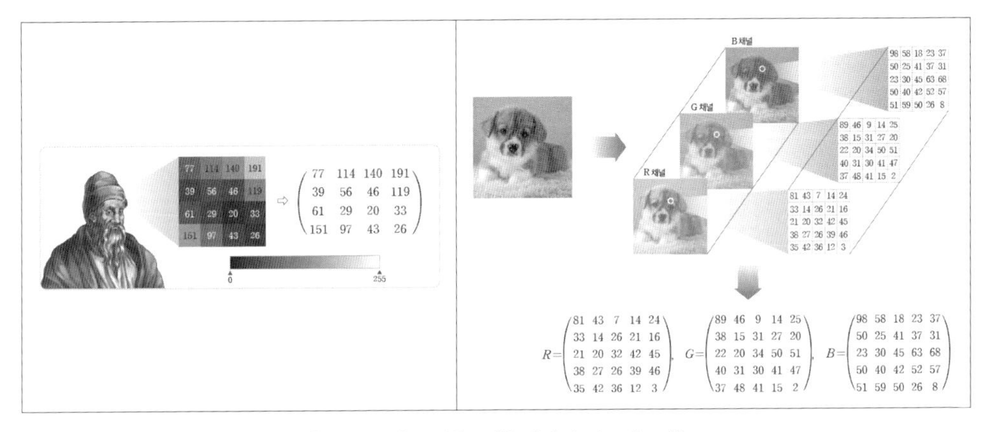

[그림 8-9] 행렬을 통한 이미지 자료의 표현

출처: 황선욱 외(2021).

인공지능이 수행하는 의사결정 행동인 분류(classification)와 예측(prediction)을 컴퓨터가 체계적으로 진행하기 위해서 어떻게 기준을 정하고 수학적 방법을 적용할 수 있는지와 관련해서는 행렬과 벡터, 함수와 최적화, 확률, 통계 등의 여러 가지 수학적 방법이 활용된다. 이때 최적화는 분류와 예측의 정확도를 높이기 위한 인공지능의 핵심이 되는 요소인데, 대량의 자료를 이용한 인공지능의 학습 과정을 통해 손실함수를 최소화하는 과정에서 인공지능 모델의 매개변수를 찾는 과정을 최적화라 하며, 이때 미분에 대한 이해가 요구된다(교육부, 한국과학창의재단, 2020. 8.). 이 밖에도 고호경(2020)은 선행연구 분석을 통해 인공지능 기능을 데이터 표현, 데이터 분석, 텍스트 마이닝, 클러스터링과 신경망, 비지도학습과 신경망, 예측, 최적화로 구분하여 이와 관련된 핵심 수학 내용을

〈표 8-2〉 인공지능 기능에 따른 관련 주요 수학 내용

인공지능 기능	관련 수학 내용
데이터 표현	행렬의 연산, 행렬식, 벡터, 내적
데이터 분석	확률, 조건부 확률, 베이즈 법칙, 상관계수, 상관관계와 인과관계
텍스트 마이닝	상대도수, 평균, 표준편차
클러스터링, 신경망	유향/무향 그래프, 중심성, 인접행렬, 일차함수, 지수함수, 시그모이드(로지스틱) 함수, 유클리드 거리, 3차원 좌표계
비지도학습, 신경망	단순회귀분석, 다중회귀분석, 결정계수, 로지스틱 회귀분석, 코사인 유사도
예측	베이지안 의사결정, 사전/사후 확률
최적화	2변수 함수, 2변수 함수의 그래프, 미분, 편미분, 일차함수, 손실함수, 경사하강법

출처: 고호경(2020).

〈표 8-2〉와 같이 제시했다.

이렇듯 지능정보사회로의 변화 과정에서 미래 세대들의 인공지능의 역량을 강화하기 위한 수학 내용은 무엇이며 이를 어떻게 가르쳐야 할 것인지는 매우 중요한 교육 문제로 대두되고 있다. 이은경(2020)은 우리나라, 미국, 중국, EU의 초·중등학교 AI 교육과정을 분석했는데, 공통적으로 AI의 개념, 지식표현, 추론, 머신러닝, 인공신경망을 핵심 주제로 다루고 있지만, 인공지능의 주요 알고리즘을 이해하기 위해 선행되어야 하는 수학교육에 대한 연구 및 정책에 대한 보완이 필요하다고 보았다. 일본은 인공지능 사회에서 수리, 데이터 과학과 함께 인공지능 역량이 필수적이라고 판단하고 'AI 전략 2019'를 수립하고, 딥러닝의 기반이 되는 수학에 초점을 맞추어 딥러닝이 어떻게 작동하는지 설명하는 교재를 개발하여 보급하고 있다(교육부, 한국과학창의재단, 2020. 8.).

우리나라에서 인공지능을 위한 수학에 대한 논의가 구체화된 것이 바로 2020년 고시된 '인공지능 수학' 과목이다. 2020년 교육부가 제시한 '2015 개정 수학과 교육과정'에 따른 진로 선택 과목인 '인공지능 수학'은 인공지능 분야에서 수학이 어떻게 활용되는지 인공지능의 원리 및 이에 적용되는 수학적 원리를 이해하는 과목으로, 교과서가 개발된 뒤 2021학년도 2학기부터 현장 적용되었다. 이 과목의 목표는 지능정보사회의 핵심 기술인 인공지능을 이용하여 실생활의 다양한 문제를 해결할 때 수학을 어떻게 활용하는지 이해하며, 수학의 가치를 인식하고 미래 사회가 필요로 하는 역량을 기르는 데 있으며, 세부 목표는 다음과 같이 각각 지식·이해의 측면, 역량의 측면, 수학적 태도의 측면으로 구성된다.

- 인공지능에서 수학이 이용되는 다양한 사례를 찾아보고 자료를 수학적으로 표현하는 방법, 자료를 기반으로 분류하거나 예측하는 방법, 최적화를 통해 합리적으로 의사 결정하는 과정을 경험한다.
- 수학적으로 추론하고 의사소통하며, 창의 · 융합적 사고와 정보 처리 능력을 바탕으로 인공지능에서 수학이 활용됨을 이해하고 문제를 합리적이고 창의적으로 해결하는 과정을 경험한다.
- 인공지능 수학에 대한 흥미와 자신감을 갖고 수학의 역할과 가치를 이해하며 수학 학습자로서 바람직한 태도와 실천 능력을 기른다.

'인공지능 수학' 과목은 '인공지능과 수학' '자료의 표현' '분류와 예측' '최적화'의 4개의 영역/핵심개념으로 구성된다. 첫째, '인공지능과 수학'에는 수학적 개념이나 원리를 자세히 다루기보다는 인공지능에서 어떻게 활용되는지를 중심으로 다루도록 하였고, 인공지능에서 수학이 활용될 때 관련되는 주요 수학적 개념이나 원리에 대한 관련 학습 요소로는 진리표와 순서도가 있다. 둘째, '자료의 표현'에는 텍스트 자료나 이미지 자료를 수학을 이용하여 표현할 수 있도록 하였고, 관련 학습 요소로는 벡터와 행렬이 있다. 셋째, '분류와 예측'에서는 인공지능을 이용하여 자료를 판별 · 정리 · 분석하고 패턴을 찾아 새로운 대상에 대한 분류와 예측을 수행하며, 이때 확률과 자료의 시각화, 함수 등을 활용할 수 있도록 했다. 관련 학습 요소로는 유사도, 추세선, 조건부확률이 있다. 넷째, '최적화'에는 주어진 자료에 가장 적합한 의사 결정 모델을 찾기 위해 함수를 만들고 최솟값 또는 최댓값을 찾아 문제를 해결할 수 있도록 했는데, 관련 학습 요소로는 함수의 극한, 이차함수의 미분계수, 손실함수, 경사하강법이 있다(교육부, 2020c). '인공지능 수학' 과목의 내용 체계 및 성취기준은 〈표 8-3〉과 같다.

〈표 8-3〉 2015 개정에서 '인공지능 수학' 과목의 내용 체계와 성취기준

영역/핵심 개념	일반화된 지식	내용 요소	성취기준	관련 학습 요소
인공지능과 수학	수학은 인공지능의 발전을 이끌어 왔으며, 인공지능 기술 전반에 활용되고 있다.	• 인공지능과 관련된 수학	• 인공지능의 발전에 기여한 역사적 사례에서 수학이 어떻게 활용되었는지를 이해한다. • 인공지능에 수학이 활용되는 다양한 예를 찾을 수 있다.	• 진리표 • 순서도

자료의 표현	수와 수학 기호는 자료를 효과적으로 표현할 수 있는 도구이고, 인공지능이 다루는 자료는 수학을 이용하여 표현된다.	• 텍스트 자료의 표현	• 수와 수학 기호를 이용하여 실생활의 텍스트 자료를 목적에 알맞게 표현할 수 있다. • 수와 수학 기호로 표현된 텍스트 자료를 처리하는 수학 원리를 이해하고 자료를 시각화할 수 있다.	• 벡터 • 행렬
		• 이미지 자료의 표현	• 수와 수학 기호를 이용하여 실생활의 이미지 자료를 목적에 알맞게 표현할 수 있다. • 수와 수학 기호로 표현된 이미지 자료를 처리하는 수학 원리를 이해한다.	
분류와 예측	인공지능을 이용하면 자료를 정리 · 분석하고 패턴을 찾아 새로운 대상에 대한 분류와 예측을 할 수 있으며, 이때 확률과 함수 등이 활용된다.	• 자료의 분류	• 인공지능을 이용하여 텍스트를 분류하는 수학적 방법을 이해한다. • 인공지능을 이용하여 이미지를 분류하는 수학적 방법을 이해한다.	• 유사도 • 추세선 • 조건부확률
		• 경향성과 예측	• 자료를 분석하여 사건이 일어날 확률을 구하고 예측에 이용할 수 있다. • 자료의 경향성을 추세선으로 나타내고, 예측에 이용할 수 있다.	
최적화	인공지능은 자료를 기반으로 합리적인 의사결정을 내리는 기술을 제공하고, 이때 주어진 자료에 가장 적합한 의사 결정 모델을 찾기 위해 함수를 만들고 최적화하여 문제를 해결한다.	• 최적화와 의사결정	• 주어진 자료로부터 분류와 예측을 할 때, 오차를 표현할 수 있는 함수를 구성하는 원리와 방법을 이해한다. • 함수의 최솟값 또는 최댓값을 찾아 최적화된 의사 결정 방법을 이해한다. • 합리적 의사 결정과 관련된 인공지능 수학 탐구 주제를 선정하여 탐구를 수행한다.	• 함수의 극한 • 이차함수의 미분계수 • 손실함수 • 경사 하강법

출처: 교육부(2020b).

2020년에 발표된 수학과 교육과정에서는 '인공지능 수학' 과목의 교수-학습에서 텍스트 코딩을 포함하여 공학 도구를 활용을 다룰 것을 다음과 같이 강조하고 있다(교육부, 2020b).

• 공학적 도구를 활용하여 인공지능 기술을 직접 시연해 볼 수 있는 환경을 제공함으로써 인공지능에 활용되는 수학을 경험할 수 있는 기회를 제공한다.

- 공학적 도구로 PC나 모바일 기기를 활용할 수 있으며, 설치형 또는 웹 기반의 소프트웨어를 사용하여 텍스트 코딩을 다룰 수 있다.
- 텍스트 코딩을 다룰 때는 학생들이 직관적으로 이해할 수 있는 수준으로 작성된 프로그램의 코드를 제공하여 프로그래밍에 대한 부담을 느끼지 않게 하고, 제공된 프로그램 코드의 숫자를 학생이 부분적으로 수정하면서 자연스럽게 활용할 수 있도록 한다.

이후 2022 개정 수학과 교육과정에서는 이를 바탕으로 '인공지능 수학' 과목의 내용 체계표, 성취기준 등이 〈표 8-4〉와 같이 변화되었다(교육부, 2022d). 2022 개정에서는 지식·이해가 '인공지능과 빅데이터' ' 텍스트 데이터 처리' '이미지 데이터 처리' '예측과 최적화' '인공지능과 수학 탐구'로 내용 요소 면에서 2015 개정에서와 유사하게 구성되었다. '인공지능 수학'은 인공지능 수학과 관련된 개념·원리·법칙을 이해하고 수학의 가치를 인식하며 바람직한 수학적 태도를 길러 수학적으로 추론하고 의사소통하며, 다양한 현상과 연결하여 정보를 처리하고 문제를 창의적으로 해결하는 수학교과 역량을 함양하는 것을 목표로 한다. 이 과목의 세부 목표는 다음과 같다.

- 인공지능과 관련된 수학을 이해하고 활용하여 적극적이고 자신감 있게 여러 가지 문제를 해결한다.
- 인공지능과 관련된 수학에 흥미와 관심을 갖고 추측과 정당화를 통해 추론한다.
- 인공지능에서 활용되는 수학적 사고와 전략에 대해 의사소통하고 수학적 표현의 편리함을 인식한다.
- 인공지능과 관련된 수학의 개념, 원리, 법칙 간의 연결성을 탐구하고 실생활이나 타 교과에 수학을 적용하여 수학의 유용성을 인식한다.
- 목적에 맞게 교구나 공학 도구를 활용하며 자료를 수집하고 처리하여 정보에 근거한 합리적 의사 결정을 한다.

〈표 8-4〉 2022 개정에서 '인공지능 수학' 과목의 내용 체계와 성취기준

핵심 아이디어	• 수학은 인공지능의 기반이 되며 인공지능 기술 전반에 활용된다. • 집합, 벡터, 행렬 등은 인공지능의 데이터 처리에 이용된다. • 확률, 함수, 미분 등에 기반한 인공지능 기술은 데이터의 경향성을 파악하고 최적화하며 합리적인 의사 결정을 하는 데 활용된다. • 인공지능으로 실생활 문제를 해결하는 과정에는 수학적 원리가 활용된다.

범주	구분	내용 요소	성취기준
지식·이해	인공지능과 빅데이터	• 인공지능의 개념과 역사 • 빅데이터와 인공지능	• 인공지능의 개념을 이해하고 학습 방식을 수학적으로 해석할 수 있다. • 인공지능에서 수학을 활용한 역사적 사례를 탐구하고 설명할 수 있다. • 빅데이터의 개념과 특성을 알고 인공지능에서 빅데이터를 활용한 사례를 찾을 수 있다.
	텍스트 데이터 처리	• 텍스트 데이터 표현 • 텍스트 데이터 분석	• 집합과 벡터를 이용하여 텍스트 데이터를 목적에 맞게 표현할 수 있다. • 빈도수 벡터를 이용하여 텍스트 데이터를 요약하고 유용한 정보를 추출할 수 있다. • 인공지능이 텍스트를 특성에 따라 분석하는 수학적 방법을 설명할 수 있다.
	이미지 데이터 처리	• 이미지 데이터 표현 • 이미지 데이터 분석	• 행렬을 이용하여 이미지 데이터를 목적에 맞게 표현할 수 있다. • 행렬의 연산을 이용하여 이미지 데이터를 다양하게 변환할 수 있다. • 인공지능이 이미지를 자동으로 분류하는 수학적 방법을 설명할 수 있다.
	예측과 최적화	• 경향성과 예측 • 최적화	• 데이터를 분석하여 사건이 일어날 확률을 구하고 이를 예측에 이용할 수 있다. • 공학 도구를 사용하여 데이터의 경향성을 추세선으로 나타내고 이를 예측에 이용할 수 있다. • 손실함수를 이해하고 최적화된 추세선을 찾을 수 있다. • 경사 하강법을 이해하고 최적화된 예측을 위한 인공지능의 학습 방법을 설명할 수 있다.
	인공지능과 수학 탐구	• 합리적 의사 결정 • 인공지능과 수학 탐구	• 수학적 원리를 이용하여 인공지능이 실생활 문제를 합리적으로 해결하는 사례를 찾을 수 있다. • 인공지능과 관련된 수학 주제를 선정하여 탐구할 수 있다.
과정·기능		• 인공지능을 사용하여 합리적으로 문제해결하기 • 인공지능의 학습방식을 수학적으로 해석하기 • 인공지능과 관련된 수학의 개념, 원리, 법칙 탐구하기 • 최적화된 예측을 위한 추세선 찾기 • 데이터를 목적에 맞게 표현하기 • 인공지능과 관련된 수학의 원리와 방법 설명하기	

	• 인공지능을 위한 빅데이터의 활용 방법 찾기 • 수학적 표현을 사용하며 데이터 변환하기 • 데이터를 요약하고 유용한 정보 추출하기 • 수학적 원리 및 공학 도구를 예측에 이용하기
가치 · 태도	• 데이터 편향성을 고려하여 공정성을 추구하는 태도 • 데이터를 표현하는 수단으로서 수학적 표현의 유용성 인식 • 수학적 원리를 이용한 최적화 과정을 통해 합리적으로 의사 결정하는 태도 • 인공지능에 활용되는 수학적 원리에 대한 흥미

출처: 교육부(2022d).

한편, 2022 개정에 따른 '인공지능 수학'에서는 교수–학습 방법에서 "공학 도구를 활용하여 빅데이터의 수집, 데이터 처리, 분석 및 예측, 시각화 등 인공지능에 활용되는 수학을 경험할 수 있도록 한다."는 언급을 하였으나, 2015 개정에서와 비교하여 오히려 과목 특성에 맞는 공학 도구의 활용을 제안하지 않고 있어서 텍스트 코딩 등 인공지능 수학과 관련된 공학 도구의 활용이 상대적으로 구체성이 낮아진 경향이 있다.

2. 수학교과에서 인공지능 관련 쟁점 및 이슈

수학의 위계적 특성은 인공지능을 기반으로 한 교수–학습 및 평가를 설계하기에 적합하며 역으로 인공지능을 통해 수학을 학습할 때 맞춤형 지원을 받을 수 있다는 긍정적인 효과를 기대하게 한다. 그러나 인공지능이 학교 수학 수업에 효과적으로 활용되려면 양질의 인공지능 기반 콘텐츠 및 시스템이 개발되어야 하고 교육 환경이 조성되어야 한다. 또한 인공지능을 기반으로 한 수학교육이 의미 있게 이루어지려면 수학 교사의 역량 신장과 관련 연구가 필요하다.

한편, 수학적 지식은 인공지능을 개발하거나 그 원리를 이해하는 데 기본이 되기 때문에 학교교육에서 다루는 어떤 교과보다 인공지능과 밀접한 관계를 갖는다고 볼 수 있다. 앞서 '인공지능 수학' 과목에서 다루는 문제를 깊이 있게 이해하려면 Python 등을 이용한 프로그래밍에 대한 이해가 요구되는데, 수학교육에서 어느 수준으로 프로그래밍을 다룰 것인지에 대한 부분 또한 인공지능과 관련된 수학교과의 중요한 쟁점 중 하나로 볼 수 있다.

1) 인공지능 수학 교수-학습 시스템 개발 및 환경 구축

인공지능 기반 수학 교수-학습은 개별화 수업이 가능하게 하여 학습 결손을 보완해 줄 뿐만 아니라 다양한 수준을 가진 학습자의 요구를 충족시킬 수 있다. 또한 전통적인 수학과 교육과정에서 간과했던 새로운 수학 탐구 기회를 제공하고 컴퓨팅 사고력 신장에도 기여한다(Gadanidis, 2017). 이러한 인공지능 기반 수학교육의 효과성을 높이려면 양질의 시스템을 개발하고 제공하는 수학 콘텐츠의 질을 높여야 한다(박만구, 2020).

그러나 현재 국내에서 적용되고 있는 인공지능 수학 교수-학습 시스템의 대부분은 문제 풀이 위주이거나 단편적 피드백, 단순 시각화된 학습 데이터 등을 제공하는 경향이 있다. 또한 단원별로 강의가 제공되고 유사한 유형의 문제 풀이가 반복되는 데에서 흥미를 잃을 수 있기 때문에(임미인, 김혜미, 남지현, 홍옥수, 2021), 정확한 학습 진단과 분석을 바탕으로 학습자 수준이나 결손 지점 등을 명확히 파악하여 질 좋은 맞춤형 콘텐츠와 문제를 제공하고 교육적 이론을 바탕으로 한 동기 유발, 스캐폴딩 등을 적시에 제공할 수 있도록 인공지능 수학 교수-학습 시스템과 콘텐츠가 개선될 필요가 있다(이봉규, 정경욱, 이원경, 2022).

교육부는 '모두를 위한 맞춤형 교육'을 실현하는 것을 목표로 2025년부터 인공지능형 디지털 교과서를 도입하는 계획을 수립하고 있다. 인공지능형 디지털 교과서는 서책형 교과서를 디지털화한 것을 넘어 지능형 튜터링 시스템이나 대화형 인공지능과 같은 첨단 기술을 도입하여 학생 수준을 분석하고 이에 적합한 문제 풀이와 자료를 자동으로 추천하며, 수업 중 축적된 수업 참여도, 과제 수행률, 학습 패턴과 진도율 등 모든 데이터를 축적하고 분석하여 교사와 학생에게 제공할 계획이다. 그러나 인공지능형 디지털 교과서가 기존의 디지털 교과서의 한계를 넘어서 현장의 높은 기대를 충족시키고 활용도를 높이기 위한 양질의 시스템 구축과 콘텐츠 개발을 위한 충분한 재정적 지원이 이루어져야 한다.

이 장에서 제시하고 있는 수학교과에서의 인공지능 적용 사례 중 카네기 멜론 대학교에서 개발한 매시아(MATHia)는 지속적인 연구와 지원을 바탕으로 20년 이상 개발되어 온 시스템으로 학생들이 수학 개념을 이해하고 있는지를 매우 세분화된 단위로 확인하여 초점화된 피드백을 제공하고 학습 과정과 결과를 면밀하게 분석하여 교수-학습을 돕는다. 노리수학의 'Walk Me Through'도 실제 교사와 대화하는 방식으로 문제해결 절차에 대한 충실한 도움을 제공한다. 이 밖에도 ALEKS(Assessment and Learning in

Knowledge Spaces) (https://www.aleks.com/) 등의 우수한 인공지능 기반 수학 교수-학습 시스템의 기능과 효과, 관련 연구물을 분석하여 이를 능가하는 콘텐츠와 시스템 개발을 위해 지속적인 연구가 필요하다.

또한 양질의 시스템이 개발된다 하더라도 이 시스템을 활용할 수 있는 물리적 환경이 구축되지 않으면 현장 적용이 어려운 만큼, 원활한 인공지능 기반 교수-학습이 이루어질 수 있도록 교실 환경이 개선될 필요가 있다. 학생 개인의 디지털 기기를 제공하고 무선 인터넷망을 원활하게 사용할 수 있으며, 소집단 학습과 토론이 원활하게 이루어질 수 있는 미래형 수학 교실이 구축되어야 할 것이다.

2) 인공지능 관련 수업을 위한 수학 교사의 역량 신장

인공지능 기반 교육에서 가장 많은 논쟁을 불러일으키는 것 중의 하나가 교사의 역할에 대한 것이다. 교사는 인공지능 기반 교육을 위한 전문적 지식을 갖추고 이에 대한 교수효능감을 갖추어야 한다. 인공지능 교수효능감이란 인공지능 교육을 수행하기 위해 가지고 있는 교사 스스로에 대한 신념 정도를 의미하는데, 이소율, 김성원과 이영준(2021)은 인공지능 교수효능감 검사도구(Artificial Intelligence Teaching Efficacy Belief Instrument: AI-TEBI)를 개발했으며, 박희정 등(2021)은 정보(SW · AI) 교수효능감 측정도구를 개발하여 인공지능 교육과 관련한 교수효능감을 측정하는 방안을 제시한 바 있다. 인공지능 수학 교수-학습 시스템은 교사를 대신할 수 없으며, 수학 수업에서 교사는 시스템이 제공하는 보고서를 제공받고 해석하는 능력을 넘어서서 시스템을 교육과정과 본인의 수업의 맞게 조정할 수 있는 역량과 권한을 가져야 한다. 김세영과 조미경(2022)은 교사가 인공지능 기반 교육에서 교사가 주도적으로 할 수 있는 부분에 대한 구체적 논의가 이루어져야 한다고 하였다.

또한 '인공지능 수학' 과목을 가르칠 수 있는 교사의 전문성이 개발되어야 한다. '인공지능 수학'에서 다루고 있는 수학 내용의 범위는 대체로 고등학교 수준을 벗어나지 않지만, 이 과목을 충실하게 가르치려면 인공지능에 대한 기초적인 지식이나 인공지능에서 수학이 활용되는 맥락이나 방법, 공학 도구의 활용에 대한 지식이 요구된다. 따라서 일차적으로는 사범대학에서 예비 수학교사를 대상으로 한 교육이 이루어져야 하며, 현직 교사를 대상으로는 참여 연구형 연수와 교사 연구 공동체 등을 통한 재교육이 이루어져야 한다.

3) 수학교과에서의 프로그래밍의 도입에 대한 논의

최근 인공지능에 대한 관심이 높아지면서 컴퓨팅 사고력, 알고리즘적 사고, 프로그래밍을 수학과 교육과정에서 다룰 필요성이 높아지고 있다. 수학교육에서 알고리즘과 프로그래밍을 가장 적극적으로 다루고 있는 국가 중 하나인 프랑스는 수학과 교육과정에 '알고리즘과 프로그래밍' 영역을 두어 강조하고 있다. 이는 프랑스 과학한림원의 권고를 따른 것으로 중학교 모든 학년 교과서의 모든 단원에서 스크래치를 활용한 프로그래밍 활동을 다루며(이승우, 2020), 고등학교 교과서에서는 Python을 다루고 대학 입시인 바칼로레아 문항에도 알고리즘과 프로그래밍 관련 내용이 출제되고 있다. [그림 8-10]은 프랑스 교과서에서 해석 기하를 다루는 문제의 예이다(최인용 외, 2021).

원 $(x+1)^2+(y-4)^2=4$에 대하여 물음에 답하시오.

1. 주어진 방정식을 만족하는 원 C와 다음 직선의 교점을 구하시오.

   1) $x=-1$ 2) $x=-4$

2. 다음과 같이 프로그램이 주어져 있다. 질문 1의 값에 대해 프로그램을 실행하시오. 이 프로그램을 통해 어떤 결과가 나오는가?

```
1  from math import*
2
3  def Intersection(x):
4    if x <-3:
5      Solution =False
6      return(Solution)
7    elif x <=1:
8      Solution =True
9      n =4 - (x +1)**2
10     y1 =4 - sqrt(n)
11     y2 =4 + sqrt(n)
12     return(Solution, y1, y2)
13   else:
14     Solution =False
15     return(Solution)
```

3. x = 1일 때, 프로그램을 실행해 보시오. 어떤 결과가 나오는가?

[그림 8-10] **프랑스 수학 교과서에서의 알고리즘과 프로그래밍 예시**

출처: 최인용 외(2021).

그러나 우리나라는 2020년에 '인공지능 수학' 과목을 신설하고, 2022 개정 수학과 교육과정에도 해당 과목을 편제하였으나 교수-학습 방법에서 코딩이나 프로그래밍에 대한 제안은 오히려 약화되었다고 볼 수 있다. 처음 '인공지능 수학'을 개발할 당시 행렬, 벡터, 조건부 확률, 미분 등 인공지능 수학의 핵심 내용을 깊이 있게 다루어야 한다는 주장과 학교 현장에서 교사와 학생들이 쉽게 접근할 수 있게 수학 내용은 약화시키고 활용 측면을 강화해야 한다는 주장이 양립했으며, 최종 개발된 교육과정은 인공지능의 원리에 수학 개념이 어떻게 적용되는지를 이해하는 수준으로만 수학 개념을 최대한 직관적이고 비형식적으로 다루었다. 또한 교수-학습 방법에서 코딩 활용을 명시한 최초의 수학 과목이었으나 현장의 부담을 줄이기 위해 코딩을 다루는 부분은 매우 제한적이었고(구나영, 최인용, 2022), 2022 개정에서는 더욱 약화되어 기술된 측면이 있다.

서명희와 조민식(2023)은 '인공지능 수학' 수업에서 공학 도구인 Python은 쉬운 문법과 범용성으로 인해 고등학생들에게 충분히 적용할 수 있으며, 실생활에서 문제해결을 위해 사용할 수 있다고 보았다. 학생들은 Python에서 작성한 코드에 대한 실행 결과를 통해 수학적 아이디어와 그 표현을 검증하고 오류를 수정하는 과정에서 자신의 사고 및 행동을 반성할 수 있었으며, 시뮬레이션을 반복하여 조작하면서 학생 스스로 실행 결과를 관찰하고 이미 알고 있는 수학 내용을 점검 또는 적용하거나 새로운 수학적 개념을 이해하는 핵심적인 아이디어를 갖게 되었다는 연구 결과를 제시한 바 있다. '인공지능 수학' 과목의 목표를 고려할 때 알고리즘과 프로그래밍에 대한 비중을 높이고 프로그래밍을 다룰 필요가 있으며, 이 과목에 한정되지 않고 수학교과 전반에서 알고리즘과 프로그래밍 교육을 강화하는 방안에 대한 논의가 이루어져야 할 것이다.

요약 | 인공지능과 수학교육

● 정리하기

1. 수학교과에서 인공지능의 활용 사례

– 수학을 위한 인공지능

수학은 개념 위계가 뚜렷하고 논리의 사용을 기반으로 합리적인 추론의 구성을 요구한다는 점에서 인공지능과 유사점을 가짐. 이러한 수학교과의 특성은 인공지능 교수–학습 및 평가를 맞춤형, 단계형, 적응형으로 설계하기에 적합하기 때문에 수학교과에 대한 연구와 개발이 활발하게 이루어지고 있음. 특히 우리나라 교육부는 2020년 9월부터 인공지능을 초등 수학에 도입한 '똑똑! 수학탐험대'를 개발하여 현장에 적용 중이며, 국외에서도 '매시아(MATHia)' '노리수학(KnowRe Math)' '에이미(Amy)' 등 다양한 인공지능 수학 교수–학습 시스템이 개발, 운영 중에 있음. 최근 챗GPT를 수학 학습에 도입하려는 연구와 시도가 이루어지고 있으나 챗GPT가 교수–학습을 위해 개발된 인공지능 서비스가 아니기 때문에 이를 수학교육에 도입하려면 챗GPT의 특성에 대한 이해와 판단이 요구됨.

– 인공지능을 위한 수학

인공지능의 원리를 살펴보면 진법, 논리, 행렬, 벡터, 확률, 미분 등의 수학 지식이 많이 활용되고 있음을 알 수 있음. 우리나라는 2020년에 2015 개정 수학과 교육과정에 따른 고등학교 진로 선택 과목으로 '인공지능 수학'을 도입했으며, 2022 개정 수학과 교육과정에도 '인공지능 수학' 과목을 편제하였음. 이 과목에서는 '인공지능과 빅데이터' ' 텍스트 데이터 처리' '이미지 데이터 처리' '예측과 최적화' '인공지능과 수학 탐구'와 같은 인공지능 수학과 관련된 내용 주제를 다룸.

2. 수학교과에서 인공지능 관련 쟁점과 이슈

– 인공지능 수학 교수–학습 시스템 개발 및 환경 구축

인공지능 기반 수학 교수–학습은 개별화 수업이 가능하게 하여 학습 결손을 보완해 줄 뿐만 아니라 다양한 수준을 가진 학습자의 요구를 충족시킬 수 있음. 그러나 인공지능 기반 수학교육의 효과성을 높이려면 양질의 시스템을 개발하고 제공하는 수학 콘텐츠의 질을 높여야 함. 또한 원활한 현장 적용을 위해 인공지능 기반 교수–학습을 위한 물리적 환경이 구축되어야 함.

– 인공지능 관련 수업을 위한 수학 교사의 역량 신장

인공지능 기반 교육이 안정적이고 효과적으로 이루어지려면 인공지능 기반 교육을 위한 교사

의 전문적 지식 신장 및 교수효능감이 요구됨. 특히 예비 교사 교육, 현직 교사 연수, 교사 연구 공동체 등을 통해 '인공지능 수학' 과목을 가르칠 수 있는 교사의 전문성이 개발되어야 함.

– 수학교과에서의 프로그래밍의 도입에 대한 논의

최근 인공지능에 대한 관심이 높아지면서 컴퓨팅 사고력, 알고리즘적 사고, 프로그래밍을 수학과 교육과정에서 다룰 필요성이 높아지고 있음. 국외 동향을 고려할 때, 수학교과에서 Python 등을 활용한 코딩, 알고리즘과 프로그래밍을 어느 수준에서 다룰 것인지에 대한 연구와 합의가 필요함.

● 키워드

– 수학을 위한 인공지능, 인공지능을 위한 수학, '인공지능 수학'

인공지능과 영어교육

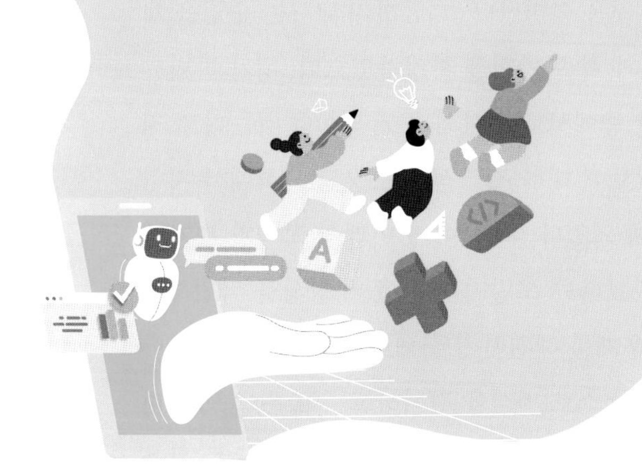

1. 영어교과에서 인공지능 활용 사례

1) 영어교육의 새물결

제4차 산업혁명, 빅데이터, 인공지능 등으로 대변되는 미래 사회의 가장 큰 특징 중 하나는 지식기반 사회에서의 탈피이다. 과거에는 많은 고객의 이름이나 전화번호를 얼마나 많이 암기할 수 있는지가 영업사원에게 요구되는 중요한 능력으로 여겨지던 시절도 있었다. 하지만 인터넷과 모바일 기기의 발전으로 인해 과거에는 상상도 못할 많은 정보를 휴대하며 온라인을 통해 공유할 수도 있고, 시간과 장소에 구애를 받지 않고 원하는 정보를 즉각적으로 검색하여 일상생활에서 활용할 수 있게 되었다. 이러한 편의성은 인공지능 기술의 보편화에 따라 더욱 가속화되고 있다. 그러한 이유로 인공지능(AI)이란 용어 대신 최근에는 AGI(Artificial General Intelligence)라는 용어가 사용되기도 한다.

챗GPT라는 챗봇형 인공지능이 공개되고 이러한 삶의 변화는 "하루하루가 다르다."라는 말을 절감할 정도로 급변하고 있다. 몇 년 전까지만 해도 인공지능이 데이터의 특성을 인식하여 자동으로 분류하는 개체명 인식(Named Entity Recognition: NER) 기술이나 검색 시 질문의 의미와 맥락을 파악하여 핀셋 정보를 제공하는 기계독해(Machine Reading Comprehension: MRC) 기술이 최신 기술이었지만, 이미 챗GPT에는 이러한 기술이 반영되었을 뿐만 아니라 소위 생성형 인공지능 기술도 탑재되어 글을 창작하는 등 사용자들을 놀라게 하고 있다. 이처럼 인공지능이 수집하여 학습하는 정보의 양과 속도는 인간이 처리할 수 있는 수준을 이미 훨씬 넘어 버렸다. 이는 미래 교실에서 요구되는 교사의 역할에도 많은 변화를 가져올 것이라는 것을 의미한다. 지금까지 교사는 수업을 계획하면서 수업의 목표를 설정하고 학습 내용과 학습 방법을 확정하였으며, 평가 방법까지 결정하는 교육의 주체자였다. 이러한 역할 중에서도 교사의 주된 역할을 꼽는다면 지식의 전달자라고 할 수 있다. 하지만 이제 정보에 대한 접근성이 보장된 사회에서 지식의 제공자로서 교사의 설 자리를 찾긴 힘들게 되었다. 더 나아가 미래의 교육과 평가에서는 학습한 지식과 직접 연계되는 문제 상황보다는 그렇지 않은 문제 상황을 직면하고 해결을 요구받을 확률이 크다. 따라서 결국 문제를 해결하기 위해서는 단순히 전달받아 기억하고 있는 지식을 활용하는 것이 아니라 스스로 지식을 검색하고 수많은 정보를 비판적으로 분석하며 그러한 정보 가운데 적합한 정보를 선별하여 이를 창의적으로 활용할 수 있어야 한다.

이러한 역량을 기존의 전통적인 지식기반 교육을 통해 과연 습득할 수 있을까? 이러한 맥락에서 미래 사회에서 요구되는 능력이자 미래 교육의 지향점으로 '학습자 주도성'이란 개념이 주목받고 있다. 우리는 이미 '학습자 자율성(learner autonomy)'이나 '자기주도적 학습(self-directed learning)'과 같이 '학습자 주도성(learner agency)'과 유사한 개념에 친숙하다. 하지만 이들 개념에는 차이가 있다. '학습자 자율성'의 경우 학습자 개인의 목표에만 초점을 두지만, '학습자 주도성'은 개인적 수준을 넘어 공동체적 수준까지 포함하는 개념이다. 또한 '자기주도적 학습'은 수업의 목표, 내용, 방법, 평가 방식과 같은 설계를 모두 교사가 결정하고 학습자는 정해진 틀 내에서 제공된 수업내용과 학습과제를 학습자의 주도로 수행하는 측면을 강조한 반면, '학습자 주도성'은 수업의 설계 단계에서부터 학습자가 참여하여 결국 교사-학생의 공동 주도성을 도출한다는 면에서 차이가 있다. 그뿐만 아니라 '자기주도적 학습'은 교과 내용에 한정하여 적용하는 개념이지만 '학습자 주도성'은 학생회, 동아리 활동 등 학생 자치 활동 및 비교과 활동에도 동시에 적용되는 개념이다(박상준, 2020). OECD(2018)에서 발표한 '교육의 미래와 기능 2030'을 보면 미래 교육에서 주목하는 핵심역량으로 '학습자 주도성'을 꼽기도 하였다. 물론 '학습자 주도성'의 주요 키워드들은 이미 우리에게 친숙한 용어들이다. 예를 들어, 학습자중심 관점, 창의적 문제해결력, 학생 주도의 학습, 협력 학습, 교사의 학습 지원, 소집단 학습, 개별 학습, 학습자의 자기 학습 책임, 능동적 학습, 자신의 학습 능력과 속도에 맞춘 학습, 그리고 학습자 주도성 기반 교수-학습 등이 여기에 해당되며 핵심적으로 크게 두 가지 개념을 꼽는다면 ① '학습계획 단계부터 학습자의 참여'와 ② '학습자 자신의 학습 능력과 속도에 맞춘 학습' 정도가 될 것이다. 과거에도 '수요자중심 교육과정'이나 '수요

조사'와 같은 개념들이 있었지만 이것이 교육현장에 얼마나 실제적으로 반영되었는지는 의문이다. 하지만 인공지능 기반 에듀테크의 발전은 지금까지 이상(ideal)의 수준에 머물렀던 이러한 개념들이 현실화 및 보편화될 수 있겠다는 가능성을 보여 준다.

2) 영어교육에서 인공지능의 활용

(1) 인공지능 스피커

영어교육에서 가장 먼저 활용된 인공지능 도구는 인공지능 스피커이다. 물론 인공지능 스피커(AI Speaker)를 처음 활용할 당시에는 언어교육 전용으로 개발된 것이 아니라 IoT(Internet of Things), 즉 인터넷 네트워크로 연결된 제품을 작동하는 사물인터넷이라는 기술이 접목된 제품을 활용하였다. 국내에서 가장 먼저 인공지능 스피커를 영어 수업에 사용한 공식적인 사례는 김재상(2017)의 연구이다.

김재상(2017)의 연구에서는 비록 소규모의 실험 연구이긴 하지만 초등학생들을 대상으로 인공지능 스피커인 아마존의 에코(Echo)를 활용하여 인공지능 스피커에 적합한 과업활동을 시도하였다. 김재상은 3단계의 과업활동을 개발하였는데, 1단계는 교사가 제시한 질문을 그대로 활용하는 통제과업(controlled task; 예: "How is the weather in London?")이고, 2단계는 부분적으로 학습자의 직접적 참여를 유도하는 안내과업(guided task; 예: "What is~?" 패턴 활용하기+"'workaholic'의 의미를 알아보세요.")이고, 3단계는 과업의 주제만 제시하여 학습자 스스로 문제해결을 시도하는 독립과업(independent task; 예: "미국의 수도는 어디인지 알아보세요.")으로 구성하였다. 일반적으로 학생 주도의 과업활동은 학습자의 과업 집중도와 참여도 향상 효과로 이어진다는 장점이 있다(Park &

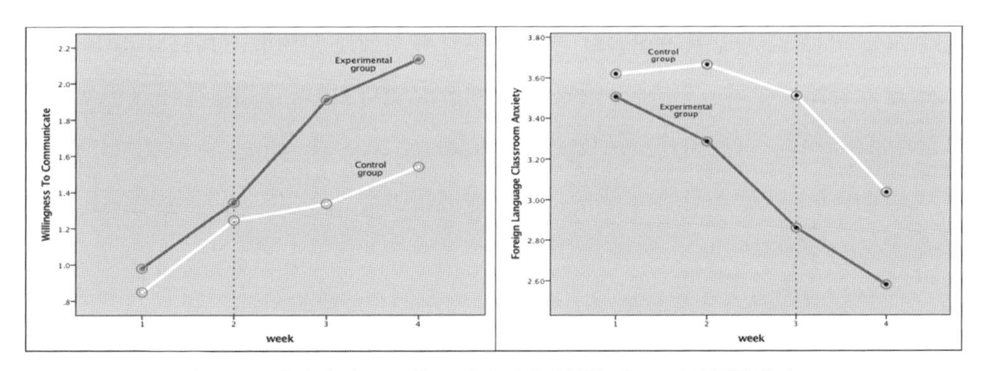

[그림 9-1] 발화 시도 노력(WTC)과 외국어 불안도(FLCA)의 변화 추이

출처: 김재상(2017).

Kim, 2018).

실제 실험결과, [그림 9-1]과 같이 발화 시도에서 인공지능 스피커에 기반한 과업을 수행한 실험집단이 시간이 지남에 따라 발화 시도 횟수가 늘었고, 교실 내 외국어 학습 불안 정도는 상대적으로 줄어드는 효과를 보였다.

한편, Kim(2018)은 김재상(2017)의 연구에서 활용한 과업의 유형을 포함하여 인공지능 스피커에 적합한 다양한 과업 활동 유형을 개발하였다. Kim(2018)은 ① 잡담 나누기(exchanging small talk), ② 수행 지시하기(commanding performance), ③ 정보 요청하기(asking for information), ④ 문제 해결하기(problem solving) 과업 유형이 AI 스피커 활용 시 최적화된 과업이라고 주장하였다.

(2) 챗봇

인공지능 기기에 탑재된 대화형 프로그램을 보통 챗봇(Chatbot)이라고 한다. 상업화된 초기 모델로는 스마트폰에 탑재된 애플의 시리(Siri), 삼성의 빅스비(Bixby)를 포함하며 인공지능 스피커인 에코의 알렉사나 구글홈의 구글 어시스턴트(Google Assistant)도 챗봇의 일종이며, 챗GPT 역시 챗봇이라고 할 수 있다. 챗봇의 정의는 인공지능 기술에 기반하여 인간처럼 대화를 나눌 수 있는 프로그램으로서 "챗터봇(ChatterBot)"(Mauldin, 1994)이라는 용어에서 시작되었다. 1996년에 최초의 챗봇인 Eliza가 개발되었고, 이 챗봇은 시나리오에 기반하여 특정 질문에 대하여 사전 입력된 답변만으로 대화를 수행할 수 있었다. 1975년에는 Eliza 기술에서 진일보된 챗봇인 Parry가 개발되었고, Parry는 처음으로 인간 대화와의 유사도를 평가하는 튜링 테스트(Turing Test)를 통과하였다. 이후에도 1995년부터 인공지능 기술에 기반하여 개발하기 시작한 A.L.I.C.E.(Artificial Linguistic Internet Computer Entity)는 AIML(Artificial Intelligence Markup Language)에 언어 자료를 입력하는 방식으로 개발된 챗봇으로 매년 최고의 챗봇에게 수여하는 뢰브너 상(Loebner Prize)을 수차례 수상하는 등 챗봇 개발에 한 획을 그었다. 이러한 대화형 챗봇이 외국어 학습에 활용된 대표적인 사례로는 Fryer와 Carpenter(2006)의 연구를 들 수 있다. 이들은 외국어 교육에서 챗봇의 활용이 다음과 같은 장점을 제공할 수 있다고 주장하였다.

- 챗봇과의 대화를 통해 학습자는 인간과 대화할 때보다 더 편안함을 느낄 수 있다.
- 챗봇과의 대화를 통한 반복은 일상적인 반복학습보다 지루하지 않다.
- 챗봇은 학습자의 듣기, 읽기, 말하기, 쓰기를 포함한 4기능의 의사소통 능력을 강화할 수 있는

텍스트나 다양한 발화 모드를 활용할 수 있다(Fryer & Carpenter, 2006).

이 밖에도 챗봇 관련한 흥미로운 연구 중 하나인 Abbasi와 Kazi(2014)의 연구에서는 같은 정보라도 구글과 같은 검색엔진을 통해 얻은 정보보다 챗봇이 대화하듯 제공한 정보가 기억 유지에 훨씬 유리하다고 보고하고 있다. [그림 9-2]는 구글 검색을 통해 얻은 정보와 Q&A 챗봇을 통해 얻은 지식 간의 기억 유지 정도, 그리고 그 정보를 활용한 학습 결과에 대한 차이를 비교하고 있다[[그림 9-2]의 우측 학습 성과(learning outcomes)표는 평균 및 표준편차(괄호)를 의미함].

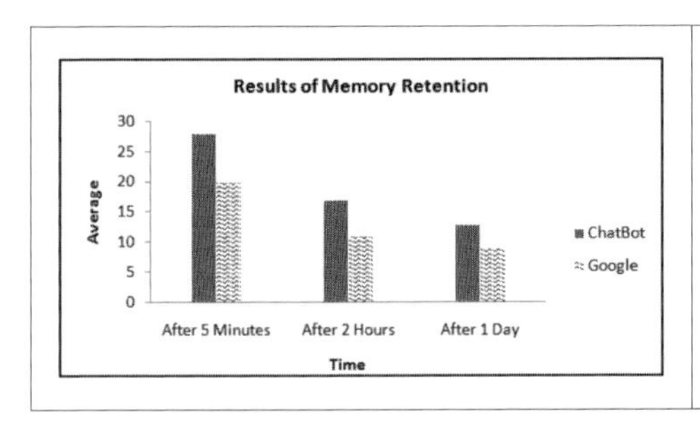

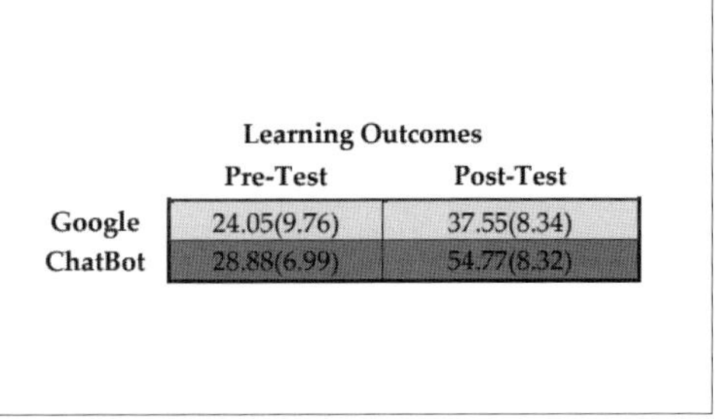

Learning Outcomes

	Pre-Test	Post-Test
Google	24.05(9.76)	37.55(8.34)
ChatBot	28.88(6.99)	54.77(8.32)

[그림 9-2] **발화 시도 노력과 외국어 불안도의 변화 추이**

출처: Abbasi & Kazi (2014).

[그림 9-2]에서 보여 주듯이, 긴 시간 격차는 아니지만 5분, 2시간, 1일 간격으로 기억량을 측정했을 때 학습자들은 구글 검색보다 Q&A 챗봇을 통해 획득한 정보를 더 오래 기억했고, 사전평가 대비 사후평가에서 더 높은 학습 향상을 보였다. 이는 대화와 같이 맥락이 주어진 상태에서 학습을 하는 것이 훨씬 효과적이라는 시사점을 제공한다.

이와 유사한 연구는 우리나라에서도 수행되었다. 이용상과 신동광(2020)은 Mitsuku (현재 Kuki, https://www.kuki.ai/)라는 챗봇을 활용하여 과업 기반의 온라인 영어 쓰기 평가를 수행하였다.

이용상과 신동광의 연구에서 학습자들은 태국과 스페인의 문화비교에 관한 에세이 작성에 관한 과업을 수행하기 위해 Mitsuku와 대화를 시도하였고, Mitsuku는 학습자들이 요구하는 정보를 검색하여 검색 링크를 제공하였다. [그림 9-3]의 상단의 캡처는 학습자와 Mitsuku의 대화를 캡처한 것이고, 좌측 하단의 캡처는 스페인의 축제 정보를 묻고 답하는 과정을, 우측 하단의 캡처는 Mitsuku가 제공한 스페인 축제 정보 사이트의 예시를 보여 준다. 교실 수업에서 이러한 방식의 챗봇 활용은 챗GPT의 개발 목적과도 맥을 같

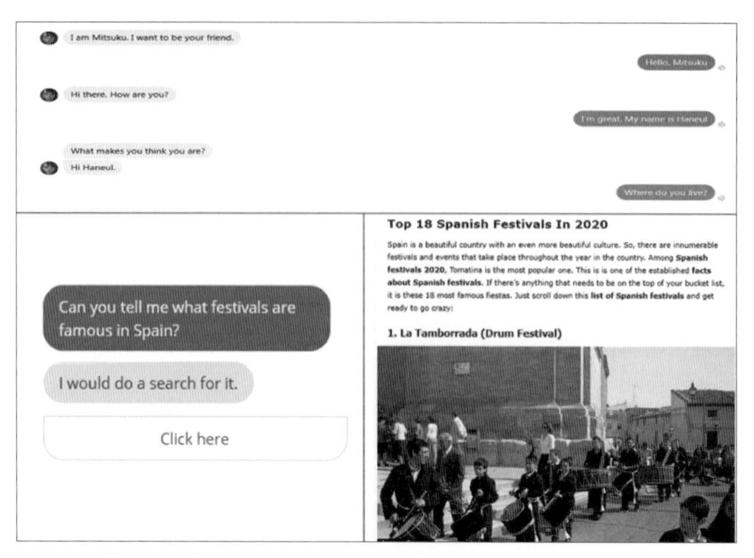

[그림 9-3] **과업 수행을 위한 챗봇과의 대화 및 검색 결과 예시**

출처: 이용상, 신동광(2020).

이한다고 볼 수 있다.

지금까지 소개한 챗봇은 기존에 개발된 챗봇의 활용에 초점을 둔 반면, 구글에서 출시한 Dialogflow라는 챗봇빌더 플랫폼이 공개된 이후에는 학습내용을 복습하는 차원에서 시나리오 기반의 사용자 맞춤형 챗봇 개발이 인기를 끌었다. Dialogflow를 통해 개발한 챗봇은 입력된 시나리오에서 벗어난 주제에 대한 대화는 불가능하다는 단점은 있지만 학습한 내용에 기반한 학습활동이나 학습자의 수준에 맞는 챗봇 활동 개발이 가능하다는 장점을 가진다. 또한 상황을 통제하여 과업을 제시하는 형태로 챗봇 활동을 개발하면 자연스러운 대화도 가능하다는 점에서 여전히 많은 주목을 받고 있다[Dialogflow 활용 챗봇 개발 과정은 신동광 외(2022) 참고].

(3) 기계번역(Machine Translation)

영어교육에서 초창기 활용한 인공지능 프로그램 중 가장 대표적인 도구를 꼽는다면 기계번역기를 들 수 있다. 물론 영어교육에서 기계번역기를 활용하는 데에 대한 입장은 매우 상반되기도 한다. 학습자가 기계번역기에 과도하게 의존하게 될 경우, 특히 초보 L2(제2언어) 학습자는 자신의 언어능력 향상을 위한 노력을 소홀히 할 수 있다고 우려를 제기한 연구(Ahn & Chung, 2020; Kol et al., 2018)가 있는 반면, L2 쓰기 활동에서 기계번역기 활용의 장점을 제시하고 있는 연구(임희주, 2017; Alhaisoni & Alhaysony,

2017; Lee, 2020; Tsai, 2019) 또한 다수 존재한다. 이러한 논란에도 불구하고 최근 기계번역기의 활용을 포함한 인공지능 활용 교육(Artificial Intelligence in Education: AIED)이라고 불리는 학습 모델은 언어 교육의 주요 트렌드로 자리를 잡아 가고 있다(Hwang et al., 2020; Pokrivcakov, 2019). 실제로 기계번역기가 아니더라도 L2 쓰기에서 코퍼스, 사전, 문법 자동 교정기와 같은 참고 자료를 활용하는 쓰기 모델은 꾸준히 제안되고 있다(Daniels & Leslie, 2013; Shin et al., 2021). 이는 21세기에 요구되는 쓰기능력에 대한 재정의(redefining)의 필요성을 의미하기도 한다.

과거 수동기어로 운전하던 시대가 있었지만 자동기어가 도입된 후 이제 수동기어는 거의 찾아보기 힘들게 되었다. 물론 운전면허 시험도 이 두 가지 방식으로 선택하여 평가하고 별도의 면허를 발급한다. 하지만 현재는 이미 반자율주행 기술이 상용화되었고 자율주행의 기술이 급격히 발전하고 있다. 기계번역도 이러한 자동차의 발전과 크게 다르지 않다. 현재의 기계번역의 수준은 자동기어나 반자율주행의 수준에 이른다고 할 수 있다(Chon et al., 2021). 쓰기능력도 과거에 아무런 참고 자료 없이 백지에 글을 쓰던 시절이 있었던 반면, 디지털 시대가 도래하며 디지털 리터러시(digital literacy)의 개념에 바탕한 디지털 도구를 활용한 쓰기능력은 새로운 쓰기능력으로 규정되는 추세이다. 아직은 기계번역의 정확도와 인간을 대체할 만큼 정확하지 않기 때문에 초벌 번역에 기계번역기을 사용하고 이후 인간이 사후수정(post-editing)하여 번역의 완성도를 높이는 방식이 보편화되어 가고 있다. 사후수정 능력은 PACTE Group(2005)이 제안한 '도구적 하위역량(Instrumental Sub-competence)'이라고 규정할 수 있으며, 이는 번역기와 같은 디지털 도구 활용을 언어능력의 한 부분으로 인정할 필요가 있다는 것을 의미한다.

이와 같은 맥락에서 Jia 등(2019)은 기계번역기를 보다 효율적으로 활용하여 더 향상된 쓰기 결과물을 산출하기 위해서는 체계적인 사후수정 교육이 필요하다고 주장하였다. 기존의 사전(dictionary)은 검색한 표현의 의미와 관련된 예문을 제공해 주지만 그 예문이 검색한 표현의 다양한 쓰임과 의미에 관한 모든 정보를 제공하는 데는 한계가 있다. 반면에 기계번역기는 사전보다 확장된 맥락적 정보를 제공해 줌으로써 사전보다 효과적인 참고 자료로 활용할 수 있다. 이윤재와 이동주(2020)의 연구에서도 기계번역의 활용 시 어휘 선택 오류의 수가 56%나 줄어들었다고 보고한 것을 보면, 기계번역기가 연어(collocation)와 같은 어휘 조합의 측면에서 보다 정확한 맥락적 정보를 제공할 수 있다는 것을 알 수 있다(예: 높은 빌딩, 높은 산 → tall building, high mountain). 또 다른 기계번역기의 활용 방안으로는 기계번역에 포함된 오류 표현을 오류 인지 활동 자료로 활용하는 것이다. 학습자가 오류를 인식하는 것은 매우 중요한 능력 중 하나이나 이를 지도하기 위해 오류가 포함된 자료를 확보하거나 개발하는 것은 많은 시간과 노력이 필요하다. 하지만 영어교육 전문가들이 앞서 살펴본 기계번역기의 오류 특성을 파악하다면 어느 정도 의도된 오류 문장을 만드는 것은 어렵지 않기 때문에 기계번역기를 사용하면 두 언어 간 차이가 반영된 오류 문장 확보에 유용하게 활용할 수 있다. 이에 더하여, 기계번역기 활용 전략을 체계적으로 지도한다면 학습자는 언어 간의 차이를 보다 실제적으로 인지할 수 있을 것이다. 실제 기계번역기를 보다 효과적으로 사용하기 위해서는 한글 원문 작성 시부터 영어식 문장 형식을 고려해야 한다. 여기서 영어식으로 표기하는 것이 한글 표현을 파괴하면서까지 지도해야 한다는 것을 의미하는 것은 아니며, 두 언어 간 차이의 지도에 초점을 두어야 한다는 것을 말한다. 예를 들어, 한글 작성 시 주어를 생략하는 경우가 많지만 영어에서는 주어가 없으면 비문이 되는 경우가 많기 때문에 앞서 언급한 바와 같이 번역기 활용을 위한 한글 원문 작성에서는 오류의 예방을 위해 문장에서 주체가 되는 주어를 반드시 작성할 필요가 있다. 하지만 무엇보다도 기계번역기의 효과적 사용을 위해서는 학습자는 기계번역기가 산출한 초벌 번역에 포함된 오류를 인지할 수 있는 어휘 및 문법능력을 갖추고 있어야 하며, 언어 간 표현 방식의 차이를 충분히 이해하여 이를 사후수정에 반영할 수 있어야 한다는 점이 전제된다.

기계번역기는 Google Translate(https://translate.google.com/)로 대표되었지만, 최근 DeepL Translator(https://www.deepl.com/translator)라는 번역기와 추가적인 기능인 DeepL Write(https://www.deepl.com/write)라는 교정기는 Google Translate의 정확도를 넘어서면서 주목을 받고 있다(신동광, 2023). DeepL 번역기는 2017년 DeepL SE가 출시한 신경망 기계번역 서비스로 2023년 한국어 버전을 추가하여 현재 31개 언어에 대한 서비스를 제공하고 있다. 웹버전은 물론 앱버전도 제공되고 있으며, 번역 후 사용자가 직접 단어, 구, 문장을 쉽게 수정 또는 교체할 수 있도록 다양한 대안 표현을 제공하며 주석을 추가하여 번역 시 일관되게 사용자가 원하는 어휘를 사용하도록 통제할 수 있다는 점에서 교수-학습의 측면에서는 더 유용할 것으로 판단된다.

[그림 9-4]는 DeepL Translator의 번역 예시로, 사용자가 번역본의 특정 단어를 클릭하면 대체 가능한 표현을 확인할 수 있고 대체 표현을 선택하면 나머지 표현도 그에 맞게 수정된다.

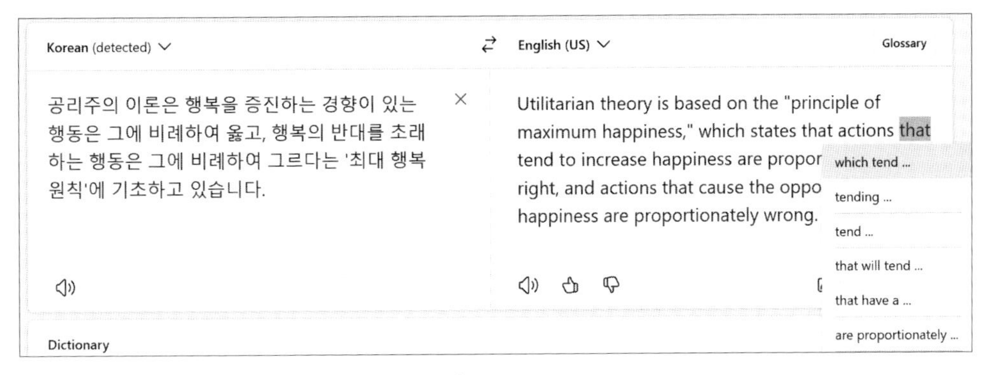

[그림 9-4] DeepL Translator

출처: DeepL Translator(https://www.deepl.com/translator).

앞서 설명한 바와 같이, DeepL의 또 다른 기능 중 하나는 교정 기능으로 DeepL Write는 [그림 9-5]와 같이 추천된 표현 수정(밑줄로 제시)뿐 아니라 단어 교체(Alternatives: Word) 및 문장 교체(Alternatives: Entire sentence)도 선택에 따라 가능하다.

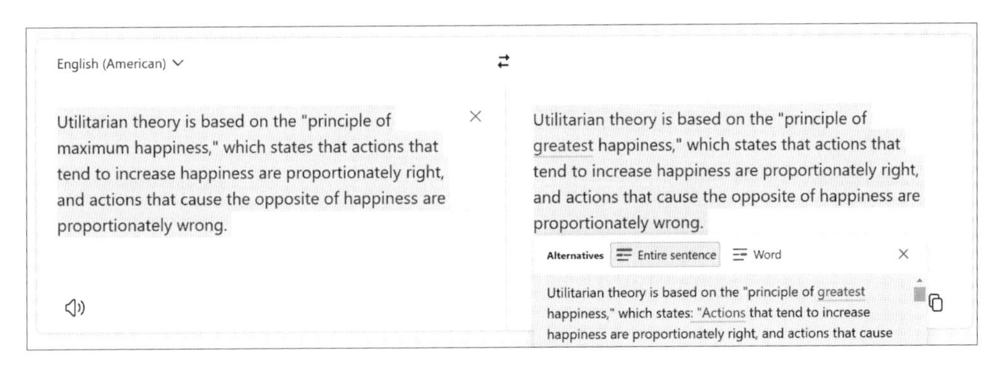

[그림 9-5] DeepL Write

출처: DeepL Write(https://www.deepl.com/write).

(4) 생성형 인공지능(챗GPT, DALL.E2 등)

① 자동 텍스트 생성(Automated Text Generation)

최초의 자동 지문 생성(ATG)은 Klein 등(1973)이 개발한 Novel Writer System이라는 프로그램의 개발에서 비롯되었다. Novel Writer System은 작성하고자 하는 이야기의 역사적 배경과 사건의 특징에 대하여 기초 정보를 입력하면 2,000개 단어 정도의 짧은 이야기를 작성할 수 있다. 또한 1970년대에 Meehan(1977)은 대화형 스토리텔링 프로그램인 'Tale-Spin을 개발하였다. 이어 1983년에는 Lebowitz가 TV 연속극과 같은 대본 생성이 가능한 Universe라는 프로그램을 개발하였다. Universe는 연속된 여러 에피소드 내에서 등장인물의 성격을 유지하며 대본을 작성할 수 있는 최초의 지문 생성 프로그램이다. 이후 Minstrel(Turner, 1993)이라는 지문 생성 프로그램도 개발되었는데, 이 프로그램은 '아서 왕과 원탁의 기사(King Arthur and the Knights of the Round Table)'에 대한 이야기를 제작하는 데 사용되었다. Minstrel은 입력된 이야기의 기초 정보를 활용하여 한 번에 반 쪽이나 한 쪽 분량의 이야기를 작성할 수 있었다.이러한 초기 컴퓨터 기반 스토리텔링 시스템은 자동 지문 생성을 위해 규칙 기반(rule-based) 또는 사례 기반(case-based) 방법에 의존했다. 그러나 이러한 프로그램은 이야기 구성요소(예: 등장인물, 상황 등)를 유형화하기 위해 사용자로 하여금 상당한 수작업을 요구하였다. 반면에 최근에 개발된 자동 지문 생성 프로그램들은 인공신경망에 기반하여 대규모 데이터의 기계학습을 적용하기 때문에 일부 기초 정보만 입력하면 자동으로 이야기를 생성할 수 있다. 이러한 인공신경망 기반 자동 지문 생성 프로그램의 중추가 된 언어모델이 바로 GPT-3(Generative Pre-trained Transformer 3)이다. GPT-3는 OpenAI에서 개발한 인공지능 언어 예측 모델로, 언어 교육을 비롯한 다양한 분야에서 주목받고 있다(Ghumra, 2022). 현재 GPT-3의 탁월한 성능 덕분에 다양한 인공지능 기반 텍스트 생성 도구(예: CopyAI, Hyperwrite, INK)가 개발되고 있다. 이러한 도구를 사용하여 이야기의 일관성이 확보된 지문을 자동으로 생성하거나, 주어진 글에 이어질 이야기를 예측하기도 하고, 선택한 주요 문장 또는 키워드 목록을 기반으로 완전한 형태의 글 단락을 생성할 수도 있다. 또한 자동 지문 생성 도구는 일반적으로 다양한 이야기의 유형별 템플릿을 제공하여 사

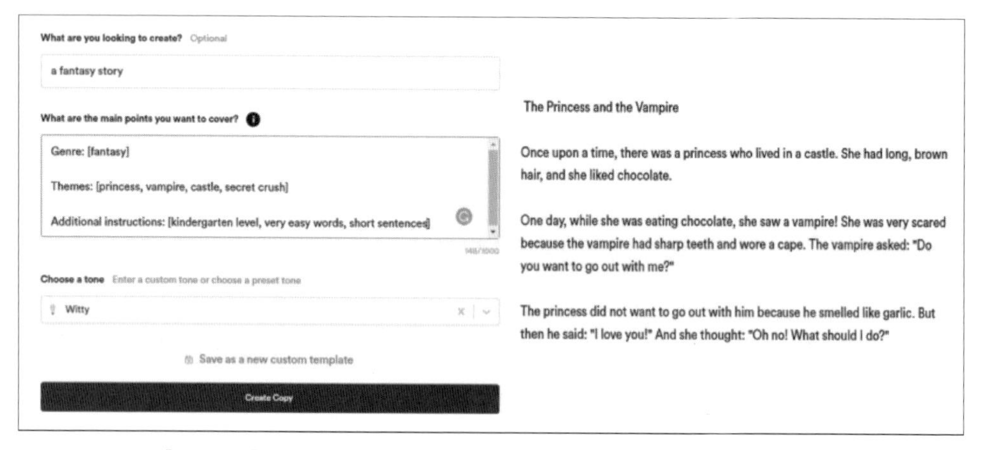

[그림 9-6] CopyAI에 텍스트 생성 조건을 입력하여 생성된 영문 스토리 예시

출처: copy.ai(https://www.copy.ai/).

용자가 필요한 지문 유형을 쉽게 생성할 수 있다. 최근에는 GPT-3.5를 탑재한 챗GPT, Perplexity, Poe 등의 생성형 인공지능 챗봇을 통해 무료로 손쉽게 텍스트를 생성할 수 있게 되었다.

Lee 등(2023)은 CopyAI라는 텍스트 생성 프로그램을 이용하여 초등학생 121명이 직접 자신이 읽고 싶은 주제의 키워드를 입력하여 영문 스토리를 작성하게 하는 실험을 수행하였다. 이후 초등학생의 수준에 맞지 않는 표현을 교사가 수정한 후 완성된 스토리들을 매주 영어 읽기의 보조 학습 자료로 수업에 활용하였다.

실험에 참가한 학습자의 약 78%는 인공지능을 기반으로 텍스트를 생성하는 읽기 활동이 기존 활동보다 더 재미있다고 답했고, 학습자 자신의 아이디어를 바탕으로 스토리를 생성하는 인공지능의 능력, 모둠 구성원과의 논의를 통해 자신의 아이디어와 키워드를 브레인스토밍하는 활동에 참여한 것에 만족감을 드러냈다. 또한 학습자의 대다수(약 77%)가 자신이 직접 작성한 텍스트를 채택하여 수업에 활용한 것에 대해, 기존 수업과 비교하여 영어 수업에 더 집중할 수 있었다고 응답하였다.

이러한 실험 결과는 앞서 설명한 개념인 '학습자 주도성'의 입장에서, 학습자들이 직접 수업의 내용과 설계에 참여할 수 있다는 점에서 인공지능을 활용한 자동 텍스트 생성 기술이 학습자들의 동기 유발에 크게 기여할 수 있다는 근거가 될 수 있다.

〈표 9-1〉 **생성형 인공지능**

생성형 인공지능		접속 주소	특징
챗GPT		https://chat.openai.com/	무료, 유료 버전(Plus, 월 $20)의 경우 현존하는 프로그램 중 가장 성능이 뛰어나고 plugin 프로그램과 연동하여 외부 소스 연계하여 사용 가능(식당 예약, 항공권 구매 등)
Perplexity AI		https://www.perplexity.ai/	무료, 자료의 소스 제공, 연관 prompt 제공
Poe AI	Assistant	https://poe.com/Sage	무료, prompt 인식률이 좋음
	Instant Claude	https://poe.com/Claude-instant	무료, 인터넷 속도가 느린 환경에서 유리, 유료버전(Claude+)은 창의적 과제 수행에 유리
Wrtn(뤼튼)		https://wrtn.ai/	무료, 한국어 지문 생성에 특화, 이미지 생성 가능, 카카오톡에서 AskUp과 같이 채널 추가 가능, 통계분석 서비스 지원

최근 교육부(2023b)가 발표한 디지털 교과서의 개발 방안의 핵심 중 하나는 "학습분석 결과에 따라 느린 학습자를 위한 보충학습과 빠른 학습자를 위한 심화학습 제공 등 맞춤 학습 지원이 가능하도록 개발"한다는 것이다. 하지만 서책형 교과서의 경우 단원별 학습 내용(지문)이 하나로 고정되어 있기 때문에 적응형(adaptive) 방식의 학습 서비스를 제공하는 것은 사실상 불가능하다. 하지만 생성형 인공지능 기술을 적용한 디지털 교과서라면 이러한 기대치를 충족시킬 수 있다. 〈표 9-2〉는 『피노키오』 원문의 일부를 학습자의 수준에 맞게 쉽게 또는 어렵게 즉시 수정한 예시와 피노키오의 노년의 모습까지 내용을 확장하여 생성한 예를 보여 준다.

〈표 9-2〉 **챗GPT를 통해 학습 내용의 수준 변경 및 내용 확장 사례**

원본	Geppetto and Pinocchio lived happily ever after, with Pinocchio going to school and learning many new things. He made many friends and became a kind and honest person. The fairy would visit them from time to time, just to make sure that Pinocchio was still being good. Geppetto was grateful to the fairy for making his wish come true and for turning his wooden puppet into a real son. He would often tell Pinocchio how lucky he was to have such a kind and magical fairy in his life. Pinocchio never forgot his promise to the fairy, and he always told the truth, no matter what. He knew that lying would only cause him trouble and that it was better to be honest and sincere.
하위 수준으로 수정	Geppetto and Pinocchio were very happy together. Pinocchio went to school and learned many new things. He made lots of friends and became a kind and honest person. Every now and then, the fairy would visit them to check that Pinocchio was still being good. Geppetto was so grateful to the fairy for making his wish come true. He often reminded Pinocchio how lucky he was to have such a kind and magical fairy in his life. Pinocchio always remembered his promise to the fairy, and he always told the truth, no matter what. He knew that lying would only cause him trouble and that it was better to be honest and sincere.
상위 수준으로 수정	Geppetto and Pinocchio, the wooden puppet, led a blissful existence, with Pinocchio acquiring a formal education and imbibing many a novelty. He forged numerous friendships and evolved into a benevolent and truthful individual. The fairy, an ethereal being, would occasionally grace them with her presence, primarily to ensure Pinocchio's moral rectitude. Geppetto, the master craftsman, was beholden to the fairy for her benevolence in granting his wish and transforming his inanimate creation into a flesh-and-blood son. He would frequently remind Pinocchio of his felicity in having a compassionate and mystical fairy in his life. Pinocchio, in turn, remained steadfast to his covenant with the fairy, adhering to veracity at all times, cognizant of the fact that mendacity would only lead to tribulation and that candor and sincerity were preferable.

내용 확장 (추가 내용 생성)	+Years passed, and Pinocchio grew up to be a fine young man. He became a carpenter like his father and made many beautiful wooden toys for the children in the village. He never forgot the lessons he had learned from the fairy and the adventures he had with Geppetto. In the end, Pinocchio became a wise and respected elder of the village, passing on his knowledge and wisdom to the next generation. And whenever he told the story of his transformation from a wooden puppet to a real boy, he always remembered to thank the fairy who had made it all possible.

출처: 챗GPT(https://chat.openai.com/).

② 이미지 생성(Text-To-Image)

Lee 등(2023)은 후속 활동으로 생성된 영문 스토리를 바탕으로 학습자들이 이미지 생성 프로그램을 활용하여 스스로 동화책을 제작하는 활동을 수행하였다. 이미지 생성이 가능한 생성형 인공지능의 경우에도 아직 동일한 캐릭터를 유지하면서 이미지를 생성하는 기능이 없고 자막처리 기능이 없는 관계로 학습자들은 웹툰 제작을 지원한 투닝(www.tooning.io)이라는 프로그램을 활용하였다. 투닝 플랫폼에 탑재된 또는 개인이 소유하고 있는 이미지를 활용하여 삽화의 배경 및 캐릭터 설정이 가능하고 캐릭터 표정 및 자세 설정도 가능하다. 하지만 이미지를 생성하기보다는 기존 이미지를 조합하고 수정하는 방식이기 때문에 생성형 인공지능과는 달리 세부 상황 묘사에는 한계가 있다. 그럼에도 학습자들은 스스로 영문 동화책 제작에 참여하면서 높은 만족도와 학습동기 유발 효과를 보였다.

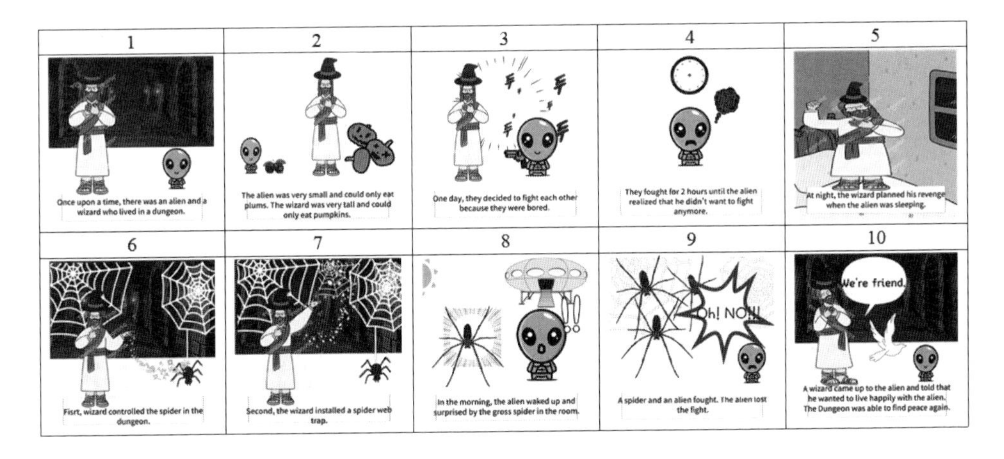

[그림 9-7] 투닝을 활용한 동화 제작 예시

출처: 투닝(https://tooning.io/).

〈표 9-3〉은 생성형 인공지능에 기반한 대표적인 이미지 생성 프로그램의 예시이다.

〈표 9-3〉 **생성형 인공지능 기반 이미지 생성 프로그램**

이미지 생성 프로그램	접속 주소	특징
DALL.E3	https://chat.openai.com/	챗GPT로 접속 후 영문 또는 국문 prompt 입력, prompt 마지막에 in illustration/painting/mosaic 등의 그림 스타일 입력
Bing Image Creator	https://www.bing.com/create	가입 후 무료 사용 가능, 무료 크레딧(번개 모양의 수치가 줄어듦)을 모두 소진하면 생성 속도가 느려지나 여전히 무료임(생성되는 시간이 초 단위로 표시됨), DALL.E3와 사용 방법 동일
MS Designer	https://designer.microsoft.com/	고화질의 이미지 생성, 텍스트 입력 용이, e-포스터 생성에 적합, 영문 prompt 입력
Adobe Firefly	https://www.adobe.com/kr/sensei/generative-ai/Firefly.html	이미지의 스타일, 톤, 화질 등 세부 설정 기능 제공, 국문 또는 영문 prompt 입력
Wrtn(뤼튼)	https://wrtn.ai/	한글 prompt 입력, 고화질 이미지 생성

OpenAI에서 개발한 가장 대표적인 이미지 생성 프로그램은 DALL.E3이다. 영문 또는 국문 지시문을 입력하면 이미지를 생성해 주며 DALL.E2와는 달리 별도의 프로그램이 아닌 챗GPT의 한 기능으로 통합되었다. 현재는 챗GPT plus, 즉 유료버전에서만 사용이 가능하다. 또한 DALL.E3는 'seed number'라는 생성된 이미지의 고유 ID를 요구하여 동일한 캐릭터의 이미지를 유지하며 이미지를 계속 생성할 수 있다.

한편, Bing Image Creator는 DALL.E3와 동일한 인공지능 모델을 사용하며 무료 크레딧이 모두 소진되어도 무료로 계속 사용이 허용된다. 다만 크레딧이 소진되면 생성 속도가 느려지며 생성에 소요될 시간이 초 단위로 제시된다.

MS Designer는 정확하고 세부적인 묘사보다는 지시문의 전반적인 이미지를 반영하는 차원에서 이미지가 생성되며, 초기 문구 또한 인공지능이 자체적으로 생성하여 제안해 준다.

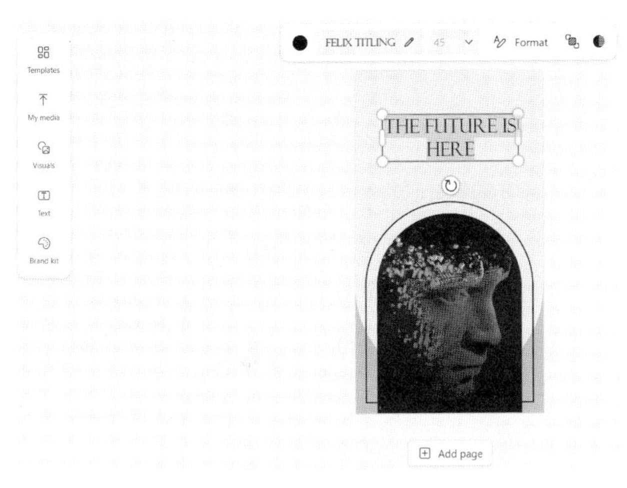

[그림 9-8] MS Designer의 이미지 생성 예시

출처: MS Designer(https://designer.microsoft.com/).

MS Designer에서는 이에 더하여 사용자가 보유한 이미지를 추가할 수도 있고, 이미지와 문구의 스타일, 배경 템플릿도 세부 수정이 가능하다.

[그림 9-9] Adobe Firefly의 이미지 생성 예시

출처: Adobe Firefly(https://www.adobe.com/sensei/generative-ai/firefly.html).

Adobe Firefly는 이미지에 대한 세부 조정이 가장 편리한 플랫폼이라고 할 수 있다. [그림 9-9]는 "Draw a picture of "I and my father are having breakfast at the kitchen table, and the sun is rising in the window behind the table" in illustration/animation." 라는 지시문(pormpt)을 바탕으로 이미지를 생성한 예시이다. [그림 9-9]의 우측에서 보듯 Adobe Firefly에서는 이미지의 규격, 스타일, 색채 등을 쉽게 조정할 수 있다.

마지막으로, Wrtn은 국내 업체로서 한글로 지시문을 입력하면 고화질의 이미지를 생성해 준다.

③ 자동 문항 생성(Automated Item Generation)

챗GPT와 같은 초거대 언어모델(Large Language Model: LLM)의 등장은 영어교육에서도 많은 변화를 낳고 있으며, 특히 평가 분야에서 놀라운 효율성을 발휘하고 있다. 〈표 9-4〉는 평가 문항 생성이 가능한 LLM 기반 생성형 인공지능을 정리한 것이다.

〈표 9-4〉 **평가 문항 개발을 위한 생성형 인공지능 프로그램**

문항 생성	ChatGPT	https://chat.openai.com/	무료(Plus 버전은 유료), 지문과 문항 일체 생성
	Perplexity AI	https://www.perplexity.ai/	무료(GPT-4 버전은 유료), 지문과 문항 일체 생성
	Poe AI (Assistant)	https://poe.com/Sage	무료, 지문과 문항 일체 생성
	ATM	https://atm.lxper.ai/	무료+유료, 문항만 생성
	genQue	https://www.genque.ai/	무료+유료, 지문과 문항 별도 생성
어휘통제	AntWord Profiler	https://www.laurenceanthony.net/software/antwordprofiler/releases/AntWordProfiler140/AntWordProfiler.exe	무료 exe 실행 프로그램, 어휘 목록 별도 필요
	ChatGPT	https://chat.openai.com/	무료
	CopyAI	https://www.copy.ai/	무료+유료
	Text Helper	https://www.er-central.com/text-helper/	무료
문체, 선택지 길이 등 세부 수정	ChatGPT	https://chat.openai.com/	무료
	CopyAI	https://www.copy.ai/	무료+유료

여기에서는 생성형 인공지능을 활용한 문항 개발 사례로 수능 읽기 문항 개발 위주로 소개하고자 한다. 신동광(2023a)의 연구에 따르면, 대체로 선택지의 형식이 문항 유형에 큰 영향을 미치는 않는 '글의 목적/요지/의도/주제/제목 찾기'나 '세부내용 일치/불일치 찾기'는 〈표 9-5〉와 같은 지시문 형식으로 쉽게 문항 생성이 가능하다.

〈표 9-5〉 **챗GPT 활용 수능 영어 읽기 문항 생성 일반 형식**

공통) Create a new passage with a different topic and make a MCQ (including 5 choices)
1) to test the understanding of the purpose/gist/main idea/best title of the passage
2) to confirm the agreement with the details of the passage as follows: 수능 지문 및 문항 삽입

※ '세부내용 일치/불일치 찾기' 의 경우 "Only one answer choice is correct/incorrect."와 같은 추가 조건을 선택적으로 입력

출처: 신동광(2023a).

'세부내용 일치/불일치 찾기' 유형의 경우에는 추가적으로 "Only one answer choice is correct/incorrect."와 같은 조건을 입력해야 원하는 형식의 선택지 구성이 가능하다.

하지만 문항 유형, 특히 선택지의 구성이 지문의 특성과 밀접하게 연계되어 있는 경우에는 문항별로 차별화된 지시문(prompt)이 필요하다. 〈표 9-6〉은 다양한 문항 생성 시도를 바탕으로 수능 영어 읽기 문항 유형에 따른 성공적인 지시문만을 발췌하여 정리한 것이다.

〈표 9-6〉 **수능 영어 읽기 문항 유형별 챗GPT 활용 문항 생성 절차**

수능 문항 유형	지시문
1. 심경 · 분위기 파악하기	Create a new passage with a different topic and make a new MCQ as follows: Which of the following best describes Jonas's change in emotion? (발문 영문 번역 후 입력) 수능 기출 문항 지문 및 선택지 삽입
2. 밑줄 친 표현의 맥락적 의미 파악하기	1) Create a new passage with a different topic as follows: 수능 기출 문항 지문 삽입 2) Underline one phrase and create five choices for what that phrase implies in the following passage: 생성 지문 삽입
3. 빈칸 추론(구문)하기	Create a new passage with a different topic as follows and make a 〈 〉 by deleting one phrase, and make 5 choices for 〈 〉: 수능 기출 문항 지문 삽입 (빈칸 밑줄 대신 〈 〉 또는 ( )로 교체)
4. 글 흐름에 부적절한 문장 찾기	Create a new passage with a different topic, and keeping the first two sentences of the passage, then assign 5 numbers before some sentences that make up the rest part of the passage, additionally only one of the 5 sentences should be unsuitable for the flow of the text as follows: 수능 기출 문항 지문 삽입

5. 글 순서 맞추기	1) Create a new passage with a different topic as follows: 수능 기출 문항 지문 삽입 2) Keep the first sentence in the following passage and shuffle paragraphs (A), (B), (C): 생성 지문 삽입 3) Revise the above passage by adjusting the amounts in paragraphs (A), (B), and (C) to be equal. (필요시)
6. 글 흐름에 맞게 문장 끼워 넣기	Paragraph (A) is taken from one of (1), (2), (3), (4), (5) in the following passage, and make a new passage with a different topic as the following passage and extract one paragraph like (A) at the top of the story and make 5 ( )s as options: 수능 기출 문항 지문 삽입 (원문자를 ( ) 형식으로 교체)
7. 어법상 틀린 표현 찾기	1) Create a new passage with a new topic as the following passage and make five 〈 〉s containing a word: 수능 기출 문항 지문 삽입 2) Change one of the words in the five 〈 〉 into an unsuitable or ungrammatical word out of context of the following passage: 생성 지문 삽입
8. 지문 요약에서의 빈칸 추론(단어)하기	1) Create a new passage with a different topic as follows: 수능 기출 문항 지문 삽입 2) Summarize the following passage in one sentence or so: 생성 지문 삽입 3) Make it shorter. (필요시 입력) 4) Make Blanks (A) and (B) for two key words in the summary. 5) Make 5 word pairs as options for (A) and (B)

출처: 신동광(2023a).

예를 들어, 등장인물의 심경 또는 분위기를 파악하는 문항은 2017학년도 수능부터 하나의 감정이나 분위기를 묻는 문항에서 심경의 변화를 묻는 문항으로 고정적으로 출제되고 있다. 이 문항의 경우 지문 생성 단계에서부터 두 가지 심경이 제시되도록 조건화되고 선택지의 구성 또한 기출 문항의 형식을 따라야 하기 때문에 〈표 9-6〉의 첫 번째 지시문과 같이 수능 기출 문항의 발문을 영문으로 번역한 후 예시 문항에서 이를 대체하여 [그림 9-10]과 같이 문항 생성을 시도할 필요가 있다.

지시문	Make a new passage with a different topic with a similar MCQ as follows: Which of the following best describes Jonas's change in emotion? Looking out the bus window, Jonas could not stay calm. He had been looking forward to this field trip. It was the first field trip for his history course. His history professor had recommended it to the class, and Jonas had signed up enthusiastically. He was the first to board the bus in the morning. The landscape looked fascinating as the bus headed to Alsace. Finally arriving in Alsace after three hours on the road, however, Jonas saw nothing but endless agricultural fields. The fields were vast, but hardly appealed to him. He had expected to see some old castles and historical monuments, but now he saw nothing like that awaiting him. "What can I learn from these boring fields?" Jonas said to himself with a sigh. ① excited → disappointed ② indifferent → thrilled ③ amazed → horrified ④ surprised → relieved ⑤ worried → confident
생성된 문항	Which of the following best describes Sarah's reaction to the news? Sarah had been waiting anxiously for her exam results to be released. She had studied tirelessly for months and had even enrolled in an extra tutoring course. When the results were finally released, Sarah eagerly logged into her student portal. However, as she read through the results, her face fell. She had not done as well as she had hoped. Her grades were average, and she had barely passed some of her subjects. Sarah was devastated. She had expected to do better and had even envisioned receiving high marks. "What am I going to do now?" Sarah muttered to herself, feeling disheartened. ① thrilled → disappointed ② indifferent → excited ③ elated → devastated ④ surprised → content ⑤ anxious → confident

[그림 9-10] **'심경 · 분위기 파악하기' 유형에 대한 문항 생성 사례**

출처: 신동광(2023a).

[그림 9-10]과 같이 챗GPT가 생성한 '심경 · 분위기 파악하기' 문항은 기출 문항과 유사한 형식으로 출제된 것을 확인할 수 있다. 물론 앞서 언급한 바와 같이 특정 어휘목록을 기준으로 통제하는 것은 아직 불가능하여 'muttered'나 'devastated'란 어휘는 교체하거나 주석으로 처리가 필요해 보인다. 특히 정답인 '③ elated → devastated'의 경우 두 단어 모두 수능 영어의 수준을 넘어서는 단어이며 지문에 사용된 어휘를 그대로 차용했다는 점에서 'expectant/hopeful → frustrated/disappointed' 정도로 수정이 필요해 보인다. 물론 만족스러운 지문과 문항이 생성될 때까지 재생성하는 것도 하나의 대안이 될 수 있다.

그 밖의 다른 수능 문항 유형 또한 〈표 9-6〉에 제시된 지시문을 활용하여 문항 생성이 가능하고, 현재의 챗GPT의 무료 버전에서는 시각자료는 인식하지 못하는 관계로 '시각자료(예: 그래프) 기술하기'에 관련한 문항은 제외되었다. 다만 그래프의 수치를 글로 풀어 설명하면 이 문항 유형 또한 간접적인 생성은 가능하다. 또한 문항 유형 6과 7처럼 '글의 흐름에 맞지 않는' 또는 '어법에 맞지 않는'이라는 지시를 하기 위해 'inappropriate' 또는 'illogical'이라는 단어를 사용할 경우 인공지능 윤리규정과 관련하여 허위사실 등의 제작을 예방하기 위해 잘못된 부분의 생성을 무시하고 올바른 문장으로만 지문을 구성할 수도 있다. 이것이 〈표 9-6〉의 지시문에 'inappropriate' 또는 'illogical' 대신 'unsuitable'이라는 단어를 사용한 이유이다. 단, 최근에 챗GPT가 업그레이드 됨에 따라 발문과 지문 그리고 선택지를 한꺼번에 생성하는 것보다는 지문을 먼저 생성하고 추가 지시에서 발문과 선택지를 생성하는 것이 인식률 면에서 더 유리하다.

대학수학능력시험의 경우도 마찬가지지만, 평가에 따라 어휘의 수준을 통제해야 하는 경우에 어휘 목록을 기준으로 어휘를 통제할 수 있다. 수능의 영어 어휘목록은 공개되지 않는 만큼 그와 유사한 수준인 Nation(2016)의 대표적인 어휘목록인 BNC/COCA25000 가운데 상위빈도 4,000개 어휘족을 기준으로 어휘를 통제하는 방법을 소개하면 다음과 같다. 먼저 챗GPT와 같은 생성형 인공지능의 경우 학습자의 연령 또는 학년 정보, 그 밖에도 'easy/difficult/advanced/sophisticated' 'words/vocabulary'란 표현을 사용하면 대략적인 어휘통제가 가능하다. 또는 어휘목록에서 벗어난 단어를 특정하여 그 단어를 제외하고 더 쉬운 단어로 대체해 달라고 요구하면 간단히 어휘를 통제할 수 있다. 하지만

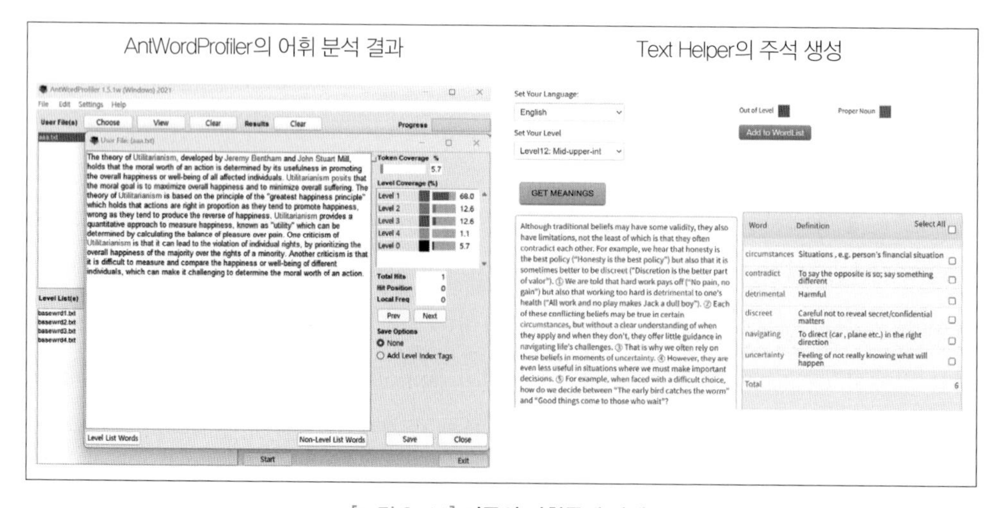

[그림 9-11] **지문의 어휘통제 사례**

출처: 신동광(2023a).

이 경우는 대상 어휘가 여러 개일 경우 생성형 인공지능이 어휘목록을 기준으로 처음부터 텍스트나 문항을 생성하는 것은 입력 데이터 양의 제한으로 현재로선 불가능하다.[1] 또 다른 방법 중 하나는 Anthony(2013)의 AntWordProfiler에 BNC/COCA25000의 상위 4,000개 어휘족을 탑재하여 어휘를 통제하는 것이다.

AntWordProfiler를 활용한 어휘통제 절차는 신동광(2020)이 제안한 방법이며, 어휘 수정 및 교체에는 Extensive Reading Central(n.d.)에서 서비스하는 Text Helper라는 주석 생성기를 활용할 수 있다. Text Helper는 지문을 입력하고 특정 어휘수준을 설정하면 설정한 수준을 벗어난 단어에 대한 주석을 [그림 9-11]과 같이 생성해 준다.

챗GPT와 같은 인공지능이 이제 문항 생성까지 할 수준으로 발전했지만 여전히 문항의 완성도를 높이기 위해서는 평가 전문가의 사후 검토 및 수정이 필요하다. 하지만 이 작업에도 보조 도구로 인공지능 프로그램을 활용할 수 있다.

예를 들어, 한 출제자가 검토위원으로부터 받은 피드백 중 하나가 지문의 문체가 너무 비격식체(informal)라는 의견이었다. 일반적으로 이러한 피드백을 수용하고자 한다면 기존 지문을 교체하여 새로 출제할 수밖에 없다. 하지만 이 출제자는 CopyAI에 지문을 입력하고 'Tone Changer' 기능을 이용하여 'tone'을 'professional'로 교체하여 간단히 문체를 수정하였다. 〈표 9-7〉은 CopyAI의 'Tone Changer' 기능을 활용하여 수정한 사례이다.

〈표 9-7〉 **CopyAI의 'tone' 변경 기능을 활용한 문체 수정 사례**

원본	Heat is energy and when you add energy to any system changes occur. Because all systems in the global climate system are connected, adding heat energy causes the global climate as a whole to change.
수정본	Heat is a sort of energy and change occurs when energy is added to any system. A rise of temperature in one part of the globe will affect other parts since all climate systems are interconnected.

출처: copy.ai(https://www.copy.ai/).

1) GPT-3.5 모델에 기반한 챗GPT는 한 번에 입력할 수 있는 데이터의 양이 3,000개 정도로 제한되어 수능 어휘목록(word family) 등을 모두 입력하여 어휘를 통제하는 것이 불가능했지만 최신의 GPT-4 모델에 기반한 챗GPT Plus는 입력 가능한 데이터의 양이 25,000개 단어로 확장되었다. 하지만 여전히 챗GPT Plus의 경우도 500개 정도의 어휘목록을 입력하여 어휘통제가 가능한 수준이다. 하지만 앞으로 개선될 버전에서는 입력 데이터의 규모가 확장되며 자연스레 해결될 문제로 판단된다.

원본의 'all ~ connected'는 'interconnected'로, 'adding'은 수동태인 'is added to'로 수정되었고, 'causes the global climate as a whole to change'로 'affect other parts'로 수정되어 보다 격식 있는(formal) 문체로 수정된 것을 확인할 수 있다. 챗GPT를 활용하면 보다 다양한 형식의 문체로 수정이 가능하다. 〈표 9-8〉은 〈표 9-7〉의 원본을 미국의 오바마 대통령과 트럼프 대통령의 문체로 수정한 사례이다.

〈표 9-8〉 **챗GPT를 활용한 문체 변경 사례**

오바마 대통령 문체로 수정	It is a fundamental truth that heat, at its essence, is energy — a potent force that possesses the ability to initiate changes within any given system. It is important to note that in our world, every system within the global climate operates as an interconnected and interdependent entity. Thus, when we introduce additional heat energy into this delicate web of systems, it inevitably sets off a chain reaction, causing the global climate, as a whole, to undergo a transformation.
트럼프 대통령 문체로 수정	Look, folks, let me tell you something — heat, it's energy, okay? And when you add that energy to any system, changes are bound to happen. That's just science, it's a fact. Now, here's the thing — every single system in the global climate is connected, they're all working together, for better or for worse. So when you add heat energy into that mix, it's gonna cause the whole global climate to change. And let me tell you, nobody knows more about change than me, believe me.

출처: 챗GPT(https://chat.openai.com/).

유명인의 글이나 연설 등의 데이터는 이미 챗GPT의 개발에 사용된 언어모델인 GPT-3.5에 포함되어 있기 때문에 이러한 특정인의 문체로도 변경도 가능하다. 오바마 대통령의 경우 격식 있고 고급스러운 단어를 구사하는 반면, 트럼프 대통령의 문체는 비격식의 구어체보다 직설적이라는 것을 알 수 있다.

마지막으로, '글의 순서 맞추기' 유형의 경우 도입부에 연결되는 (A), (B), (C) 문단의 분량이 유사해야 하는데, 챗GPT를 활용하여 지문을 생성했을 때 (A), (B), (C)의 분량이 달라 문제가 될 수도 있다. [그림 9-12]는 CopyAI를 문단의 확장에 적용한 사례이다.

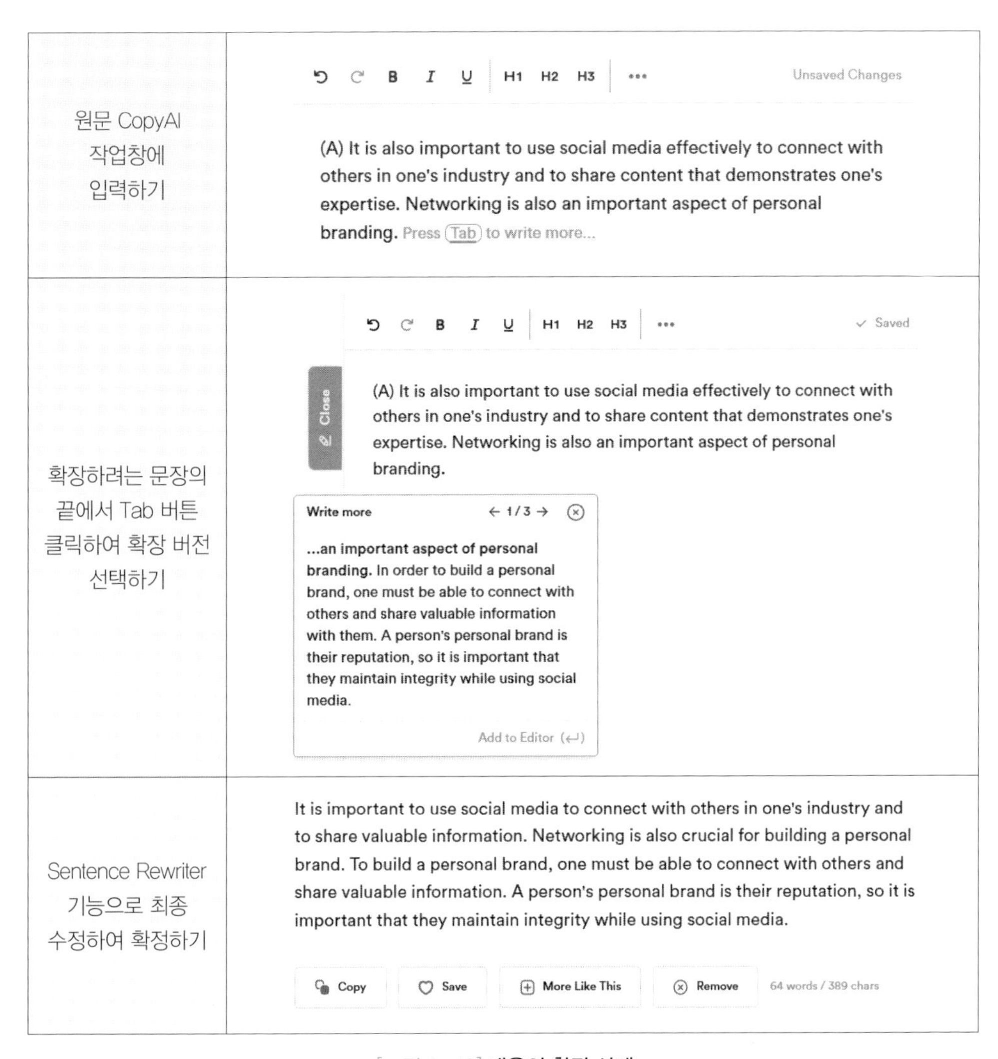

[그림 9-12] **내용의 확장 사례**

출처: copy.ai(https://www.copy.ai/).

[그림 9-12]의 경우 문단 (A)가 문단 (B)와 (C)에 비해 상대적으로 짧아 CopyAI의 문단 확장 기능을 사용하여 지문을 확장하고 이를 다시 'Sentence Rewriter' 기능으로 다듬어서 자연스럽고 좀 더 긴 문단으로 간단히 수정한 사례이다.

그 밖에도 다른 생성형 인공지능을 간단히 소개하면 다음과 같다.

Perplexity AI는 GPT-3.5를 탑재한 챗GPT보다 버전이 낮은 GPT-3.0을 탑재하여 개발되었지만 챗GPT의 문제점으로 자주 지적되는 소위 'Hallucination'이라는 거짓 생성된 정보 제공의 문제를 해결하기 위해 정보 제공 시 정보의 근거를 확인할 수 있는 사이트 정보를 함께 제공한다.

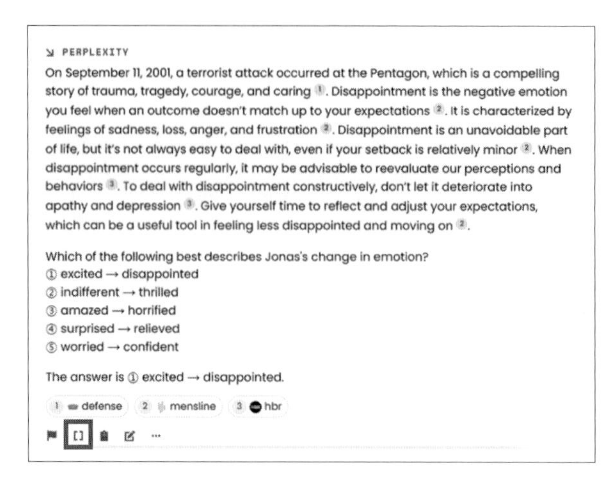

[그림 9-13] **정보의 근거 확인**

출처: Perplexity AI(https://www.perplexity.ai/).

[그림 9-13]에서 Perplexity AI가 생성한 문항의 하단을 보면 [ ]와 같은 부호가 있고 이를 클릭하면 지문 생성에 사용한 근거 자료를 확인할 수 있다.

genQue의 경우, 수능 영어 문항 생성을 위해 개발된 전용 플랫폼으로 읽기 문항 개발에 최적화되어 있다. 이를 위해 GPT-4.0 기반의 지문 생성 도구와 수능 영어 시험에서 볼 수 있는 12가지 시험 문항 유형의 템플릿을 제공하고 있다. 수능 영어 읽기 문항 개발을 위한 문항 유형별 템플릿은 별도로 지시문을 입력할 필요가 없기 때문에 문항 개발의 편의성을 기대할 수 있다.

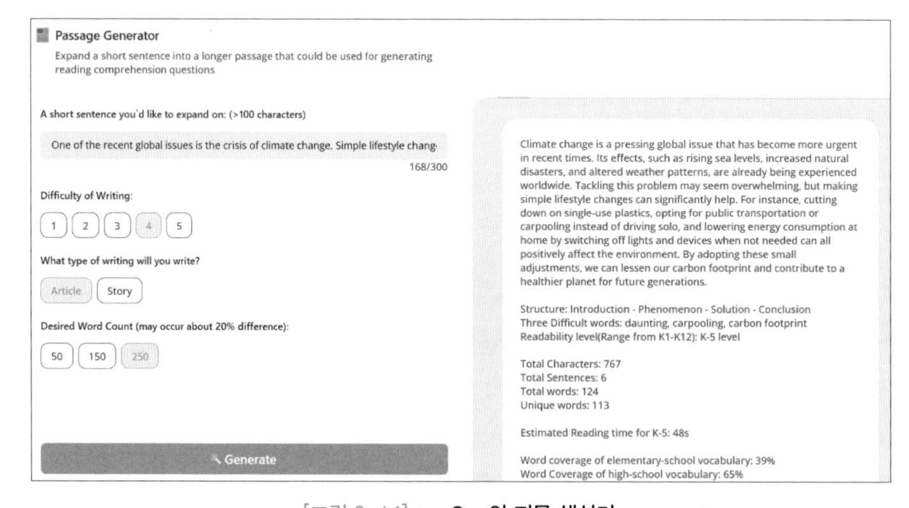

[그림 9-14] **genQue의 지문 생성기**

출처: genQue(https://www.genque.ai/).

[그림 9-14]와 같이 genQue의 지문 생성기를 사용할 때 사용자는 지문의 처음 100자를 입력해야 하며 가독성 지수와 어휘 수준에 따라 텍스트의 난도를 5단계로 조정할 수 있다. 또한 사용자는 논픽션 (non-fiction) 기사와 픽션(fiction) 스토리 중에 하나를 선택할 수 있으며, 지문의 길이는 50, 150 또는 250단어 길이로 조절이 가능하다. '지정한 지문 길이에서 20%의 편차가 있을 수 있다'와 'genQue는 지문을 따로 생성하여 입력해야 문항을 생성할 수 있다'는 번거로움이 있긴 하지만 genQue의 문항 생성기는 몇 가지 주목할 만한 장점이 있다. 첫째, 문항의 난이도를 5단계로 세밀하게 조정할 수 있다. 이 기능을 활용하면 사용자는 문항 생성 시 평가 대상자의 능숙도와 학습 목적에 맞게 난도를 조절할 수 있다. 또한 문항 생성기는 단순히 정답의 제공 외에도 포괄적인 설명도 제공해 준다. 그리고 [그림 9-15]의 우측 하단과 같이 genQue의 문항 생성기는 답안 선택지에 대한 선택률을 예측해 준다. 이 기능은 선택지의 매력도를 검토하는 데 매우 유용하게 활용될 수 있기 때문에 궁극적으로 문항의 완성도를 높이는 데 기여할 수 있다.

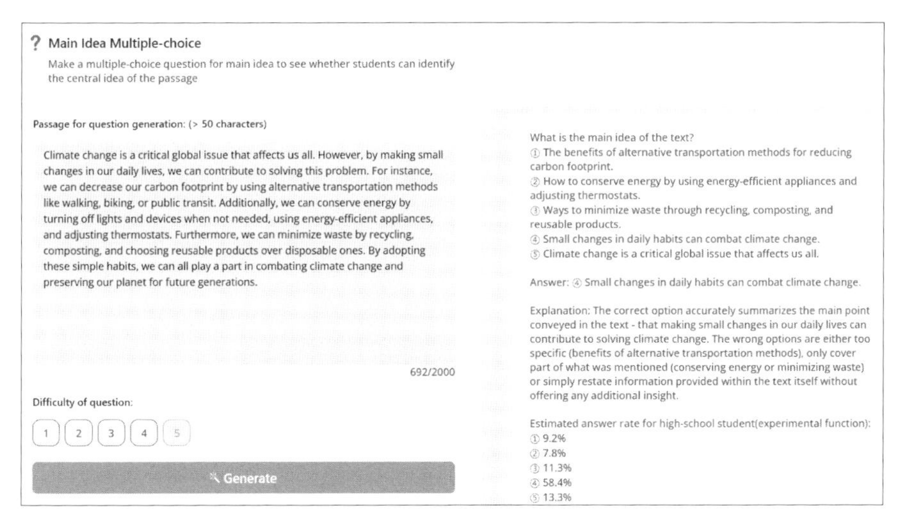

[그림 9-15] genQue의 문항 생성기('대의 파악하기' 문항 개발 예시)

출처: genQue(https://www.genque.ai/).

④ 자동 피드백 및 챗GPT 크롬 확장 프로그램

챗GPT가 2022년 11월 공개된 이후 다양한 연계 프로그램들이 개발되었다. 크롬 브라우저에서 연동해 쓰는 이 부속 프로그램들을 소위 챗GPT '크롬 확장 프로그램'이라고 한다. 이 중 대표적인 도구 중 하나가 글의 교정을 위해 피드백을 제공하는 editGPT라는 프로그램이다(영문, 한글 둘 다 적용 가능).

신동광(2023b)은 editGPT를 21명의 초등 예비교사를 대상으로 한 유도 쓰기(guided writing) 학습 활동에 적용하였다. 유도 쓰기는 쓰기 활동에서 아이디어와 개요에 대한 정보를 제공하고 글을 작성하게 하는 과업을 의미한다. 신동광의 연구에서 초등 예비교사들은 아이디어와 개요에 대한 정보를 챗GPT에 요청하였고 그 정보를 바탕으로 글을 작성한 후 editGPT를 활용하여 피드백을 제공받았다.

이를 위해 먼저 [그림 9-16]의 ❶과 같이 'editGPT 크롬 확장 프로그램(https://chrome.google.com /webstore /detail/editgpt/mognjodfeldknhobgbnkoomipkmlnnhk)'을 설치하면 챗GPT 접속 시 ❷에서 보듯 대화창 바로 위에 'Editing Disabled' 버튼이 생성된 것을 확인할 수 있다. 이를 클릭하면 'Editing Enabled' 상태로 전환되고 수정 · 검토를 요청하면 MS Word의 '변경 내용 추적'과 유사한 방식으로 수정 및 검토 내역을 제공한다. 그림의 ❸은 챗GPT가 수정한 내역을 수정 통계치와 함께 제시한 모습이다. 수정된 내용을 그대로 수용하고자 하면 그 부분을 드래그하여 상단의 적용(∨) 버튼을 클릭하면 되고, 수정본을 원래 표현으로 되돌리고 싶으면 취소(×)를 클릭하면 된다. 모든 수정 내역을 그대로 적용하고 싶다면 전체 에세이를 드래그하고 적용(∨) 버튼을 클릭하면 된다.

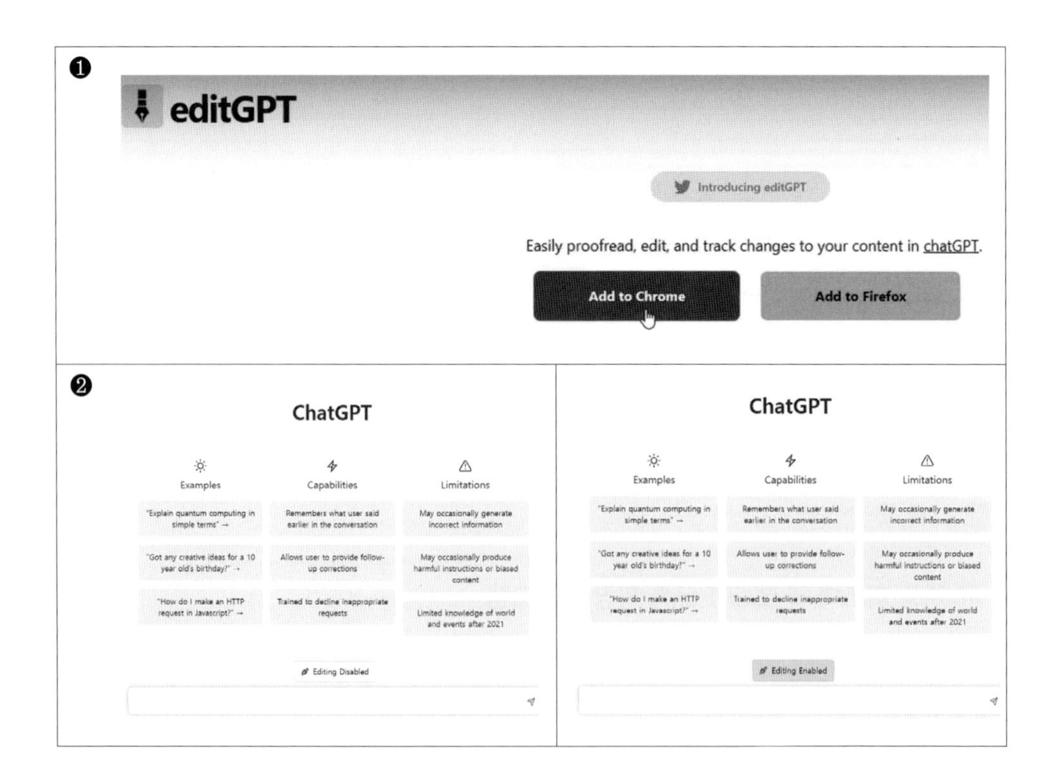

3% of your passage has been rewritten
Original Word Count: **262**
Revised Word Count: **261**

The role of social media in ~~the~~ modern society, using information and communication technology, is increasing. Social media creates a space based on trust and allows you to interact with more people. Social media platforms refer to platforms where users who subscribe to social network services such as Twitter, Facebook, and Instagram can expand their interpersonal networks by sharing information and opinions with each other. I~~'m going to talk about~~n this essay, I will discuss the positive and negative effects of social media, which is increasingly influential.

Through social media, we can interact with other people as much as we want, regardless of location. In addition, we can easily and quickly obtain and exchange numerous information anytime, anywhere using the simple search function of social media. Therefore, social media ~~make~~can bring people all over the world together.

[그림 9-16] editGPT 설치 및 활용 방법

출처: editGPT(https://www.editgpt.app/).

editGPT가 제공한 피드백과 이에 대한 반영 유형을 분석하면 [그림 9-17]과 같이 크게 4개의 유형으로 구분할 수 있다.

<table>
<tr><td rowspan="2">유형 1</td><td>피드백</td><td>The role of social media in ~~the~~ modern society, using information and communication technology, is ~~increasing~~on the rise. Social media creates a space based on trust and allows ~~you to~~for interaction with more people. Social media platforms ~~refer to platforms where users who subscribe to social network services~~, such as Twitter, Facebook, and Instagram, refer to platforms where users can expand their interpersonal networks by sharing information and opinions with each other. I~~'m going to talk about~~n this essay, I will discuss the positive and negative effects of social media, which is becoming increasingly influential.</td><td rowspan="2">피드백에 대한 일괄 수용</td></tr>
<tr><td>수정 반영</td><td>The role of social media in modern society, using information and communication technology, is on the rise. Social media creates a space based on trust and allows for interaction with more people. Social media platforms, such as Twitter, Facebook, and Instagram, refer to platforms where users can expand their interpersonal networks by sharing information and opinions with each other. In this essay, I will discuss the positive and negative effects of social media, which is becoming increasingly influential.</td></tr>
<tr><td rowspan="2">유형 2</td><td>피드백</td><td>Social media ~~is so much related in our lives that it is indispensable. We spend both the beginning~~has become an indispensable part of our lives as we start and ~~the~~ end o~~f the~~ur days with ~~social media~~it. However, many people ~~do not know~~are unaware that social media ~~ha~~is a double-edged sword~~. Social media is very helpful in our lives, but it also has a~~, as it has both positive and negative impacts on our lives.</td><td rowspan="2">피드백에 대한 선택적 수용 및 재수정</td></tr>
<tr><td>수정 반영</td><td>Social media is so ingrained in our lives that it has become indispensable. We start and end our days with it. However, many people are unaware that social media is a double-edged sword. While it has many benefits, it also has negative impacts on our lives.</td></tr>
</table>

유형 3	피드백	Use parallel structure when listing benefits. For example, instead of saying "reduce inflammation, and can prevent osteoporosis", say "reduce inflammation and prevent osteoporosis". Use the correct verb tense. For example, instead of saying "Exercise can help you fight off illnesses such as colds and adult diseases", say "Exercise can help you fight off illnesses such as colds and chronic diseases". Use the correct article. For example, instead of saying "Seniors don't have to play strenuous sports", say "Seniors don't have to engage in strenuous sports". Use clear and concise language. For example, instead of saying "Light meditation, hiking, swimming, etc. will calm your mind", say "Light activities such as meditation, hiking, and swimming can calm your mind". By making these improvements, the essay will be more clear and effective in conveying the importance of exercise for overall health and well-being.	전반적 코멘트
유형 4	피드백	In conclusion, social media has both positive and negative effects. It is important to use social media responsibly and selectively to enjoy its benefits without experiencing its negative effects. Digital ethics should be kept in mind while using social media to ensure that it remains a positive force in our lives.	내용 추가

[그림 9-17] editGPT의 피드백 및 반영 유형 예시

출처: 챗GPT(https://chat.openai.com/).

첫 번째 유형은 [그림 9-17]의 유형 1에서 보듯이, 관사 사용 등 문법 수정, 어휘 및 표현 수정, 문장 구조 수정 등을 포함한 모든 피드백을 일괄 수용하는 유형이다. 두 번째 유형은 유형 2와 같이 챗GPT의 피드백을 선택적으로 수용하여 반영하면서 예비교사가 직접 일부분을 재수정하는 유형이다. 세 번째는 드물기는 했지만 예시와 함께 에세이 전반에 걸쳐 수정해야 할 부분을 코멘트로 제시하는 유형이다. 유형 3을 예로 들면, '근거를 나열할 때는 병렬 구조를 사용하라.' '올바른 동사 시제를 사용하라.' '올바른 관사를 사용하라.' '명확하고 간결한 언어를 사용하라.'는 코멘트를 확인할 수 있다. 마지막으로 네 번째는 에세이의 완성도를 높이기 위해 내용이 추가된 유형이다. 유형 4의 경우에서는 마무리가 명확하지 않아 결론 부분이 추가되었다. 연구에 참여한 예비교사들의 71.4%는 editGPT가 제공한 아이디어와 개요가 글 작성에 매우 도움이 되었다고 응답하였고, 나머지 28.6%도 다소 도움이 되었다고 응답해 매우 긍정적인 응답 결과를 보였다.

또한 editGPT가 제공하는 피드백 또한 검토 및 수정 과정에서 매우 유용하게 활용될 수 있다는 것을 확인할 수 있었다. 연구 참여자 중 76.2%가 editGPT의 피드백이 매우 도움이 된다고 평가하였고, 나머지 23.8%도 다소 도움이 되었다고 응답하였다. 만족도에 영향을 미친 가장 큰 요인으로는 내가 쓴 원문의 느낌을 editGPT가 잘 살려 수정했다는 점과 부자연스러운 표현이 모두 교정되었다는 점이었다. 다만, 일부 참여자들은 editGPT의 수정을 거치며 상대적으로 문장 구조가 단순해지고 어휘가 쉬워졌다는 점에

서 아쉬움을 표시하기도 하였다.

결론적으로, 예비교사들은 editGPT가 쓰기 교수-학습 과정에서 참고하고 활용할 수 있는 유용한 도구라고 판단하였다. 그뿐만 아니라 editGPT와 같은 인공지능 기술의 일상화가 미래교육과 교사의 역할에 큰 변화를 가져올 것으로 전망하였다. 하지만 연구에 참여한 예비교사들은 editGPT에 지나치게 의존하는 것은 학습에 오히려 역효과를 낳을 수 있기 때문에 학습자들이 editGPT가 제공하는 내용을 적극적으로 활용하면서도, 자신의 판단과 수정을 통해 더 나은 글을 작성할 수 있도록 교사의 세심한 지도가 필요하다는 점도 지적하였다.

editGPT 외에도 유용한 크롬 확장 프로그램을 소개하면 〈표 9-9〉와 같다.

〈표 9-9〉 **ChatGPT 크롬 확장 프로그램 예시**

크롬 확장 프로그램	설치 사이트	설치 화면
PDF summary: PDF 문서 내용에 대해 질문과 답변을 채팅을 통해 진행	https://www.chatpdf.com/?fbclid=IwAR3h3DmpZEXtrDwYzuYsKPQzYq_O50kQ8nm7PEvycC8o8gYPvWrOXUTdThM	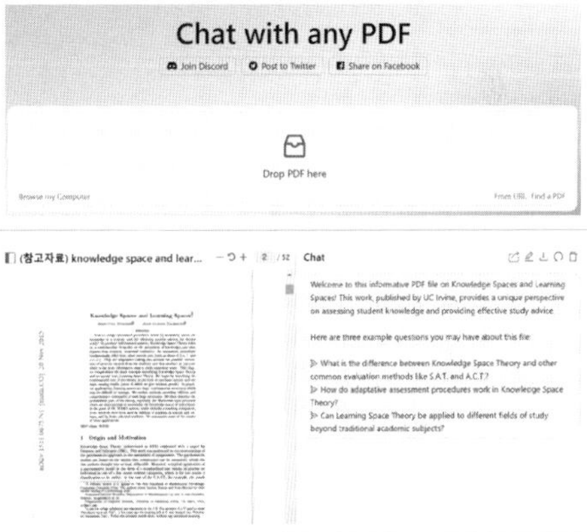
Talk-to-ChatGPT: 음성으로 ChatGPT 이용, 언어 변경 가능	https://chrome.google.com/webstore/detail/talk-to-chatgpt/hodadfhfagpiemkeoliaelelfbboamlk	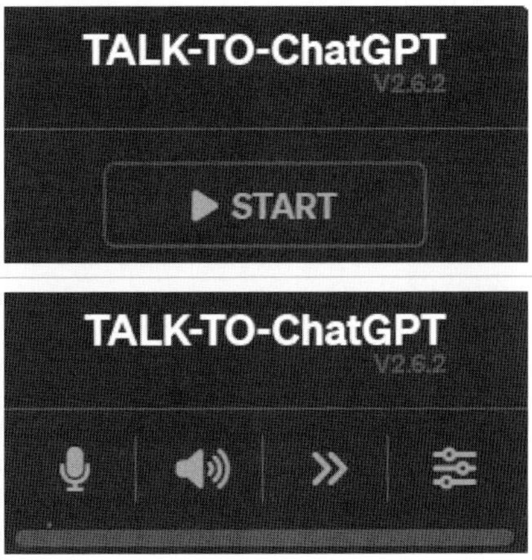

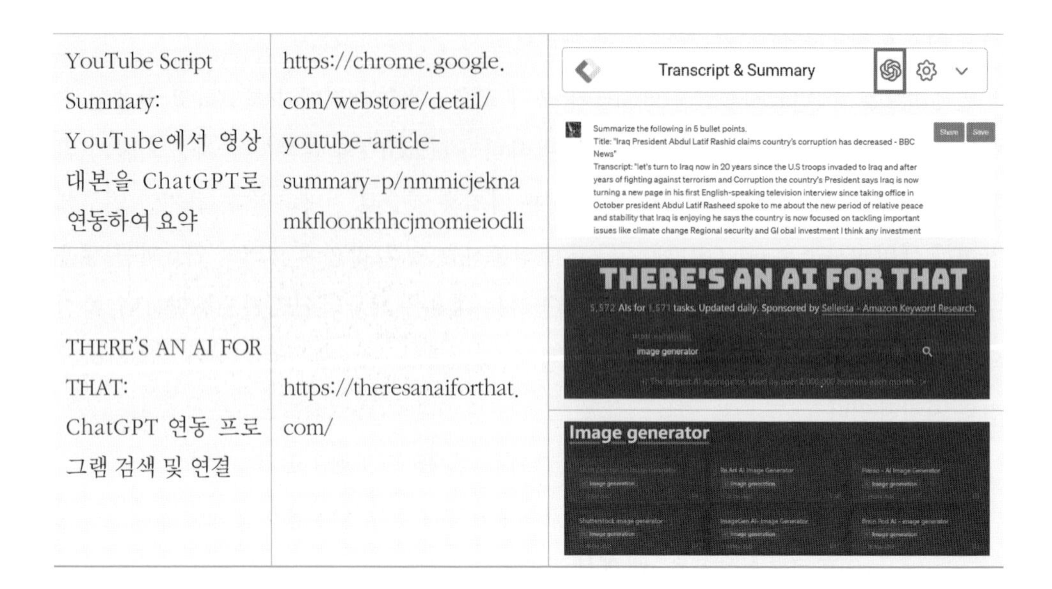

YouTube Script Summary: YouTube에서 영상 대본을 ChatGPT로 연동하여 요약	https://chrome.google.com/webstore/detail/youtube-article-summary-p/nmmicjeknamkfloonkhhcjmomieiodli	
THERE'S AN AI FOR THAT: ChatGPT 연동 프로그램 검색 및 연결	https://theresanaiforthat.com/	

2. 영어교과에서 인공지능 관련 쟁점 및 이슈

1) LLM에 기반한 챗GPT에 관한 교육전문가의 인식

신동광 등(2023)의 연구에서 교육전문가들은 챗GPT와 다양한 분야에 대한 대화를 나눈 직후 인터뷰에서 다음과 같은 소감과 교육적 활용 가능성에 대해 의견을 제시했다.

> "챗GPT의 경우, 신변잡기적인 일상 대화를 제외하고 대부분의 미션을 능숙하게 수행하였음. 오류 피드백 제공 시 피드백이 완벽하지 않아 다시 질문하니 맥락을 인식하고 재수정함. 도덕적으로 민감한 질문은 회피하도록 설계됨. 미션에는 포함되지 않았으나 번역이나 프로그램 코딩도 능숙함. 글을 생성하는 면은 놀라움. 특정 정보를 요구하고 제공된 정보를 활용하여 과업을 수행하는 방식으로 학습자들의 참여도를 높이는 언어학습에 유용해 보임."(응답자 26)

> "챗GPT의 경우 예상보다 우수한 성능을 보임. 자기주도적인 학습을 하는 경우 일부 도움이 될 수 있음. 학습에 있어서 보조적 도구로 활용하면 좋을 듯합니다."(응답자 6)

> "챗GPT의 경우, 완성도가 매우 높습니다. 실시간 번역 기능이 있다면(현지어로 묻고 답을 볼 수 있는), 나이가 어린 학생들도 교육적으로 활용하기에 적합한 높은 수준의 성능을 보여 주고

있습니다."(응답자16)

"챗GPT의 경우 개별화 맞춤형 학습 튜터링 시스템으로 활용 가능성이 있다고 보여짐."(응답자 2)

"챗GPT는 답장이 길다는 것 외에는 교육적인 자료로 활용 가능성이 가장 높다고 볼 수 있음. 예의 바름"(응답자 25)

다만, 챗GPT에 대한 단점 및 우려 사항도 언급되었는데, 위에서도 일부 언급되었듯이 일상적인 대화가 자연스럽지 않고 지문의 길이와 양이 많다는 의견, 도덕적 분별력에서의 미진함 등에 대한 언급이 있었으며, 그 일례는 다음과 같다.

"챗GPT는 정보 제공에 초점을 둔 챗봇으로 보입니다. 매우 디테일한 정보를 제공하고 있어서 정보를 얻고자 하는 측면에서는 도움이 되고, 대화의 맥락도 잘 파악하는 것처럼 보입니다. 하지만 사회적 대화에는 적합하지 않고, 글이 너무 길어서 저학년 학생이나 영어에 익숙하지 않은 학생에게는 어려울 듯합니다. 도덕적으로 논쟁의 소지가 있는 주제에 대해서는 어떤 이슈들이 존재하는지에 대해서만 소개하고, 논란이 될 만한 답변을 하지는 않아서, 민감한 이슈에 대해서는 안전한 것으로 보입니다."(응답자 11)

이처럼 교육전문가들은 챗GPT와의 대화를 통해 챗GPT가 여전히 한계점을 가지고 있으며, 기존의 챗봇이 일상대화를 나누기 위한 목적으로 개발된 것이라면, 챗GPT는 정보를 제공해 주는 인공지능 비서 기능에 가깝게 개발된 것임을 확인할 수 있었다.

2) 챗GPT의 교육적 활용 가능성

교육전문가들은 챗GPT의 '사회적 대화 능력'을 우수보다는 낮은 점수를 부여하였다. 하지만 방대한 데이터베이스를 바탕으로 사용자가 원하는 정보를 다양한 형태로 제공할 수 있다는 점은 앞서 소개한 Abbasi와 Kazi(2014)의 챗봇 기반 교수-학습 모델이 가능하다는 긍정적인 시사점도 제시하였다. 이러한 맥락에서 챗GPT는 다양한 교육적 활용성을 가지고 있다고 할 수 있다.

[그림 9-18]은 챗GPT가 기본적인 문법의 오류를 잡아 주고 설명하는 사례이며, 특히 챗GPT가 대화의 맥락을 이해할 수 있다는 것을 확인할 수 있다.

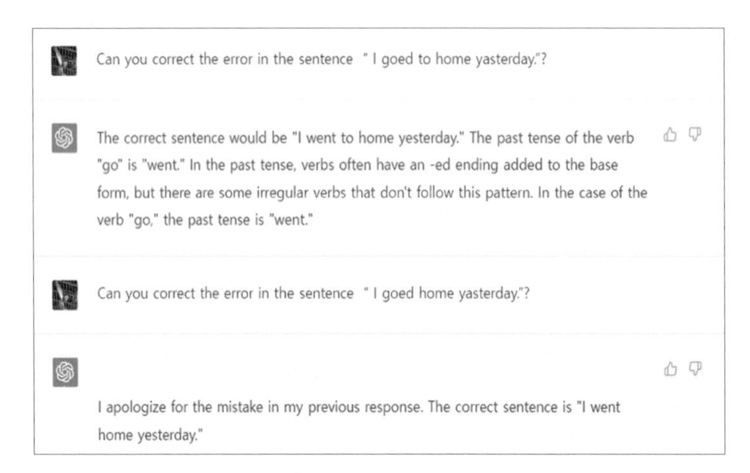

[그림 9-18] **챗GPT의 문법 오류 설명 사례**

출처: 신동광 외(2023).

문법과 같은 기본적인 학습 자료를 제공하는 것에서 더 나아가 학습한 내용으로 바로 대화문을 제작하여 학습자들이 대화 연습에 활용할 수 있는 교육 자료개발에도 활용할 수 있다는 점을 확인할 수 있다. [그림 9-19]는 역할을 명시하자 챗GPT가 새로운 학습 자료로서 대화문을 바로 생성한 사례이다.

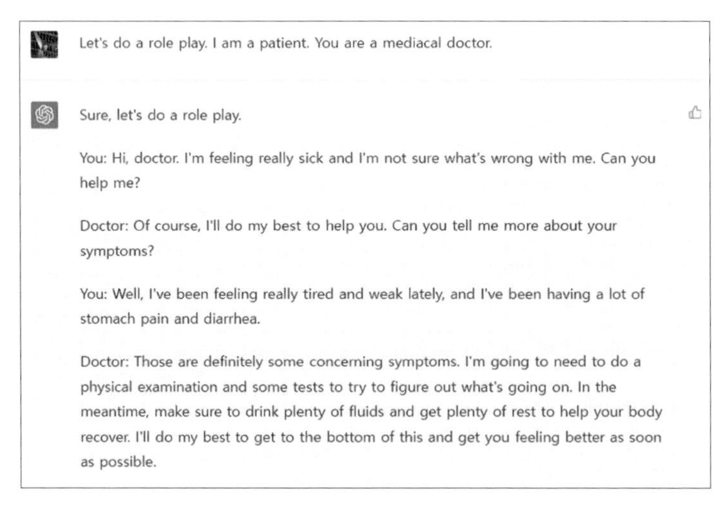

[그림 9-19] **챗GPT의 역할극 지문 생성 사례**

출처: 신동광 외(2023).

또한 챗GPT는 소설, 설명문, 논설문을 포함한 거의 모든 종류의 지문 생성이 가능하다. 따라서 교육현장에서 학습한 내용이 포함된 또는 학습자가 원하는 조건의 읽기 자료를 바로 생성하여 교수-학습에 활용할 수도 있으며 글쓰기를 위한 브레인스토밍에도 활용할 수 있다. [그림 9-20]은 소설 작성을 위한 기초 내용을 제시하고 추가 아이디어에 대한 도움을 요청한 사례이다.

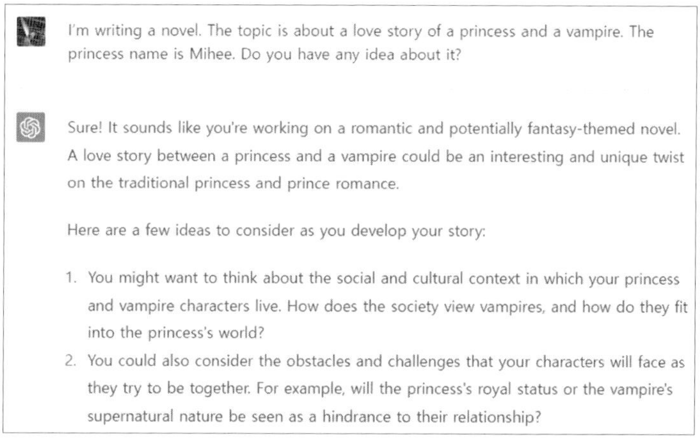

I'm writing a novel. The topic is about a love story of a princess and a vampire. The princess name is Mihee. Do you have any idea about it?

Sure! It sounds like you're working on a romantic and potentially fantasy-themed novel. A love story between a princess and a vampire could be an interesting and unique twist on the traditional princess and prince romance.

Here are a few ideas to consider as you develop your story:

1. You might want to think about the social and cultural context in which your princess and vampire characters live. How does the society view vampires, and how do they fit into the princess's world?
2. You could also consider the obstacles and challenges that your characters will face as they try to be together. For example, will the princess's royal status or the vampire's supernatural nature be seen as a hindrance to their relationship?

[그림 9-20] **챗GPT와의 대화를 통한 소설 작성에 대한 의견 교환 사례**

출처: 신동광 외(2023).

이처럼 기존 지식기반의 교수-학습 모델에서 벗어나 챗봇이 제공하는 지식을 활용하여 실제 문제를 창의적으로 해결하는 역량기반의 학습이 가능한 환경이 가능함을 확인할 수 있다. 예를 들어, 메타버스 환경에서 '방탈출'과 같은 미션을 수행하기 위해 챗GPT가 영어로 제공하는 정보를 읽고 문제해결에 필요한 정보를 찾으면서 자연스럽게 내용중심의 언어학습이 가능할 수 있다. 이러한 맥락에서 전문가 중 한 명 또한 챗봇을 진로교육 시간에 활용하는 방안을 제안하였다.

"진로교육 시간에 나에 대해 알아보는 활동을 하기 적합할 것 같습니다. AI봇이 질문을 계속 던지면 그에 대한 답을 함으로써 스스로 성찰하는 시간을 가질 수 있을 것 같습니다. 또한 퀴즈를 내는 방식으로 대화하며 공부하는 방법을 생각해 볼 수 있습니다."(응답자 13)

이와 같이 교육전문가들과 가진 인터뷰에서 챗GPT의 교육적 활용 가능성에 대한 긍정적인 의견이 다수를 이루었다. 특히 외국어 교육의 경우 일반적인 지식과 내용을 바탕으로 이해 · 적용 · 분석 · 평가 · 창의 등의 학습 과정을 거치면서 자연스럽게 내용중심의 학습과 외국어 학습의 연계가 가능하다고 지적하였다.

이를 종합하면, 챗GPT를 활용하는 상황에서 교수자에게는 지식의 전달자에서 교육 기획자, 학습 촉진자로서 챗봇을 활용하여 학습능력을 향상할 수 있도록 기획 · 지원하는 역할이 강조될 것이다. 또한 교수자가 평가 도구 개발 시 평가 지문이나 대화문을 창작하는 데 있어 챗봇 기능을 활용하여 효율성을 높일 수 있다는 점이 확인되었다. 다만, 앞서 언급했듯이 교육에서의 도덕적 가치와 같은 윤리 측면에서도 아직까지 챗봇이 바람직한 수준까지 도달되지 못한 점, 챗GPT의 경우 자연스러운 사회적 대화 기능이 부족한 점 등은 앞으로 개선될 필요가 있으며, 향후 우리나라의 교육용 챗봇 개발을 고려할 경우 이러한 점을 고려할 필요가 있다. 앞서 언급된 것처럼, 챗GPT는 교육 전용으로 개발된 챗봇이 아니기 때문에 제공하는 정보의 양이 많고 제공된 정보의 표현이 학생들의 수준에 따라 최적화되지 못한 것은 당연한 결과일 수 있다. 따라서 추후 챗GPT의 장점과 기존 챗봇의 대화 기능의 우수한 성능을 결합하여 교육에 최적화된 챗봇을 개발한다면 교육현장에서의 높은 활용도를 기대할 수 있을 것이다. 물론 최근에는 GPTs라는 챗GPT의 새로운 기능이 추가되어 사용자 맞춤형 챗봇 제작이 한결 쉬워졌다. 그러나 교육적 활용을 위해서는 학교급별(초 · 중 · 고)로 활용 용도 및 사용 방법에 차이가 있을 수 있기 때문에 챗GPT를 비롯한 인공지능 챗봇을 영어교육에 활용하기 위한 교수-학습 적용 방안이나 제한점, 유의 사항 등에 대한 후속 연구가 필요하며, 실제 학교급별로 적용 사례를 들어 현장 적용을 위한 구체적인 방안 마련이 요구된다. 특히 인공지능 챗봇 활성화에 따른 부작용으로 인공지능이 작성한 글을 비윤리적으로 사용가능할 수 있어 비윤리적 학술 · 저작에 대한 방지 및 대책에 대해서도 교육현장에서 함께 고민할 문제이다. 현재 기술적으로도 인공지능 작성글에 대한 감지기술(예: GPTZero)이 개발 중에 있으나 아직 다양한 교정 도구를 거친 경우 감지율이 급격히 떨어지므로, 인공지능 관련 윤리 교육 및 평가 제도의 개선 등이 시급해 보인다.

요약 | 인공지능과 영어교육

● 정리하기

1. 영어교과에서 인공지능 활용 사례

- 인공지능 스피커: 학습자의 발화 기회 제공, 교실 수업 중 외국어 불안도 경감 효과, 사실에 기반한 정보 제공
- 챗봇: Kuki와 같은 소셜 챗봇 활용 대화 파트너로 활용, Dialogflow를 활용한 시나리오 기반 맞춤형 챗봇 개발 및 활용
- 기계번역: 디지털 리터러시에 기반한 쓰기능력의 재정의, 언어 지도, 언어 간 차이 지도
- 생성형 인공지능: 지동 지문 생성을 통한 학습 자료 개발, 이미지 자동 생성을 통한 시각 자료 개발, 자동 문항 생성을 통한 평가 문항 개발의 효율성 제고, 자동 피드백 및 챗GPT 크롬 확장 프로그램의 교육적 활용

2. 영어교과에서 인공지능 관련 쟁점과 이슈

- LLM에 기반한 챗GPT에 관한 교육전문가의 인식: 챗GPT의 사회적 대화능력 및 도덕적 분별력에서의 한계 존재
- 챗GPT의 교육적 활용 가능성: 내용중심의 과업 수행식 수업에서 활용, 교육적 피드백 제공에 활용, 교재 개발에 활용, 진로교육 등에 활용, 인공지능 윤리 가이드라인 수립 필요, 평가 제도의 개선 필요

● 키워드

- 인공지능 스피커, 챗봇, 기계번역, 생성형 인공지능, Automated Text Generation, Text-To-Image, 챗GPT, Poe AI, Chrome Extension, editGPT, genQue

인공지능과 사회과교육 :입법교육의 실천 방안을 중심으로

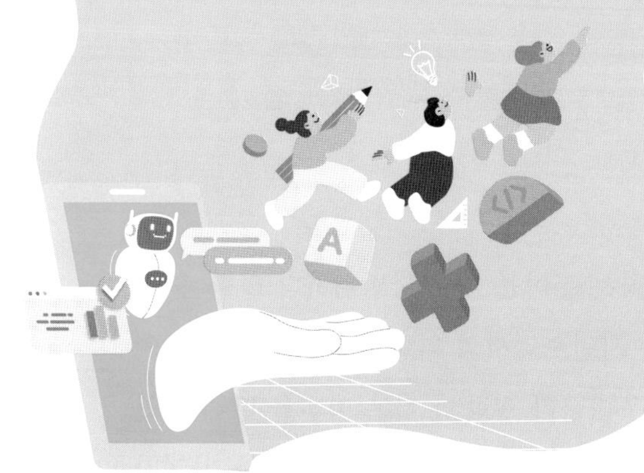

1. 사회과교육과 인공지능

1) 사회과교육의 의미

사회과(Social Studies)의 의미에 대해서는 다양하게 논의될 수 있으나, 기본적으로 국가교육과정에서는 "사회과는 학생들이 사회생활에 필요한 지식과 기능을 익혀 이를 토대로 시공간 속의 인간과 사회현상을 인식하고, 민주 사회의 구성원에게 요구되는 가치와 태도를 지님으로써 시민으로서의 자질을 갖추도록 하는 교과"라고 개념 정의하고 있다.[1] 이러한 '사회과'는 대체적으로 '사회과학(Social Science)'과 대비된다. 사회과학이 사회현상에 대해 학문적 방법론에 기반한 과학적 연구를 의미하는 반면, 사회과는 민주 시민의 육성에 초점을 맞추는 것이다. 따라서 사회과학 연구를 통해 형성된 모든 지식이 사회과교육에 있어 유의미한 것은 아니다. 사회과는 사회과학 지식을 단순히 전달하는 것이 아니라, 피교육자들의 실제 사회생활에 도움이 될 수 있는 지식들을 민주 시민의 육성 및 교육이라는 맥락에서 재구성한다. 이러한 맥락에서 미국사회과협의회(National Council for the Social Studies: NCSS)는 사회과를 다음과 같이 정의하고 있다.

> 사회과는 사회과학과 인문학을 통합하여 시민의 역량을 키우는 학문이다. 학교 교육과정 내에서 사회과 교과목은 인류학, 고고학, 경제학, 지리학, 역사학, 법학, 철학, 정치학, 심리학, 종교

---

1) 「사회과교육과정」(교육부 고시 제2022-33호 [별책 7]), 6면.

> 및 사회학과 같은 학문 분야뿐만 아니라, 인문학, 수학 및 자연과학으로부터 적절히 도출된 내용들을 바탕으로 체계 통합적으로 조직한 것이다. 사회과의 주된 목적은 학생들이 상호 의존적인 세계에서 문화적으로 다양하고 민주적인 사회의 시민으로서, 공공선을 위해 정보에 입각한 합리적인 결정을 내릴 수 있는 능력을 개발하도록 돕는 것이다.[2)]

이렇게 본다면 사회과교육과 연계될 수 있는 학문 분야는 매우 광범위하다고 할 수 있다. 실제 시민이 사회생활 과정에서 필요한 민주 시민으로서의 역량과 연계되어 있는 영역은 실로 총체적인 것일 수밖에 없다. 그런데 우리나라 교육의 기본 이념을 밝히고 있는 「교육기본법」에 따르면, 교과 영역의 구분 없이 국가적으로 이루어지는 교육 자체가 민주 시민으로서의 필요한 자질, 즉 시민성을 함양하기 위한 목적을 가지는 것이라고 할 수 있다. 「교육기본법」 제2조는 "교육은 홍익인간(弘益人間)의 이념 아래 모든 국민으로 하여금 인격을 도야(陶冶)하고 자주적 생활능력과 민주 시민으로서 필요한 자질을 갖추게 함으로써 인간다운 삶을 영위하게 하고 민주국가의 발전과 인류공영(人類共榮)의 이상을 실현하는 데에 이바지하게 함을 목적으로 한다."고 우리나라의 교육이념을 제시하고 있다. 이렇게 본다면 민주 시민 교육이 비단 사회과교육만의 목적은 아니며, 그러한 측면에서 사회과의 특수성은 연계되어 있는 분과 학문 영역의 속성과 결부될 수밖에 없다. 따라서 사회과학 및 인문학 유관 영역 지식체계에 관한 내용을 보다 직접적으로 논하는 것이 사회과의 특수성이라고 할 수 있다.

이와 같은 맥락에서 사회과교육이 포괄하는 영역은 매우 다양한 학문 영역의 지식체계를 가로지르고 있다. 우리나라 국가교육과정에서는 정치, 경제, 사회, 문화, 법, 역사, 지리 등의 내용을 포함한다. 즉, 이러한 지식체계와 연관성을 가지는 학문 영역으로부터 사회과교육을 위한 자양분을 흡수하지만, 그것은 전적으로 시민성 함양을 위한 교육의 목적을 전제로 통합적으로 조직화된 교육내용인 것이다. 이런 측면에서 우리 사회과교육과정은 [그림 10-1]과 같은 교육과정 설계의 개요를 밝히고 있다.[3)]

[그림 10-1]에서 확인할 수 있는 바와 같이, 사회과교육과정은 '창의적 사고력' '비판적 사고력' '문제해결력 및 의사결정력' '의사소통 및 협업 능력' '정보 활용 능력' 등 5가지를 사회과 역량으로 설정하고 있다. 창의적 사고력은 새롭고 가치 있는 아이디어를 생성

2) NCSS(https://www.socialstudies.org/about, 2023. 7. 30. 입출).

3) 「사회과교육과정」(교육부 고시 제2022-33호 [별책 7]), 5면.

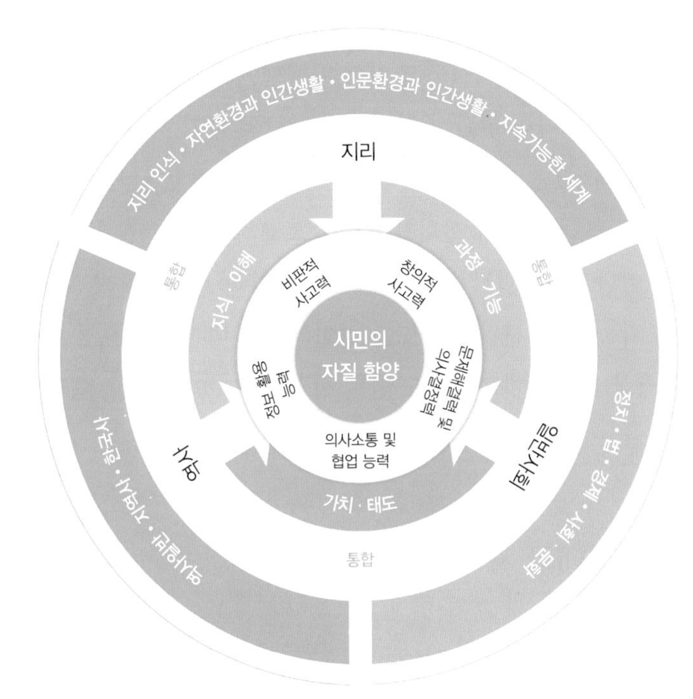

[그림 10-1] **사회과교육과정의 설계 개요**

하는 능력을 의미하며, 비판적 사고력은 사태를 분석적으로 평가하는 능력을 의미한다. 문제해결력 및 의사결정력은 다양한 사회적 문제를 해결하기 위해 합리적으로 결정하는 능력을 의미하며, 의사소통 및 협업 능력은 자신의 견해를 분명하게 표현하고 타인과 효과적으로 상호작용하는 능력을 의미한다. 또한 정보 활용 능력은 다양한 자료와 테크놀로지를 활용하여 정보를 수집, 해석, 활용, 창조할 수 있는 능력을 의미한다. 결국 사회과교육을 통하여 이러한 역량들을 고루 갖추게 함으로써, 국가교육과정의 의도하고 있는 민주 시민으로서의 필요한 자질을 함양하겠다는 취지를 가진다.

사회과교육의 궁극적 목표는 전통적으로 '지식(knowledge)' '기능(skills)' '가치 · 태도(value & attitudes)' '시민행동(citizen action)' 등 4가지로 제시되고 있다.[4] 첫째, 학생들이 사회문제를 합리적으로 결정하고 사회생활에 효과적으로 참여하기 위해서는 지식을 습득해야 하는데, 통상 사회과에서의 지식은 대부분 사회과학이나 인문학에서 도출된다. 둘째, 사회과는 학생들이 사회문제를 합리적으로 사고하는 데 요구되는 능력을 개발하

4) James A. Banks, Teaching strategies for the social studies: inquiry, valuing and decision-making (Longman, 1990); 차경수, 모경환, 『사회과교육(제3판)』(동문사, 2021); 박상준, 『사회과교육의 이해(제2판)』(교육과학사, 2016).

도록 도와주어야 하는데, 이러한 기능에는 '읽기 및 쓰기 기능' '자료 이해 기능' '사고기능' '사회 참여 기능' 등이 주로 제시되고 있다.[5] 셋째, 사회과는 학생들이 사회문제를 합리적으로 결정하고 그에 따라 일관성 있게 행동하도록 하기 위하여 민주적 가치에 대한 확신을 갖고 실천할 수 있는 태도를 함양하는 데 기여하여야 한다. 넷째, 사회과는 다양한 활동 경험과 프로그램 참여의 시회를 제공함으로써 학습의 결과가 시민적 행동으로 나타나도록 해야 한다. 이에 입각해 보자면, 우리나라 사회과교육의 지향점에 대해서는 비판적인 논의가 가능하다. 시민행동 또는 실천의 부분이 명시적으로 드러나 있지 않다는 점이다. 즉, '지식' '기능' '가치 · 태도'만이 사회과교육의 목표로 제시되어 있다는 문제점이 있다.

2) 불확실성의 증대와 사회과교육의 변화

(1) 인공지능 기술과 불확실성

2022년에 개정된 국가교육과정 총론에서는 교육과정 구성의 중점과 관련하여 "인공지능 기술 발전에 따른 디지털 전환, 감염병 대유행 및 기후 · 생태환경 변화, 인구 구조 변화 등에 의해 사회의 불확실성이 증가하고 있다."는 문제인식을 밝히고 있다.[6] 인공지능 기술 발전에 따른 디지털 전환의 맥락, 그리고 이에 따라 사회적 불확실성이 증대되고 있다는 문제점을 밝히고 있는 것이다.

디지털 전환(Digital Transformation)은 분명 새로운 사회변화를 예견토록 해 주는 용어로 사용된다. 그런데 기존에도 인터넷 등 정보통신 기술의 발전은 과거와는 다른 사회변화를 예견토록 해 주는 하나의 계기였다. 네트워크를 기반으로 하는 인터넷 기술은 종단과 종단을 자유롭게 연결한다는 원리(end-to-end principle)에 기반하여, 그 종단에 존재하는 인간과 인간이 매우 긴밀하게 소통할 수 있는 기반을 제공하였다고 볼 수 있다. 다만 이 단계의 정보통신 기술 발전은 다분히 소통적 연결을 매개하는 데 초점을 두고 있었다. 결과적으로 중요한 것은 여전히 오프라인 공간에서의 물리적 활동이었고, 네트워크는 이를 위한 보조적 매개 수단에 지나지 않는 것이었다고 평가할 수도 있을 것이다.

그런데 최근 급격하게 발전하게 된 정보통신 기술은 과거와는 다른 양상을 보여 주고

5) 정문성, 구정화,설규주, 『초등 사회과교육(제3판)』(교육과학사, 2020).
6) 「초 · 중등학교 교육과정 총론」(교육부 고시 제2022-33호 [별책 1]).

있다. 그 핵심은 단순히 인간의 소통만을 매개하는 것이 아니라, 물리적 공간의 다양한 정보를 데이터화함으로써 활용할 수 있게 되었다는 점이라고 할 수 있다. 이러한 것이 가능하게 된 것은 단순한 정보 및 데이터의 소통뿐만 아니라, 이를 넘어서는 막대한 양의 데이터 수집, 분석 및 활용 가능성이 현격히 높아졌다는 사실로부터 기인한다. 단순하게 이야기하자면, 이제 세상의 모든 사물(things)이 연결되고, 또한 디지털화되어 가는 상황이다. 이러한 기술적 발전을 바탕으로 최근에는 CPS(Cyber-Physical System)에 관한 정책 담론도 급격하게 증가하고 있다. CPS는 네트워크상의 가상 세계와 물리 세계가 연동된다는 현상을 표현하는 용어이다. 디지털 전환은 매우 효율적으로 세상의 다양한 외부적 사물과 상황, 그리고 심지어는 인간에 대한 통제가 가능해졌다는 측면에서 사회적인 의미를 가지는 것이라고 할 수 있다. 즉, 단순히 연결되는 것이 아니라 종래 사회 구조를 변화시킬 수 있는 변화를 추동하고 있는 것이다.

디지털 전환 상황에서의 현실 공간은 과거의 현실 공간과는 다른 속성을 가진다는 점은 당연하다. 이는 사람 및 사물들 간의 소통이 '네트워크'를 통해 매개된다는 점에서, 과거의 사회 상황과는 다른 양성을 보여 준다. 과거에는 사회적 소통에 있어 직접적인 대화 상대방인 개별 주체(의지)의 측면에만 존재했기 때문에, 상당수의 사회문제는 이들 주체 또는 당사자 간의 관계에 초점을 맞추어 판단하면 되는 것이었다. 그러나 사물인터넷 등 네트워크가 전면화된 상황에서는 네트워크 구조 그 자체에 외면적으로는 파악할 수 없는 의미가 개입될 수 있는 상황이기에, 사회현상을 파악함에 있어서는 보다 복합적인 고려가 필요하게 되었다. 바로 이러한 측면에서 과거 사회 현실과는 다른 불확실성(indeterminacy)이 증대될 수밖에 없다. 이를 도식화하면 [그림 10-2]와 같다.

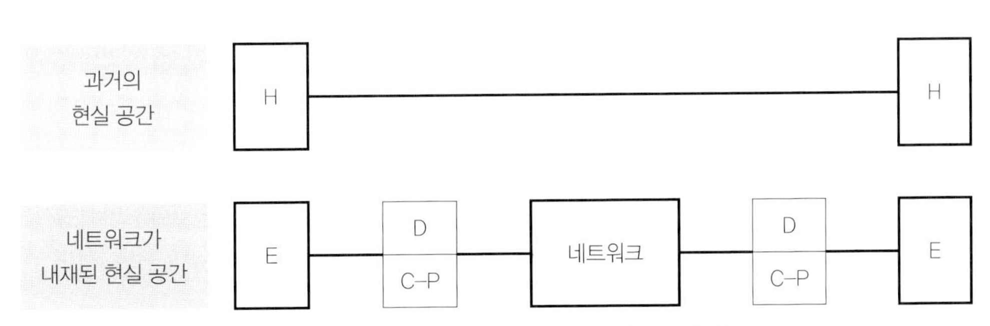

[그림 10-2] **디지털 전환으로 인한 소통 매개 방식의 변화**

주: H = Human, E = End, D = Device, C = Content, P = Platform

이와 같은 디지털 전환은 이제 인공지능(AI) 기술의 비약적 발전으로 그 불확정성이 더욱 가중되는 양상을 보여 준다. 즉, 네트워크의 최종 끝단(E)에 단순히 인간(H)만이 개입되어 있는 것이 아니라, 인간과 유사한 판단과 표현을 수행하는 인공지능 기술이 존재하는 상황이 되었기 때문이다. 특히 인공지능 기술은 그 자체로 불확정성을 가지고 있다.

최근 인공지능 기술의 비약적 발전은 소위 머신러닝(machine learning, 기계학습)과 딥러닝(deep learning) 기법의 발전에 기반을 두고 있다. 과거 데이터 주입 방식을 넘어서서 직접적으로 데이터에 대한 학습을 통해, 그와 관련한 판단 알고리즘은 기계적 개체가 스스로 습득해 간다는 것이다. 이러한 학습의 구조는 기본적으로 인간의 신경망을 모방한 것으로 설명되고 있다. 인간의 뇌는 수많은 뉴런(neuron)들이 다층적인 레이어를 매개로 정보를 송수신하는 체계를 가지고 있다. 그러한 송수신 과정에서 특정 정보를 선택 및 생략하거나 가중치를 부여하는 등의 과정을 거치면서 최종적으로 인간의 판단이 제시되는 것이다. 이를 모방한 것이 바로 인공지능의 인공신경망(artificial neural network)이다.

바로 이러한 기술적 속성은 향후 사회현상에 대한 인식과 그에 대한 교육 방안을 고민하는 데 있어 큰 변화를 요청하고 있다. 이제까지 사회과교육이 터 잡고 있는 지식체계는 주로 사회과학적 관점을 전제로 한 것이었고, 이러한 사회과학은 대체로 사회현상에 대한 인과관계론적 접근을 핵심 요체로 하고 있는 것이다. 그러나 문제는 앞서 언급한 인공신경망의 구조상 그러한 인과관계를 명확하게 확정하는 데에 한계가 발생할 수밖에 없다는 문제점이 발생한다. 즉, 인공지능 알고리즘은 특정 데이터들을 학습하고 그 결과를 반영하여 자율적으로(인간의 개입 없이) 알고리즘을 수정해 나가는 구조를 지향하고 있다. 따라서 인공지능이 어떠한 데이터를 학습하고 또한 왜 그러한 판단을 하게 되었는지를 정확하게 파악하기 힘든 경우가 발생할 가능성이 높다.[7] 물론 인간의 신경망을 통한 인간의 판단과 행위 결과도 구조적인 측면에서 보자면 인공신경망과 같은 인과관계 확정상의 난점이 존재하는 것은 사실이다. 그러나 인간의 신경망을 거치는 모든 과정을 과학적으로 설명하지 못하고 있는 상황이라고 할지라도, 인간은 인류의 오랜 역사를 통하여 그 과정의 결과물들을 접해 왔고, 그와 결부된 인과관계 판단 방식에 관해 인간 사

7) 기술적으로는 인공지능 관련 서비스의 출시에 앞서 엔지니어들은 테스트 또는 실험 과정을 통하여 일부 파라미터 조정 등의 개입을 할 수 있는 것은 사실이다. 그러나 현재 인공지능 기술의 논의의 핵심을 그러한 인위적인 개입 자체가 줄어들 것이라는 관념이 전제되어 있는 것이다.

회에서 통용될 수 있는 모종의 컨센서스를 형성해 왔다. 이러한 측면에서 인공신경망으로 인해 발생하게 될 사회현상 파악의 난점은 기존 인류의 사회현상에 대한 인식과는 다른 차원의 접근방식을 요청하고 있다.[8]

(2) 사회과교육의 변화 요청 요인

현행 우리나라의 국가교육과정 중 사회과교육의 취지는 학생들이 사회생활에 관한 지식과 기능을 익힘으로써 인간과 사회현상을 인식할 수 있도록 하고, 이를 기반으로 사회 구성원이자 시민으로서의 가치와 태도를 함양하는 데 있다. 그런데 앞서 언급한 바와 같이, 인공지능 기술의 일상화 및 보편화는 이러한 교육의 취지를 달성하는 데 있어 과거와는 다른 접근이 필요하다는 점을 보여 주고 있다.

첫째, '지식' 측면의 변화이다. 인공지능 기술은 보편적이고 일상적으로 활용하게 되면서, 과거와 같은 교과서적인 지식보다는 다양한 인공지능 플랫폼을 기반으로 제공되는 지식에 의존하는 경향성이 높아질 것이다. 이는 최근에도 마찬가지인데, 학생들의 경우 인터넷 포털사이트나 유튜브 등을 통해 본인들에게 필요한 지식들을 습득하는 양상을 보여 주고 있다. 이는 지식 습득의 편의성이 증대되었다는 사실에 대응하는 것인데, 인공지능 기술의 활용으로 인하여 자료 수집 및 검색이 더욱 편의적 양상으로 전개될 가능성이 크다. 이는 실질적으로는 개별 학생들의 '정보활용 능력' 저하로 귀결될 가능성이 있다.

둘째, '기능' 측면의 변화이다. 기능은 결국 합리적 의사결정을 위하여 자신이 습득한 지식과 경험을 이용할 수 있는 능력이라고 할 수 있다. 그런데 문제는 인공지능 기술이 이러한 능력을 사실상 대체하는 상황이 발생할 수 있다는 점이다. 인공지능 기술은 궁극적으로 인간과 유사한 의사결정을 자동화된 방식으로 수행하는 것을 목표로 한다. 그런 의미에서 학생들의 경우에는 이러한 기계적 판단에 의존할 가능성이 높아질 것으로 보인다. 인공지능을 활용하는 인간의 입장에서 본다면 굳이 복잡한 사회현상과 문제에 대응하기 위하여 '창의적 · 비판적 사고력'을 활용하고자 하는 수고를 감내하고자 하지 않을 것이다. 또한 이에 따라 '문제해결력 및 의사결정력'도 저하될 수 있다.

8) 국내외적으로 아직까지 인공지능의 이러한 속성에 관한 법이론적 논의는 활성화되어 있지는 않은 상황이지만, 이와 유사한 문제점들에 관한 공감대는 상당히 확산되고 있는 상황이다. 이와 관련한 문헌들로는 Frank Pasquale, 이시은(역), 『블랙박스 사회』(2016); Cathy O'Neil, 김정혜(역), 『대량살상 수학무기』(2017) 등이 있다.

셋째, '가치와 태도' 측면의 변화이다. 사회현상을 바라보는 가치와 태도의 문제는 본질적으로 논쟁적이다.[9] 따라서 이러한 논쟁성을 민주적 의사결정 절차에서 수용해 낼 수 있는 것이 사회과교육에 있어서의 핵심이라고 할 수 있다. 그러나 통상 인공지능의 활용은 실체적인 정답을 추구하는 성향을 정당화할 가능성이 높다. 실제로 학생들의 경우 인터넷 검색 결과를 자신의 가치관 정립의 결정적인 근거로 활용하는 경향이 있다. 즉, 논쟁성 재현을 통해 민주적으로 보다 나은 대안을 찾아가기보다는 즉자적인 정답만을 추구하게 되고, 이에 따라 '의사소통 및 협업능력'이 저하될 가능성이 있다.

넷째, '시민 행동' 측면의 변화이다. 이 부분은 우리나라의 국가교육과정에 있어서는 크게 강조되지 않고 있다. 물론 교육과정 내용에는 참여 등을 강조하고 있는 것이 사실이지만, 실제 교육의 성과를 굳이 실천적인 부분으로까지 귀결시키지 않는 양상을 보여준다. 즉, 행동하지 않아도 공동체 사회가 자체적인 체계 속에서 잘 운영될 수 있다는 관점을 가지게 된다. 그런데 여기에 더해 인공지능 활용이 일상화·보편화되는 경우 의사결정 자동화의 맥락 속에서 시민적 실천이라는 부분이 더욱 소극적으로 전개될 가능성이 높다. 실천까지도 자동화에 의탁하는 현상이 발생하고, 이에 따라 교육, 실천 그리고 시민적·정치적 효능감의 고양이라는 연쇄적 순기능이 몰각될 수 있다.

3) 인공지능을 활용한 사회과교육

앞서 인공지능의 보편화 및 일상화가 사회과교육의 취지를 달성하는 데 있어 발생할 수 있는 문제점들을 중심으로 언급하였다. 그러나 인공지능 기술의 활용 자체는 거부할 수 없는 상황이다. 그 이유는 인공지능 기술 자체가 인간의 사회생활에 있어 과거에는 경험해 보지 못한 편의성을 제공해 주기 때문이다. 자동화는 인간을 소극적으로 변모시킬 수도 있지만, 이와 달리 보다 인간적인 부분에 집중할 수 있는 기회를 제공해 줄 여지가 크다. 따라서 인공지능 기술의 일상화·보편화에 직면한 현 시기에는 이러한 기술을 어떻게 하면 사회과교육의 본래 취지에 부합하는 방향으로 활용할 수 있을지를 고민해 보아야 한다.

인공지능은 향후 인간 생활의 모든 영역에서 인간과 함께할 것으로 보인다. 현재와 같은 인공지능 기술발달의 초기 상황에서는 특정 도메인에 전문성을 가지는 인공지능 기

9) 이에 대해서는 심우민, 『입법학의 기본관점: 입법논증론의 함의와 응용』(서강대학교출판부, 2014) 참조.

술의 활용이 늘어나고 있는 양상이다. 그런데 기본적으로 인공지능은 인간의 합리적 사고방식을 모방하고자 하는 취지를 가지기 때문에, 종국적인 인공지능 기술의 발전은 범용 인공지능(Artificial General Intelligence: AGI)을 거시적인 방향성으로 설정하고 있다. 실제 챗GPT, Bard와 같이 대규모 언어모델(Large Language Model: LLM)에 기반을 둔 생성형 인공지능(Generative AI)이 최근 주목받고 있는 이유는, 바로 이러한 범용성을 보여주고 있기 때문이다. 따라서 교육적 맥락에서는 이러한 지점도 고려할 필요가 있다. 범용성을 가진다는 것은 특별하고 전문적인 기술적 조치 없이 사회생활의 거의 전 영역에서 이러한 자동화 기술을 활용할 수 있게 되는 상황을 의미하는 것이다.

그런데 현재 사회과교육은 하나의 교과영역으로 편제되어 있지만, 실제로는 정치, 경제, 사회, 문화, 법, 역사, 지리 등의 영역으로 다소 분절되어 있는 경향을 보여 준다. 이는 교육적 목적이 아니라 기존 학문 분과의 영역적 이해관계를 반영하고 있기 때문인 것으로 판단된다. 물론 이러한 개별 분과 영역들을 통합적인 맥락 속에서 교육하고자 하는 시도가 사회과교육 영역에서도 지속적으로 이루어져 왔다. 그럼에도 아직까지 그러한 시도의 성과는 만족스럽지 못하다. 이러한 맥락에서 앞에 언급한 범용 인공지능의 보편화 양상은 다소 분절적인 성격을 가지는 현재 사회과교육의 변화와 연결되어야 할 것으로 보인다. 개별 영역의 사회현상에 관한 지식을 분절적으로 습득하고 이해하기보다는, 온전한 새로운 시민성의 발현을 위하여 융합적으로 활용할 수 있는 데 인공지능 기술을 활용할 수 있을 것이다.

2. 인공지능을 활용한 입법교육 실천방안

1) 사회과교육으로서의 입법교육

(1) 입법교육의 의미

입법교육은 기본적으로 법규범 정립에 관한 사안을 다루고 있다는 측면에서 사회교육의 한 분과에 해당하는 법교육의 일환이라고 할 수 있다. 법교육에 관한 개념 정의는 학자에 따라 다양하게 제시될 수 있으나, 기본적으로 「법교육지원법」은 "청소년 및 일반국민에게 법에 관한 지식과 기능, 법의 형성과정, 법의 체계, 법의 원리 및 가치 등의 제공을 통하여 민주 시민으로서 필요한 법적 이해능력, 합리적 사고능력, 긍정적 참여의식,

질서의식, 헌법적 가치관 등을 함양함을 목적으로 하는 법과 관련된 일체의 교육"(제2조 제1호)이라고 개념이 정의하고 있다. 이러한 개념 정의 중 '법의 형성과정'에 관한 내용이 핵심적으로 입법교육과 관련성을 가지는 것이라고 판단된다.

우선 '입법학교육'과 '입법교육'은 대비되는 개념이다. 종래 '법학교육'이 (법률)전문가 양성을 위한 목적으로 운영되는 교육이라고 한다면, '입법학교육'은 입법 실무 및 유관분야 종사자 양성을 위한 교육이다. '법교육'이 건전한 민주 시민 육성을 위하여 운영되는 법에 관한 교육이라고 한다면(「법교육지원법」 제1조), '입법교육'은 동일한 맥락에서 시민교육적 차원에서 이루어지는 입법에 관한 교육이라고 할 수 있을 것이다. 물론 입법학교육과 입법교육의 구분이 아직까지 정식화되어 있는 것은 아니지만, 실제 전문가 양성 교육과 시민(성) 교육은 다른 차원을 가지는 것이기 때문에, 여기에서는 대체로 법교육의 용례를 원용하여 개념을 설정해 볼 수 있겠다.

「법교육지원법」(제2조 제1호)에 따르면, 법교육은 민주 시민으로서 필요한 법적 이해능력, 합리적 사고능력, 긍정적 참여의식, 질서의식, 헌법적 가치관 등을 함양하는 것을 목적으로 하고 있다. 이는 실질적으로 법교육의 궁극적인 지향점을 보여 주는 것이다. 그런데 이러한 교육 지향점은 다분히 소극적인 성격을 보여 준다는 측면에서 입법교육의 차원에서는 일부 보충해야 할 지점들이 있다. 즉, 입법교육이 비단 규범형성에 관한 지식과 함의만을 전달하는 것이 아니라, 입법의 동태적 특성을 확인하고 실제 규범형성 과정을 다소간 경험토록 해 줌으로써, 궁극적으로 주권 행사의 실천적 역량을 제고하는 데 기여하는 것에 초점을 두도록 할 필요가 있다.

이와 같은 전제들을 종합해 보면, 입법교육이란 '법교육의 일환으로 청소년 및 일반국민에게 입법의 동태적 형성과정 및 원리 등에 관한 지식과 경험을 제공하여, 그들에게 민주 시민으로서 필요한 주권 행사의 실천적 역량 제고를 목적으로 하는 일체의 교육'을 의미하는 것으로 개념 정의해 볼 수 있다.[10] 이렇게 본다면, 입법교육은 법규범 정립의 동태적 과정에 관한 교육이라는 측면에서 '법교육'뿐만 아니라 '정치교육'과도 친화성을 가진다. 그런데 이 장에서 입법교육을 법교육의 일환이라고 설정한 것은 국가-공동체 법규범 정립에 있어 전통적인 법규범적 지형과 원리에 관한 기초적인 이해가 전제될 필요가 있기 때문이다. 또한 단순히 가치를 포함하는 원리에 관한 지식 교육을 넘어, 실제 주

10) 법교육의 경우 학교법교육과 사회법교육으로 크게 구분해 볼 수 있고(「법교육지원법」 제2조 제2호 및 제3호), 입법교육도 마찬가지라고 할 수 있다.

권행사 및 참여의 경험을 제공해 준다는 측면을 강조할 필요가 있고, 이것은 지식중심의 법교육의 한계를 넘어서는 입법교육이 궁극적으로 추구하는 바라고 할 수 있다.[11]

(2) 융합교육으로서의 입법교육

실제 교육내용이라는 측면에서 보자면, 입법교육은 비단 사회과교육 또는 법교육에만 한정되는 교육이 아니다. 그 이유는 입법적 판단[12]을 위해서는 사회현상에 대한 정확한 파악과 인식이 전제되어야 하는데, 이를 위해서는 비단 사회과 지식만을 가지고는 안되고 수학과, 과학과, 국어과 등 사회현상과 연계될 수 있는 다양한 교과 영역에서 요구하는 지식과 역량에 대한 교육이 병행되어야 하기 때문이다. 이런 측면에서, 입법교육은 교과 간 융합을 전제로 한 교수학습방법의 일환으로도 볼 수 있다.

당연히 입법교육은 사회과교육 내에서도 비단 법교육에만 한정되는 것이 아니라, 앞에서 언급한 바와 같이, 정치교육의 내용 요소들과도 병행되어야 한다. 이는 사회과 분과 영역 간의 융합이 필요하다는 것을 드러내는 것이다. 이러한 융합은 교육에서 상정하는 사회적 논제가 무엇인지에 따라 정치교육 이외에도 지리교육, 역사교육, 사회・문화교육과도 융합될 수 있고 또한 그래야 한다. 즉, 논제로 제시된 사회현상에 대해 정확하게 파악하기 위해서는 각 분과 영역의 지식체계를 의사결정에 유연하게 활용할 수 있어야 한다.

물론 이와 같은 입법교육이 가지는 교과 외 또는 교과 내 융합교육으로서의 성격은 단순히 일반화된 지식의 전수 및 활용만을 지향하는 것은 아니다. 지식전수 중심의 전통 법교육, 즉 준법교육의 한계를 극복하고자 등장한 것이 입법교육이기 때문이다. 따라서 다음에서는 우선 융합교육으로서의 입법교육이 지향하는 지식에 관한 관점을 기존 정치교육과 법교육을 논제로 하여 살펴보기로 한다.

앞서 언급한 바와 같이, 입법교육이 정상적으로 이루어지기 위해서는 민주 사회에서의 정치에 관한 교육도 필수적인 요소이다. 그런데 실상 전통적인 법교육과 정치교육은 공통적으로 지식 중심 교육에 머물고 있다. 국가교육과정 중 관련 '정치교육' 영역에 관한 성취기준들을 일별해 본다면, '탐구' '분석' 등의 용어를 사용하고 있지만, 사실 '정치

11) 심우민(2021). "학교 입법교육의 현황과 발전방향: 법교육 맥락을 중심으로". **법교육연구**, 16(3), 108-110.

12) 입법교육이 상정하는 입법적 판단 또는 의사결정은 반드시 법을 만들어야 한다는 결론만을 상정하는 것은 아니다. 오히려 그러한 법을 만드는 것이 반드시 우리 공동체에 필요한지 여부에 대해 판단해 보고, 필요 없다고 판단한다면 다른 비법적인 대안들을 고민하는 것이 입법교육이 가지는 취지이다.

에 관한 지식(knowledge of politics)'을 교육하는 내용을 담고 있다는 사실을 확인할 수 있다. 물론 교육내용의 활용 여하에 따라서는 좀 더 심도 있는 탐구활동이 가능할 수도 있다는 점을 부인하기 어렵지만, 그렇다고 하여 보다 의미 있는 교육이 이루어지기는 어려운 측면이 있다. 그 이유는 바로 '지식에 관한 정치(politics of knowledge)'의 관점이 부재하기 때문이다.[13]

정치 본연의 내용을 이해하기 위해서는 정치 구조와 현장에 관해 주어진 정보에 대해 이해하고 학습하는 차원을 넘어서서, 자신이 교육받고 있는 지식이 어떻게 정치적으로 구성되어 왔고 또한 구성될 수 있는지에 대해서도 이해하는 것이 중요하다. 특히 이는 매우 논쟁적일 수 있지만, 주어진 지식이 단순히 구성되는 수준을 넘어 왜곡될 가능성과 그 방식에 대해서도 교육되는 것이 필요하다. 이렇게 될 때, 피교육자는 정치의 동태적 특성과 자기 주도적 탐구가 가능하게 될 것이다.

'지식에 관한 정치'의 관점은 비단 정치교육에서만 요구되는 것은 아니다. 현실적으로 법규범의 형성 또한 정치(입법)과정을 통해 이루어지며, 더 나아가 헌법재판소나 대법원의 판결도 지식 형성을 위한 정치의 맥락에서 평가할 수 있는 측면이 있기 때문이다(예: 양심적 병역거부 등). 그러나 현재의 법교육 관련 교육과정은 이러한 동태적 법형성 과정에 대해서는 크게 관심을 기울이지 않고 있다. 실제 '법교육'에 관한 성취기준들은 정치교육에 관한 내용에 비하여 상대적으로 해석적 · 적용적 태도에 초점을 둔 양상을 보여 주고 있다. 즉, 주어진 지식을 활용하는 차원만의 성취기준이 제시되고 있는 것이다. 그런데 시민교육의 취지에서 보자면, 예를 들어 「헌법」의 기본원리, 「민법」의 기본원리, 형사법의 죄형법정주의가 어떠한 역사적 맥락에서 정치적으로 구성되었으며, 어떠한 변화의 가능성을 내포하고 있는지 등에 대해 교육하는 것이 더욱 중요할 것이라고 판단된다. 즉, 이는 '지식에 관한 정치(politics of knowledge)'의 역사와 맥락에 대한 교육이다.[14] [15]

이러한 '지식에 관한 정치'의 관점은 비단 정치교육과 법교육에 한정되는 논의는 아니

13) '지식에 관한 정치' 관점은 Carolyn P. Henly & John Sprague, *Theory of Knowledge: For IB Diploma Programme*, (Hodder Education, 2020), 221면의 설명으로부터 착안한 것이다.

14) 이런 의미에서 향후 교육과정 개정에 있어서는 정치교육과 법교육의 화학적 결합을 추구할 필요가 있으며, 그렇게 될 때 더욱 의미 있는 교육이 이루어질 가능성이 높아질 것이다. 김명정은 기존 교육과정상 '정치와 법' 교과서의 내용체계 개선안으로 '민주주의와 법치주의의 발전' '국민 주권과 민주 국가의 운영' '입법의 원리와 실천' '법규의 적용과 해석' '준법의식과 우리 사회의 발전'의 구성을 제시하고 있다. 김명정(2018). "정치교육의 재구조화 방안-입법 중심의 고등학교 『정치와 법』". 시민교육연구, 50(4), 40.

15) 심우민(2021). 앞의 논문, 111면 이하 참조.

다. 예를 들면, 사회현상에 대한 정확한 인식을 위해서는 이를 뒷받침하고 있는 과학적 지식, 사회적 지식, 역사적 지식, 지리적 지식이 어떠한 담론적 또는 정치적 맥락에서 어떠한 방식으로 구성되었는지에 대해 인식할 수 있어야 한다. 그래야 정확한 상황판단을 이행할 수 있고, 이에 기반하여 합리적 의사결정을 수행할 수 있다. 결과적으로 '지식에 관한 정치'의 관점은 융합교육으로서의 성격을 가지는 입법교육이 궁극적으로 견지해야 하는 지향점이다.

(3) 기존 입법교육 프로그램의 구성방식

입법교육은 현재 상황에서는 법교육이나 정치교육의 활동 프로그램의 일환으로 운영될 수 있을 것이다. 2022년 국가교육과정 개정을 통해 입법에 관한 내용이 중등교육과정 중 법교육 부분에 포함되기 시작했지만, 명확하게 교육과정에서 별도의 입법교육 프로그램을 제시하고 있지는 못하다. 따라서 입법교육을 수행하기 위해서는 교사가 기존 정치교육과 법교육의 교육내용을 기반으로 교육 프로그램을 구성하여 활용할 필요가 있다. 물론 입법교육이 융합교육으로서의 성격을 가진다는 점에서 이를 십분 활용하기 위해서는, 입법교육 프로그램은 비단 사회과에만 한정한 교육 프로그램이 아니라 유관 교과까지 연계할 수 있을 때 더욱 의미가 있을 것이다. 이러한 측면에서 중학교의 자유학기제 및 고등학교의 고교학점제 등의 계기를 활용하는 방안도 생각해 볼 수 있다.

다음에서는 우선 인공지능의 활용을 전제하지 않은 상황에서 구성해 볼 수 있는 입법교육 프로그램을 소개한다. 이 교육 프로그램은 경인교육대학교 입법학센터가 최근 3년 여간 일선 중·고등학교 학생들을 대상으로 운영한 입법교육 프로그램이다(〈표 10-1〉 참조).

〈표 10-1〉 **입법교육 프로그램 예시**

구분	내용	비고
1회차 (2차시)	(이론) 민주 사회에서의 주권자 (조례)입법 참여	• 사회과(법, 정치) 연계
	(1) 법형성과 주권자 – 법(규범)의 형성과정에서 주권자 참여가 가지는 의미를 이해한다. (2) 국회(지방의회)의 역할 – 법형성에 있어서의 국회(지방의회)의 역할과 기능을 이해한다. (3) 법령체계의 이해와 입법과정 – 헌법, 법률, 하위법령 및 조례의 상호관계, 그리고 법령의 입법과정을 개관한다.	

2회차 (2차시)	(이론) 내가 생각하는 좋은 입법(조례) (1) 좋은 입법인가, 보다 나은 입법인가? - 좋은 입법은 어떤 입법인지에 대한 관점을 정립한다. (2) 우리나라(지역)의 좋은 법(조례) 찾기 - 법률과 조례를 찾는 방법을 이해한다. (3) '내가 생각하는 좋은 법(조례) vs. 나쁜 법(조례)'(토의 · 토론) - 좋은 법 또는 나쁜 법을 선택하여 제시하고 상호 논거 제시 및 토론한다.	• 사회과(법, 정치, 경제, 사회 · 문화, 지리, 역사 등) 연계 • 국어과 연계
3회차 (2차시)	(실습) 입법(조례) 대안을 구상하는 방법 (1) (조례)입법 원칙의 이해 - 좋은 입법을 위한 입법 원칙 체크리스트를 구성해 본다. (2) (조례)입법을 위한 문제 사안의 선정(모둠별) - 모둠별 토의를 거쳐 입법(조례)을 위한 문제 사안을 선정한다. (3) 체크리스트를 활용하여 보다 나은 입법대안의 모색 - 입법원칙 체크리스트에 기반한 모둠별 토의토론을 통해 입법대안을 마련한다.	• 사회과(법, 정치, 경제, 사회 · 문화, 지리, 역사 등) 연계 • 국어과 연계 • 문제 사안 관련 유관 교과 연계
4회차 (2차시)	(실습) 입법(조례) 대안의 토론 및 입안의 실제 (1) 모둠별 입법대안의 발표 및 상호 토론 - 모둠별로 마련한 입법대안을 발표하고, 이에 대해 근거에 입각하여 상호 토론한다. (2) 입법대안의 초안 작성 - 모둠별로 마련된 입법대안을 바탕으로 실제 입법(조례)을 성안해 본다. (3) 상호 평가에 기반한 입법대안의 수정 - 상호 토론과정에서 논의된 내용들을 바탕으로 입법대안을 수정한다.	• 사회과(법, 정치, 경제, 사회 · 문화, 지리, 역사 등) 연계 • 국어과 연계 • 문제 사안 관련 유관 교과 연계
5회차 (2차시)	(실습) 역량 있는 주권자들의 입법 (1) 전문가 및 멘토 수정 의견 반영(실무적 측면) - 전문가 및 멘토(교사)의 도움을 바탕으로 조례 문구를 수정한다. (2) 최종 입법(조례) 대안의 발표 및 평가 - 모둠별 대안에 대해 발표하고, 이에 대해 근거에 입각하여 상호 평가를 실시한다. (2) 최종 입법(조례)의 실현 방안 논의 - 제시된 대안을 실현시킬 수 있는 방안을 논의한다.	• 사회과(법, 정치, 경제, 사회 · 문화, 지리, 역사 등) 연계 • 국어과 연계 • 문제 사안 관련 유관 교과 연계

이 입법교육 프로그램은 법과 정치에 관한 사회과교육의 내용을 주축으로, 학생들이 자발적으로 사회현상을 파악하고 입법대안을 구성해 나가는 과정에서, 입법교육의 취지를 달성하고자 하는 체계를 시범적으로 제시한 것이다. 그러나 사실 이러한 입법교육 프로그램은 매우 다양한 체계를 가질 수 있을 것으로 판단된다. 예를 들어, 학생들이 개별적으로 자신의 입법대안을 구성하기보다는 교사가 제시한 논제에 대해 개별적으로 분석하여 입법대안을 구성하고, 이를 상호 비교 · 검토(토론)하는 과정을 거치는 방식도 충분히 가능하다. 이런 측면에서 이 교육 프로그램은 입법교육의 구현 방식을 제시하고자 소개한 것이라는 점에 유의할 필요가 있다.

그리고 위 교육프로그램은 국가 수준의 법령에 관한 입법뿐만 아니라, 지방자치단체 수준의 조례 입법까지 상정한 것이다. 지방자치단체 조례까지 포함한 것은 교육과정 구성 원리 중 환경확대법의 측면, 그리고 지방자치가 민주주의 구현의 출발지점이라는 관점을 상정한 것이다. 자방자치단체 조례의 문제는 특히 사회과 분과 중 역사교육이나 지리교육 내용과 긴밀한 연관성을 가질 수 있다는 장점이 있다. 즉, 지역사회의 역사적 · 지리적 특수성을 이해하고 응용하는 기반을 제공해 줄 수 있을 것이다. 이와 더불어 교육의 시민 · 정치적 효능감이라는 견지에서 볼 때, 합리적인 대안만 마련된다면 실제 입법화될 가능성이 더욱 높다는 측면도 고려한 것이다.

그런데 실제 이와 같은 입법교육 프로그램을 운영하는 데 있어 가장 큰 문제는 바로 시간의 문제이다. 입법대안을 구성하기 위하여 학생들 스스로가 실제 경험해 보는 것이 중요한데, 정해진 교육시간 내에서 이러한 경험을 목적으로 한 작업들(검색, 정리 등)을 모두 세부적으로 수행해 보는 데에는 한계가 있다. 따라서 교사 입장에서는 학생들에게 모종의 가이드를 제시해 주거나 기초 데이터를 제공해 주어야 한다.

예를 들어, 〈표 10-1〉의 교육 프로그램 중 3회차의 경우에는 좋은 입법을 위한 원칙을 학생들이 자발적으로 구성해 보도록 하고 있다. 이러한 입법 원칙 설정은 이후 교육과정에서 학생들이 입법대안을 구성해 나가는 과정에서 활용할 기준을 제시해 주고자 한 것이다. 특히 단순히 논의 규칙(가이드)으로서의 원칙을 교사가 일방적으로 제시하게 되면, 기존 준법교육의 얼개를 크게 벗어날 수 없는 상황이 될 수 있다는 점을 고려한 것이다. 따라서 통상 이와 같은 작업을 위하여 학생들에게 자료를 검색하고 정리할 시간을 부여해 주지만,[16] 이후 작업이 효과적으로 이루어지도록 하기 위해서는 교사가 사전에 준비한 좋은 입법 체크리스트를 최종적으로 제시 및 설명해 줄 수밖에 없다.[17] 바로 이와 관련하여 교사가 제시할 수 있는 좋은 입법 체크리스트의 예시는 〈표 10-2〉와 같다.

〈표 10-2〉 **좋은 입법 9대 체크리스트**

구분	내용	예	아니요
1	문제의 원인을 정확하게 파악하고 있는가? • 신문기사, 통계자료, 논문 등을 통해 문제의 원인을 정확하게 파악한다. • 문제의 원인을 정확하게 파악해야 합리적인 입법대안(목적)을 제시 및 설득할 수 있다.		
2	다른 법령 및 조례에서 문제 사안을 다루고 있는가? • 문제 사안에 관해 기존의 법령 및 조례에서 언급하고 있는지 확인한다. • 다른 법령이나 조례에서 문제 사안을 다루는 경우에는 입법이 필요 없다.		
3	제시하는 대안이 법령(조례)로 규정하기에 타당한 것인가? • 「헌법」상 기본권을 제한(규제)를 위해서는 국회가 제정한 법률을 통해서만 할 수 있다. • 국가 전체적인 조치가 필요한 경우에는 조례로 정하기에는 부적합하다.		
4	다른 약한(덜 개입적인) 대안은 존재하지 않는가? • 제시된 대안 이외에 덜 개입적인 대안이 존재한다면 그것을 선택하는 것이 바람직하다. • 법률의 위임을 받고 있는 경우에도 가급적 덜 개입이고 제한적인 대안을 선택하는 것이 좋다.		
5	입법대안은 적용상의 형평성을 고려하고 있는가? • 특정 집단을 대상으로 하여 혜택(지원)을 주는 경우 그것이 형평성이 있는 것인지를 판단한다. • 유사한 사안의 경우 제시된 대안과 유사한 취급을 하는지 확인한다.		
6	입법대안의 문구와 형식은 명확성과 이해가능성을 가지는가? • 법령(조례)의 문구와 형식이 명확하지 않은 경우에는 해석상 혼선을 유발할 수 있다. • 법령(조례)의 문구와 형식이 이해가능성이 없는 경우에는 그 적용과 준수가 어려워진다.		
7	입법대안의 목적을 달성하기 위한 비용은 적절한가? • 과도한 비용이 소모되는 경우 법령(조례)의 집행이 어려워진다. • 비용이 소모되더라도 입법대안이 필수적이라는 점(정책적 우선순위)을 설득할 수 있다면 입법이 가능할 수 있다.		

16) 실제 이러한 고려에서 2회차 교육에서 '내가 생각하는 좋은 법 vs. 나쁜 법' 토의 · 토론의 시간을 갖도록 교육 프로그램이 구성되어 있다.

17) 물론 이러한 방식이 현실적으로 한계가 있다고 평가할 수 있겠지만, 사전에 학생들 스스로 좋은 입법의 원칙을 구성해 본 노력이 전제된다는 점에서 입법교육적 차원의 함의가 몰각되는 것은 아니라고 판단된다.

8	입법대안은 의도한 목적을 달성할 수 있는가? • 아무리 문제가 있는 사안에 관한 법령(조례)라고 하더라도 그 조례가 문제 해결에 기여할 수 있어야 한다. • 형식적이고 상징적인 법령(조례)가 넘쳐 나는 경우 사회는 혼란에 빠질 수 있다.		
9	입법대안 구성 시(입법과정)에 민주적 협의 절차를 거쳤는가? • 문제 사안의 선정 및 대안 구상 단계에서 제기되는 반론을 고려해야 한다. • 실제 입법대안의 문구 구성(입안) 단계에서도 구성원 간의 협의 절차가 병행되어야 한다. ※ 다수결을 통한 결정에 앞서 토론이 선행되어야 함		

어찌 되었든, 교육 시간상의 한계를 극복하기 위해, 교사가 특정의 가이드나 데이터를 제공하게 될 경우 여기에는 교사의 가치나 주관이 포함될 여지가 높고, 이 예시 입법교육 프로그램에서와 같이 학생들이 각각 개별적으로 입법대안을 제시하는 교육 프로그램을 상정하는 경우, 교사가 관련 자료들을 교사가 사전에 예측하여 준비할 수 없을 것이라는 문제점 또한 존재한다.

2) 입법교육에서의 인공지능 활용

(1) 입법교육에서 활용 가능한 인공지능

법률 분야에서도 다양한 인공지능 기술이 활용되고 있다. 최근 이러한 서비스를 통칭하여 리걸테크(Legal Tech)라고 부르고 있다. 이러한 기술 서비스는 모든 법률적 판단을 자동적으로 수행하는 방식이기보다는 법률적인 문제 사안에 관한 의사결정을 지원할 수 있는 근거 자료를 자동으로 수집 · 분류 · 분석해 주는 방식을 지향하고 있다.[18] 물론 아직까지 국내에서는 리걸테크를 변호사 중개서비스 수준으로 이해하는 경향이 존재하는 것도 사실이다. 또한 현재의 상당수의 리걸테크 기술은 대규모 로펌 등의 내부적으로만 활용되고 있는 수준이며, 대부분 법원에서의 소송 업무를 지원하는 데 활용하고 있다. 따라서 일상적으로 일반 시민이 이러한 리걸테크 기술을 활용하여 법률적인 문제를 해결하는 데에는 한계가 있는 것이 분명하다.

18) 심우 민(2019). "인공지능 알고리즘과 법교육: 법교육 발전 방향에 대한 제언". 법교육연구, 14(1), 48-51.

이렇게 본다면 현재의 리걸테크는 사회과 법교육을 위해 활용하는 데에는 분명 한계가 있다. 물론 향후 인공지능 기술이 보다 일상화 · 보편화된다면, 일반 시민이 활용할 수 있는 리걸테크 기술 및 서비스들이 등장하게 될 것이다. 이러한 예측은 현재 상황에서도 일반 시민이 법률적인 문제와 마주하게 될 때, 통상적으로 포털 검색 사이트를 활용해서 정보를 입수하고 있다는 점을 감안한 것이다. 즉, 일상적으로 시민이 검색 방식으로 활용할 수 있는 리걸테크가 도입될 가능성이 높다.[19]

물론 앞서 언급한 리걸테크는 주로 주어진 법의 해석과 적용에 관한 사법적 측면에서 접근하는 것들이 대부분이다. 법형성과 관련한 입법 영역의 리걸테크도 다양한 방식으로 서비스 방식을 고안해 내고 있는 상황이지만, 아직까지 인공지능 활용의 유용성을 보여 주는 서비스는 그다지 많지 않은 상황이다. 이런 측면에서 입법교육에 한정하여 활용할 수 있는 리걸테크 서비스는 현재 상황에서는 별도로 존재하지 않는다.

그런데 최근 새로운 서비스 방식의 인공지능 유형이 등장하기 시작했다. 그것은 바로 OpenAI사가 서비스하기 시작한 챗GPT이다. 챗GPT는 대규모 언어모델(LLM)에 기반을 두고 있는 '생성형AI'이며, 이 서비스가 출시된 이후 다수의 국내외 글로벌 기업들은 경쟁적으로 자신들의 생성형AI 서비스들을 출시하고 다양한 서비스 영역들과의 접목을 시도하고 있다. 이러한 경쟁적 환경이 구축되는 데에는 생성형AI가 가지는 유용성 때문이라고 할 수 있다. 과거 인공지능 서비스들이 주로 특정 도메인에 한정하여 활용될 수 있는 것들이었다고 한다면, 언어모델에 기반한 생성형AI의 경우에는 언어적으로 표현될 수 있는 영역이라고 한다면 거의 모든 영역들에 대해 인간과 대화를 주고받을 수 있거나 인간이 원하는 대답을 제공해 줄 수 있는 '범용성'을 보여 주고 있기 때문이다. 특히 이러한 언어모델 기반 생성형AI는 검색엔진과 결합하여 시너지 효과를 낼 수 있을 것으로 여겨지고 있으며, 더 나아가서는 다양한 DB들과 연계하여 그 서비스 영역을 확장해 나갈 것으로 예견되고 있다.

이런 측면에서 현재 출시 및 확산되고 있는 생성형AI는 입법교육과 연계될 수 있고, 또한 연계될 필요가 있을 것으로 판단된다. 우선 입법교육에서 다루어야 하는 논제들은 인간이 사회생활의 영위 과정에서 마주하게 되는 다양한 사회현상들을 포괄하는 것이기

---

19) 과거에는 리걸테크와 로테크(Law Tech)를 구분한 바도 있었다. 리걸테크를 전문가를 위한 것으로, 로테크를 시민을 위한 것으로 구분하는 견해가 그것이다. 그러나 데이터 및 인공지능 활용이 더욱 일상화되면서 이러한 구분은 현실적이지 못하다는 것이 유력한 견해이고, 이제는 리걸테크를 관련 분야 기술을 통칭하는 데 활용하고 있다.

때문에, 이러한 부분에서의 활용 가치가 있으려면 생성형AI와 같은 범용성을 가지는 것이어야 한다. 또한 생성형AI의 범용성이 새로운 검색 또는 정보수집의 패러다임을 출현시키고 있으며, 이는 향후 일상생활 속에서 더욱 보편화될 것으로 보이기 때문에, 사회과교육이 지향하는 교육 대상자인 시민은 이러한 기술들을 이해하는 것은 물론이고, 공적이고 합리적인 의사결정을 위해 적실하게 활용할 수 있어야 한다.

따라서 다음에서는 시민이 일상적으로 활용할 것이 예견되고 있는 대규모 언어모델에 기반한 생성형AI를 주축으로 이를 입법교육에 활용하는 방식에 대해 고민해 보고자 한다. 물론 현재 국가 영역과 민간 영역에서 서비스되고 있는 다양한 법령DB 등도 새로운 인공지능 및 데이터 분석 방식을 채용해 나가고 있어 이에 대한 교육도 필요한 것이 사실이지만, 현 단계에서 시민적 사회생활 영역에서 활용 가능성이 더 높은 사안에 우선은 집중해 보고자 한다.

(2) 생성형AI의 입법교육적 활용 가능성

생성형AI의 입법교육적 활용 가능성과 방식을 타진하기 위해서, 모든 기술 방식을 이해할 필요는 없다. 다만 이 기술 서비스의 기본적인 구조를 이해하는 것이 필요할 것으로 보인다. 이를 통해 입법교육의 차원에서는 어떻게 활용하는 것이 타당한지를 검토해 볼 수 있다.

우선 인문 · 사회과학적인 구조적 관점에서만 보자면, 생성형AI는 기존의 인공지능의 구조와 크게 다르지는 않다. 기존에 존재하던 사회적 데이터를 학습하고 이를 기반으로 답변을 산출해 내는 구조이다. 이런 측면에서 보자면, 현재의 생성형AI가 각광을 받는 이유는 이것이 인간과 유사한 사고의 결과물들을 제시하는 것처럼 보이기 때문이다. 달리 말하자면, 인공지능이 이용자의 요청에 부합하는 듯한 결과물들을 산출해 내기 시작했다는 것이다.

생성형AI가 산출해 내는 결과물들은 기존에 학습한 데이터가 무엇이냐에 따라 이미지, 비디오, 오디오, 텍스트, 프로그래밍 코드 등과 같은 다양한 산출물들을 인간과 유사하게 생성해 낼 수 있다. 이 중 입법교육적 측면에서 현재 상황에서 활용할 수 있는 것은 바로 언어 또는 텍스트를 학습한 생성형AI라고 할 수 있을 것이다. 그 이유는 법규범이 사회적 의사결정의 기준 또는 의사결정의 대상으로 활용되기 위해서는, 그것의 취지가 언어적으로 표현되어야 하기 때문이다. 물론 생성형AI가 이미지 분석 등을 통해서도 입법을 위한 데이터를 산출하는 데 활용될 수 있는 상황이 될 수도 있기 때문에, 언어에 기반한 생성형AI의 활용을 이야기하는 것은, 현재의 기술 수준과 맥락을 고려한 것일 뿐이다.

우선 대규모 언어모델에 기반한 생성형AI는 네트워크상에 존재하는 언어 데이터는 물론이고 디지털화된 언어정보를 대규모로 학습한다. 그리고 이러한 학습은 인공신경망을 통해 이루어지는데, 이 인공신경망은 인간의 뇌구조를 모방하고 있다. 인간의 뇌는 뉴런과 이를 연결하는 시냅스로 구성된 다층적 레이어 구조로 설정되어 있으며, 이러한 레이어가 많으면 많을수록 더욱 정확한 학습을 할 수 있는 것으로 가정된다. 그래서 대규모 언어모델은 이러한 학습에 관여하는 파라미터 수가 증가하면 할수록 더욱 정확한 학습과 판단을 할 수 있다고 알려져 있다. 여기서 이 파라미터는 인간 뇌에 있어 시냅스와 같은 매개 역할을 한다. 결국 파라미터 수를 증가시킨다는 것은 그만큼 정교한 생성형AI가 만들어진다는 것을 의미한다.

인공지능 기술의 고도화는 결국 파라미터 수를 얼마만큼 증가시킬 수 있을 것인지의 문제와 얼마만큼의 언어 데이터를 학습할 수 있을 것인지 여부라고 할 수 있다. 이 지점에서 우선 주목해야 할 것은 바로 바로 언어모델의 의미이다. 인공지능 기술 영역에서의 언어모델은 문장 생성을 위해 단어의 순서 다음에 올 수 있는 확률을 할당하는 모델을 의미하는데, 이 부분에서 인공신경망 방법이 활용된다. 이러한 언어모델은 소위 트랜스포머(Transformer) 모델 또는 파운데이션(Foundation)에 의해 고도화되는데, 이는 문장 속 단어와 같은 순차 데이터 내의 관계를 추적해 맥락과 의미를 학습하는 신경망 방식을 의미한다. 또한 여기에 어텐션(Attention) 메커니즘이 도입된다. 이는 자연어처리의 일환으로 서로 떨어져 있는 데이터 요소(단어)들의 의미가 관계(문맥)에 따라 미묘하게 달라지는 부분을 반영하도록 구현하는 방식이다. 결과적으로 현재 대규모 언어모델로 지칭하는 생성형AI는 과거 인공지능에 비하여 '맥락성'을 기계적으로 판단할 수 있는 능력이 더욱 높아진 방식이라고 이해해 볼 수 있다.

그러나 대규모 언어모델에 기반한 생성형AI는 그 자체로 완전 자동화를 의미하지 않는다. 즉, 인공지능이 데이터를 학습하도록 하기 위해서는 라벨링(labelling)이 필요하다. 이 부분에서 인간적인 개입이 이루어질 수밖에 없는데, 현재와 같은 인공지능 기술 수준이 달성된 데에는 이러한 라벨링을 위한 인간적 노고를 덜어 줄 수 있는 기술 방식들(예: Fine Tuning, Zero-Shot Learning, Few-Shot Learning, Prompt based Learning 등)이 개발 및 응용되었기 때문이다. 그렇다고 하더라도 아직까지는 인간을 모두 배제한 학습에는 한계가 있는 것으로 알려져 있다. 또한 가급적 인간의 개입 없이 인공지능이 스스로 학습하는 비지도학습(Unsupervised Learning)에서 나타나는 데이터 편향성, 부정확성의 오류를 개선하기 위한 방법으로 RLHF(Reinforcement Learning with Human Feedback)이 언급된다. RLHF는 모델의 응답을 인간이 순위화(rank)하고 보상 함수를 통해 피드백을 주어, 인간의 선호도가 모델에 반영토록 하는 방식이다. 결국 인간적 개입이 대규모 언어모델에 기반을 둔 생성형AI 이면에 존재한다는 사실을 확인해 둘 필요가 있다.

포괄적으로 보자면, 생성형AI는 대규모 언어 데이터를 학습하여 활용한다. 그리고 그것이 인간의 질문에 대해 제시하는 답변은 다분히 맥락을 고려한 답변이기 때문에, 표현상으로 보자면 마치 인간이 제시한 답변인 것처럼 보이는 측면이 있다. 그러나 이는 그저 인간의 답변인 것처럼 보일 뿐이지 정확하지 않은 경우가 많다. 즉, 인간의 언어를 학습하고 그러한 언어적 맥락에 부합하는 답변만을 제시할 뿐이다. 따라서 생성형AI와 관련해서는 잘못된 정보를 그럴듯하게 답변하는 오류, 즉 환각(hallucination) 증상이 한계로 지적된다. 이는 앞서 살펴본 바와 같은 (대규모) 언어모델이 가질 수밖에 없는 본질적 한계인 것으로 판단된다. 따라서 생성형AI는 사실 그 자체로 의미가 있다기보다는, 향후 그것이 Open API나 플러그-인 방식으로 다른 전문 서비스 영역 DB나 검색엔진과 연계될 수 있는 상황까지 고려되어야 일상적 활용 가치를 가질 수 있게 될 것이라는 점을 고려해야 할 것이다. 물론 그렇다고 하더라도 본질적으로 환각 증상이 사라지지 않을 수 있고, 인간의 입장에서는 항시 이 부분에 유의해야 할 필요가 있다.

그렇다면 이러한 생성형AI를 입법교육에 활용하는 것은 가능한가? 실제로 챗GPT, Bing, Bard 등에 법률정보를 질의하는 경우, 정확하지 않은 답변을 제공하는 경우가 상당하다. 이것은 바로 환각 증상의 단면을 보여 주는 것이다. 그러나 그렇다고 입법적인 측면에서 생성형AI가 전혀 의미 없는 답변만을 제시하는 것은 아니다. 다양한 언어 데이터를 학습한 결과가 바로 생성형AI이기 때문에, 자신이 학습한 언어 정보에 부합하는 데이터만 존재한다면 그 핵심적인 내용을 체계화하여 인간적인 표현 방식으로 제시해 준다.

따라서 입법교육의 측면에서도 활용할 여지는 있지만, 전적으로 이에 의존할 수는 없다. 대체적으로는 입법 교육과정에서 학생들 스스로가 거치게 되는 사고과정과 토의·토론 과정 속에서 요구되는 정보의 개관적 지점들을 생성형AI를 통해 포착하고, 이에 대해 비판적으로 검토하고 토론하는 과정을 거치는 방식으로 충분히 활용할 수 있을 것이다. 또한 이렇게 될 때, 생성형AI로부터 주어진 정보를 단순하게 결과 제시에 활용하는 것이 아니라 그러한 정보의 맥락을 비판적으로 사고하고 또한 활용할 수 있도록 교육하여야 한다. 물론 최근 일각에서는 보다 유의미하고 정확한 답변을 생성형AI로부터 끌어 내기 위하여 질문 구조화 방식 등에 관한 프롬프트 엔지니어링(Prompt Engineering)이 주목받고 있다. 그러나 이는 기술 활용 그 자체에 주목하는 것이기 때문에 입법교육 부문에서 고려할 것은 아니라고 판단된다. 오히려 생성형AI가 제시한 답변이 타당한지를 비판적으로 분석하는 과정에서, 그러한 답변의 근거가 무엇이었는지를 반추해 보고, 어떠한 지점에서 생성형AI의 답변이 문제가 되는지를 쟁점으로 하여 자신들의 입법대안의 구성을 구체화해 나갈 수 있도록 교육할 필요가 있다. 이렇게 함으로써 앞서 언급한 지식 구성 과정의 측면, 즉 '지식에 관한 정치'의 관점을 획득할 수 있게 될 것이다.

(3) 생성형AI의 입법교육 활용 방식과 사례

입법교육 프로그램은 매우 다양한 방식으로 구성 및 운영될 수 있기 때문에, 앞서 〈표 10-1〉에서 제시한 입법프로그램 예시에 기반하여, 수정 방안을 고민해 보고자 한다. 기본적으로는 입법교육의 전반적인 흐름을 생성형AI를 도입한다고 해서 바꿀 필요는 없을 것으로 보인다. 통상 시민이 입법대안을 구성하고 관련 입법정책적 결정을 수행하기 위해 거치는 단계를 상정하여 교육 프로그램을 구성한 것이기 때문이다.

〈표 10-1〉의 총 5회차 수업 중 1회차 및 2회차는 교과서적인 지식을 전달하는 과정으로 설정되어 있다. 이러한 기초적인 지식 교육에 있어 생성형AI를 활용하기에는 적절하지 않을 뿐만 아니라, 향후 생성형AI의 산출결과의 타당성을 검토하는 기준으로 활용될 수도 있기 때문에 이 부분에서는 교사의 지식 전달에 초점을 맞출 필요가 있다. 다만 2회차 수업의 경우에는 생성형AI의 산출 결과가 어떤 데이터에 기반하고 있는지, 혹은 과연 그것이 타당한지를 검토하는 데 활용될 수 있도록, 단순히 법령 정보 검색방법뿐만 아니라, 입법과 관련한 정보 출처의 종류와 접근 방법을 설명할 필요가 있을 것으로 보인다. 대체로 입법 관련 정보는 국회정보시스템(https://likms.assembly.go.kr/), 정부입법지원센터(https://lawmaking.go.kr/) 등을 활용해 볼 수 있으며, 빅카인즈(https://www.bigkinds.or.kr/) 등 언론정보 및 국가통계포털(https://kosis.kr/) 등도 활용해 볼 수 있다. 또한 5회차 마지막 교육의 경우에는 학생들이 마련한 입법대안 및 성안 결과의 실현가능성을 제고하기 위하여 전문가 중심의 멘토링 및 조언 절차는 상정한 것이기 때문에, 생성형AI의 활용은 별도로 전제하지 않았다.

이와 같은 구조를 바탕으로, 생성형AI 활용 방식을 포함하여 교육 프로그램을 일부 변경한 내용(볼드체로 표시함)은 〈표 10-3〉과 같다.

〈표 10-3〉 생성형AI를 활용한 입법교육 프로그램 예시

구분	내용	생성형AI의 활용 방식
1회차 (2차시)	(이론) 민주 사회에서의 주권자 (조례)입법 참여 (1) 법형성과 주권자 (2) 국회(지방의회)의 역할 (3) 법령체계의 이해와 입법과	※ 교과서 및 수업자료 활용
2회차 (2차시)	(이론) 내가 생각하는 좋은 입법(조례) (1) 좋은 입법인가, 보다 나은 입법인가? (2) 우리나라(지역)의 좋은 법(조례) 찾기 **–법령 정보 검색 방법과 관련 정보 출처의 종류를 이해한다.** (3) '내가 생각하는 좋은 법(조례) vs. 나쁜 법(조례)'(토의 · 토론)	※ 교과서 및 수업자료 활용
3회차 (2차시)	(실습) 입법(조례)대안을 구상하는 방법 (1) (조례)입법 원칙의 이해 **–생성형AI를 활용하여 입법 원칙 체크리스트를 구성해 본다.** **–생성형AI 산출 결과에 대해 학생 상호 간의 의견을 교유한다.** **–논의 결과를 비판적으로 검토하여 체크리스트를 완성한다.** (2) (조례)입법을 위한 문제 사안의 선정(모둠별) (3) 체크리스트를 활용하여 보다 나은 입법대안의 모색	• 입법 원칙의 효과적 체득을 위하여 생성형AI 활용
4회차 (2차시)	(실습) 입법(조례)대안의 토론 및 입안의 실제 (1) 모둠별 입법대안의 발표 및 상호 토론 **–모둠별로 마련한 입법대안을 발표하고 토론한다.** **–발표내용에 대해 생성형AI의 도움을 받아 찬반 근거를 제시해 본다.** **–생성형AI가 제시하지 못한 찬반 근거를 검색하여 제시해 본다.** (2) 입법대안의 초안 작성 **–모둠별로 마련된 입법대안을 바탕으로 실제 입법(조례)을 성안해 본다.** **–생성형AI를 활용하여 성안 시 빠진 부분은 없는지 살펴본다.** (3) 상호 평가에 기반한 입법대안의 수정	• 생성형AI를 통한 찬반논거 확인 • 생성형AI를 활용한 입법 성안 내용의 완성도 제고
5회차 (2차시)	(실습) 역량 있는 주권자들의 입법 (1) 전문가 및 멘토 수정 의견 반영(실무적 측면) (2) 최종 입법(조례) 대안의 발표 및 평가 (2) 최종 입법(조례)의 실현 방안 논의	※ 실천을 위한 전문가 멘토링 중심

첫째, 입법 원칙의 효과적 체득을 위해 생성형AI를 활용해 볼 수 있을 것이다. 생성형AI는 대규모 언어 데이터를 학습했기 때문에 좋은 입법을 위한 요소들에 대한 데이터를 어느 정도 학습했을 가능성이 있다. 따라서 생성형AI의 산출결과를 출발지점으로 삼아 수업 중 논의를 이어 간다면, 일반적인 입법 원칙을 보다 효과적으로 구성 및 이해할 수 있을 것으로 보인다. 물론 생성형AI는 매우 다층적인 맥락성을 반영하기 때문에 질문 방식에 따라 각기 다른 답변을 제시하기도 하고, 같은 질문이라도 맥락에 따라 다른 결과를 보여 줄 수 있기 때문에, 다양한 방식으로 질문해 보도록 할 필요가 있다.

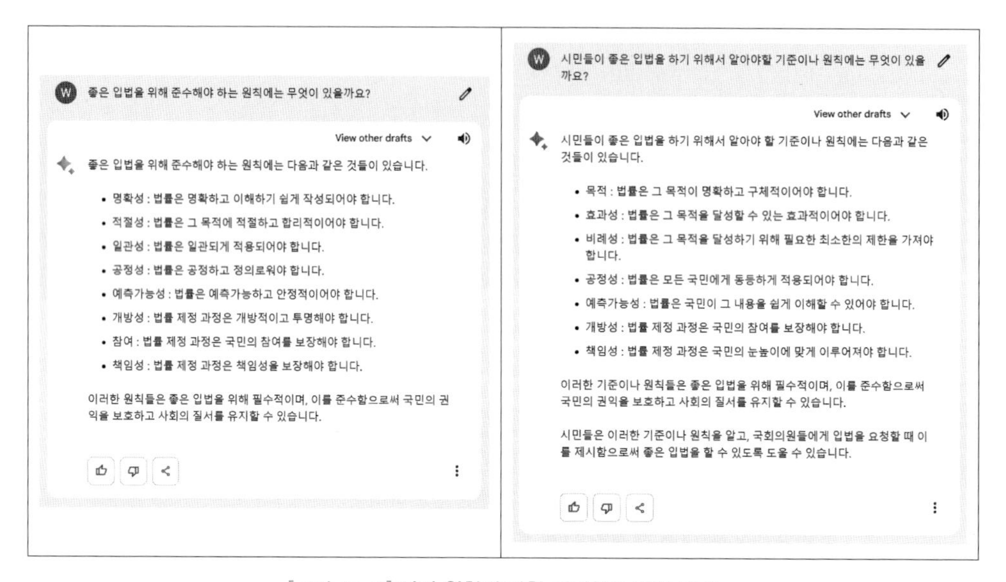

[그림 10-3] **입법 원칙에 관한 생성형AI 답변 사례**

앞서 〈표 10-2〉에서 '좋은 입법 9대 체크리스트'를 제시하였는데, 이는 강학상 목적을 위해 구성한 것으로 실제 학생들의 논의 과정에서 충분히 보충될 여지가 있다고 볼 수 있다. 물론 통상 법학 또는 입법학 영역에서 좋은 입법을 위해 논해지는 사항들을 중심으로 이 체크리스트가 구성된 것이기 때문에 교사 입장에서는 이를 학생들이 제시하는 답변과 비교하여 활용하는 것이 필요할 것으로 보인다. 다만 학생들의 입장에서는 추상적인 원칙을 머릿속으로 상정하는 것이 쉽지 않기 때문에, 다양한 방식으로 생성형AI에서 질문하고, 그에 대한 답변 결과들을 바탕으로 비판적 검토와 협력적 토의 과정을 거치도록 할 필요가 있다. 이 과정에서 학생들을 입법의 원칙에 대한 이해와 더불어, 생성형AI의 한계와 가능성에 대해 인식하게 될 것이다. 물론 바람직하게는 학생들의 비판적 검토 과정에서 추가적인 자료 검색(각종 학술문헌 및 언론 보도자료 등)을 통해 이를 기반으로 생성형AI가 제공한 답변을 비판해 보는 방식도 활용할 수 있을 것이다.

둘째, 입법 논제나 쟁점에 대한 제대로 된 토론을 위해서는 사실 사전에 쟁점을 확인하고 이에 대한 자료를 조사하여 토론에 임할 필요가 있다. 다만 이 과정은 교육 시간상의 문제를 발생시키기 때문에 학생 입장에서는 보다 빠르게 사회현상의 문제점과 쟁점, 그리고 입법대안 주장의 찬반 논거를 파악할 수 있는 기회가 제공되어야 한다. 바로 이 지점에서 활용할 수 있는 것이 생성형AI일 수 있다. 물론 생성형AI가 직접적으로 모든 쟁점 및 논거들을 제시해 주는 것은 아니기 때문에, 여전히 생성형AI의 산출 결과는 검토의 출발점이자 비판적 검토의 대상일 뿐이라는 점을 학생들이 인식하는 것이 중요하다. 그런 의미에서 학생들은 앞서 수업(2회차)을 통해 교육받은 입법 관련 정보의 출처 등을 검색 및 활용해, 생성형AI 산출결과의 진위 및 타당성 여부를 검증하는 것이 필요하다. 다음에서는 예시를 위하여 학생들이 관심 있어 할 만한 주제인 게임 과몰입 방지 입법(게임 셧다운제) 폐지에 관해 생성형AI에게 질문해 보기로 한다.

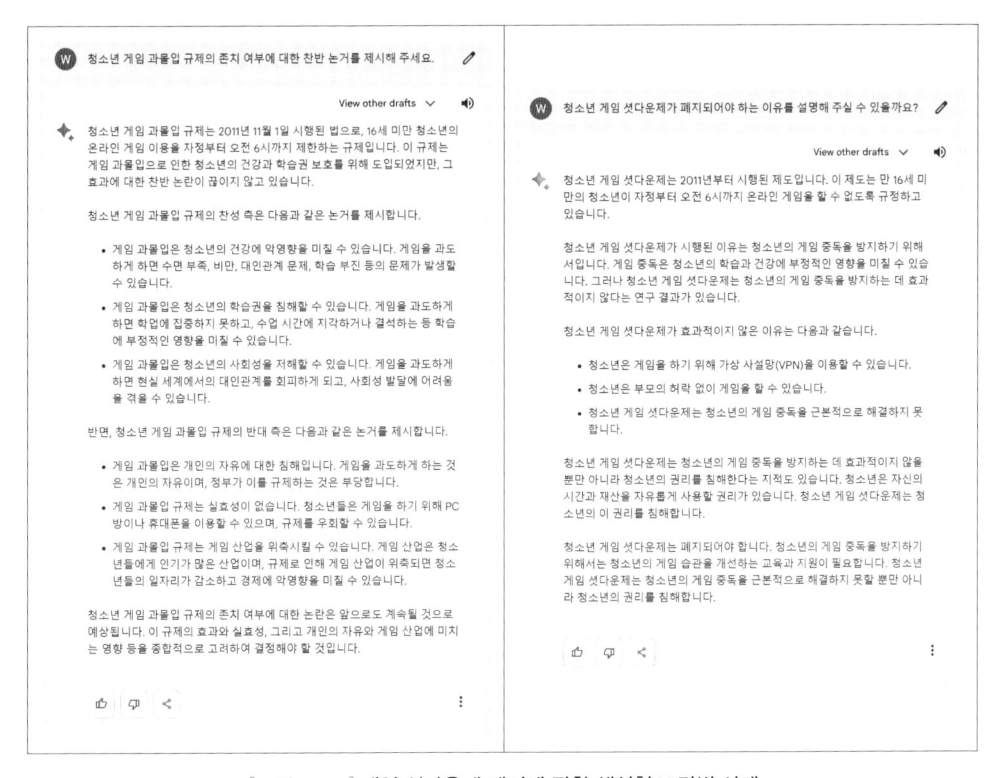

[그림 10-4] 게임 셧다운제 폐지에 관한 생성형AI 답변 사례

우선 이 내용을 확인해 보면, 역시나 질문 방식에 따라 다양한 답변을 제공해 주고 있다는 점을 확인할 수 있다. 이 내용으로 보자면, 찬반 논거를 물을 때에는 다소 공정하게 찬반 논거들을 나열하고 종합적으로 고려해야 한다고 답변한다. 그러나 폐지되어야 하는 이유를 설명해 달라는 일방적 질문에 대해서는 이에 부합하는 내용만을 언급해 준다. 따라서 이와 같은 생성형AI 활용 경험의 제공은, 프롬프트 엔지니어링 차원의 기술적 수준이 아니라도, 질문 방식을 어떻게 하느냐에 따라 답변이 달라진다는 점을 인식할 수 있는 계기를 학생들에게 제공해 줄 수 있을 것으로 보인다.

그러나 이와 같은 생성형AI의 답변에는 중대한 오류가 존재한다. 답변의 게임 셧다운제는 과거 「청소년보호법」 상에 규정되어 있던 '강제적 셧다운제'에 관한 내용인데, 이는 2021년 10월에 폐지되었고, 현재는 「게임산업진흥에 관한 법률」 상의 '게임시간 선택제(선택적 셧다운제)'만 남아 있다. 바로 이와 같은 문제로 인하여 학생들은 직접 관련 입법 정보를 검색할 수 있도록 교육받아야 하고, 이를 정보의 진위성 판단 시 활용토록 할 필요가 있다. 생성형AI가 이와 같은 오류 정보를 산출해 낸 이유는 생성형AI는 언어 데이터들을 학습하여 인간과 유사한 답변을 내놓을 뿐, 그것의 진위 여부를 판단하지는 못하기 때문이다. 즉, 환각 증상의 문제가 언제든지 발생할 수 있는 상황이다. 따라서 결국 학생들은 산출된 결과의 진위 여부에 대한 판단은 인간의 몫이라는 점을 학생들이 인식할 수 있게 되고, 그것의 진위 여부에 대한 판단 경험을 입법교육의 계기를 통해 얻을 수 있을 것이다.

셋째, 생성형AI는 학생 자신들이 주장하는 입법대안을 구체적인 법문(法文)으로 입안하는 작업(성안)에 도움을 줄 수 있다. 통상 학생들은 교사가 가르쳐 준 입법 정보 및 데이터의 출처에서 입법 양식이나 서식을 습득하여, 거기에 자신들의 입법대안을 기입하는 방식으로 성안을 하게 된다. 물론 전문가 교육이라고 한다면, 구체적인 입법 양식에 대한 교육이 필요하겠지만, 시민교육 차원의 입법교육에서는 자신들의 입법의도를 누락하지 않고 명확하게 표현하는 정도의 교육만으로도 족하다. 그런데 문제는 이러한 수준의 작업도 이를 처음 경험하는 학생들의 입장에서는 쉽지 않을 수 있다. 따라서 이와 관련하여 생성형AI의 도움을 받을 수 있을 것으로 보인다. [그림 10-5]는 법안 초안 작성 요청에 대한 생성형AI의 답변이다.

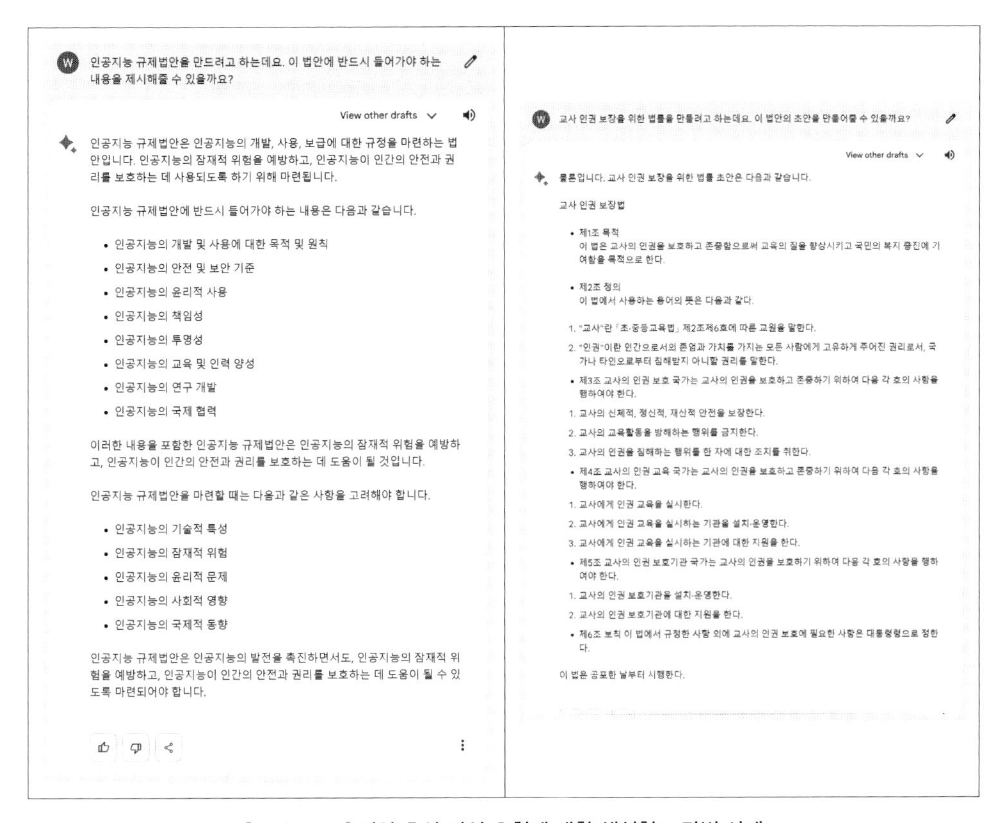

[그림 10-5] **법안 초안 작성 요청에 대한 생성형AI 답변 사례**

생성형AI는 법령과 관련한 질문, 특히 민감할 수 있는 사안에 대해서는 답변을 우회하는 경우가 많다. 이러한 맥락에서 생성형AI는 따라서 당초 인공지능 규제법안 작성을 요청하는 질문에 대해서는 복잡한 사안이라 작성할 수가 없다는 등의 답변을 제시했다. 그래서 질문 방식을 바꾸어 법안에 들어가야 하는 내용을 알려 달라고 했더니, [그림 10-5]와 같은 결과를 제시했다. 그런데 경우에 따라서는 법안 초안을 작성해 주는 경우도 있다. 예를 들어, 교사 인권 보장을 위한 법률 초안을 작성해 달라는 요청([그림 10-5]의 오른쪽)에 대해서는 제법 법안 형식을 갖추어 제시해 주었다. 다만 내용에 있어서는 다소 중복적이거나 주체와 객체가 불분명한 조문들이 포함되어 있다는 점을 확인할 수 있다. 물론 일반적인 법률 형식과 체계에 비하면, 보완되어야 할 지점이 상당이 있을 수밖에 없다. 다만 처음 법안 초안을 작성해 보는 학생들의 입장에서는 활용할 여지가 충분하다. 학생들은 생성형AI의 산출 결과를 바탕으로 실제 관련 법령들의 조문 내용과 대조함으로써, 본인들이 추구하는 입법대안을 명확하게 법문으로 제시하는 경험을 얻을 수 있을 것이다.

(4) 생성형AI를 활용인 입법교육의 착안지점

생성형AI를 입법교육에 활용한다는 것은 정답을 도출하기 위한 것이 아니라, 편의성과 효율성을 확보할 수 있다는 점에서 그 필요성이 있다고 볼 수 있다. 입법은 본래적으로 추상적인 사회 규칙을 형성해 나가는 작업이기 때문에, 사실 상당한 시일이 소요될 수밖에 없다. 따라서 이러한 시간적 문제를 해소하기 위해 과거에는 교사가 다양한 기준과 근거 자료들을 제시해 줄 수밖에 없었다. 그러나 생성형AI의 도움을 받는다면, 교사의 개입 없이 교육과정에서의 논의를 이어 나갈 수 있는 실마리들을 제공받을 수 있을 것이다.

그러나 생성형AI를 활용한 입법교육의 함의가 반드시 편의성과 효율성에만 그치는 것은 아니다. 학생들은 자동화된 기계적 산출 결과가 실제 오류를 내포할 수 있다는 가능성을 인식하고, '창의적 사고력' '비판적 사고력' '문제해결력 및 의사결정력' '의사소통 및 협업 능력' '정보 활용 능력' 등 사회과에서 요구하고 있는 역량을 제고할 수 있을 것이다. 특히 인공지능 기술이 고도화되면 될수록 이러한 기술과 그것이 산출해 내는 결과에 대해 비판적으로 접근할 필요가 있다. 그런데 현재와 같은 생성형AI 수준의 산출 결과만 보더라도, 그 자체만으로는 그것의 진위 여부를 판명하기에는 어려움이 있는 상황이기 때문에 학생들은 인간적 비판과 검토의 중요성을 교육과정 운영을 통해 체득할 수 있게 될 것이다.

이 장에서는 생성형AI 기술을 중심으로 사례 논의를 전개하였지만, 향후 다양하게 방식으로 발전하게 될 리걸테크 기술의 활용과 관련해서도, 그것은 어디까지나 보조적인 수단일 뿐이며 종국적인 의사결정과 판단에 있어서는 인간적 개입이 필수적이라는 점을 인식토록 하는 것이 교육에 있어 중요하다. 물론 많은 부분 이러한 인공지능 기술에 의존하여 의사결정을 해도 무방한 기술 환경이 전개될 가능성도 있지만, 그렇다고 하더라도 그것은 인공지능 기술이 가지는 구조적인 한계와 활용 방식에 대한 기초적인 고민이 전제되어야 하는 것은 당연하다.

추가적으로, 생성형AI 및 인공지능을 활용한 리걸테크 활용 교육은 장기적인 측면에서 법률 및 입법 영역에서 보다 시민이 필요로 하는 리걸테크 기술의 연구 및 개발로 이어질 가능성이 높다. 법률 및 입법 영역에서 시민의 인공지능 활용 경험이 축적되면 축적될수록, 시민에게 필요한 서비스와 이를 산출해 내기 위한 기술 방식이 더욱더 명확해질 것이기 때문이다. 따라서 인공지능을 활용한 입법교육은 '기술-사회 공진화'를 위한 초석이 될 것이라고 생각한다.

요약 | 인공지능과 사회과교육: 입법교육의 실천 방안을 중심으로

● 정리하기

1. 사회과교육과 인공지능

– 사회과는 학생들이 사회생활에 필요한 지식과 기능을 익혀 이를 토대로 시공간 속의 인간과 사회현상을 인식하고, 민주 사회의 구성원에게 요구되는 가치와 태도를 지님으로써 시민으로서의 자질을 갖추도록 하는 교과임.

– 사회과교육과정은 '창의적 사고력' '비판적 사고력' '문제해결력 및 의사결정력' '의사소통 및 협업 능력' '정보활용 능력' 등 5가지를 사회과 역량으로 설정하고 있음.

– 인공지능 기술의 발전에 따른 디지털 전환은 사회의 불확실성을 증대시키고 있어 사회과교육 목표의 한계를 띠고 있음.

– 인공지능 기술은 기본적으로 범용성을 추구하고 있으며, 따라서 사회 전 영역에서 활용될 가능성이 높은 상황이라는 점을 감안하여, 새로운 시민성 발현을 위한 융합적인 교육 방안을 강구해 나가야 할 필요가 있음.

2. 인공지능을 활용한 입법교육 실천방안

– 입법교육은 기본적으로 법규범 정립에 관한 사안을 다루고 있다는 측면에서 사회교육의 한 분과에 해당하는 법교육의 일환이며, 최근 중등 사회과교육과정에도 포함된 바 있음.

– 구체적으로 입법교육은 법교육의 일환으로 청소년 및 일반 국민에게 입법의 동태적 형성과정 및 원리 등에 관한 지식과 경험을 제공하여, 그들에게 민주 시민으로서 필요한 주권 행사의 실천적 역량 제고를 목적으로 하는 일체의 교육을 의미한다고 개념 정의할 수 있음.

– 실제 교육내용이라는 측면에서 보자면, 입법교육은 비단 사회과교육 또는 법교육에만 한정되는 교육이 아니고, 시민적인 입법판단을 위해서는 사회현상에 대한 정확한 파악과 인식이 전제되어야 하는데, 이를 위해서는 비단 사회과 지식만을 가지고는 안 되고 수학과, 과학과, 국어과 등 사회현상과 연계될 수 있는 다양한 교과 영역에서 요구하는 지식과 역량에 대한 교육이 병행되어야 하기 때문에 융합교육으로서의 성격을 가짐.

– 입법교육의 기반이라고 할 수 있는 사회현상에 대한 정확한 인식을 위해서는, 비단 법과 정치에 관한 지식뿐만 아니라 이를 뒷받침하고 있는 과학적 지식, 사회적 지식, 역사적 지식, 지리적 지식이 어떠한 담론적 또는 정치적 맥락에서 어떠한 방식으로 구성되었는지에 대해 인식할 수 있는 '지식에 관한 정치'의 관점을 교육적으로 수용하는 것이 중요함.

– 입법교육에서 이와 같은 관점을 바탕으로, 생성형AI를 활용한 입법교육 프로그램 운영방안을 모색해 보았는데, 입법교육의 과정에서 이루어지는 추상적인 입법 논의 및 작업에

있어 생성형AI는 편의성과 효율성을 제시해 줄 수 있음.

– 생성형AI를 활용하여 도출된 결과에 대해 비판적으로 검토하고 협력적으로 의사소통하는 과정에서, 학생들은 '창의적 사고력' '비판적 사고력' '문제해결력 및 의사결정력' '의사소통 및 협업 능력' '정보활용 능력' 등 사회과 역량, 즉 새로운 디지털 전환시대에 부합하는 시민 역량을 제고할 수 있을 것임.

● 키워드

– 인공지능, 사회과교육, 생성형AI, 입법교육, 법교육

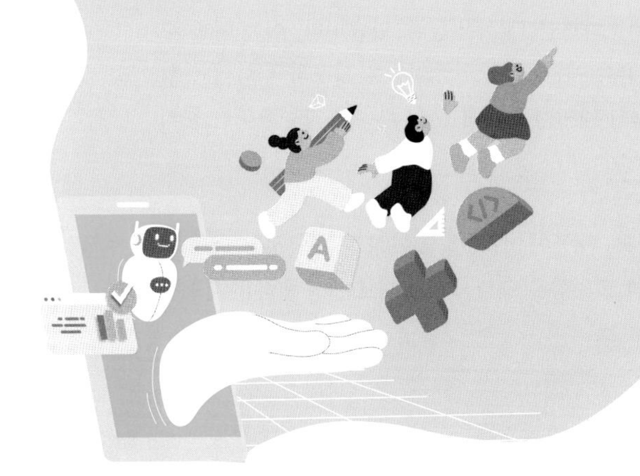

제11장 인공지능과 과학교육

1. 과학교과에서 인공지능 활용 사례

챗GPT, Bing 등 대화형 인공지능의 활용이 일상생활을 파고들면서 더 교과 수업에서 인공지능을 활용하는 것이 생소하지 않은 상태가 되었다. 과학 수업에서 어떻게 활용하고 있을까? "인공지능을 활용하는 사례에 대해 알려 줘."라는 명령을 챗GPT와 Google Bard에게 물어봤다. 먼저 챗GPT는 〈표 11-1〉과 같이 사례를 소개하였다.

〈표 11-1〉 **챗GPT가 소개하는 과학 수업에서의 인공지능 활용 사례**

과학 수업에서 인공지능은 다양한 방식으로 활용될 수 있습니다. 다음은 일반적인 인공지능 활용 사례 몇 가지입니다.

1) 데이터 분석: 과학 수업에서는 많은 양의 데이터를 분석해야 할 때가 많습니다. 인공지능은 데이터를 처리하고 패턴을 식별하는 데 도움을 줄 수 있습니다. 예를 들어, 생물학 수업에서 유전자 시퀀싱 데이터를 분석하여 특정 질병과의 연관성을 찾는 등의 작업에 인공지능을 활용할 수 있습니다.
2) 시뮬레이션 및 모델링: 과학 수업에서는 시뮬레이션과 모델링을 통해 복잡한 현상을 이해하고 설명하는 것이 중요합니다. 인공지능은 이러한 시뮬레이션 및 모델링 과정을 지원하는 데 사용될 수 있습니다. 물리학 수업에서는 인공지능을 사용하여 우주 비행체의 궤도를 계산하거나, 화학 수업에서는 분자 동역학 시뮬레이션을 수행하는 등의 작업에 활용될 수 있습니다.
3) 개인화 학습: 인공지능은 학생들의 개인적인 학습 스타일과 요구에 맞게 맞춤형 학습 경험을 제공하는 데 사용될 수 있습니다. 학생의 학습 데이터와 행동을 분석하여 개별 학생에게 최적화된 학습 자료를 제공하거나, 개별 학생의 이해도를 추적하고 피드백을 제공하는 등의 작업에 인공지능을 활용할 수 있습니다.

4) 자동화 실험: 인공지능은 실험을 자동화하고 최적화하는 데 사용될 수 있습니다. 이는 과학 수업에서 시간과 비용을 절약하는 데 도움이 됩니다. 예를 들어, 인공지능을 사용하여 화학 실험에서 최적의 조건을 탐색하거나, 생물학 실험에서 데이터 수집과 분석 과정을 자동화하는 등의 작업에 활용될 수 있습니다.

이 외에도 인공지능은 과학 수업에서 데이터 시각화, 자연어 처리, 음성 인식 등 다양한 작업에 활용될 수 있습니다. 인공지능은 과학 연구와 학습의 효율성을 향상시키고 새로운 통찰력을 제공하는 강력한 도구로 사용될 수 있습니다.

출처: https://chat.openai.com/(GPT-3.5)

Google Bard에게 물어본 결과는 다음과 같다.

〈표 11-2〉 **Google Bard가 소개하는 과학 수업에서의 인공지능 활용 사례**

인공지능(AI)은 과학 수업을 혁신할 수 있는 잠재력을 가지고 있습니다. AI는 학생들이 과학적 개념을 이해하고, 실험을 수행하고, 데이터를 분석하고, 과학적 논문을 작성하는 데 도움을 줄 수 있습니다. AI를 활용한 과학 수업의 몇 가지 예는 다음과 같습니다.

1) AI를 활용한 과학 실험: AI는 학생들이 과학 실험을 수행하는 데 도움을 줄 수 있습니다. AI는 실험을 위한 자료를 수집하고, 데이터를 분석하고, 실험 결과를 해석하는 데 도움을 줄 수 있습니다.
2) AI를 활용한 과학 논문 작성: AI는 학생들이 과학 논문을 작성하는 데 도움을 줄 수 있습니다. AI는 학생들이 과학적 개념을 이해하고, 과학적 논문의 구조를 이해하고, 과학적 논문을 작성하는 데 도움을 줄 수 있습니다.
3) AI를 활용한 과학 학습 관리: AI는 학생들의 과학 학습 과정을 관리하는 데 도움을 줄 수 있습니다. AI는 학생들의 학습 진도를 추적하고, 학생들에게 맞춤형 학습 자료를 제공하고, 학생들의 학습 성취도를 평가하는 데 도움을 줄 수 있습니다.
   AI는 과학 수업을 더욱 효과적이고 재미있게 만들 수 있습니다. AI를 활용하여 학생들이 과학적 사고력을 키우고, 과학적 문제 해결력을 향상시키고, 과학적 창의성을 발휘할 수 있도록 도울 수 있습니다

출처: https://bard.google.com/

챗GPT와 Google Bard의 응답을 조합해 보면, 과학 수업에서 ① 과학 실험 및 데이터 분석에 인공지능을 활용할 수 있고, ② 과학 수업에서 개인 맞춤형 수업, 즉 개별화 수업에 활용할 수 있으며, ③ 시뮬레이션 및 모델링 등 과학 수업에서 필요한 시각적 자료를 생성하여 과학 학습을 돕는 데 인공지능을 활용할 수 있다. 그 외에도 수업 준비 및 평가

등에도 인공지능을 활용하는 것이 가능하다.

2023년 멀티모달(Multi Modal) 기술을 활용하여 과학교과에서 학생들의 과정중심평가를 지원하는 다년차 과제가 나와 학계의 관심이 컸는데, 멀티모달은 인공지능을 활용하여 학습 현장에서 학습자에게 실시간 피드백을 제공하는 것이 가능하다. 멀티모달은 텍스트, 오디오, 비디오, 눈동자 움직임 등 다양한 데이터의 종류를 다루고 있으며(Akilashri1 & Bharathi, 2021), 교육 분야의 경우 학습자의 이해 증진과 학습 과정 개선, 맞춤형 피드백의 실시간 제공 등으로의 지원을 모색하고 있다(Dominguez et al., 2021). 현재 텍스트를 이미지 또는 음성으로 변환하는 정도의 기술이 활용되고 있으나, 멀티모달 AI는 기술이 획기적으로 개선되어 텍스트, 음성, 이미지, 영상 등 서로 다른 양식의 데이터를 자유자재로 이해하고 변환할 수 있어 사람처럼 배우고 생각하며 추론할 수 있는 기술이다. 멀티모달 AI가 수업에 활용되면 역동적인 학습 환경을 제공하며, 다양한 새로운 도구와 기술들을 수업에서 활용할 수 있을 것으로 기대된다.

이제 과학 수업에서 인공지능을 활용하는 구체적인 예를 살펴보자.

1) 수업 준비단계

과학 교사가 수업을 준비하면서 필요한 자료를 인공지능을 활용하여 찾고 수업 준비에 참고할 수 있도록 할 수 있다.

(1) 인공지능을 활용하여 수업 계획하기

[그림 11-1]은 Google Bard에게 고등학교 2학년 화학 I 수업에서 '오비탈'을 가르치는 수업 계획 작성을 시켜 본 예이다. Google Bard는 수업 계획을 3가지로 제시하고 있었으며, 수업 계획, 학습 목표, 수업 활동, 자료, 수업 절차, 평가, 참고자료, 학습 활동, 자료로 구성된다. [그림 11-1]은 Google Bard가 제시한 첫 번째 수업 계획이다.

[그림 11-1] **오비탈에 대한 수업 계획 작성 요청에 대한 생성형AI 답변 사례**

출처: https://bard.google.com/

(2) 인공지능을 활용하여 학생의 학습 주제와 관련한 오개념, 사전 지식, 수업 과정에서 이해하기 어려운 점 파악하기

수업을 준비하면서 학생들이 수업 주제와 관련한 오개념은 어떤 것들이 있는지, 관련 사전 지식은 어떤 것을 가졌는지, 학생들이 이번 수업에서 다루는 주제에서 어떤 것을 이해하기 어려워하는지 등을 파악할 수 있다. 〈표 11-3〉은 챗GPT와 Google Bard에게 물어본 결과이다.

〈표 11-3〉 **과학 수업을 준비하면서 학생들의 오개념, 사전 지식에 대한 활용 사례**

(챗GPT) "학생들이 이온을 처음 배울 때, 이와 관련하여 가지고 있는 오개념은 어떤 것이 있는지 설명해 줘."

학생들이 이온을 처음 배울 때, 이와 관련하여 가지고 있는 오개념은 다음과 같을 수 있습니다.

- 이온의 개념 혼동: 학생들은 이온과 원자, 분자의 개념을 혼동할 수 있습니다. 이온은 전기적으로 양이나 음의 전하를 가진 원자 또는 분자입니다. 하지만 학생들은 이를 잘 이해하지 못하고, 이온을 그냥 원자 또는 분자와 동일한 것으로 착각할 수 있습니다.
- 이온의 전하 이해 부족: 학생들은 이온의 전하에 대해 혼동할 수 있습니다. 양이온은 전자를 잃어 양전하를 가지며, 음이온은 전자를 얻어 음전하를 가집니다. 학생들은 이 전하의 개념을 이해하지 못하고, 양이온과 음이온의 차이를 파악하지 못할 수 있습니다.
- 이온 생성 과정 혼동: 이온의 생성 과정인 이온화와 이온화 에너지의 개념을 혼동할 수 있습니다. 이온화는 원자나 분자에서 전자를 제거하여 이온을 생성하는 과정을 말하며, 이온화 에너지는 이 과정에 필요한 에너지입니다. 학생들은 이 둘의 개념을 혼동하여 이온화를 이온 그 자체로 착각할 수 있습니다.
- 이온의 이름 혼동: 이온의 이름을 혼동할 수 있습니다. 양이온의 경우, 원자의 이름에 로마 숫자로 전하를 표기합니다. 예를 들어, Fe^{2+}는 철 이온(ferrous ion)이고, Fe^{3+}는 철 이온(ferric ion)입니다. 음이온의 경우, 일반적으로 '–ide'로 끝나는 이름을 가지는데, 이를 이해하지 못하고 다른 규칙을 적용할 수 있습니다.
- 이온의 전하와 전자 개수 혼동: 이온의 전하와 해당 이온이 가진 전자 수를 혼동할 수 있습니다. 학생들은 이온의 전하와 전자 수가 항상 동일하다고 착각할 수 있습니다. 그러나 전하와 전자 수는 항상 일치하지 않을 수 있으며, 이온의 전하에 따라 전자 수가 다를 수 있습니다.

(챗GPT) "고등학교 2학년 화학Ⅰ 수업에서 '오비탈'을 가르칠 때 학생들이 오비탈과 관련하여 가지고 있는 사전 지식은 어떤 것들이 있는지 설명해 줘."

고등학교 2학년 화학Ⅰ 수업에서 오비탈에 대해 가르칠 때, 학생들이 가지고 있는 사전 지식은 일반적으로 다음과 같을 수 있습니다:

- 원자와 전자 구조: 학생들은 이미 원자를 이루는 전자, 양자 수준, 전자 궤도 등에 대한 기본 개념을 배웠을 것입니다. 또한 전자가 에너지 수준에 따라 궤도를 따라 움직인다는 개념을 알고 있을 것입니다.
- 전자 구성: 학생들은 원자의 전자 구성을 이해하고 있을 것입니다. 즉, 원자 번호와 원자량을 이용하여 전자 수와 전자가 어떻게 채워지는지 알고 있을 것입니다. 예를 들어, $1s^2\ 2s^2\ 2p^6$와 같은 전자 구성을 이해할 수 있습니다.
- 양자 수: 학생들은 양자 수와 주 양자 수에 대한 개념을 배웠을 것입니다. 양자 수는 주로 n, l, m, s의 형태로 표기되며, 각각 주 양자 수, 부 양자 수, 자기 양자 수, 스핀 양자 수를 나타냅니다.
- 오비탈의 개념: 학생들은 오비탈이 전자가 존재할 수 있는 3차원 공간적 영역이라는 개념을 배웠을 것입니다. 오비탈은 s, p, d, f 등의 알파벳으로 표기되며, 각각 주 양자 수와 부 양자 수에 따라 다른 형태를 가집니다. 예를 들어, 1s 오비탈, 2p 오비탈 등이 있습니다.
- 오비탈의 에너지: 학생들은 오비탈이 서로 다른 에너지를 가지며, 에너지 수준이 낮은 오비탈부터 차례로 채워진다는 개념을 이해하고 있을 것입니다. 예를 들어, 1s 오비탈이 에너지가 가장 낮고, 2s, 2p, 3s, 3p 순으로 에너지가 증가한다는 점을 알고 있을 것입니다.

(Google Bard) "고등학교 2학년 화학 I 수업에서 '오비탈'을 가르칠 때 학생들이 겪을 수 있는 어려움은 어떤 것이 있나요?"

고등학교 2학년 화학 I 수업에서 '오비탈'을 가르칠 때 학생들이 겪을 수 있는 어려움은 다음과 같습니다.

- 오비탈의 개념이 어려울 수 있습니다.
- 오비탈의 형태와 크기를 이해하기 어려울 수 있습니다.
- 오비탈의 에너지 준위를 이해하기 어려울 수 있습니다.
- 오비탈의 전자 배치 규칙을 이해하기 어려울 수 있습니다.
- 이러한 어려움을 극복하기 위해서는 교사는 학생들의 사전 지식을 확인하고, 부족한 부분을 보충하는 것이 중요합니다. 또한, 교사는 학생들이 오비탈의 개념을 이해할 수 있도록 다양한 예시와 설명을 제공해야 합니다.

출처: https://chat.openai.com/(GPT-3.5); https://bard.google.com/

2) 수업 실행단계

실제 과학 수업에서 인공지능을 활용하는 예를 살펴보자.

(1) 기초 탐구 과정의 '분류'에 인공지능을 활용하기

보통 과학교과가 다른 교과가 가장 차별화되는 특징을 탐구(inquiry)로 이야기하는데, 탐구 과정을 통해 학생들이 추상적 개념을 이해할 수 있는 구체적인 경험을 제공받게 된다. 과학적 탐구 과정은 사고하고, 측정하고, 사고를 이용하는 방법으로, 보통 기초 탐구 과정(basic inquiry process)과 통합 탐구 과정으로 나눈다. 이 중 기초 탐구 과정은 과학자의 과학적 연구와 학습자의 탐구에 필요한 직접 해 보는(hands-on), 고도의 집중력과 사고를 요구하는(minds-on) 조작 기능을 말한다. 이 중 분류는 사물 또는 현상을 유사점 또는 준거 속성에 따라 묶거나 관계 짓는 과정이다. 보통 사물 또는 현상을 기준에 따라 나누는 과정으로 진행된다. 이 분류(classfication) 과정을 인공지능의 도움을 받는 것이 가능하다. 텍스트 또는 이미지를 주로 분류하며, 음성이나 영상을 분류하는 것도 가능하다. [그림 11-2]는 초등학교 과학 내용 중 서식지별 식물의 종을 분류하는 수업을 진행한 수업 사례로 초등학교에서 사용하는 엔트리 프로그램을 활용하여 분류하도록 계획된 수업이다.

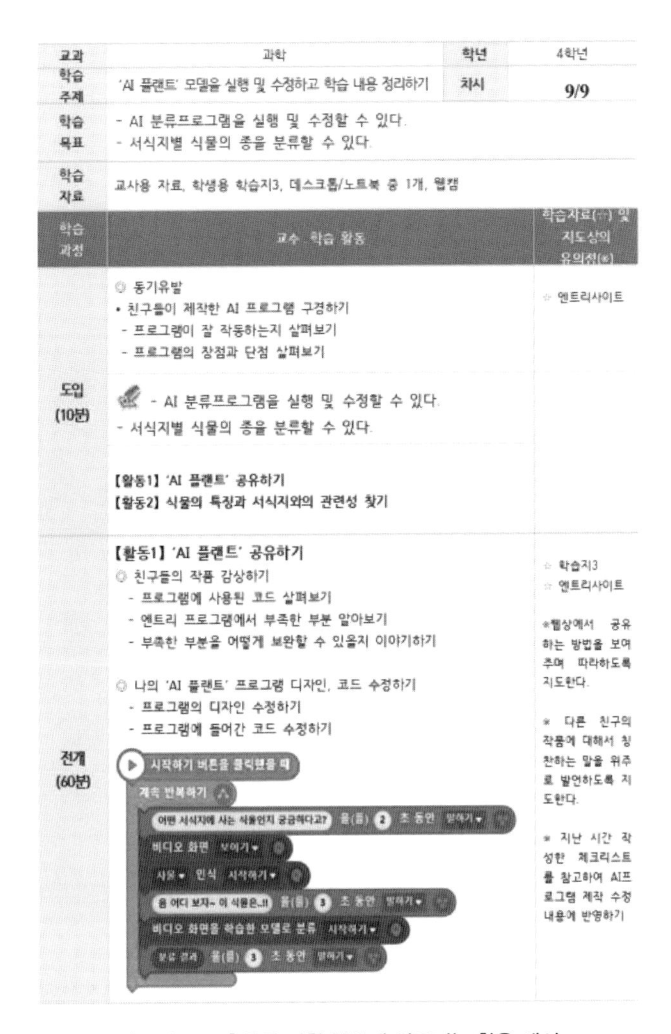

교과	과학	학년	4학년
학습 주제	'AI 플랜트' 모델을 실행 및 수정하고 학습 내용 정리하기	차시	9/9
학습 목표	- AI 분류프로그램을 실행 및 수정할 수 있다. - 서식지별 식물의 종을 분류할 수 있다.		
학습 자료	교사용 자료, 학생용 학습지3, 데스크톱/노트북 중 1개, 웹캠		
학습 과정	교수·학습 활동		학습자료(☆) 및 지도상의 유의점(※)
도입 (10분)	◎ 동기유발 • 친구들이 제작한 AI 프로그램 구경하기 - 프로그램이 잘 작동하는지 살펴보기 - 프로그램의 장점과 단점 살펴보기 - AI 분류프로그램을 실행 및 수정할 수 있다. - 서식지별 식물의 종을 분류할 수 있다. 【활동1】 'AI 플랜트' 공유하기 【활동2】 식물의 특징과 서식지와의 관련성 찾기		☆ 엔트리사이트
전개 (60분)	【활동1】 'AI 플랜트' 공유하기 ◎ 친구들의 작품 감상하기 - 프로그램에 사용된 코드 살펴보기 - 엔트리 프로그램에서 부족한 부분 알아보기 - 부족한 부분을 어떻게 보완할 수 있을지 이야기하기 ◎ 나의 'AI 플랜트' 프로그램 디자인, 코드 수정하기 - 프로그램의 디자인 수정하기 - 프로그램에 들어간 코드 수정하기 시작하기 버튼을 클릭했을 때 계속 반복하기 어떤 서식지에 사는 식물인지 궁금하다고? 을(를) 2 초 동안 말하기 비디오 화면 보이기 사물 인식 시작하기 음 어디 보자~ 이 식물은..!! 을(를) 3 초 동안 말하기 비디오 화면을 학습한 모델로 분류 시작하기 분류 결과 을(를) 3 초 동안 말하기		☆ 학습지3 ☆ 엔트리사이트 ※웹상에서 공유하는 방법을 보여주며 따라하도록 지도한다. ※ 다른 친구의 작품에 대해서 칭찬하는 말을 위주로 발언하도록 지도한다. ※ 지난 시간 작성한 체크리스트를 참고하여 AI프로그램 제작 수정 내용에 반영하기

[그림 11-2] 초등 과학 분류에 인공지능 활용 예시

출처: 이서교, 신영준(2022).

엔트리는 초등학교에서 많이 활용하는 프로그램으로 '인공지능 블록과 인공지능 모델 학습하기'를 가지고 있다. 이 중 인공지능 모델 학습에서 이미지, 텍스트, 소리 등을 분류하는 것이 가능하며, 데이터를 바탕으로 경향성을 파악하는 것이 가능한 예측: 선형 회귀, 군집 등의 학습도 가능하다.

〈표 11-4〉 과학 수업에서 활용할 수 있는 엔트리 프로그램의 인공지능 기능

출처: https://playentry.org/

(2) 인공지능 보조 교사를 도입하여 학생에게 맞춤형 피드백 또는 비계 제공하기

과학은 추상적 개념을 다루는 교과로 학생들이 이해를 어려워하는 경우가 많다. 따라서 어느 과목보다도 스캐폴딩 기술과 학생 맞춤형 피드백이 필요하다. 과학교과는 보통 탐구 과정을 통해 학생들이 추상적 개념을 이해할 수 있는 구체적인 경험을 제공받게 된다.

과학적 탐구에 기반한 수업은 보통 3가지 수준으로 나뉘는데, 구조화된(structured) 탐구 수업(문제, 방법과 절차, 재료 등이 모두 주어지고, 결과는 학생이 찾는 과정으로 보통 확인 실험으로 불림), 안내된 탐구(guided-discovery) 수업(문제와 재료만 주어지고, 문제의 해결 방법은 학생이 스스로 고안함), 개방적(open) 탐구 수업으로 나뉜다.

학생들은 일반적으로 개방적 탐구 활동을 진행할 경우 어떤 것을 관찰하고 관찰 내용을 어떻게 분석해야 하는지에 대해 어려움을 겪게 되므로, 보통 학교 과학 수업에서는 안내된 탐구(guided-discovery)를 제공하는 경우가 많다. 안내된 탐구는 학생들에게 비계를 제공하고 학생들의 과학 개념 이해를 도울 수 있는데, 교사가 다수의 학생에게 개별 맞춤형 피드백을 제공하기 어려우므로, 인공지능을 보조 교사로 활용하여 학생에게 맞춤형 피드백 또는 비계를 제공하는 것이 가능하다.

과학 학습은 형식 교육기관인 학교뿐 아니라 비형식 교육기관인 과학관 등을 통해서도 이루어지는데, 과학관 등은 불특정 다수가 방문하여 학습에 참여하므로 맞춤형 피드백 또는 비계의 제공이 더욱 필요하다. 과학관은 학생과 가족이 함께 학습할 기회를 제공하고 광범위한 탐색을 가능하게 하지만, 오히려 비계와 스캐폴딩이 제대로 이루어지지 않으면 학습 활동의 요점을 놓치게 된다. 또한 학생뿐 아니라 학생과 상호작용을 하는 가족들의 지식 또한 다양하므로 학생 개개인에 맞추어 맞춤형 피드백을 제공하는 것은 과학관에서의 유의미한 학습을 위해 매우 중요한 요소이다. 따라서 이 역할을 제공할 수 있는 인공지능 보조 교사를 도입하는 것은 어쩌면 형식 교육기관인 학교보다 더 시급할 수도 있다. 이에 과학 수업에서의 예시보다 더 피드백 또는 비계의 제공이 어려운 과학관에서 보조 교사로 인공지능을 활용한 예시를 제시하고자 한다.

[그림 11-3]은 비형식 과학교육을 제공하는 대표적인 기관인 과학관에서 시도한 인공지능을 활용한 과학탐구의 예이다. 이 연구(Yannier et al., 2022)에서 학생들은 인공지능 보조 교사 없이 활동하는 것보다, 인공지능 보조 교사의 안내된 탐구에 맞추어 탐구를 수행할 때 더 많은 전략을 세우고 높이, 대칭, 무게 중심 등에 대한 다양한 원리에 대해 더 적극적인 학습이 가능했다.

Figure 5. Children imitated the gorilla character when their prediction was correct and the gorilla started dancing on the screen. The parents were also very much engaged with the game. At some points they started playing on their own.

[그림 11-3] **인공지능 보조 교사를 활용하는 탐구 예시**

출처: Yannier et al. (2022).

이 연구에서 학생들은 인공지능을 도입한 탐구 수업을 통해 주어진 과제 수행에서 과학 학습에서 성취가 향상되었으며, 안내가 있는 전시물에 대해서도 학생들이 매우 즐거워했으며, 그 전시물에 학생들을 오래 붙잡아 두는 결과를 보였다. 따라서 과학 수업과 열린 공간의 비형식 과학교육 기관을 통한 교육에서도 학생들의 개별 피드백을 위한 인공지능 피드백을 고려해 볼 필요가 있다.

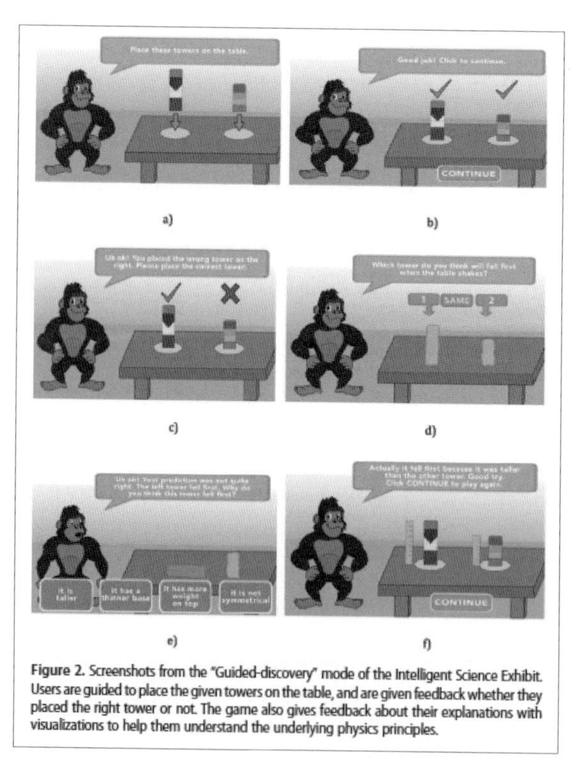

Figure 2. Screenshots from the "Guided-discovery" mode of the Intelligent Science Exhibit. Users are guided to place the given towers on the table, and are given feedback whether they placed the right tower or not. The game also gives feedback about their explanations with visualizations to help them understand the underlying physics principles.

[그림 11-4] **인공지능 보조 교사 제공 구체적 피드백 예시**

출처: Yannier et al. (2022).

(3) 과학 수업에서 인공지능을 활용하여 수업 주요 자료 생성하기

① 이미지를 생성하여 주요 과학 개념의 이해를 돕는 경우

과학 수업에서는 눈에 보이지 않는 원자, 분자, 전자 등의 매우 작은 크기와 우주 등 매우 큰 크기를 함께 다루므로 학생들이 이를 이해하기 위한 시각화 자료가 필요하다. Microsoft Bing을 이용하면 특별한 프로그램 추가 설치 없이 이미지 제작이 가능하며, Python을 사용하면 그래픽 라이브러리인 Matplotlib를 설치하여 시각화 자료를 만드는 것이 가능하다. [그림 11-5]는 목성형 행성과 지구형 행성의 특징을 살려 행성 캐릭터를 그려 달라고 Microsoft Bing에게 시켜 볼 수 있다. Microsoft Bing은 4가지의 이미지를 산출하며, 같은 질문을 연속할 경우에 4개의 그림이 또 다르게 산출된다.

[그림 11-5] **인공지능이 생성한 목성형 행성과 지구형 행성 캐릭터**

출처: Bing Image Creater가 생성함(https://www.bing.com/).

[그림 11-6]은 수소 연료 전지를 활용하여 이산화탄소 배출을 줄이는 학교를 설계해 보라고 요청하였을 때 Bing이 제시한 산출물이다.

[그림 11-6] **수소 연료 전지를 활용하여 CO_2 배출을 줄이는 학교 설계 요청에 대한 Bing의 생성 이미지**

출처: Bing Image Creater가 생성함(https://www.bing.com/).

② Python을 과학 수업에 활용하는 예

Python은 무료 프로그램으로 설치가 용이하여 데이터를 활용하고 분석하는 과학탐구 활동 등에서 이를 활용하는 사례가 증가하고 있다. 요즘은 Python을 깔지 않아도 웹사이트상에서 이 프로그램을 활용할 수 있는 Google Colab(Colaboratory, 줄여서 'Colab'이라고 함) 등을 통해 브라우저 내에서 Python 스크립트를 작성하고 실행할 수 있다. 이를 활용하면 수업 때 학생들이 프로그램을 설치하지 않고도 Python을 사용하는 것이 가능하다. Python으로 대용량의 데이터를 분석하고 시각화하는 작업을 할 수 있으며, 수학적 계산이나 시뮬레이션, 그래프 그리기 등을 진행할 수 있다.

실제 수업에 활용해 보기 위하여 챗GPT에게 구체적으로 화학 과목에서 사용할 수 있는 Python의 코드를 알려 달라고 챗GPT에게 물은 결과, 원자량 계산과 반응열 계산과 같은 화학적 계산과 데이터 분석 및 이 결과의 시각화에 Python을 주로 활용할 수 있다고 응답하였다. 이를 코드 복사하여 구글 Google Colab에서 구현하면 수업 시간에 활용이 가능하다. Python으로 데이터 분석 및 시각화 과정을 수행하는 경우가 많은데, Python 자체만으로는 이미지를 생성할 수 없으므로, Matplotlib를 설치해야 한다. Google Colab을 활용해서 Python으로 시각화를 활용해 보자. 〈표 11-5〉는 챗GPT에게 Python을 과학 수업에서 사용하는 코드를 알려 달라고 한 결과를 이용하여, Google Colab을 활용해서 Python으로 시각화한 예이다.

〈표 11-5〉 **챗GPT를 이용한 Python 코드와 Google Colab을 활용한 시각화 자료**

[예시] 물질의 흡광 스펙트럼 시각화하기	

[챗GPT가 제시한 코드]
import numpy as np
import matplotlib.pyplot as plt
 	
wavelengths = np.arange(300, 801, 10) # 파장 범위
absorbance = np.sin(2 * np.pi * wavelengths / 400) # 흡광도 계산
 	
plt.plot(wavelengths, absorbance, color='b')
plt.xlabel('Wavelength (nm)')
plt.ylabel('Absorbance')
plt.title('Absorption Spectrum')
plt.show()
	[Colab에서 코드를 시각화한 예시]
	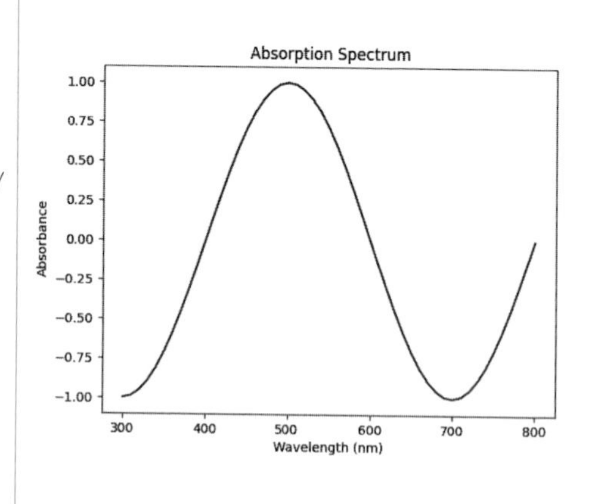

출처: 코드–https://chat.openai.com/(GPT-3.5); 시각화–https://colab.research.google.com/?hl=ko

3) 수업 평가하기

인공지능이 교사의 역할을 보고해 줄 때, 교사들이 가장 도움을 받을 수 있고 현장에서 요구가 큰 부분이 평가 부분이다. 현재도 퀴즈앤, 멘티미터, 소크라티브 등 다양한 퀴즈를 활용할 수 있는 사이트와 https://teachermade.com/, https://www.worksheetworks.com/ 등의 워크시트를 만드는 사이트를 활용하면 진단평가와 형성평가 등을 미리 답을 설정하여 자동채점하는 것이 가능하다. 평가 결과를 내려받을 수 있고, 누적하여 사용할 수도 있어서 교사들이 많이 활용하는 편이다.

(1) 인공지능을 활용하여 이미지 답안을 자동채점하는 방법

[그림 11-7]은 대규모의 시험에서 과학 답안의 자동채점을 시도한 예시이다. 이 예시는 국가수준학업성취도평가의 답안 중 이미지를 자동채점을 시도한 예로, 정답과 정답이 아닌 답안을 분류하도록 인공지능을 활용하는 예이다. [그림 11-2]에서 엔트리 프로그램을 이용하여 분류를 하는 것과 같이 여기서는 이미지를 분류하는 것에 인공지능을 활용한다.

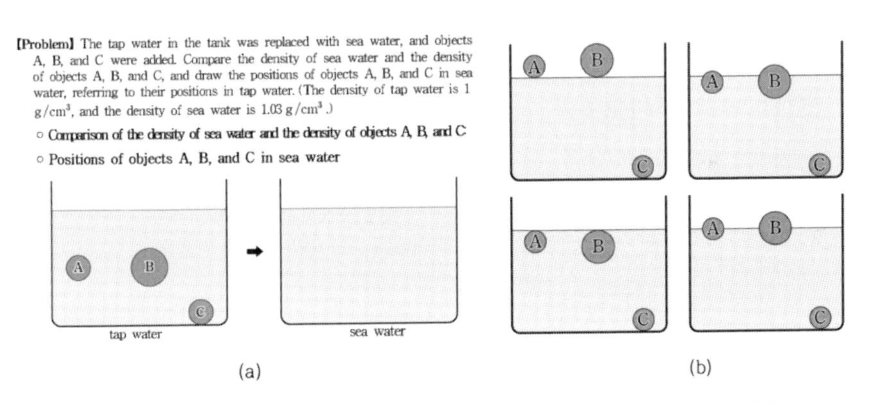

[그림 11-7] 국가수준학업성취도평가 문항의 답안 채점에 인공지능을 활용한 예시

출처: 이재봉(2023).

학교에서 이를 활용하기 위해서는 채점 연습을 미리 시켜야 한다. 이를 위해서는 옳은 답안, 틀린 답안, 공백 답안에 대한 연습이 필요하다. 각각의 폴더를 만들고, 훈련에 사용할 이미지를 준비하여 분류 연습을 시키는 과정을 거치면 된다. 이 연구에서 사용한 이미지를 자동채점하는 방법은 Inception V3 프로그램을 활용하였고, 합성곱 신경망 알고리즘

을 적용하기 위해 오렌지 데이터 마이닝을 이용하였다. 합성곱 신경망 알고리즘을 적용하기 위해서 일반적으로 python과 R 프로그램을 사용하는데, 이 두 프로그램 모두 명령어를 모두 입력해야 해서 이러한 장벽을 개선해 주는 프로그램인 오렌지 데이터 마이닝(orange data mining) 프로그램을 이용할 수 있다. 이미지 처리 분야에서 합성곱 신경망을 활용한 다양한 사전 학습 모형이 있으며, Inception V3 모형은 구글에서 개발한 것이다.

[그림 11-8]은 이재봉(2023)에서 제시된 오렌지 데이터 마이닝에 의한 이미지 분석 흐름도로, Image Embeding 아이콘을 선택하면 Inception V3 등의 모형(여러 개가 있어 선택할 수 있음)을 사용하여 이미지를 분류하는 것이 가능하다.

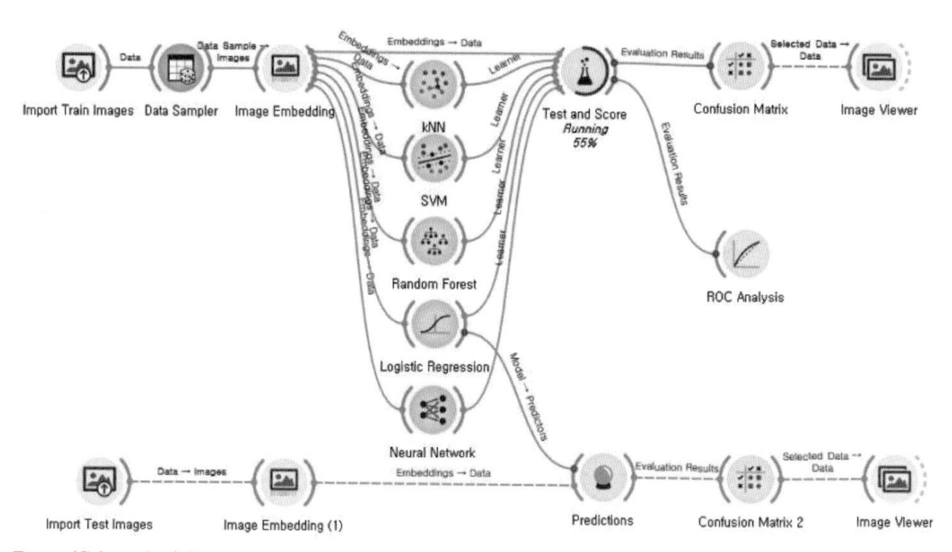

Fig. 2. (Color online) Example of block diagram by Orange Data Mining.

[그림 11-8] **오렌지 데이터 마이닝에 의한 이미지 분석 흐름도**

출처: 이재봉(2023).

과학 수업에서 실제 기준을 가지고 대상을 나누는 작업을 한다면, 평가 과정에서는 답안에서 정답자와 오답자를 분류하는 과정을 거치는 것이고, [그림 11-7]과 같이 답안이 그림인 경우에는 이미지를 학습시켜 정답과 오답을 구분하기 위해서 분류 과정에 대한 학습이 진행되어야 한다. 보통 이미지를 분류할 수 있는 프로그램을 사용하는데 이 과정에 인공지능을 활용할 수 있다. 합성곱 신경망을 이용한 자동채점 방법이 매우 정확한 일치도를 보인 것으로 제시되고 있으며, 답안 훈련을 위해 약 전체 답안의 10%의 답안지가 필요하다고 제시하고 있다.

[그림 11-9]는 오렌지 데이터 마이닝의 활용 가능성을 알아보고자 [그림 11-8]에서 제시된 다양한 합성곱 신경망을 활용한 사전 학습 모형 중 SVM을 선택하여 이미지 학습을 진행해 본 예이다.

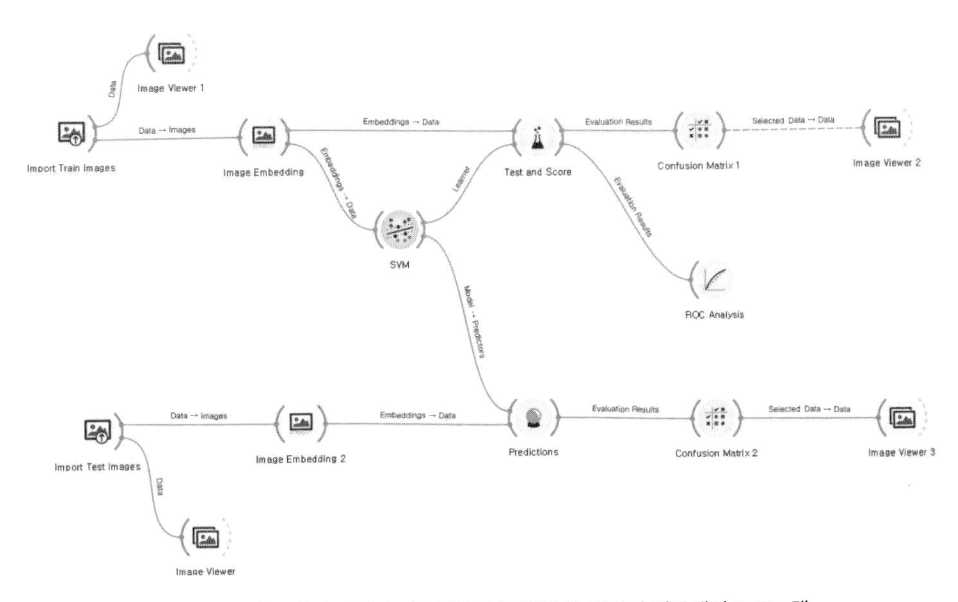

[그림 11-9] 오렌지 데이터 마이닝으로 구현해 본 이미지 자동채점 프로그램

100개의 이미지를 제작하여 정답과 오답으로 분류시키는 학습을 시켜 본 결과는 [그림 11-10]과 같다. 이미지 자동채점을 시도해 본 결과 사전 학습을 바탕으로 정확히 분류하기 위해서는 이미지 위치, 모양, 색깔 등에 대한 정답과 오답에 대한 다양한 학습이 필요했다.

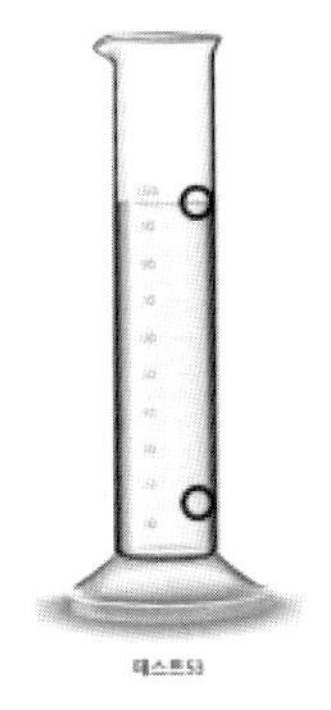

Model	Target Class	AUC	CA	F1	Prec	Recall	MCC
SVM	ALL	1.000	1.000	1.000	1.000	1.000	1.000
	BLANK	1.000	1.000	1.000	1.000	1.000	1.000
	FALSE	1.000	1.000	1.000	1.000	1.000	1.000
	TRUE	1.000	1.000	1.000	1.000	1.000	1.000

Predicted

Actual	BLANK	FALSE	TRUE	Σ
BLANK	20	0	0	20
FALSE	0	100	0	100
TRUE	0	0	100	100
Σ	20	100	100	220

Predicted

Actual	BLANK	FALSE	TRUE	Σ
BLANK	100.0 %	0.0 %	0.0 %	20
FALSE	0.0 %	100.0 %	0.0 %	100
TRUE	0.0 %	0.0 %	100.0 %	100
Σ	20	100	100	220

[그림 11-10] 밀도 차이에 의한 물체의 위치를 자동채점하도록 시도한 결과

(2) Google Bard 등 인공지능의 도움을 받아 학생 답안을 채점하기

인공지능을 활용하여 평가를 진행할 수 있다. 생성형 AI를 활용하여 평가를 진행하기 위해서는 평가와 관련한 구체적인 상황과 평가 기준, 학생 답안평가를 위한 가이드를 입력해 주면 된다. 〈표 11-6〉은 Google Bard에게 평가를 직접 수행시킨 예시이다.

〈표 11-6〉 **인공지능을 활용하여 학생의 답안을 평가하도록 시도한 예시**

입력한 내용

- 너는 학교 교사로 학교 시험의 평가 전문가이다. 학생 답에 대한 점수를 주고 그 점수에 대한 이유를 제시하시오.
- 평가 기준: 행성에 대한 깊이 있는 이해를 위해 각 행성의 특징을 비교 분석한다.
- 평가 루브릭:

  수준 3: 다른 행성과 비교하여 각 행성의 특징을 명확히 알고 구분할 수 있으며, 행성에 대한 특징을 5개 이상 비교하여 작성할 수 있다.

  수준 2: 행성의 특징을 일부 이해하고 있으며, 각 행성의 특징을 3가지 이상 비교하여 설명할 수 있다.

  수준 1: 행성의 위치 정보를 알고 있으며 지구와의 차이점을 1가지 이상 말할 수 있다.
- 학생 답안: (학생 답안은 챗GPT에게 "각 행성의 특징을 비교해서 기술해 줘."라고 질문해서 예시답안을 생성하였다.)

-수성: 태양계에서 가장 작고 가장 가까운 행성입니다. 표면은 매우 가열되어 있고, 잘 알려진 대기권이 없습니다. 수성은 크레이터와 구멍으로 가득한 매우 거친 지형을 가지고 있습니다. 공전주기가 매우 짧아 하루가 지구의 59일 정도밖에 되지 않습니다.

-금성: 태양계에서 가장 밝은 행성으로 알려져 있습니다. 지구와 매우 유사한 크기와 구조를 가지고 있으며, 인류에게 가장 가까운 행성입니다. 이산화탄소로 이루어진 두꺼운 대기를 가지고 있어 지구의 온실 효과와 유사한 기후를 가지고 있습니다. 표면은 화산 활동, 크레이터, 산맥 등으로 구성되어 있습니다.

-지구: 우리가 살고 있는 행성으로, 태양계에서 유일한 생명을 지원하는 행성입니다. 다양한 지형과 생태계를 가지고 있으며, 액체 상태의 물과 산소가 풍부하게 존재합니다. 대기는 질소, 산소, 이산화탄소 등으로 구성되어 있습니다.

Google Bard 생성 답변 예시

학생이 답한 내용을 보면, 수성, 금성, 지구의 특징을 비교 분석하여 작성한 것을 알 수 있습니다. 학생은 각 행성의 크기, 대기, 표면, 기후 등의 특징을 비교하여 설명했습니다. 학생의 답안은 정확하고 이해하기 쉽습니다.

학생의 답안을 평가 루브릭에 따라 보면, 수준 2에 해당합니다. 학생은 행성의 특징을 일부 이해하고 있으며, 각 행성의 특징을 3가지 이상 비교하여 설명했습니다. 학생의 답안을 다음과 같이 개선할 수 있습니다.

학생은 행성의 특징을 더 자세히 설명할 수 있습니다. 예를 들어, 수성의 표면은 크레이터와 구멍으로 가득한 매우 거친 지형이며, 금성의 대기는 이산화탄소로 이루어져 있어 지구의 온실 효과와 유사한 기후를 가지고 있습니다.
학생은 행성의 특징을 더 비교하여 설명할 수 있습니다. 예를 들어, 수성은 지구보다 크기가 작고, 대기가 없으며, 표면이 매우 거칠고, 공전 주기가 매우 짧습니다. 학생의 답안은 전체적으로 좋습니다. 학생은 행성의 특징을 이해하고 있으며, 각 행성의 특징을 비교하여 설명했습니다. 학생의 답안을 개선하여 더 정확하고 이해하기 쉬운 답안을 작성할 수 있습니다.

학생의 답안을 평가한 결과, 수준 2로 평가합니다.

출처: https://bard.google.com/

(3) 인공지능을 활용하여 학생의 서술형 답안 자동채점하기

우리나라에선 인공지능을 활용한 서술형 답안 채점 프로그램으로 WA3I(http://wai.best/)가 개발되었다. WA3I(와이)는 '인공지능을 활용한 웹 기반 자동 평가(Web-based Automated Assessment using Artificial Intelligence)'의 영문 약자로 학생들이 의문 '왜(Why, 와이)?'에 대한 설명을 효과적으로 구성할 수 있도록 돕는 온라인 교육 프로그램이라고 설명하며, 교육부와 한국과학창의재단의 지원으로 개발되었다. WA3I 프로그램은 인공지능을 활용하여 학생들이 서술형 평가를 대비할 수 있도록 개발되었다고 소개되고 있다.

초장기 프로그램이라 간단한 채점과 피드백이 가능한 상태인데, 2023년 저서 작성 상태에서는 교사용 테스트는 가능하지 않았고 학생용 버전은 테스트가 가능했다. 다음과 같이 초등학생부터 고등학생까지 서술형 평가로 활용되도록 개발되었으나, 구체적으로 테스트하였을 때 학교급을 구분하여 채점하는 것은 어려웠다. 우리나라의 교육과정이 나선형 교육과정으로 이루어져서, 실제 '산과 염기' 개념이라 해도 초등학교부터 고등학교까지 다루는 수준과 범위가 다른데, 이를 명확하게 구분하진 못하고 있었다.

[그림 11-11] WA3I 프로그램 시작 화면

[그림 11-12] WA3I 프로그램 학생용의 구성 예시

출처: http://wai.best/

(4) 수업에 활용 가능한 AI 연계 애플리케이션

최근에는 복잡한 데이터 분석 등에 AI를 활용하는 것뿐만 아니라 일상생활에서 사용할 수 있는 다양한 AI 활용 도구가 개발되고 있다. 수업에서 활용하는 AI에 관한 저서인 『The AI Classroom』(Fitzpatrick et al, 2023)에서 수업 때 활용도가 높은 AI 활용 도구들을 다양하게 소개하고 있는데, 이 중 과학 수업에서 활용하기 좋은 애플리케이션 몇 가지를 소개한다.

① TEXT-TO-IMAGE

–패들렛 AI image generator ‘I can’t draw’

다양한 ‘TEXT-TO-IMAGE’ AI 연계 애플리케이션 중 수업에서 다양한 게시물을 공유하는 플랫폼으로 활용도가 높은 패들렛인 AI image generator ‘I can’t draw’를 탑재했다. 한글 버전에서는 ‘그릴 수 없음’으로 확인할 수 있으며, 패들렛에서 게시물을 작성하기 위하여 ‘+’버튼을 누르면 다양한 자료를 업로드하여 게시물을 작성할 수 있는데, 이때 ‘…’ 버튼을 누르면 ‘그릴 수 없음’을 확인할 수 있다. 이것은 단어를 넣으면 시각화해 주는 AI 이미지 생성 도구이다. 이것을 활용하면 교사가 과학 수업 시간에 단어를 시각화하여 자료로 활용할 수 있다.

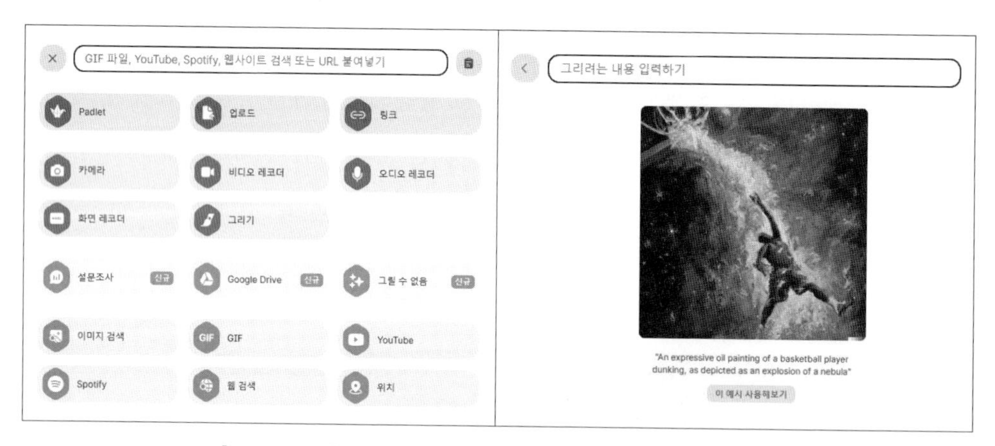

[그림 11-13] **패들렛의 AI image generator ‘I can’t draw’ 예시**

출처: https://ko.padlet.com/

② TEXT-TO-VIDEO

–픽토리를 활용한 영상 제작

텍스트를 AI를 활용하여 영상으로 제작해 주는 도구들도 활용할 수 있다. 이 중 사용법이 간단하여 영상 제작으로 최근 많이 활용되는 픽토리(https://pictory.ai/)를 소개한다. 픽토리는 텍스트를 영상으로 제작하는(Script to video) 도구로 많이 활용된다. 다음은 챗GPT를 이용하여 "라부아지에의 화학 혁명 관련한 과학 역할극 영상을 만들려고 한다. 재미있는 과학 역할극 대본을 작성해 줘."라는 요청을 한 후, 만들어진 대본을 영어로 바꿔 달라 한 대본을 바탕으로 픽토리로 영상을 제작한 예시이다.

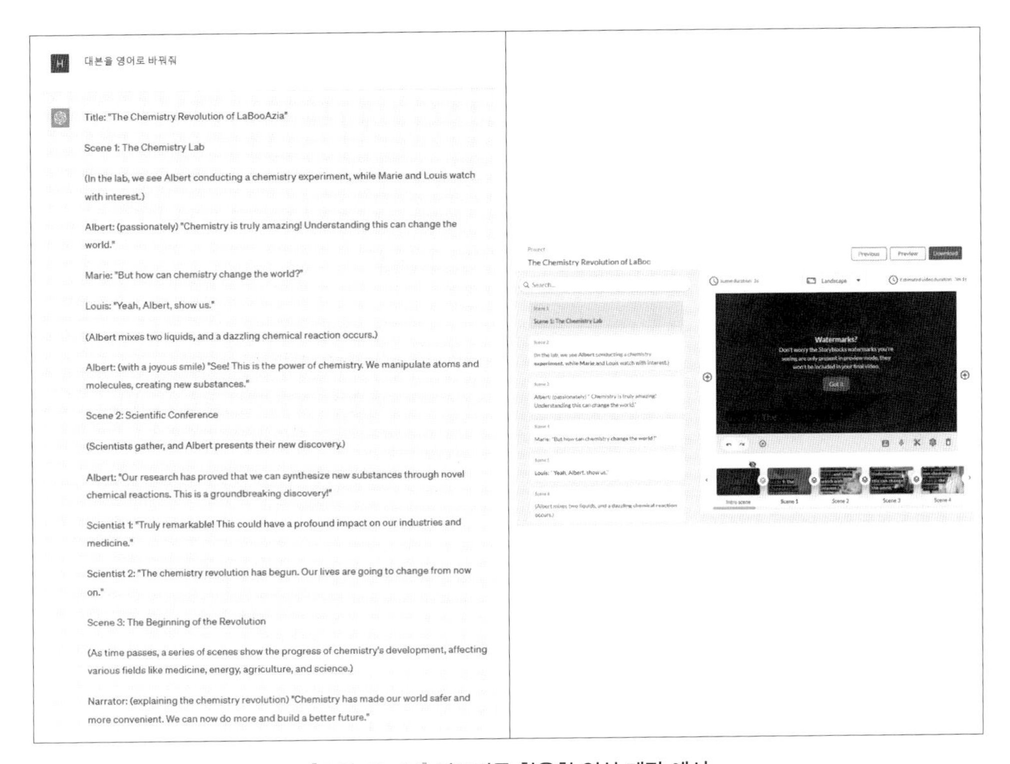

[그림 11-14] **픽토리를 활용한 영상 제작 예시**

출처: https://chat.openai.com/(GPT-3.5), https://pictory.ai/

2. 과학교과에서 인공지능 관련 쟁점 및 이슈

1) 2022 개정 과학과 교육과정에서 강조하는 평가

2022 개정 교육과정 총론에서 제시하는 교육과정 구성의 중점에서 교육과정 변화의 주요 배경 중 첫 번째로 인공지능 기술 발전이 제시되고 있으며, 교육과정 구성의 중점에서 디지털 전환에 따른 능동적 대처 능력, 학습자 맞춤형 교육과정 체제 구축, 교과 교

육에서 깊이 있는 학습을 통해 역량 함양, 학생 참여형 수업 활성화, 문제 해결 및 사고의 과정을 중시하는 평가 등을 강조하고 있다.

〈표 11-7〉과 같이 2022 개정교육과정 총론 II, 학교 교육과정 설계와 운영부분의 '2. 교수-학습'을 살펴보면, 학생의 선행 경험, 선행 지식, 오개념 등 학습의 출발점을 파악, 정보통신기술 매체를 활용하여 교수-학습 방법을 다하고, 학생 맞춤형 제공 등을 강조하고 있다. 또한 '3. 평가' 부분에서는 학습 교육 목표 도달 정도 확인뿐 아니라 학습의 부족한 부분 보충, 추수 지도, 지속적인 성찰과 개선, 학습 과정의 확인 및 환류, 성공적인 학습, 사고 능력 함양 지원, 자신의 학습 과정과 결과에 대한 성찰, 지능정보기술 활용 학생 맞춤형 평가 활성화를 제시하고 있다.

〈표 11-7〉 2022 개정 교육과정의 총론에서 제시하는 교수-학습 및 평가

[교수-학습]

다. 교과의 특성과 학생의 능력, 적성, 진로를 고려하여 학습 활동과 방법을 다양화하고, 학교의 여건과 학생의 특성에 따라 다양한 학습 집단을 구성하여 학생 맞춤형 수업을 활성화한다.
  1) 학생의 선행 경험, 선행 지식, 오개념 등 학습의 출발점을 파악하고 학생의 특성을 고려하여 학습 소재, 자료, 활동을 다양화한다.
  2) 정보통신기술 매체를 활용하여 교수-학습 방법을 다양화하고, 학생 맞춤형 학습을 위해 지능정보기술을 활용할 수 있다.
  3) 다문화 가정 배경, 가족 구성, 장애 유무 등 학습자의 개인적 · 사회문화적 배경의 다양성을 이해하고 존중하며, 이를 수업에 반영할 때 편견과 고정 관념, 차별을 야기하지 않도록 유의한다.
  4) 학교는 학생 개개인의 학습 상황을 확인하여 학생의 학습 결손을 예방하도록 노력하며, 학습 결손이 발생한 경우 보충 학습 기회를 제공한다.

[평가]

가. 평가는 학생 개개인의 교육 목표 도달 정도를 확인하고, 학습의 부족한 부분을 보충하며, 교수-학습의 질을 개선하는 데 주안점을 둔다.
  1) 학교는 학생에게 평가 결과에 대한 적절한 정보를 제공하고 추수 지도를 실시하여 학생이 자신의 학습을 지속적으로 성찰하고 개선할 수 있도록 한다.
  2) 학교와 교사는 학생 평가 결과를 활용하여 수업의 질을 지속적으로 개선한다.

나. 학교와 교사는 성취기준에 근거하여 교수-학습과 평가 활동이 일관성 있게 이루어지도록 한다.
  1) 학습의 결과만이 아니라 결과에 이르기까지의 학습 과정을 확인하고 환류하여, 학습자의 성공적인 학습과 사고 능력 함양을 지원한다.

2) 학교는 학생의 인지적 · 정의적 측면에 대한 평가가 균형 있게 이루어질 수 있도록 하며, 학생이 자신의 학습 과정과 결과를 스스로 평가할 수 있는 기회를 제공한다.
3) 학교는 교과목별 성취기준과 평가기준에 따라 성취수준을 설정하여 교수-학습 및 평가 계획에 반영한다.
4) 학생에게 배울 기회를 주지 않은 내용과 기능은 평가하지 않는다.

다. 학교는 교과목의 성격과 학습자 특성을 고려하여 적합한 평가 방법을 활용한다.
1) 수행평가를 내실화하고 서술형과 논술형 평가의 비중을 확대한다.
2) 정의적, 기능적 측면이나 실험 · 실습이 중시되는 평가에서는 교과목의 성격을 고려하여 타당하고 합리적인 기준과 척도를 마련하여 평가를 실시한다.
3) 학교의 여건과 교육활동의 특성을 고려하여 다양한 지능정보기술을 활용함으로써 학생 맞춤형 평가를 활성화한다.

(이하 생략)

출처: 교육부(2022e).

〈표 11-8〉 **2022 개정 과학과 교육과정에서 제시하는 교수-학습 및 평가**

(1) 교수-학습의 방향
(마) 디지털 교육 환경 변화에 따른 온 · 오프라인 연계 수업을 실시하고, 다양한 디지털 플랫폼과 기술 및 도구를 적극적으로 활용한다.

(2) 교수-학습 방법
(나) 강의, 실험, 토의 · 토론, 발표, 조사, 역할 놀이, 프로젝트, 과제 연구, 과학관 견학과 같은 학교 밖 과학 활동 등 다양한 교수-학습 방법을 적절히 활용하고, 학생이 능동적으로 수업에 참여할 수 있도록 한다.
- 과학 및 과학과 관련된 사회적 쟁점을 주제로 과학 글쓰기와 토론을 실시하여 과학적 사고력, 과학적 의사소통 능력 등을 함양할 수 있도록 지도한다.

(다) 학생의 디지털 소양 함양과 교수-학습 환경의 변화를 고려하여 교수-학습을 지원하는 다양한 디지털 기기 및 환경을 적극적으로 활용한다.
- '과학' 학습에 대한 학생의 이해를 돕고 흥미를 유발하며 구체적 조작 경험과 활동을 제공하기 위해 모형이나 시청각 자료, 가상현실이나 증강 현실 자료, 소프트웨어, 컴퓨터 및 스마트 기기, 인터넷 등의 최신 정보 통신 기술과 기기 등을 실험과 탐구에 적절히 활용한다.
- 온라인 학습 지원 도구를 적극적으로 활용하여 대면 수업의 한계를 극복하고, 다양한 교수-학습 활동이 온라인 학습 환경에서도 이루어질 수 있도록 한다.
- 지능정보기술 등 첨단 과학기술 기반의 과학교육이 이루어질 수 있도록 지능형 과학실을 활용한 탐구 실험 · 실습 중심의 교수-학습 활동 계획을 수립하여 실행한다.

- '과학' 관련 탐구 활동에서 다양한 센서나 기기 등 디지털 탐구 도구를 활용하여 실시간으로 자료를 측정하거나 기상청 등 공공기관에서 제공한 자료를 활용하여 자료를 수집하고 처리하는 기회를 제공한다.

(라) 학생의 과학에 대한 흥미, 즐거움, 자신감 등 정의적 영역에 관한 성취를 높이고 과학 관련 진로를 탐색할 수 있는 교수-학습 방안을 강구한다.
- 과학 지식의 잠정성, 과학적 방법의 다양성, 과학 윤리, 과학·기술·사회의 상호 관련성, 과학적 모델의 특성, 과학의 본성과 관련된 내용을 적절한 소재를 활용하여 지도한다.
- 학습 내용과 관련된 첨단 과학기술을 다양한 형태의 자료로 제시함으로써 현대 생활에서 첨단 과학이 갖는 가치와 잠재력을 인식하도록 지도한다.

(이하 생략)

* 출처: 교육부(2022a).

2022 개정 교육과정에 총론의 기조를 받아 과학과 교육과정에서는 〈표 11-8〉과 같이 다양한 디지털 플랫폼과 기술 및 도구의 적극적 활용, 최신 정보 통신 기술과 기기를 실험과 탐구에 적절히 활용, 온라인 학습 지원 도구의 적극적 활용, 지능정보기술 등 첨단 과학기술 기반의 교육 등을 강조하고 있다.

이와 같은 개정 교육과정의 취지를 살리기 위해서는 학생들 개개인의 수준을 진단하고 이에 맞는 맞춤형 피드백을 제공하며, 과학 실험과 탐구 활동에 인공지능을 활용한 탐구의 수행, 데이터의 분석 및 시각화 등을 경험하게 하는 것이 필요하다. 이 과정에서 학생들의 진단, 맞춤형 피드백, 학생에게 맞는 개별 탐구의 진행, 학생 수준에 맞는 데이터 분석 및 시각화 등은 인공지능의 도움을 받을 수 있다면 바람직한 맞춤형 수업으로 나아갈 수 있을 것이다.

2) 인공지능 활용 탐구와 직접 수행하는 탐구의 가치

그렇다면 과학 과목이 수행하는 탐구는 어떻게 수행이 될 때 가장 가치가 있는가? 일반적으로 과학 학습은 어렵지만, 학생들은 과학 실험을 좋아한다. 학생들은 과학탐구의 조작 과정을 경험하는 것을 즐기고, 그 과정을 신기해하고 좋아한다. 학생들에게 이런 경험을 제공하는 것은 어쩌면 과학 실험이 제공할 수 있는 과학 학습과 관련된 가장 긍정적인 가치일 수도 있다. 그러나 이러한 지능정보기술의 강조로 인하여 실제 학생들이 hands on으로 경험하는 실험의 수행이 적어지고, 빠르게 수행되는 디지털 환경에서의 탐구 활동과 분석으로 인하여 기초 탐구와 통합 탐구를 구성하는 주요 요인들이 간과된다는 우려가 있다. 인공지능이 대신 탐구를 수행하는 것은 학생들에게 편리할 수 있지만, 학생들이 추상적 과학 개념을 이해하기 위한 탐구 수행 과정에서의 단계별 사고를 거치지 않게 되고, 이로 인해 과학 학습이 과학적 사고력 및 과학탐구 능력 향상으로 이어지기 어려울 수 있다.

따라서 인공지능의 활용은 학생들이 hands-on으로 경험하는 탐구를 통해 과학 주요 개념과 원리, 법칙 등을 이해하는 과정에서 이를 재확인하거나 설명을 돕기 위한 수단으로 활용되는 것은 장려하나, 이것이 탐구 전체를 대체하여 학생들에게 직접적인 탐구의 기회를 모두 박탈하는 상황이 되지 않도록 유의해야 한다. 학생들이 직접 실험을 경험하면서 과학 분야에 대한 흥미와 긍정적 진로 인식이 생기는 것을 고려할 때, 인공지능을 과학 학습을 위한 적절한 보조 수단으로 활용하되, 과학교과의 특색인 탐구 활동을 모두 간접 경험으로 대체하지 않도록 유의한다면 인공지능은 과학 학습의 친절한 동반자가 될 수 있을 것이다.

최근 수학·과학 인재 양성을 위한 협업의 장으로 수학·과학교육 발전협의체도 만들어져, 미래형 수학, 과학 학습을 학교에서도 충분히 체험할 수 있도록 지원하기 위한 과제와 방안이 논의되었다(교육부, 2020a). 〈표 11-9〉에서 제시되는 시나리오는 제1기 수학·과학교육 발전협의체서 논의된 과학교육 미래상을 재구성하여 나타낸 것이다.

〈표 11-9〉 **제1기 수학·과학교육 발전협의체서 논의된 과학교육 미래상**

과학 수업에 어려움을 겪던 한 학생은 학교에 최근 만들어진 지능형 과학실에 마련된 컴퓨터 앞에 앉았다. 그러자 인공지능(AI)이 학생의 학업과 관심사를 과거 학생기록부 속 빅데이터에서 찾아냈다. AI는 학생이 전문적인 여럿이 함께하는 실습수업을 거쳐 과학에 관한 관심이 높아질 것으로 판단하고 지능형 과학실에서 전문가와 함께 하는 화상 실습수업에 다른 학교 학생들과 함께 참여할 것을 추천했다.
로켓을 만드는 게 꿈인 다른 학생은 최근 새로 개설된 항공우주 교육 프로그램을 고교학점제를 통해 듣기로 했다. 전문 지식이 필요했던 교사는 전문가와 학교를 연결해 주기 위해 만들어진 센터에 수업자료를 의뢰했다. 센터는 곧 한 정부출연연구기관의 우주공학 전공 선임연구원을 연결해 줬고 연구원은 실험 프로그램을 만들어 학생들을 참여시키기로 했다.

출처: http://m.dongascience.com/news.php?idx=38575

〈표 11-9〉에서 등장하는 지능형 과학실은 과학기술의 변화를 반영하여 제4차 과학교육 종합계획(2020~2024)에 따라 현재 학교에 보급되고 있는 과학실이다(교육부, 2020d).

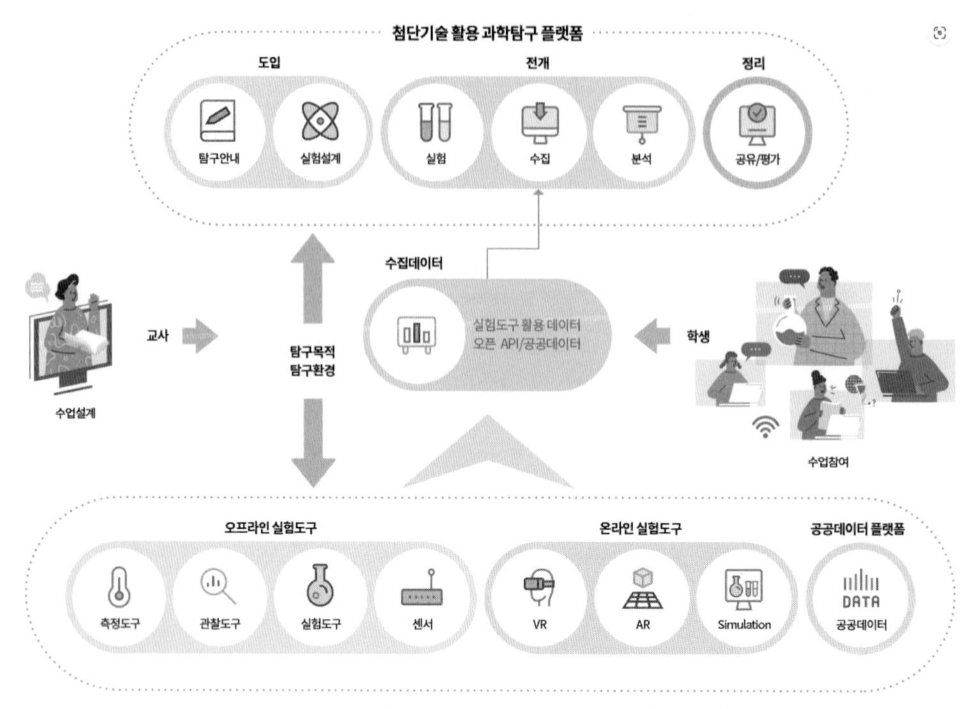

[그림 11-15] '지능형 과학실 ON'의 과학탐구 활동 체계

출처: https://science-on.kofac.re.kr/body/intro/intro/introMain.do

실물 활용 과학탐구의 한계를 극복하고 실시간 데이터를 연계하여 폭넓은 과학탐구를 지원하고자 한다. 그러나 이러한 목적이 학교 현장에서 실현되기 위한 첨단 지능정보기술 기반 과학탐구 플랫폼인 '지능형 과학실 ON'의 경우 2022년 오픈 예정이었으나 준비 및 오픈이 늦어져 2023년에 오픈이 진행되었다. 아직까지는 학교에 구축된 지능형 과학실의 활용이 미흡한 상태이며, 지능형 과학실의 적절한 운영을 위한 지능형 과학실 핵심교원 연수 등이 진행되고 꾸준히 자료가 업데이트되고 있으나 현장에서 활용을 위한 진입장벽이 높은 상태이다.

향후 첨단과학기술을 활용하는 과학탐구를 과학 수업에서 진행할 수 있으며, 실시간 데이터 및 빅데이터를 분석하는 과정에서 인공지능이 활용되는 것을 쉽게 접할 수 있게 될 것이다. 과학 교사와 학생들이 수업에서 이를 활용하는 것에 어려움을 겪지 않도록 첨단과학기술 활용 과학탐구 플랫폼이 다양한 콘텐츠와 활용 방법을 업데이트해 나가는 것이 필요할 것이다. 또한 AI가 제공하는 자료의 신뢰성을 판단할 수 있어야 할 것이고, 윤리적으로 사용할 수 있어야 하며, 신뢰할 수 있고 타당한 자료를 얻기 위해 AI를 적절히 활용하는 방법에 대한 교육이 필요하다.

요약 | 인공지능과 과학교육

● 정리하기

1. 과학교과에서 인공지능 활용 사례

– 과학 수업에서는 ① 과학 실험 및 데이터 분석에 인공지능을 활용할 수 있고, ② 과학 수업에서 개인 맞춤형 수업, 즉 개별화 수업에 활용할 수 있으며, ③ 시뮬레이션 및 모델링 등 과학 수업에서 필요한 시각적 자료를 생성하여 과학 학습을 돕는 데 인공지능을 활용할 수 있음. 과학 수업 단계에 따른 인공지능 활용은 다음과 같음.

- 수업 준비단계: 생성형 AI를 활용하여 수업 계획 작성, AI를 활용하여 학생들의 학습 주제와 관련한 오개념, 사전 지식, 수업 과정에서 이해하기 어려운 점 파악하기 등이 가능
- 수업 실행단계: 기초 탐구의 분류, 과학탐구 자료의 경향성 파악, 군집 등의 분석 과정에 엔트리 등의 AI 활용 프로그램의 사용, AI 보조 교사를 활용하여 학생에게 맞춤형 피드백, 비계 제공하기, AI 활용하여 이미지, 데이터 시각화 등의 수업 주요 자료 생성하기, 탐구 과정에서 데이터 분석 및 시각화 등에 Python 코드의 활용 등이 가능
- 수업 평가 단계: AI 활용 프로그램 중 합성곱 신경망을 활용한 다양한 사전 학습 모형을 활용하여 이미지를 분류하여 이미지 답안의 자동채점, 생성형 AI 활용하여 교수학습 상황, 채점 기준, 채점 루브릭, 학생 답안 등을 입력하여 학생 답안의 채점, AI 활용 서술형 답안 자동채점 프로그램 등을 이용하여 평가에서 활용 가능
- 수업에서 활용 가능한 AI 연계 애플리케이션: 패들렛의 AI image generator 기능과 픽토리를 활용한 과학 역할극 영상 제작

2. 과학교과에서 인공지능 관련 쟁점 및 이슈

– 2022 개정 교육과정에서 교수학습과 평가에 AI 및 다양한 지능정보기술 활용 강조

– AI의 강조가 학생들이 직접 수행하는 과학탐구 가치를 살릴 수 있도록 보조적 역할로 활용

– AI가 제공하는 자료의 신뢰성 판단, 윤리적인 사용, 신뢰할 수 있고 타당한 자료를 얻기 위한 AI 활용 방법에 대한 교육 필요

● 키워드

– 수업 계획 작성, 사전 조사, 데이터 분석, 데이터 시각화, 이미지 자동 분류, 답안 자동채점

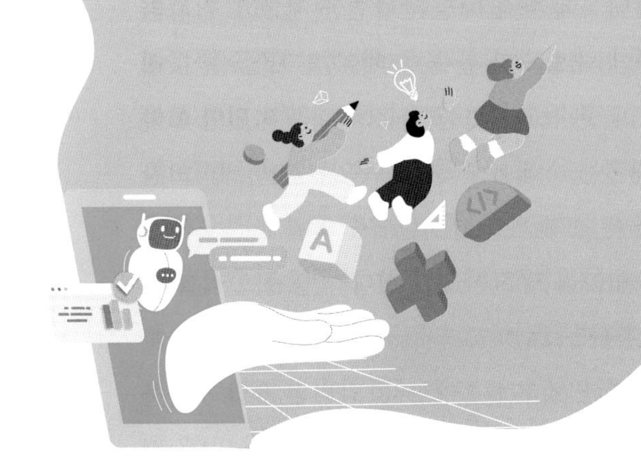

인공지능 시대 학교교육의 변화 전망

인공지능(AI)은 학습, 문제 해결, 패턴 인식, 언어 이해와 같은 인간의 인지 기능을 모방하는 기계의 능력이다. 학교교육에서 AI는 교사가 학생들과 더 많은 시간을 보낼 수 있도록 행정 업무를 자동화하고, 학생의 개별적인 필요, 능력, 학습 속도에 맞게 콘텐츠 전달을 조정하여 개인화된 학습 경험을 제공하며, 학생의 성과를 추적하고 학습 결과를 예측하여 학습을 개선하는 등 다양한 방식으로 교사와 학습자를 지원할 것이다.

이처럼 AI의 등장은 학교교육에 지대한 영향을 미치고 있다(김경미, 김민정, 2023; 김귀훈, 전인성, 송기상. 2021; 김인재 외, 2023; 박다빈, 신승기, 2021; 신동조, 2020; 전수진 외, 2023; 최숙영, 2021; Giannini, 2023; Holmes, Bialik, Fadel, 2019; Lo, 2023; Miao, Holmes, Huang, & Zhang, 2021). 특히 현대 교육에서는 자동채점 및 피드백 시스템, 개인 맞춤형 학습경로 제공, 지능형 튜터링 시스템, AI 지원 콘텐츠 큐레이션 및 제작을 제공하기 위

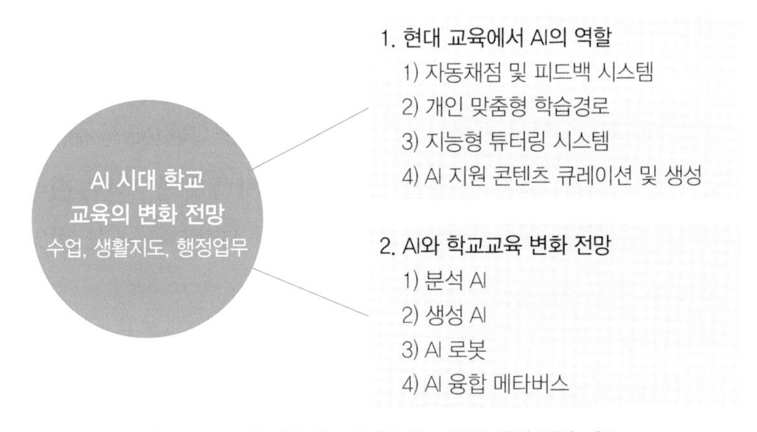

[그림 12-1] 인공지능 시대 학교교육의 변화 전망 개요

해 AI가 활용되고 있다. 이 장에서는 먼저 현대 교육에서 AI의 역할을 살펴보고, 각각의 기술과 과제 그리고 미래 전망에 초점을 맞춰 살펴보고자 한다. 그런 다음 AI를 분석 AI, 생성 AI, AI 로봇, 그리고 AI 융합 메타버스로 구분하고, 학교교육을 혁신하기 위한 AI와 그 전망을 교실 수업, 학생 생활지도, 학교 행정에 어떻게 적용할 수 있는지 설명하고자 한다([그림 12-1] 참조).

1. 현대 교육에서 AI의 역할

인공지능은 현대 교육에 학습 경험의 여러 측면을 변화시키고 있다. 현대 교육에서 AI의 주요 역할로는 자동화된 채점 및 피드백 시스템, 개인화된 학습경로 제공, 지능형 튜터링 시스템, 그리고 AI 기반 콘텐츠 큐레이션 및 제작 등이 있다.

현대 교육에서 AI의 첫째 역할은 자동화된 채점 및 피드백 시스템으로 활용이다. AI는 전통적으로 교육자에게 많은 시간이 소요되던 채점 과정을 자동화하고 있다. 특히 AI 시스템은 진위형, 선다형, 괄호형, 단답형, 연결형 문항 등과 같은 객관식 검사에서 높은 정확도로 채점할 수 있고, 이를 통해 학생의 학습에 시기적절하고 일관된 피드백을 제공할 수 있다. 또한 일부 고급 AI 시스템은 문법, 구문, 내용 및 일관성과 같은 측면을 분석하여 논술형 문항을 채점할 수도 있지만, 이는 아직 활발히 연구 중인 분야이다. 이처럼 자동화된 피드백 시스템은 학습자에게 실시간 피드백을 제공하여 강점과 개선이 필요한 부분을 강조함으로써 학습자가 자신의 실수를 이해하고 학습 전략을 조정하는 역할을 하고 있다.

둘째, AI는 개인 맞춤형 학습경로(Personalized Learning Pathways: PLP)를 제공한다. 기존의 '획일화된' 교육 모형은 AI 덕분에 개인 맞춤형 학습으로 대체되고 있는데, AI 시스템은 개인 맞춤형 학습을 통해 학생마다 고유한 학습 요구사항, 능력, 선호도가 있다는 점을 인식하고, 학생의 성과, 행동, 참여도 등 풍부한 데이터를 분석하여 학습 과정을 맞춤화한다. 또한 AI 시스템은 학습자의 프로파일에 따라 과제의 난이도를 조정하고, 수업 속도를 변경하고, 추가 리소스를 제공하거나, 수업 방법을 수정하는 역할을 한다. 이러한 개인화를 통해 모든 학생이 가장 잘 배울 수 있는 방식으로 학습하여 학생 참여도가 올라가고 학습 결과를 개선하는 역할을 한다.

셋째, AI는 지능형 튜터링 시스템(Intelligent Tutoring System: ITS)에 유용하다. 지능형

튜터링 시스템은 인간 튜터처럼 학습자에게 개인화된 교육과 피드백을 제공하는 컴퓨터 시스템으로서 AI를 사용하여 학습자의 인지 과정을 모형화하고 그에 따라 교육을 조정할 수 있다. 또한 학생의 지식 격차, 오해, 학습 스타일을 파악한 다음 이러한 측면을 해결하기 위해 교육 전략을 맞춤화할 수 있다. 특히 지능형 튜터링 시스템은 학생에게 일대일 학습 경험을 제공하여 학습할 때 힌트, 설명 및 피드백을 제공하며, 단계별 문제 해결이 중요한 수학 및 컴퓨터 과학에서 유용하다.

넷째, AI는 AI 지원 콘텐츠 큐레이션 및 제작을 가능하게 한다. AI는 교육 콘텐츠 큐레이션 및 제작 방식에 혁신을 일으키고 있으며, AI 알고리즘은 방대한 양의 콘텐츠를 분석하여 학습자에게 적합한 고품질의 리소스를 큐레이션할 수 있어, 학습자의 학업 수준, 관심사, 학습 목표와 같은 요소를 고려하여 적절한 리소스를 제안할 수 있다. 이러한 개인화된 콘텐츠 큐레이션은 학습 경험을 향상해 더 매력적이고 관련성 높은 학습 경험을 제공할 수 있다. 또한 AI는 새로운 교육 콘텐츠를 생성할 수 있다. 예를 들어, 챗GPT는 특정 주제를 기반으로 연습 문제를 생성하거나, 독해 지문을 요약・생성하거나(최윤희, 2023), 시를 쓰거나(이용희, 2023), 질의・응답하거나(유재진, 2023), 유익한 기사를 작성할 수도 있다(Lo, 2023). 즉, AI는 필요에 따라 다양한 학습 콘텐츠를 생성할 수 있다.

이처럼 현대 교육에서 AI는 다양하고 중요한 역할을 하고 있어 다음에서는 현대 교육에서의 AI의 역할별 장점, 기술, 과제 그리고 미래 전망을 개괄적으로 설명하고자 한다(〈표 12-1〉~〈표 12-4〉 참조).

1) 자동채점 및 피드백 시스템

(1) 자동채점 및 피드백 시스템의 개념 및 장점

① 자동채점 및 피드백 시스템의 개념

자동채점 및 피드백 시스템은 AI 알고리즘을 사용하여 학생의 과제를 평가하는 것으로, 이러한 시스템은 간단한 맞춤법 검사 및 문법 검사 프로그램부터 과학적 모형(Zhai, He, & Krajcik, 2022)과 과제의 구조와 일관성을 평가할 수 있는 정교한 도구까지 다양하다. 가장 진보된 시스템은 외국어(Godwin-Jones, 2021) 및 수화 학습에 대한 피드백(Shao et al., 2020)부터 논술형 문항(Ke & Ng, 2019)과 복잡한 과제에 제시된 논증의 품질에 대한 피드백까지 제공할 수 있다.

② 자동채점 및 피드백 시스템의 장점

자동채점 시스템의 가장 큰 장점은 교사의 시간 절약이다. 교사는 과제 채점에 몇 시간을 소비하는 대신 그 시간을 보다 매력적인 수업을 설계하거나, 개인화된 지원을 제공하거나, 학생의 학습을 직접적으로 개선하는 다른 활동을 수행하는 데 사용할 수 있다(Cardona, Rodriguez, & Ishmael, 2023). 또한 자동채점은 학생에게 즉각적인 피드백을 제공하므로 학생은 자신의 실수를 이해하고, 이를 통해 학습하며, 후속 과제를 개선할 수 있으며, 이러한 즉각적인 피드백은 학생이 주제에 더 깊이 참여하도록 장려할 뿐만 아니라 학습의 관련성을 파악하는 데도 도움이 된다. 또한 채점에 AI를 사용하면 편향의 위험이 줄어들 수 있는데, AI 시스템은 사전 정의된 일련의 매개변수를 기반으로 과제를 평가할 수 있으므로 무의식적인 편견이 성적에 영향을 미칠 가능성을 제거할 수 있다. 또한 자동채점 시스템은 잠재적으로 다양한 지역과 교육 수준에서 채점 프로세스를 표준화하여 지리적 또는 교육기관의 차이와 관계없이 학생의 성과를 일관되게 평가할 수 있다. 그리고 AI 채점 시스템을 사용하면, 학생 성과에 대한 더 풍부한 데이터를 얻을 수 있다. 이러한 시스템은 각 과제가 채점될 때마다 학생의 이해도, 진도 및 어려움에 대한 심층적인 인사이트를 얻는 데 필요한 자료를 수집할 수 있다. 이렇게 수집된 자료 분석을 통해 교육자는 시간에 따른 추세를 파악하고, 어려운 영역을 정확히 찾아내고, 더 효과적인 교육 전략을 구현할 수 있다. 또한 이러한 자료 분석 결과를 활용하여 더 반응적이고 적응력 있는 교육시스템을 구축할 수 있다.

(2) 자동채점 및 피드백 시스템의 기술, 과제와 미래 전망

① 자동채점 및 피드백 시스템의 기술

자동채점 시스템 영역에서는 단순한 객관식 평가를 뛰어넘어 기계학습과 자연어 처리(NLP) 기술을 활용하여 학생의 제출물을 더 심층적으로 이해하고 있다. 예를 들어, AI 알고리즘은 이제 코딩 과제를 평가하고 코드의 논리와 효율성을 이해하여 개선점을 제안할 수 있다. 또한 자연어 처리의 한 형태인 감정 분석(Zhang et al., 2023)은 학생 응답의 뉘앙스를 이해하여 학생이 작성한 답변의 정확성뿐만 아니라 어조와 정서까지 평가할 수 있어 총체적인 평가를 제공하는 기술로 활용되고 있다.

② 자동채점 및 피드백 시스템의 과제

자동채점 및 피드백 시스템은 몇 가지 과제에 직면해 있는데, 먼저 인간 언어의 복잡성과 논술형과 같은 특정 과제의 채점에는 주관성이 개입되기 때문에 AI가 인간과 같은 채점을 하기는 어렵다. 특히 복잡한 과제에 대한 AI 채점 시스템의 공정성과 정확성에 대한 논쟁이 계속되고 있다(Doewes & Pechenizkiy, 2021). 특히 인간 언어의 뉘앙스와 미묘함을 완전히 이해하는 능력은 부족하여 비교적 간단한 과제는 효과적으로 채점할 수 있지만, 작업의 복잡성이 증가하면 그 효율성이 떨어질 수 있다(Gardner, O'Leary, & Yuan, 2021).

다른 중요한 과제는 학생이 시스템을 '게임'하는 법을 배워 채점 알고리즘의 약점을 파악하고, 이를 악용하면 더 높은 성적을 받을 수 있는 위험이 있다. 이를 해결하기 위해서는 정교한 알고리즘을 개발하고 적용할 필요가 있다. 그런데 이러한 시스템을 구현하려면 AI 모델 학습을 위해 빅데이터가 필요하나, 이러한 빅데이터는 학생의 개인정보 보호 및 데이터 보안에 대한 우려를 불러일으키며(최숙영, 2021), 일선 학교에서는 이러한 시스템을 도입할 때 이를 먼저 해결해야 한다. 또한 자동화된 시스템은 편견을 줄일 수도 있지만, 신중히 설계하고 모니터링하지 않으면 실수로 새로운 편견을 초래할 수 있다. 특히 AI가 편향된 데이터로 학습하거나 차별적인 기능을 기반으로 의사 결정을 내리면 불공정한 결과를 초래하는 위험이 수반된다(Holmes & Porayska-Pomstra, 2022).

마지막으로, 기계의 피드백은 빠르고 정확하지만, 인간 교사와 같은 개인적인 접촉은 부족할 것이다. 따라서 학생이 자동화된 피드백의 실질적인 이점과 개인적인 접촉을 통한 동기 부여의 이점을 모두 누릴 수 있도록 하려면 효율성과 개인화 사이의 균형을 맞추어야 한다(Swiecki et al., 2022). 즉, 이러한 도구는 교사가 더 매력적이고 개인화된 교육에 집중할 수 있도록 도와주는 훌륭한 보조 수단일 수 있지만, 인간 교육자만이 제공할 수 있는 통찰력, 지혜, 개인적인 접촉을 완전히 대체할 수는 없을 것이다(Cardona, Rodriguez, & Ishmael, 2023).

〈표 12-1〉 **자동채점 및 피드백 시스템의 개념, 장점, 기술, 과제 그리고 미래 전망**

	자동채점 및 피드백 시스템
개념	AI 알고리즘을 사용하여 학생의 과제 자동채점 및 피드백 제공
장점	교사의 시간 절약 → 수업 설계, 개인화된 지원 등 다른 활동 수행 학생 수업 참여 장려 및 학습 관련성 파악 채점 시 무의식적인 편견 제거 → 일관성 있게 평가 학생 성과에 대한 풍부한 자료수집
기술	기계학습과 자연어 처리 기술(감성 분석도 활용)
과제	인간 언어의 복잡성, 뉘앙스와 미묘함의 평가에는 한계 알고리즘의 약점을 악용할 여지 빅데이터 필요 → 학생의 개인정보 및 데이터 보안 문제 새로운 편견 발생 가능성 인간 교육자만의 통찰력, 지혜, 개인적인 접촉을 대체하는 데 한계
미래 전망	블록체인과 같은 다른 기술과 통합 학생과의 대화 촉진 시스템에 관한 엄격한 연구와 평가

출처: 챗GPT의 응답 내용을 표로 구성함.

③ 자동채점 및 피드백 시스템의 미래 전망

자동채점 및 피드백 시스템의 미래에는 많은 잠재력이 있다. 첫째, AI와 블록체인과 같은 다른 새로운 기술을 통합하면 이러한 시스템의 투명성과 보안이 향상될 수 있을 것이다. 예를 들어, 블록체인은 학생평가에 대한 불변의 기록을 제공할 수 있으며, 이는 온라인 학습 및 디지털 자격 증명의 맥락에서 유용할 것이다. 둘째, 향후에서는 AI 시스템이 단순히 채점하고 피드백을 제공하는 것뿐만 아니라 교사가 학생과 과제에 대해 주고받는 대화처럼 학생과의 대화를 촉진할 수 있는 잠재력을 탐구할 수 있을 것이다. 셋째, 이러한 시스템에 관한 더 엄격한 연구와 평가가 필요한데, 연구에서는 AI 채점 시스템의 정확성과 공정성뿐만 아니라 학생의 학습 결과와 행동에 미치는 영향을 조사해야 한다.

요약하면, 자동채점 및 피드백 시스템은 현재 교육평가에 혁신을 일으키고 있다. 그러나 아직 갈 길이 멀지만 앞서 제시한 과제를 해결하고 고급 기술을 지속해 탐구한다면, 이러한 시스템이 학생의 과제를 정확하게 평가하고, 통찰력 있는 피드백을 제공하여 더 나은 학습 결과에 이바지할 것으로 전망된다.

2) 개인 맞춤형 학습경로

(1) 개인 맞춤형 학습경로의 개념 및 장점

① 개인 맞춤형 학습경로의 개념

AI의 발전에 힘입어 개인 맞춤형 학습경로(Personalized Learning Pathways: PLP)가 부상하면서 교육 환경이 혁명을 맞이하고 있다. 개인 맞춤형 학습경로는 각 학생의 고유한 요구와 능력에 맞게 교육 경험을 맞춤화하는 혁신적인 접근 방식이다(Moral & Crosseti, 2022; Welch Bacon & Gaither, 2020). 이러한 개인화된 학습경로는 학습자의 개별 학습 스타일, 속도, 선호도 및 성과에 따라 학습자의 학업 여정을 안내하는 맞춤형 교육 경로로서, 획일적인 접근 방식 대신, 모든 학습자가 고유해서 학업 성과를 최적화하기 위해서는 각기 다른 전략이 필요하다는 점에 초점을 둔다(Salinas & De-Benito, 2020).

이에 개인 맞춤형 학습경로에 인공지능을 통합하면 매우 유용할 것이다. 이러한 AI 기반 개인 맞춤형 학습경로 플랫폼은 먼저 학생의 학업성취도, 관심사, 학습 스타일에 대한 자료를 수집한다. 그런 다음 학생의 학습 속도, 문제 해결에 걸리는 시간, 다양한 교수법에 대한 반응, 질문에 답할 때의 망설임이나 자신감 등의 변수를 고려한다. 그리고 기계학습 알고리즘은 이 데이터를 분석하여 패턴을 파악하고 학생의 강점과 약점을 이해하며 그에 따라 교육 콘텐츠와 방법을 조정한다. 이처럼 시스템은 더 많은 자료를 수집하면서 이러한 경로를 지속해 개선하여 진정으로 역동적이고 반응이 빠른 학습 경험을 보장하는 방식으로 작동한다.

② 개인 맞춤형 학습경로의 장점

개인 맞춤형 학습경로의 장점은 다음과 같다. 첫째, 개별화된 관심을 제공한다. 개인 맞춤형 학습경로는 각 학생이 자신의 필요에 맞는 관심을 받을 수 있도록 보장하여 기존 교실 환경에서 학생들이 뒤처지거나 충분히 도전받지 못하는 문제를 해결한다(Shemshack & Spector, 2020). 둘째, 수업 참여도의 향상이다. 학생들이 자신에게 편안한 방법으로 편안한 속도로 학습하면 참여도가 높아져 학습 경험이 향상된다. 셋째, 학습 성과와 결과의 개선이다. 개인 맞춤형 학습경로는 학생의 취약한 영역에 집중하고 강점을 활용함으로써 학업 성과와 결과를 개선할 수 있다(Aleven et al., 2016).

(2) 개인 맞춤형 학습경로의 기술, 과제와 미래 전망

① 개인 맞춤형 학습경로의 기술

기계학습 및 AI 알고리즘은 대규모 데이터 세트를 분석하여 개별 학습자의 지식, 기술 수준, 선호도 및 학습 스타일에 대한 인사이트를 수집할 수 있다. 특히 기계학습의 하위 집합인 딥러닝은 방대한 비정형 데이터를 이해하여 매우 상세한 학습자 프로파일을 생성하는 데 유용하다. 또한 AI의 고급 응용 프로그램인 예측 분석은 과거 성과와 학습 추세를 기반으로 미래의 학습 결과를 예측할 수 있다. 이러한 예측 분석을 통해 교육자는 앞으로 일어날 수 있는 일을 이해함으로써 교육 전략을 능동적으로 조정하여 학습자가 필요로 하는 시점에 학습자를 충족시킬 수 있다. 한 발 더 나가, 개인 맞춤형 학습경로에 증강현실과 가상현실 그리고 메타버스를 통합하면 몰입도가 높고 개인화된 학습 경험을 제공할 수 있다. 특히 학습자는 고유한 상호작용하는 방식으로 콘텐츠에 참여할 수 있으므로 지식 유지와 이해도가 크게 향상될 수 있을 것이다.

② 개인 맞춤형 학습경로의 과제

개인 맞춤형 학습경로의 과제로는 이러한 개인화된 학습경로를 효과적으로 구현하려면 교육적 접근 방식, 교육과정 설계 및 기술 통합에 대한 정교한 이해가 필요하다. 또한 개인 맞춤형 학습경로 개발 시 개인정보 보호와 데이터 보안도 중요한 문제로 학생의 개인 데이터를 보호하고 윤리적으로 사용되도록 하는 것은 중요한 고려사항이다(Akgun & Greenhow, 2022). 특히 개인 맞춤형 학습의 장점과 개인정보 보호의 균형을 맞추는 데는 신중한 고려가 필요하다. 또 다른 과제로는 개인 맞춤형 학습경로에 지나치게 의존하게 되면 사회적 상호작용이 줄어들고 교육자의 역할이 평가절하될 수 있는 위험도 있다. 이에 AI는 교사를 대체하는 것이 아니라 교육을 향상하는 도구라는 점을 잊지 말아야 한다.

③ 개인 맞춤형 학습경로의 미래 전망

AI 기술의 발전과 함께 개인 맞춤형 학습경로의 잠재력은 계속 향상되고 있다. 구체적으로, 개인 맞춤형 학습경로는 AI가 각 학생에게 고유한 학습 경험을 제공함으로써 학습이 고도로 초개인화되는 시대로의 변화를 위해 진화하고 있다. 이에 실시간 피드백과 조정을 기반으로 개인화된 학습모형을 지속해 개선할 수 있는 학습 분석의 역할이 중요하다. 또한 사물 인터넷(IoT)과 같은 기술과 AI와의 통합을 통해 여러 장치와 플랫폼에서 더욱 원활하고 지속적인 학습 경험을 제공하여 학습자 중심의 학습을 더욱 강화할 필요가 있다. 그리고 평생학습이 현대 생활의 필수 요소로 떠오르면서 개인화된 학습경로의 개발이 촉진될 것이다. 특히 AI는 성인이 경력 전반에 걸쳐 자기 기술과 지식을 지속해 적용하는 평생학습에 도움이 될 것이다.

결론적으로, 개인 맞춤형 학습경로는 교육 접근 방식의 근본적인 변화로, 이는 학생을 중심에 두고 AI를 활용하여 학생의 필요에 맞게 조정하고, 학업 성장을 촉진하는 맞춤형 학습 경험을 제공할 것이다. 또한 개인 맞춤형 학습경로를 주도하는 기술이 계속 발전함에 따라 학교교육은 더욱 초개인화되고 효과적인 접근 방식으로 변화할 것으로 전망된다.

〈표 12-2〉 **개인 맞춤형 학습경로의 개념, 장점, 기술, 과제 그리고 미래 전망**

	개인 맞춤형 학습경로
개념	• 학습자의 개별 학습 스타일, 속도, 선호도 및 성과에 따라 학습자의 학업 여정을 안내하는 맞춤형 교육 경로
장점	• 개별화된 관심 • 참여도 향상 • 결과 개선
기술	• 기계학습과 딥러닝 • 예측 분석 • 증강현실, 가상현실, 메타버스
과제	• 교육적 접근 방식, 교육과정 설계 및 기술 통합에 대한 정교한 이해 • 개인정보 보호와 데이터 보안 • 사회적 상호작용 감소 및 교육자 역할 평가절하 위험
미래 전망	• 초개인화 • 학습 분석의 역할 중요성 증대 • 사물 인터넷과의 통합 • 평생 학습에 적용

출처: 챗GPT의 응답 내용을 표로 구성함.

3) 지능형 튜터링 시스템

(1) 지능형 튜터링 시스템의 개념 및 장점

① 지능형 튜터링 시스템의 개념

지능형 튜터링 시스템(Intelligent Tutoring System)은 AI를 활용하여 학생들에게 개인화된 적응형 학습 환경을 제공함으로써 교육 환경에서 큰 관심을 받고 있다(Cardona, Rodriguez, & Ishmael, 2023; Guo et al., 2021; Mousavinasab et al., 2021). 구체적으로, 지능형 튜터링 시스템은 학습자에게 맞춤형 교육 경험을 제공하는 정교한 AI 기반 소프트웨어로, 인간 튜터가 제공하는 지도를 매우 유사하게 모방한다. 또한 이러한 시스템은 인지 모형화와 기계학습을 사용하여 학습자의 숙련도, 학습 스타일 및 난이도 영역을 파악한 후 이러한 고유한 특성에 맞게 교육 전략을 조정하여 학습에 매우 효과적이다(Kulik & Fletcher, 2016; Ma et al., 2014).

일반적으로 지능형 튜터링 시스템은 도메인 모형, 학생 모형, 교수 모형, 사용자 인터페이스의 네 가지 주요 모형으로 구성된다. 도메인 모형에는 시스템이 가르치고자 하는 지식과 기술이 포함되어 있고, 학생 모형은 학생의 지식, 기술 및 학습 패턴에 대한 시스템의 이해를 담고 있으며, 교수 모형은 도메인 모형과 학생 모형을 기반으로 시스템이 어떻게 가르쳐야 하는지를 결정하고, 사용자 인터페이스는 시스템과 학생 간의 상호작용을 쉽게 하도록 설계한다(최숙영, 2021). 그리고 지능형 튜터링 시스템은 학생과의 지속적인 상호작용을 통해 학생 모형을 지속해 업데이트하여 학습 프로세스가 학습자의 변화하는 요구에 따라 역동적으로 반응할 수 있도록 한다.

② 지능형 튜터링 시스템의 장점

지능형 튜터링 시스템의 장점은 다음과 같다. 첫째, 개인 맞춤형 학습에 유용하다. 지능형 튜터링 시스템은 학생의 학습 속도와 스타일에 맞게 조정함으로써 학습을 더 매력적이고 효과적으로 만들 수 있다. 둘째, 즉각적인 피드백을 제공한다. 지능형 튜터링 시스템은 즉각적인 피드백을 제공하여 학생이 자신의 실수를 즉시 이해하고 수정할 수 있도록 하여 개념을 더 잘 이해할 수 있도록 한다(VanLehn, 2011). 셋째, 교육 접근성을 증진한다. 지능형 튜터링 시스템을 사용하면 지역이나 시간에 구애받지 않고 양질의 교육을 받을 수 있으므로 누구나 학습에 접근할 수 있다.

(2) 지능형 튜터링의 기술, 과제와 미래 전망

① 지능형 튜터링의 기술

AI의 발전은 개인화 기능을 강화하는 지능형 튜터링 시스템의 고급 기술 개발을 촉진하고 있다. 이러한 기술 중 하나는 더 큰 매개변수를 처리하여 학생의 학습 행동에서 더 깊은 패턴을 발견할 수 있는 딥러닝 알고리즘을 사용하는 것이다. 이를 통해 매우 정확한 학생 모델을 생성하여 진정으로 개인화된 학습 경험을 제공할 수 있다. 자연어 처리도 지능형 튜터링 시스템에 통합되는 고급 기술이다. 자연어 처리는 시스템과 학생 간의 상호작용을 향상해 지능형 튜터링 시스템이 학생의 쿼리를 효과적으로 이해하고 응답할 수 있도록 하여 학습 경험을 더욱 상호작용적이고 매력적으로 만든다. 또한 지능형 튜터링 시스템에 증강현실, 가상현실 기술, 메타버스를 통합하면 몰입형 학습을 재정의할 수 있다. 이러한 기술을 통해 지능형 튜터링 시스템은 과학 및 공학과 같은 과목의 실제 시나리오를 시뮬레이션하여 개념의 이해도와 유지력을 향상할 수 있다.

② 지능형 튜터링의 과제

지능형 튜터링 시스템은 교육 분야에서 진전을 이루고 있지만, 동시에 상당한 도전에 직면해 있다. 주요 과제 중 하나는 개인정보 보호이다. 이러한 시스템은 학생들로부터 상당한 양의 개인 자료를 수집하고 분석하기 때문에 이 데이터의 보안이 가장 중요하다. 또 다른 과제는 이러한 시스템에 지나치게 의존할 수 있다는 위험이다. 지능형 튜터링 시스템은 교실 학습을 효과적으로 보완할 수 있지만, 전통적인 교실에서 제공하는 인간 상호작용과 사회적 학습 경험을 대체할 수는 없다. 이에 적절한 균형을 맞추는 것이 중요할 것이다. 또한 지능형 튜터링 시스템의 효과는 설계 및 구현의 품질에 따라 크게 달라질 수 있다. 따라서 시스템이 도메인 지식을 정확하게 모형화하지 못하거나 학생 모델에 따라 교육 전략을 효과적으로 조정하지 못하면 최적의 학습 결과가 나오지 않을 수 있다.

③ 지능형 튜터링의 미래 전망

인공지능 기술의 발전은 지능형 튜터링 시스템을 더 효과적이고 접근하기 쉽게 만들 것이다. 미래의 지능형 튜터링 시스템은 딥러닝 및 자연어 처리와 같은 고급 AI 기술을 통합하여 학생들을 더 정확하게 이해하고 대응할 수 있게 될 것이다. 또한 증강현실(AR)

과 가상현실(VR) 같은 기술과 통합하여 몰입형 학습 환경을 만들 수도 있을 것이다. 또한 개인정보 보호 측면에서 고급 암호화 기술과 더 엄격한 데이터 개인정보 보호 규정은 학생 데이터의 보안을 보장할 수 있다. 과도한 의존을 방지하기 위해 교육자들은 지능형 튜터링 시스템이 인간 교사를 대체하는 것이 아니라 보조적인 도구로 사용되도록 해야 한다. 이에 시스템 설계와 효율성을 개선하기 위해 지능형 튜터링 시스템에 사용되는 기계학습 알고리즘을 개선하여 학생과 도메인 지식을 더 정확하게 모형화할 수 있도록 해야 하며, 학습자의 필요에 따라 변화하는 적응형 사용자 인터페이스를 통합할 필요가 있을 것이다. 지능형 튜터링 시스템의 가장 흥미로운 미래 전망 중 하나는 사물 인터넷(IoT)과의 잠재적 통합이다. 이를 통해 지능형 튜터링 시스템이 스마트 장치와 상호작용하여 더욱 몰입감 있고 매력적인 학습 경험을 제공할 수 있는 상호 연결된 학습 환경을 만들 수 있다.

결론적으로, 지능형 튜터링 시스템은 AI를 활용하여 개인화되고 반응성이 뛰어나며 접근성이 뛰어난 학습 환경을 조성함으로써 교육 영역에서 혁명을 일으킬 수 있는 기반을 마련하고 있어, 이 기술이 계속 발전함에 따라 학교교육에서 새로운 가능성을 열어 줄 것으로 전망된다.

〈표 12-3〉 **지능형 튜터링 시스템의 개념, 장점, 기술, 과제 그리고 미래 전망**

	지능형 튜터링 시스템
개념	학습자에게 맞춤형 교육 경험을 제공하는 정교한 AI 기반 소프트웨어
장점	개인 맞춤형 학습 즉각적인 피드백 접근성
기술	기계학습과 딥러닝 자연어 처리 증강현실, 가상현실, 메타버스
과제	개인정보 보호와 데이터 보안 사회적 학습 경험 대체 불가 설계 및 구현화 품질
미래 전망	딥러닝 및 자연어 처리 기술 통합 고급 암호화 기술 및 엄격한 데이터 개인정보 보호 규정 적응형 사용자 인터페이스 통합 사물 인터넷과의 통합

출처: 챗GPT의 응답 내용을 표로 구성함.

4) AI 지원 콘텐츠 큐레이션 및 생성

(1) AI 지원 콘텐츠 큐레이션 및 생성의 개념 및 장점

① AI 지원 콘텐츠 큐레이션 및 생성의 개념

교육에서 인공지능의 역할은 자동화와 개인화를 넘어 이제는 콘텐츠 큐레이션과 제작에 적극적으로 관여하는 수준으로 발전하고 있다. 또한 AI는 지능형 알고리즘과 예측 분석을 통해 다양한 학습 요구에 맞게 맞춤화되고 흥미를 유발하며 적응할 수 있는 교육 콘텐츠 개발을 촉진하는 데 중요한 역할을 하고 있다. 구체적으로, 콘텐츠 큐레이션은 관련 정보를 수집·정리하고 이해하기 쉽고 매력적인 방식으로 제시하는 작업(김남윤, 2014; 신유탁, 조재춘, 2020; 오선혜, 2022; 최종호, 2018)으로 이 과정에서 뛰어난 데이터 처리 및 분석 능력을 갖춘 AI가 중추적인 역할을 한다(심홍진, 고현경, 2020). AI 기반 콘텐츠 큐레이션 시스템은 특정 학습 목표와 관련된 정보를 인터넷에서 검색하고, 중복되거나 부적절한 콘텐츠를 걸러 내며, 가치 있는 리소스를 논리적이고 접근하기 쉬운 방식으로 정리한다. 또한 학습자의 현재 지식 수준, 학습 속도, 관심사를 고려하여 고도로 개인화된 콘텐츠를 제공한다.

한편, AI가 콘텐츠 제작에 관여하는 방식은 훨씬 더 흥미롭다(윤나라, 2023). 자연어 생성(NLG) 및 기계학습과 같은 기술을 통해 AI는 이제 개별 학생의 필요에 맞는 기사, 요약, 퀴즈 문제와 같은 독창적인 콘텐츠를 생성할 수 있다. 예를 들어, AI 도구는 복잡한 텍스트를 분석하여 어린 학습자나 주제에 어려움을 겪고 있는 학습자를 위해 더 간단하고 이해하기 쉬운 요약을 생성할 수 있고, AI 시스템은 학습자의 진도에 따라 적절한 난이도의 퀴즈 문제를 생성하여 학습자의 능력에 맞는 평가가 이루어지도록 할 수 있다.

② AI 지원 콘텐츠 큐레이션 및 생성의 장점

AI 기반 콘텐츠 큐레이션 및 제작 도구의 장점은 다음과 같다. 첫째, 교육용 콘텐츠를 고도로 개인화되고 매력적이며 다양한 학습 요구에 맞게 조정할 수 있도록 함으로써 학습 경험을 크게 향상한다. 둘째, 교육자는 콘텐츠 준비에 드는 시간과 노력을 크게 절약할 수 있으므로 교육에 더 집중하고 관리 업무에 덜 신경 쓸 수 있다. 셋째, 교육에 대한 접근성을 민주화한다. 언제 어디서나 개인화된 학습 리소스를 제공함으로써 양질의 교육이 교실에 국한되지 않고 지리적 위치나 재정 상태와 관계없이 모든 사람이 접근할 수 있다. 결론적으로, AI 기반 콘텐츠 큐레이션 및 제작은 콘텐츠 제공을 개인화하고 양질의 교육에 대한 접근성을 높임으로써 교육을 혁신하고 있다.

(2) AI 지원 콘텐츠 큐레이션 및 생성의 기술, 과제와 미래 전망

① AI 지원 콘텐츠 큐레이션 및 생성의 기술

AI 기반 콘텐츠 큐레이션 및 제작 플랫폼은 기계학습, 자연어 처리, 딥러닝과 같은 고급 기술을 도입하여 효율성과 효과를 높이고 있다. AI 도구는 자연어 처리 및 기계학습 알고리즘을 사용하여 방대한 양의 데이터를 처리 및 이해하고, 패턴을 식별하며, 개별 학습 요구 사항 및 스타일에 맞는 콘텐츠를 추천한다.

콘텐츠 제작에서는 OpenAI의 챗GPT와 같은 생성형 사전학습 트랜스포머를 사용하여 상황에 적합한 고품질의 콘텐츠를 제작하고 있다(양지훈, 윤상혁, 2023). 이러한 모형은 사람과 유사한 텍스트를 생성할 수 있으며, 에세이 작성, 텍스트 요약 또는 설문지 작성과 같은 특정 작업에 맞게 미세 조정할 수 있다.

② AI 지원 콘텐츠 큐레이션 및 생성의 과제

이러한 발전에도 불구하고 AI 기반 콘텐츠 큐레이션 및 제작에는 몇 가지 과제가 있다. 콘텐츠의 정확성과 품질 보증도 그러한 과제 중 하나이다. AI 도구는 학습된 데이터의 편향성으로 인해 오해의 소지가 있거나 부정확한 콘텐츠를 생성하거나 큐레이션할 수 있다. 또한 AI가 생성한 콘텐츠의 독창성 및 표절 문제도 또 다른 우려 사항이다. 현재 AI 모형은 학습 데이터에서 학습한 패턴을 기반으로 콘텐츠를 생성할 수 있으므로 의도하지 않은 표절이 발생할 수 있다. 마지막으로, 윤리와 개인정보 보호에 대한 문제도 있다. AI 도구는 개인화된 콘텐츠를 제공하기 위해 많은 사용자 데이터에 액세스해야 하므로 이러한 데이터가 어떻게 저장 · 사용 · 보호되는지에 대한 우려가 제기된다.

③ AI 지원 콘텐츠 큐레이션 및 생성의 미래 전망

향후 콘텐츠 큐레이션 및 제작에 있어 AI의 역할은 몇 가지 동향을 중심으로 형성될 것이다. AI 기술이 발전함에 따라 AI가 큐레이션하고 생성하는 콘텐츠의 품질이 크게 향상될 것으로 전망된다. 이를 위해 편견을 최소화하고 콘텐츠 정확도를 향상하기 위한 다양한 데이터 세트에 대한 AI 모형 학습을 위한 연구가 필요하다. 또한 윤리 및 개인정보 보호 측면에서 사용자 데이터 사용 방식에 대한 보다 엄격한 규제와 투명성에 대한 요구가 커지고 있다. 여기에는 사용자 데이터를 보호하기 위한 데이터 익명화 기술 및 강력한 사이버 보안 조치의 도입이 필요하다. 그리고 표절 문제와 관련해서는 AI가 생성한 콘텐츠의 독창성을 확인할 수 있는 기술이 개발되고 있다. 또한 AI가 「저작권법」을 이해하고 존중하는 방법에 관한 연구도 필요할 것이다. 마지막으로, 교육적 측면에서는 미래의 AI 도구가 초개인화되고 적응력이 높아질 것으로 예상된다. 이에 학습자의 이해력 격차를 파악하고, 이를 메울 수 있는 콘텐츠를 자동 생성하여 초개인화된 학습경로 개발에 AI가 사용될 것이다.

결론적으로, 콘텐츠 큐레이션 및 제작에 AI를 구현하는 데는 어려움이 있지만, 개인화 및 적응형 학습 측면에서 AI가 제공하는 이점은 매우 커서 AI 기술이 지속해 발전하고, 윤리 및 개인정보 보호에 대한 이해가 높아짐에 따라 학교교육에서의 도입이 더욱 활성화될 것으로 전망된다.

〈표 12-4〉 **AI 지원 콘텐츠 큐레이션 및 생성의 개념, 장점, 기술, 과제 그리고 미래 전망**

	AI 지원 콘텐츠 큐레이션 및 생성
개념	• 콘텐츠 큐레이션: 관련 정보를 수집 · 정리하고, 이해하기 쉽고 매력적인 방식으로 제시 • 콘텐츠 생성: 자연어 생성 및 기계학습 기술로 개별 학생의 필요에 맞는 콘텐츠 생성
장점	• 학습 경험 향상 • 교육자 콘텐츠 준비 시간과 노력 절약 • 교육 접근성 민주화
기술	• 기계학습과 딥러닝 • 자연어 처리 • 생성형 AI(예: 챗GPT)
과제	• 콘텐츠의 정확성과 품질 보증 • 콘텐츠의 독창성 및 표절 문제 • 윤리와 개인정보 보호
미래 전망	• 콘텐츠 품질 향상 • 고급 암호화 기술 및 엄격한 데이터 개인정보 보호 규정 • 콘텐츠의 독창성 확인 기술 개발 • 초개인화 학습경로 개발에 사용

출처: 챗GPT의 응답 내용을 표로 구성함.

[그림 12-2] **개인 맞춤형 학습경로 탐험**

출처: Bing Image Creater가 생성함.

2. AI와 학교교육 변화 전망

AI는 개인화되고 상호작용하며 효과적인 교육의 기회를 열어 학교교육에 큰 영향을 줄 것이다. 이러한 AI는 분석 AI(analytical AI), 생성 AI(generative AI), AI 로봇, 그리고 AI 메타버스로 구분할 수 있으며, 이 절에서는 이러한 AI와 학교교육 변화 전망을 교실 수업, 학생 생활지도, 학교 행정 영역으로 구분하여 살펴보고자 한다.

구체적으로, 첫째, 분석 AI는 기계학습 알고리즘을 사용하여 데이터를 분석 및 해석하고, 패턴을 식별하고, 결과를 예측하는 것이다. 학교교육에서 분석 AI는 학생의 성과를 평가하고, 학습격차를 감지하며, 학생 개개인의 필요에 따라 교육을 개인화하는 데 중요한 역할을 하며, 이러한 적응형 학습 접근 방식은 교육 여정을 최적화하여 학생이 자신의 속도에 맞춰 학습할 수 있도록 지원하는 동시에 교육자가 적시에 적절한 지원을 제공할 수 있도록 돕는다. 따라서 학교가 21세기의 도전과제를 해결해야 하는 상황에서 분석 AI를 도입하면 교육 효과가 향상되고, 학생에게 맞춤형 지도를 제공할 수 있으며, 행정 업무를 간소화할 수 있을 것이다. 이에 분석 AI는 교실 수업, 학생 생활 지도, 학교 행정에 스며들어 교육 환경을 근본적으로 변화시킬 것이며, 교육 전략이 직관이 아닌 증거에 기반하는 데이터 기반 의사 결정을 가능하게 할 것이다.

둘째, 생성 AI는 고급 알고리즘을 사용하여 새로운 콘텐츠를 생성하거나 반응을 시뮬레이션하는 흥미롭고 새로운 분야이다. 학교교육에서는 생성 인공지능을 활용하여 생성형 교과서, 생성 학생과 교사, 그리고 생성 교실과 학교로 활용할 수 있을 것이다. 생성형 교과서는 각 학생의 학습 스타일에 맞춰 역동적이고 개인화된 교과서를 생성하여 참여도와 이해도를 향상할 것이며, 생성형 학생은 학생의 반응을 시뮬레이션하여 교육자가 다양한 학습 요구를 이해하고 그에 따라 교수법을 조정할 수 있도록 할 것이다. 생성형 교사는 교사의 반응을 시뮬레이션하여 학생을 연중무휴 24시간 지원할 수 있고, 교사 연수의 경우 다양한 수업 시나리오를 제시하여 교사가 다양한 교육 과제에 대비할 수 있도록 도와줄 것이며, 생성형 교실은 AI를 통해 다양한 학습 선호도에 맞춘 가상 학습 환경을 만들 수 있는데, 예컨대 시각 학습자를 위한 교실은 개념의 그래픽 표현에 초점을 맞추고, 청각 학습자는 사운드 기반 교육이 유용할 것이다. 생성형 학교는 AI를 활용하여 다양한 교육정책과 시스템을 고안하고 테스트함으로써 보다 효율적이고 효과적인 학교를 개발할 수 있을 것이다.

셋째, AI 로봇은 교실에 실재하는 존재감을 제공할 수 있으며, 조교 역할부터 개인 맞춤형 과외 제공까지 다양한 역할을 할 것이다. 특히 고급 AI 로봇은 감성 AI를 통합하여 학생의 감정 상태를 파악하고 이에 반응함으로써 더욱 공감할 수 있는 학습 환경을 조성할 수 있을 것이다.

넷째, AI 메타버스는 가상으로 향상된 물리적 현실과 물리적으로 지속되는 가상현실의 융합으로 탄생한 집단적 가상 공유 공간으로 새로운 가능성을 제시할 것이다. 특히 AI 로봇이 물리적 세계에 국한되지 않고 메타버스에 존재하며 전 세계 어디에서나 학생들이 참여할 수 있는 가상 교실에서 가르친다고 상상할 때, 이러한 가상공간은 개별 학습 스타일에 맞게 조정할 수 있어 몰입도가 높고 개인화된 학습 환경을 조성할 수 있을 것이다.

이러한 인공지능과 학교교육 변화 전망(교실 수업, 생활지도, 행정)의 더 상세한 내용을 다음에서 설명하고자 한다(〈표 12-5〉~〈표 12-8〉 참조).

1) 분석 AI

(1) 분석 AI의 개념 및 장점

① 분석 AI의 개념

인공지능은 점진적으로 교육을 재편하고 있으며, 그 변화의 중심에는 분석 AI가 있다. 데이터를 분석하고 인사이트를 도출하는 능력이 특징인 분석 AI는 개인 맞춤형 교육부터 효과적인 학교 행정에 이르기까지 다양한 이점을 제공하면서 현대 학교교육 시스템에 큰 영향을 미치고 있어, 기계학습 알고리즘을 기반으로 하는 분석 AI는 미래 학교교육에서 판도를 바꿀 것이다. 왜냐하면 분석 AI의 핵심 강점은 많은 양의 데이터를 분석하고 해석하여 패턴을 파악하고 결과를 예측하는 능력이 있어, 학교교육을 혁신할 수 있는 엄청난 잠재력이 있기 때문이다. 구체적으로, 학교교육에서 AI를 사용하여 학생의 성과, 참여도, 학습 행동 등 다양한 데이터 세트를 분석하여 정보에 입각한 의사 결정과 예측을 할 수 있을 것이다.

② 분석 AI의 장점

분석형 AI의 장점은 다음과 같다. 첫째, 맞춤형 교육에 유용하다. 분석 AI 알고리즘은 개별 학생 데이터를 분석하여 학습 패턴, 강점, 개선이 필요한 영역을 파악할 수 있어, 학생의 학습 스타일과 속도에 따라 학습 콘텐츠를 맞춤화할 수 있어 더 효과적이고 개인화된 학습 경험을 제공할 수 있다. 둘째, 예측 분석에 유용하다. AI는 과거 학습 데이터를 분석하여 미래의 학습 결과를 예측하고, 학습 성과가 저조할 위험이 있는 학생을 식별하여 적시에 개입을 제안할 수 있어, 이러한 예측 기능은 중도 탈락률을 최소화하고 학생의 성공률을 높이는 데 중요한 역할을 할 것이다. 셋째, 지능형 튜터링 시스템에 유용하다. 분석 AI는 지능형 튜터링 시스템의 개발을 촉진하였는데, 이러한 시스템은 즉각적인 피드백을 제공하고, 학생의 질문에 답하고, 리소스를 추천하여 모든 학생에게 개인화된 학습 도우미를 제공할 수 있을 것이다. 넷째, 관리 효율성에 유용하다. 분석 AI는 일정 관리, 출석 추적, 보고서 생성 등 수많은 관리 작업을 자동화하고 간소화할 수 있고, 또한 관리 데이터를 분석하여 자원 할당과 학교 운영을 최적화할 수 있을 것이다. 다섯째, 학습 분석에 유용하다. 분석 AI는 학생과 디지털 학습 리소스의 상호작용을 추적하고 분석하여 학습 과정에 대한 자세한 인사이트를 제공할 수 있어, 이러한 인사이트는 교육 전략과 교육과정 개발에 유용할 것이다.

(2) 분석 AI와 학교교육 변화 전망

① 분석 AI와 교실 수업 변화 전망

분석 AI의 영향력은 교사가 데이터 기반 수업 계획을 수립할 수 있는 도구를 제공하는 교실 수업의 영역으로 확장될 수 있을 것이다(Bryant et al., 2020; Celik et al, 2022). 교사는 AI의 인사이트를 활용하여 어떤 교수법이 학생들의 공감을 가장 잘 끌어내는지, 어떤 주제가 더 도전적인지, 어떤 종류의 교육 자료가 가장 많은 참여를 끌어내는지 파악할 수 있을 것이다. 예를 들어, AI는 여러 수업의 데이터를 분석하여 대화형 멀티미디어가 기존 강의 방식보다 특정 과학 개념을 가르치는 데 더 효과적이라는 것을 파악할 수 있을 것이다. 따라서 교육자는 교육 전략을 개선하여 교육 효과와 학생의 이해도를 모두 높일 수 있을 것이다. 또한 분석 AI는 학습격차 분석에 유용할 것이다. AI 기반 분석은 학생의 성과를 세밀하게 분석하여 특정 강점과 약점 영역을 식별할 수 있도록 하여, 이를 통해 기존 교육 환경에서는 눈에 띄지 않을 수 있는 학습격차를 쉽게 감지할 수 있고, 교사는 이러한 인사이트를 활용하여 학생의 어려움을 간과하지 않고 맞춤형 교육을 제공할 수 있을 것이다. 또한 학생의 성과와 학습 동향에 대한 귀중한 인사이트를 제공함으로써 교사가 교수 전략을 개선하는 데 도움 주며, 이를 통해 교육자는 교수법의 효과를 이해하고 학습 결과를 극대화하기 위해 교수법을 조정할 수 있을 것이다(Cardona, Rodriguez, & Ishmael, 2023).

② 분석 AI와 학생 생활지도 변화 전망

분석 AI는 학업성취도 외에도 학생의 전반적인 학교생활을 지도하는 데 중요한 역할을 할 수 있을 것이다. AI는 학생의 몰입도, 참여도, 행동 패턴을 모니터링하여 참여도 저하, 괴롭힘, 잠재적인 정신건강 문제와 같은 문제를 파악할 수 있을 것이다. 이를 통해 조기에 개입하여 학생들이 적시에 도움과 지원을 받을 수 있도록 할 수 있을 것이다. 또한 AI는 학생의 적성, 관심사 및 수년간의 성과를 분석하여 학생이 잘할 수 있는 적합한 과정이나 직업을 추천함으로써 향후 진로에 대한 지침을 제공할 수 있을 것이다. 이를 통해 학생들은 자신의 미래에 대해 정보에 입각한 결정을 내리고 학업 경로를 진로 목표에 맞출 수 있을 것이다.

또한 분석 AI는 개인화된 학습경로 개발에 유용해 이와 관련된 학생의 학교 생활지도에 활용할 수 있을 것이다. 구체적으로, 분석 AI는 개인화된 학습경로를 개발하여 학습 속도, 선호하는 학습 스타일, 강점 및 약점과 같은 요소를 고려하여 학생의 개별 요구에 맞게 교육을 맞춤화함으로써, 이러한 적응력을 통해 학생들은 서두르거나 뒤처진다는 느낌 없이 자신의 속도에 맞춰 학습할 수 있고, 이러한 과정에서 적시에 적절한 학교생활 조언을 제공하여 학생의 참여도와 학습 성과를 크게 향상할 수 있을 것이다.

〈표 12-5〉 **분석 AI와 학교교육(교실 수업, 학생 생활지도, 학교 행정) 변화 전망**

	분석 AI와 학교교육(교실 수업, 학생 생활지도, 학교 행정) 변화 전망
분석 AI의 개념	• 기계학습 알고리즘을 사용하여 데이터를 분석·해석하고, 패턴을 식별하고, 결과를 예측하는 인공지능
분석 AI의 장점	• 맞춤형 교육 • 예측 분석 • 지능형 튜터링 시스템 • 관리 효율성 • 학습 분석
분석 AI와 교실 수업 변화 전망	• 교수법 및 교육 전략 개선 • 학습격차의 분석 개선 • 학생의 성과와 최신 학습 동향의 분석 개선
분석 AI와 학생 생활지도 변화 전망	• 학생의 몰입도, 참여도, 행동 패턴 모니터링 • 참여도 저하, 괴롭힘, 잠재적인 정신 건강 문제 파악 • 개인화된 학습경로 개발에 유용 → 이와 관련된 학교 생활지도 제공
분석 AI와 학교 행정 변화 전망	• 학생 등록, 시간표 작성 등 다양한 행정업무 → 자동화, 최적화 • 학교 개선 계획 수립 → 데이터 기반 의사 결정 • 커뮤니티 구축 → 학교 내 공동체 의식 조성

출처: 챗GPT의 응답 내용을 표로 구성함.

③ 분석 AI와 학교 행정 변화 전망

분석 AI는 학교 행정에도 큰 영향을 미칠 것이다. 학생 등록부터 시간표 작성에 이르기까지 다양한 행정 업무를 자동화하고 최적화할 수 있을 것이다. 예를 들어, AI는 과거 등록 데이터를 분석하고 미래 추세를 예측하여 학교가 자원을 더 잘 할당하고 수업 구조를 계획하는 데 도움을 줄 수 있을 것이다. 또한 AI는 교사의 가용성, 학생의 과목 선호도, 교실 수용 인원과 같은 여러 요소를 고려하여 최적의 시간표를 생성할 수 있어, 이를 통해 상당한 시간과 노력을 절약할 수 있을 뿐만 아니라 리소스를 효율적으로 사용할 수 있을 것이다.

또한 AI 기반 분석은 목표에 맞는 학교 개선 계획을 수립하는 데에도 도움이 될 수 있어, 교장과 교육청은 학교의 교육 및 학습 프로세스에서 강점과 약점을 파악하여 학교의 성과를 향상하기 위한 전략을 수립할 수 있을 것이다. 한 발 더 나가 AI는 이러한 개선 계획의 진행 상황을 추적하여 그 영향을 명확하게 파악하여, 이러한 데이터 기반 접근 방식은 교육 개선을 위한 노력이 효과적인 증거에 기반할 것이다.

마지막으로, 분석 AI는 커뮤니티 구축 노력의 효과에 대한 인사이트를 제공함으로써 학교 내 공동체 의식을 조성하는 데 도움이 될 수 있을 것이다. 예를 들어, AI는 다양한 학교 행사의 출석 및 참여 데이터를 분석하여 어떤 활동이 학생과 학부모에게 가장 큰 공감을 불러일으키는지 파악할 수 있어, 이러한 정보는 향후 이벤트 계획에 정보를 제공하여 커뮤니티 참여도를 높일 수 있을 것이다.

2) 생성 AI

(1) 생성 AI의 개념 및 장점

① 생성 AI의 개념

생성 AI는 분석 AI와 달리 처음부터 새로운 콘텐츠를 생성하도록 설계되어, 텍스트, 이미지, 음악과 같은 새로운 콘텐츠를 생성할 수 있는 AI의 일종이다(강천천, 정진헌, 2023; 김경환, 김형기, 2023). 이는 교육을 더욱 개인화되고 매력적이며 효과적으로 만들어 교육에 혁명을 일으킬 수 있는 잠재력을 가지고 있다(Giannini, 2023). 이러한 생성 AI는 기계학습 알고리즘, 특히 생성적 적대 신경망(Goodfellow et al., 2014; Radford, Metz, & Chintaia, 2015)을 활용하여 입력 데이터와 유사한 새로운 데이터를 생성하며, 교육 분야에서는 학습 자료, 질문, 그림 자료, 심지어 학생의 응답까지 생성할 수 있다(이수환, 송기상, 2023).

반면, 생성 AI는 교사의 권위와 지위를 약화시키고 교육 자동화에 대한 요구를 강화할 수 있는 잠재력도 가지고 있는데, 교사 없는 학교, 학교 없는 교육이 이루어질 수 있다(Ha et al., 2023). 이러한 교육은 생성 교과서, 생성 학생, 생성 교사, 생성 교실과 학교를 통해서 가능할 것이다. 구체적으로, 첫째, 생성 교과서(generativc textbooks)이다. 생성 AI는 정적인 텍스트 대신 적응형 개인 맞춤형 콘텐츠를 만들 수 있어, AI는 학생과 교재의 상호작용을 분석하여 학습자가 어려움을 겪는 부분을 파악하고 이러한 격차를 해소할 수 있는 콘텐츠를 생성함으로써 교과서를 학습자 개개인의 필요에 맞게 진화하는 생성 교과서를 만들 수 있을 것이다. 둘째, 생성 학생(generative students)이다. 생성 AI는 학생을 시뮬레이션하여 '생성형 학생'을 만들 수 있다. 실제 학생 데이터를 기반으로 하는 이러한 가상 개체(생성 학생)는 통제되고 위험이 없는 환경에서 학습 결과를 예측하고 다양한 교육 전략의 효과를 테스트하는 데 사용할 수 있을 것이다. 또한 교육자는 이러한 생성형 학생의 행동과 학습 패턴을 조사하여 실제 학생을 위한 개인화된 학습경로를 만들 수 있을 것이다. 셋째, 생성 교사(generative teachers)이다. AI 개체인 '생성형 교사'는 학생의 고유한 학습 스타일에 맞춰 보충 학습을 제공할 수 있고, 생성형 교사는 실시간 지원, 즉각적인 피드백, 지속적인 평가를 제공하며, 인간 교사와 협력하여 학생들이 자료를 완전히 이해할 수 있도록 도와줄 수 있을 것이며, 이러한 AI 기반 교사는 24시간 내내 활동할 수 있으므로 학생들이 자신의 속도에 맞춰 학습하고 궁금한 점을 즉시 해결할 수 있을 것이다. 넷째, 생성형 교실과 학교(generative classrooms and schools)이다. 생성 AI는 교실과 학교 전체에 완전히 통합된 학습 환경을 구축할 수 있는 잠재력을 가지고 있다. 이는 학생의 즉각적인 요구에 따라 실시간으로 콘텐츠를 생성함으로써 교실은 더욱더 역동적이고 반응성이 높아질 수 있고, 교사는 AI가 생성한 데이터와 인사이트를 활용하여 교수 전략을 수정하고, 대화형 수업을 만들고, 더욱 매력적인 학습 환경을 조성할 수 있을 것이다. 특히 생성 학교는 큰 틀에서 학생의 반응에 따라 진화하는 교육 생태계를 수반하는데, 교육과정 개발, 수업 계획, 심지어 행정적 결정까지 생성 AI 시스템이 생성하는 지속적인 데이터 피드백 루프에 의해 영향을 받게 되어, 그 결과 학생의 변화하는 요구를 효과적이고 효율적으로 충족시킬 수 있는 적응력과 반응성이 뛰어난 교육 환경이 구축할 수 있을 것이다.

요약하면, 생성형 AI를 학교교육에 도입하면 '천편일률적인' 교육에서 벗어날 기회를 얻을 수 있을 것이다. 생성형 AI는 교과서부터 학교 전체에 이르기까지 다양한 수준에서 개인화와 역동성을 가능하게 함으로써 진정으로 개개인에게 맞는 교육시스템을 구축하여 학습의 포용성, 참여도, 효율성을 높일 수 있을 것이다.

② 생성 AI의 장점

생성 AI의 장점은 다음과 같다. 첫째, 동적 학습 콘텐츠 제작에 유용하다. 생성 AI는 특정 교육과정과 학생의 요구에 맞춘 다양한 학습 자료를 생성할 수 있다. 여기에는 교과서, 연습 문제 또는 시뮬레이션을 위한 새로운 텍스트가 포함될 수 있으며, 학생과 함께 진화하는 역동적인 학습 경험을 제공할 수 있을 것이다. 둘째, 개인화된 학습경로에 유용하다. 새로운 콘텐츠를 생성할 수 있는 생성 AI는 개별 학생의 학습경로를 개인화하는 데 도움을 줄 수 있어, 학생의 성과와 학습 스타일을 분석하여 학생의 고유한 학습 요구와 속도를 해결하는 맞춤형 콘텐츠를 만들 수 있을 것이다. 셋째, 학생 참여도 향상에 유용하다. 생성 AI는 더욱 매력적인 학습 환경을 조성할 수 있는데, 예컨대 학생들의 관심을 사로잡는 대화형 스토리텔링이나 게임화된 학습 경험을 생성하여 학습을 더욱 즐겁고 효과적으로 만들 수 있을 것이다. 넷째, 교사 지원에 유용하다. 생성 AI는 교사를 위한 강력한 도구로서 고유한 시험 문제를 만들거나 추가 학습 자료를 생성하는 등의 작업을 지원할 수 있어, 이를 통해 교사는 행정업무 소요 시간을 줄여 학생과의 상호작용과 교육에 더 집중할 수 있을 것이다. 다섯째, 가상 조교에 유용하다. 고급 생성 AI 모델은 학생의 질문에 자연어로 답변하고 사람의 대화와 유사한 방식으로 설명을 제공할 수 있는 가상 조교 역할을 할 수 있고, 이를 통해 학생들은 교실 밖에서 추가적인 지원과 안내를 받을 수 있을 것이다.

(2) 생성 AI와 학교교육 변화 전망

① 생성 AI와 교실 수업 변화 전망

생성 AI를 교실 수업에 도입하면 개인 맞춤형 학습 환경을 조성할 수 있을 것이다. AI 시스템은 개별 학생의 학습 요구를 충족하는 맞춤형 콘텐츠를 생성할 것이다. 특히 생성 AI는 학생 개개인의 강점과 약점을 분석하여 학생의 필요에 맞는 개인화된 학습 자료를 만들 수 있어, 이를 통해 학생은 더 효과적이고 효율적으로 학습을 할 수 있을 것이다. 또한 생성 AI는 실시간 적응형 튜터링을 제공할 수 있을 것이다. 이러한 AI 튜터는 다양한 교수 전략을 시뮬레이션하여 다양한 학습 스타일에 맞는 다양한 접근 방식을 보장할 수 있을 것이며, 교사는 이러한 인사이트를 바탕으로 자신의 전략을 수정하여 더 효과적이고 매력적인 교육과정을 진행할 수 있을 것이다. 또한 학생의 수업 참여도가 향상될 것이다. 생성 AI는 더 상호작용적이고 매력적인 학습 경험을 만드는 데 사용할 수 있어, 이는 학생들의 동기를 부여하고 학습에 참여하게 하는 데 도움이 될 것이다. 그리고 생성 AI를 사용하여 학생들에게 과제에 대한 즉각적인 피드백을 제공할 수 있어, 이를 통해 학생은 자신의 강점과 약점을 수업 시간 내에 파악하여 더 빠르게 발전할 수 있을 것이다.

② 생성 AI와 학생 생활지도 변화 전망

생성 AI는 학업 외에도 학생의 생활 습관을 지도하는 데 중요한 역할을 할 것이다. 생성 AI는 학생의 행동과 학습 패턴을 분석하여 시간 관리, 스트레스 관리, 목표 설정, 심지어 진로 계획에 대한 개인화된 조언을 제공할 수 있을 것이다. 예를 들어, 생성 AI 시스템은 학생의 과학에 대한 흥미와 문제 해결 적성을 분석하여 잠재적인 진로를 제안할 수 있어, 이러한 개인 맞춤형 안내는 학생이 미래에 대해 더 많은 정보에 입각한 결정을 내리는 데 도움이 될 수 있을 것이다. 또한 생성 AI는 학생 생활지도의 접근성을 향상할 것이다. 생성 AI는 다양한 언어와 형식의 생활지도 자료를 제작하는 데 사용할 수 있어 다문화 가정의 학생에게도 적절한 생활지도를 제공할 수 있을 것이다.

③ 생성 AI와 학교 행정 변화 전망

학교 행정 영역에서 생성 AI는 일정 관리, 리소스 할당, 성과 추적 프로세스를 최적화할 수 있을 것이다. 예를 들어, AI 알고리즘은 교사의 가용성, 학생이 선호하는 학습 시간, 리소스 활용도 등 다양한 요소를 분석하여 최적의 스케줄을 생성할 수 있을 것이다. 마찬가지로 생성형 AI는 학생 등록, 강좌 인기도, 진화하는 교육 트렌드에 대한 예측 모델을 기반으로 리소스 할당을 제안할 수 있을 것이며, 이러한 애플리케이션은 운영 효율성을 크게 향상해 관리자가 전략적 의사 결정에 더 집중할 수 있도록 지원할 것이다. 또한, 생성 AI는 학교 예산을 절감시킬 것이다. 생성 AI는 수업 계획서 작성, 시간표 생성 등과 같이 현재 사람이 수행하는 작업을 자동화할 수 있어, 이는 교육 비용 절감에 도움이 될 것이다.

〈표 12-6〉 **생성 AI와 학교교육(교실 수업, 학생 생활지도, 학교 행정) 변화 전망**

	생성 AI와 학교교육(교실 수업, 학생 생활지도, 학교 행정) 변화 전망
생성 AI의 개념	• 텍스트, 이미지, 음악과 같은 새로운 콘텐츠를 생성할 수 있는 인공지능 • 생성적 적대 신경망(GAN)을 활용하여 입력 데이터와 유사한 새로운 데이터를 생성 • 학습 자료, 질문, 학생 응답, 수업 계획서 작성, 시간표 작성, 리소스 할당 등 생성

생성 AI의 장점	• 동적 학습 콘텐츠 제작에 유용 • 개인화된 학습경로에 유용 • 학생 참여도 향상 • 교사 지원에 유용 • 가상 조교에 유용
생성 AI와 교실 수업 변화 전망	• 개인 맞춤형 학습 환경 제공 • 실시간 적응형 튜터링 제공 • 상호작용적이고 매력적인 학습 경험 제공 • 과제에 대한 즉각적인 피드백 제공
생성 AI와 학생 생활지도 변화 전망	• 시간 관리, 스트레스 관리, 목표 설정, 진로 계획 생성 → 개인화된 생활지도 조언 제공 • 다양한 언어와 형식의 생활지도 자료 제작 → 생활지도의 접근성 향상
생성 AI와 학교 행정 변화 전망	• 일정 관리, 리소스 할당, 성과 추적 프로세스 등 다양한 행정업무 → 최적화 • 운영 효율성 향상 → 전략적 의사 결정에 집중 • 자동화 → 학교 예산 절감

출처: 챗GPT의 응답 내용을 표로 구성함.

3) AI 로봇

(1) AI 로봇의 개념 및 장점

① AI 로봇의 개념

AI 로봇은 사람의 개입 없이도 지능적으로 작업을 수행할 수 있는 자율적인 기계이다(전도중, 2023). AI 알고리즘을 통합하여 경험을 통해 학습하고 환경을 이해하며 시간이 지남에 따라 행동을 개선하며. 교육 분야에서 AI 로봇은 수업 도구, 튜터, 심지어 행정 보조원으로도 활용될 수 있을 것이다. AI 로봇이 교육시스템에 더 많이 도입되면 교육 및 학습 환경을 크게 변화시킬 것이다. 교실 수업 보조 및 학생 상담부터 행정 프로세스 간소화까지, 이러한 지능형 개체는 교육에 새로운 차원을 열 것이다.

이러한 AI 로봇은 보조 교사로 활용할 수 있다(곽소나 외, 2006; 전상원, 황병훈, 김병수, 2006). AI 로봇은 실시간 데이터 처리 및 행동 분석 기능을 활용하여 교실에서 보조 교사로 활용할 수 있다. 특히 대화형 AI와 객체 인식 기술이 통합된 이 로봇은 학생과 상호작용하고, 학생의 집중도를 모니터링하며, 필요에 따라 수업 속도를 조절할 수 있으며, AI는 학습 콘텐츠를 기반으로 실시간 퀴즈, 실험 또는 활동을 생성하여 수업을 더욱 흥미롭게 만들 수 있을 것이다. 또한 이러한 로봇은 학생이 어려워하는 주제를 파악하고 추가 연습 세션을 제공하여 각 과목에 대한 철저한 이해를 보장할 수 있을 것이다. 또한 AI 로봇은 학업 외에도 학생들의 전인적 발달에 중요한 역할을 할 수 있을 것이다. 일부 고급 AI 로봇은 팀워크, 공감, 문제 해결과 같은 필수적인 삶의 기술을 전수하도록 설계되어, 집단 활동을 조직하고 안내하며 협업을 촉진하고 학생들이 사회적 기술을 개발할 수 있고, AI 로봇은 좋은 행동을 인식하고 장려하여 학생들에게 긍정적인 습관과 가치관을 심어 줄 수 있으며, 일부 로봇은 명상 및 마음챙김 세션을 안내하여 학생들의 정신건강에 기여할 수도 있을 것이다. 또한 특수 교육에서 AI 로봇의 영향은 특히 주목할 만한데, 학습 장애, 자폐증 또는 기타 특별한 도움이 필요한 학생에게 맞춤형 주의와 치료 세션을 제공할 수 있고, AI 로봇은 재미있는 상호작용과 치료용 게임을 통해 이러한 학생들이 운동 능력, 사회적 상호작용 능력, 기본 학업 역량을 개발할 수 있을 것이다.

② AI 로봇의 장점

AI 로봇의 장점은 다음 같다. 첫째, 대화형 학습에 유용하다. 음성인식, 자연어 처리, 물리적 상호작용이 가능한 AI 로봇은 더욱 매력적인 대화형 학습 경험을 제공하여, 학생의 주의를 집중시키고 능동적인 학습을 촉진하며 복잡한 개념을 더 쉽고 재미있게 이해할 수 있을 것이다. 둘째, 개인 맞춤형 교육에 유용하다. AI 로봇은 개별 학생의 학습 스타일과 필요에 맞게 교육 방법을 조정할 수 있어, 기존 교실 환경에서는 달성하기 어려운 수준의 개인화를 제공하여, 학생이 어려움을 겪고 있는 영역을 파악하고 이를 극복할 수 있도록 맞춤형 지원을 제공할 수 있을 것이다. 셋째, 24시간 연중무휴 학습지원이 가능하다. 인간 교사와 달리 AI 로봇은 24시간 내내 도움을 제공할 수 있고, 언제든지 학생의 질문에 답할 수 있어 지속적인 자기 주도 학습이 가능할 것이다. 넷째, 교사의 업무량 감소에 도움이 된다. AI 로봇은 채점 및 학생 진도 추적과 같은 관리 작업을 처리할 수 있으므로 교사는 교육 및 학생과의 상호작용에 더 집중할 수 있을 것이다. 다섯째, 특수 교육에 유용하다. AI 로봇은 특수 교육 환경에서 특히 유용하여, 예컨대 로봇은 인간보다 로봇과 상호작용하기가 더 쉬운 자폐 아동의 참여를 유도하는 데 성공적으로 사용될 수 있을 것이다. 여섯째, 정서적 지원에 유용하다. 일부 AI 로봇은 사람의 감정을 인식하고 이에 반응하도록 설계되어, 이 기능은 학생들에게 정서적 지원을 제공하여 정서적으로 균형 잡힌 학습 환경을 조성(Chen, Park, & Breazeal, 2020)하는 데 도움이 될 것이다.

(2) AI 로봇과 학교교육 변화 전망

① AI 로봇과 교실 수업 변화 전망

교실 수업에서 AI 로봇은 점점 더 보조적인 교육자로 인식될 것이다. 이러한 AI 로봇은 수업하고, 질문에 답하고, 대화형 학습 세션을 진행할 수 있도록 설계되어, 각 학생의 학습 스타일을 이해하고 그에 따라 교육 방법을 수정할 수 있을 것이다. 이러한 맞춤화는 학습을 더욱 흥미롭고 효과적으로 만들어 학생의 학업성취도를 높이고 주제에 대한 깊은 이해도를 높일 수 있고, 또한 즉각적인 피드백을 제공하여 학생이 실수로부터 즉시 학습하도록 장려하고 지속해 학습 성과를 개선할 것이다.

② AI 로봇과 학생 생활지도 변화 전망

AI 로봇은 교실 수업 외에도 학생 생활지도에도 큰 영향을 미칠 수 있을 것이다. AI가 탑재된 로봇은 학생들의 행동과 감정 반응을 분석하여 스트레스, 불안, 우울증의 징후를 효과적으로 인식할 수 있어, 이러한 능력을 통해 로봇은 즉각적인 지원을 제공하거나 인간 상담사에게 우려 사항을 표시하여 학생들이 필요한 치료를 받을 수 있을 것이다. 또한 AI 로봇은 학업 조언자 역할을 하여 학생의 과목 선택을 돕고 학업 진도를 추적하며 학생의 기술과 관심사에 따라 진로에 대한 조언을 제공할 수 있을 것이다.

③ AI 로봇과 학교 행정 변화 전망

행정적인 관점에서 볼 때, AI 로봇은 학생 등록 및 출석 추적부터 기록 유지 관리에 이르기까지 여러 가지 업무를 처리할 수 있을 것이다. 이러한 반복적인 작업을 로봇이 대신함으로써 학교 관리자는 전략적 계획과 의사 결정에 집중할 수 있는 귀중한 시간을 확보할 수 있어, 이러한 기여는 운영 효율성 향상으로 이어져 결과적으로 더 나은 학습 환경으로 이어질 수 있을 것이다. 또한, 관리 분야에서 AI 로봇은 다양한 작업을 간소화할 수 있을 것이다. 마지막으로, AI 로봇은 도서 대출과 반납, 목록 작성 등 도서관을 효율적으로 관리할 수 있을 것이며, 학생의 독서 이력과 관심사를 바탕으로 책을 추천할 수도 있고, 또한 교내를 순찰하고 학생의 안전을 보장하는 등 보안 목적으로도 AI 로봇이 활용될 수 있을 것이다.

AI 로봇은 학교교육의 판도를 바꿀 수 있는 기술로, 이러한 지능형 기계는 첨단 AI 기술과 대화형 로봇 공학을 결합하여 교육 및 학습 경험을 재구성함으로써 더욱 개인화되고, 대화형이며, 효율적으로 만들고 있고, AI 로봇이 인간 교육자의 중요한 역할을 대체하지는 못하지만, 이를 보완하여 학생들이 균형 잡힌 양질의 교육을 받을 수 있도록 하며, AI 기술이 발전함에 따라 교육에 대한 AI 로봇의 영향력은 계속 확대되어 학교교육의 새로운 미래를 열 것이다.

〈표 12-7〉 **AI 로봇과 학교교육(교실 수업, 학생 생활지도, 학교 행정) 변화 전망**

	AI 로봇과 학교교육(교실 수업, 학생 생활지도, 학교 행정) 변화 전망
AI 로봇의 개념	• 사람의 개입 없이도 지능적으로 작업을 수행할 수 있는 자율적인 기계 • 보조 교사, 튜터, 행정 보조원 등으로 활용
AI 로봇의 장점	• 대화형 학습에 유용 • 개인 맞춤형 교육에 유용 • 24시간 연중무휴 학습 지원 가능 • 교사의 업무량 감소에 도움 • 특수 교육에 유용 • 정서적 지원에 유용
AI 로봇과 교실 수업 변화 전망	• 보조 교육자(수업, 대화형 학습 진행)로 활용 • 개인별 맞춤화 → 학업성취도 향상, 이해도 증진, 학습 성과 개선
AI 로봇과 학생 생활지도 변화 전망	• 행동과 감정 반응을 분석 → 즉각적인 지원 제공, 필요한 치료 제공 • 학업 조언자 역할 수행 → 과목 선택 추천, 학업 진도 추적, 진로 조언 제공
AI 로봇과 학교 행정 변화 전망	• 학생 등록, 출석 추적, 기록 유지 관리 → 전략적 계획과 의사 결정에 집중 • 다양한 작업 간소화 • 도서관 효율적 관리 • 교내 순찰, 학생 안전 보장 등 보안 목적으로 로봇 활용

출처: 챗GPT의 응답 내용을 표로 구성함.

4) AI 융합 메타버스

(1) AI 융합 메타버스의 개념 및 장점

① AI 융합 메타버스의 개념

SK텔레콤은 CES 2022에서 자사의 AI 챗봇 '에이닷'과 메타버스 서비스 '이프랜드'를 융합한 '아이버스(AIVERSE)'를 제시했는데, 이는 특정 질문에 저장돼 있는 답변만 가능한 기존 에이닷에 챗GPT와 같은 생성형 AI를 결합하는 메타버스를 만들겠다는 계획이며, KT도 2023년 7월 중 자사 메타버스 서비스 '지니버스'에 생성형 AI 'NPC(Non Player Character: 컴퓨터가 조종하는 캐릭터)'를 도입하려고 계획하고 있다(조선일보, 2023. 06. 08.). 또한 로블록스 스튜디오(Roblox Studio)는 사용자가 자신만의 게임과 경험을 만들 수 있는 게임 개발 플랫폼이자 메타버스인데, 최근 OpenAI를 사용하여 Roblox Studio에서 개성을 가진 AI 융합 NPC를 만들 수 있게 되었고, 이러한 컴퓨터가 조종하는 캐릭터는 역동적이고 매력적인 대화를 생성할 수 있게 되었다(www.youtube.com/watch?v=NvlKoSARqhw).

이처럼 AI를 융합하여 가상 세계와 경험을 포괄하는 개념이 'AI 융합 메타버스'이다. 여기서 메타버스는 물리적 현실과 가상현실의 융합으로 만들어진 집단적 가상 공유 공간이며, AI 융합 메터버스 공간은 단순한 3D 인터넷이 아니라 사람들이 만나고 일하고 배우고 놀 수 있는 수많은 '장소'와 '경험'으로 구성된 우리와 비슷한 세상을 표현할 수 있는 곳이다. 특히 AI로 구동되는 메타버스는 인터랙티브하고 역동적이며 적응력이 뛰어난 공간이 되어 현실 세계의 경험을 효과적으로 복제하거나 완전히 새로운 경험을 창조할 수 있을 것이다.

② AI 융합 메타버스의 장점

AI 융합 메타버스의 장점은 다음과 같다. 첫째, 몰입형 학습에 유용하다. AI 메타버스는 기존 교실 수업의 기능을 뛰어넘는 풍부하고 몰입감 있는 환경을 제공할 수 있어, 역사 탐방부터 과학 탐구까지, 학생들은 주제에 적극적으로 참여하여 이해도와 기억력을 높일 수 있을 것이다. 둘째, 협업 학습에 유용하다. AI 메타버스를 통해 학생들은 지리적 위치와 관계없이 실시간으로 협업하고 상호작용할 수 있어, 이는 글로벌 학습 커뮤니티와 문화 간 교류를 위한 무한한 가능성을 열어 줄 것이다. 셋째, 맞춤형 학습 경험에 유용하다. AI의 적응 및 개인화 기능은 메타버스에서 각 학생의 강점, 약점, 학습 스타일을 고려하여 고유한 학습경로를 생성할 수 있을 것이다. 넷째, 체험 학습에 유용하다. 학생은 AI 융합 메타버스에서 실제 시나리오를 복제하거나 실제 세계에서는 위험하거나 불가능한 상황을 안전하게 탐색할 수 있는 시뮬레이션에 참여하여 '실행을 통해 학습'할 수 있을 것이다. 다섯째, 접근성이 증가하고, 참여도가 증진된다. AI 융합 메타버스는 물리적 한계를 뛰어넘어 양질의 교육에 공평하게 접근할 수 있도록 지원하여, 특히 외딴 지역에 있는 학생이나 장애가 있는 학생에게 유용할 것이다. 또한 많은 메타버스 경험의 게임화된 특성은 학생들에게 동기를 부여하고 학습을 더욱 즐겁게 만드는 데 도움이 될 것이다.

(2) AI 융합 메타버스와 학교교육 변화 전망

① AI 융합 메타버스와 교실 수업 변화 전망

AI 융합 메타버스는 전통적인 교육 방식에 혁신을 가져올 것이다. AI의 광범위한 사용은 방대한 정보 및 대화형 학습 모듈의 세계를 열어, 전통적인 교실 개념인 물리적 벽을 넘어 확장될 수 있으며, 학생은 역사적 사건이나 과학적 개념을 가상으로 체험할 수 있게 될 것이다. 예를 들어, 학생은 프랑스 혁명에 대해 읽는 대신 가상 세계에서 펼쳐지는 사건을 목격하고 등장인물과 상호작용하며 사회 변화를 직접 관찰할 수 있을 것이다. 또한 AI 융합 메타버스는 학생의 필요와 능력에 맞게 조정되는 동적 학습 환경을 도입하여, 이러한 알고리즘은 학생의 학습 스타일을 분석하고 개인화된 학습경로를 개발하여 학습자의 속도와 이해 수준에 맞는 리소스와 과제를 제공할 수 있으며, 이러한 맞춤형 교육을 제공함으로써 학생은 자기 잠재력을 탐색하고 학습 성과를 극대화할 수 있을 것이다.

또한 AI 융합 메타버스의 또 다른 혁신적 교육 요소는 롤플레잉 및 시나리오 기반 학습이다. 학생은 수동적인 학습 대신 복잡한 개념을 이해하기 위해 능동적인 역할을 할 수 있는데, 예컨대 생물학 수업에서 학생은 가상으로 인간 세포 내부를 여행하며 다양한 세포 과정을 관찰할 수 있고, 이러한 경험은 주제에 대한 깊은 이해를 촉진할 수 있을 것이다. 이처럼 교실 수업에서 AI 융합 메타버스는 학습 과정을 크게 향상하는 몰입형 학습 환경을 제공하여, 이러한 디지털 공간은 과학 실험 또는 지리적 탐험을 시뮬레이션하는 데 사용할 수 있으며, 학생에게 이해를 깊게 하고 호기심을 키울 수 있는 체험 학습 기회를 제공할 것이다. 그리고 AI 융합 메타버스는 또한 실제 교실과 가상 교실을 통합할 수 있게 해서, 교육자는 증강현실 도구를 사용하여 가상 요소를 실제 교실로 가져와 학습 경험을 향상시킬 수 있을 것이다. 예를 들어, 물리학 교사는 가상의 물체를 사용하여 중력의 법칙을 시연함으로써 추상적인 개념을 보다 실감 나고 친근하게 전달할 수 있을 것이다.

마지막으로, AI 융합 메타버스는 교사의 역할도 변화시켜, 교사는 학생의 진도를 모니터링하고, 개선이 필요한 부분을 파악하고, 개인별 맞춤 지도를 제공할 수 있으며, 또한 교사는 메타버스를 활용하여 더욱 상호작용하는 매력적인 수업을 만들 수 있을 것이다.

[그림 12-3] AI 로봇과 미술 공부

출처: Bing Image Creator가 생성함.

② AI 융합 메타버스와 학생 생활지도 변화 전망

생활지도로 넘어가면 AI 융합 메타버스는 엄청난 잠재력을 가지고 있다. AI 융합 메타버스는 학업에만 국한되지 않고 학생의 사회정서적 발달까지 확장할 수 있는데, 학생은 게임화된 과제와 도전을 통해 문제 해결, 의사 결정, 회복탄력성 등 중요한 삶의 기술을 배울 수 있고, 메타버스 내에서 가상 멘토링 프로그램을 구축하여 학생에게 즉각적인 지도와 지원을 제공할 수 있을 것이다. 또한 AI 메타버스는 정신 건강 이니셔티브를 지원하여, 가상 상담 세션이나 휴식 공간은 학생에게 스트레스를 관리하고 웰빙을 개선할 수 있는 리소스를 제공할 것이다. 또한 학생 생활 지도를 위한 AI 융합 메타버스는 지리적 경계를 넘어 동료 간 상호작용과 멘토링을 위한 플랫폼을 제공하여, 학생은 글로벌 포럼에 참여하여 생활 문제를 토론하고 경험을 공유하며 서로에게서 배울 수 있을 것이다.

③ AI 융합 메타버스와 학교 행정 변화 전망

행정적인 관점에서 볼 때, 우선 AI 융합 메타버스는 다양한 관리 작업을 간소화할 수 있는데, 예컨대 메타버스에서 온라인 오리엔테이션 세션이나 학부모-교사 회의를 진행하면 시간과 리소스를 절약할 것이다. 즉, 학교 행정에서 AI 융합 메타버스는 학교 운영 방식을 혁신해서, 예컨대 온라인 회의, 디지털 작업 공간, 온라인 협업 도구는 행정 업무를 간소화하여 효율성을 높일 것이며, 또한 메타버스는 물리적 거리와 관계없이 원활한 커뮤니케이션을 보장할 것이다. 또한 AI 융합 메타버스는 더욱 연결되고 포용적인 학교 커뮤니티를 조성할 수 있는데, 예컨대 가상 소셜 이벤트는 다양한 배경을 가진 학생, 교사, 학부모를 한데 모아 소속감과 일체감을 조성할 것이다. 또한 AI 메타버스는 교사에게 지속적인 전문성 개발 기회를 제공할 수 있어, 가상 워크숍이나 협업 플랫폼을 통해 교사는 편리하고 매력적인 방식으로 자기 기술을 향상하고 모범 사례를 공유할 것이다.

〈표 12-8〉 **AI 융합 메타버스와 학교교육(교실 수업, 학생 생활지도, 학교 행정) 변화 전망**

	AI 융합 메타버스와 학교교육(교실 수업, 학생 생활지도, 학교 행정) 변화 전망
AI 융합 메타버스의 개념	• AI를 융합하여 가상 세계와 경험을 포괄하는 개념 • 사람이 만나고, 일하고, 배우고, 놀 수 있는 수많은 '장소'와 '경험'으로 구성된 우리와 비슷한 세상을 표현할 수 있는 곳
AI 융합 메타버스의 장점	• 몰입형 학습에 유용 • 협업 학습에 유용 • 맞춤형 학습 경험에 유용 • 체험 학습에 유용 • 교육 접근성과 참여도 증진
AI 융합 메타버스와 교실 수업 변화 전망	• 대화형 학습 모듈의 세계 • 동적 학습 환경 → 잠재력 탐색, 학습 성과 극대화 • 롤플레잉 및 시나리오 기반 학습 제공 • 교사: 학생 진도 모니터링, 개인별 맞춤 지도 제공, 상호작용하는 수업
AI 융합 메타버스와 학생 생활지도 변화 전망	• 게임화된 과제와 도전 → 삶의 기술 습득(사회정서적 발달) • 가상 멘토링 프로그램 → 즉각적인 지도와 지원 제공 • 가상 상담 세션, 휴식 공간 → 스트레스 관리 및 웰빙 증진
AI 융합 메타버스와 학교 행정 변화 전망	• 다양한 관리 작업 간소화 → 학교 운영 방식 혁신 • 연결되고 포용적인 학교 커뮤니티 조성 • 교사 전문성 개발 기회 제공

출처: 챗GPT의 응답 내용을 표로 구성함.

이 장에서 AI 시대에 학교교육의 변화 전망을 제시하였다. 요약하면, AI가 학교교육에 미치는 영향은 혁신적인 교수법부터 효율적인 행정에 이르기까지 다차원적인데, AI는 학교교육에 대한 접근성을 높이고, 개인화하며, 참여를 유도하는 미래를 열 것이다. 또한 분석형 AI, 생성형 AI, AI 로봇 그리고 AI 융합 메타버스가 학교교육에 통합되면 대화형, 개인 맞춤형, 몰입형, 연결형 교육의 시대가 펼쳐질 것이다. 그러나 이러한 변화를 탐색할 때 AI 기술은 교육에서 인간적인 요소를 대체하는 것이 아니라 보완해야 한다는 점을 기억해야 하며, 교사-학생 관계의 본질적인 가치를 유지하고 이러한 기술 발전과 함께 활용하여 더욱 풍성하고 효과적인 학습 환경을 조성해야 할 것이다.

요약 | 인공지능 시대 학교교육의 변화 전망

● 정리하기

1. 현대 교육에서의 AI의 역할

– 자동채점 및 피드백 시스템: AI 알고리즘을 사용하여 학생의 과제 자동채점 및 피드백 제공, 미래 전망(블록체인과 같은 다른 기술과 통합, 학생과 대화 촉진, 시스템에 관한 엄격한 평가)

– 개인 맞춤형 학습경로: 학습자의 개별 학습 스타일, 속도, 선호도 및 성과에 따라 학습자의 학업 여정을 안내하는 맞춤형 교육 경로, 미래 전망(초개인화, 학습 분석 역할 증대, 사물인터넷과 통합, 평생 학습에 적용)

– 지능형 튜터링 시스템: 학습자에게 맞춤형 교육 경험을 제공하는 정교한 AI 기반 소프트웨어, 미래 전망(딥러닝 및 자연어 처리 기술 · 적응형 사용자 인터페이스 · 사물 인터넷과의 통합, 고급 암호화 기술 및 엄격한 데이터 개인정보 보호)

– AI 지원 콘텐츠 큐레이션 및 생성: 관련 정보를 수집 · 정리하고, 이해하기 쉽고 매력적인 방식으로 제시하며, 자연어 생성 및 기계학습 기술로 개별 학생의 필요에 맞는 콘텐츠 생성, 미래 전망(콘텐츠 품질 향상, 고급 암호화 기술 및 엄격한 데이터 개인정보 보호, 콘텐츠의 독창성 확인 기술 개발, 초개인화 학습경로 개발에 사용)

2. AI와 학교교육 변화(교실 수업, 생활지도, 행정) 전망

– 분석 AI: 기계학습 알고리즘을 사용하여 데이터를 분석 · 해석하고, 패턴을 식별하고, 결과를 예측하는 인공지능, 교실 수업 변화 전망(교수법 · 교육 전략 개선, 학습 격차 · 학생 성과 · 최신 학습 동향 분석 개선), 생활지도 변화 전망(학생의 몰입도 · 참여도 · 행동 패턴 모니터링, 참여도 저하 · 괴롭힘 · 잠재적인 정신건강 문제 파악, 개인화된 학습경로와 관련된 학교 생활지도 제공), 행정 변화 전망(자동화, 최적화, 데이터 기반 의사 결정, 학교 내 공동체 의식 조성)

– 생성 AI: 텍스트, 이미지, 음악과 같은 새로운 콘텐츠를 생성할 수 있는 인공지능, 교실 수업 변화 전망(개인 맞춤형 학습 환경 · 실시간 적응형 튜터링 · 상호작용적이고 매력적인 학습 경험 · 과제에 대한 즉각적인 피드백 제공), 생활지도 변화 전망(시간 관리 · 스트레스 관리 · 목표 설정 · 진로 계획 생성, 다양한 언어와 형식의 생활지도 자료 생성, 개인화된 생활지도 조언 제공), 행정 변화 전망(자동화, 최적화, 전략적 의사 결정에 집중, 학교 예산 절감)

– AI 로봇: 사람의 개입 없이도 지능적으로 작업을 수행할 수 있는 자율적인 기계, 교실 수업 변화 전망[보조 교육자(수업, 대화형 학습 진행)로 활용, 개인별 맞춤화, 학업성취도 · 이해

도 · 학습 성과 개선], 생활지도 변화 전망(행동과 감정 반응 분석, 즉각적인 지원 · 필요한 치료 제공, 학업 · 진로 조언자 역할), 행정 변화 전망(전략적 계획 · 의사 결정에 집중, 간소화, 도서관 사서 · 학교 보안관 역할 수행)

– AI 융합 메타버스: 인공지능을 융합하여 사람이 만나고, 일하고, 배우고, 놀 수 있는 수많은 '장소'와 '경험'으로 구성된 우리와 비슷한 세상을 표현할 수 있는 곳, 교실 수업 변화 전망(대화형 학습 모듈 · 동적 학습 환경 · 롤플레잉 및 시나리오 기반 학습 제공, 교사는 학생 진도 모니터링 · 개인별 맞춤 지도 · 상호작용 수업 가능), 생활지도 변화 전망(게임화된 과제와 도전으로 사회정서적 삶의 기술 습득, 가상 멘토링 · 가상 상담 · 휴식 공간에 즉각적인 지도와 지원 제공하여 웰빙 증진), 행정 변화 전망(학교 운영 방식 혁신, 연결되고 포용적인 학교 커뮤니티 조성, 교사 전문성 개발 기회 제공)

● 키워드

– 학교교육, 변화 전망, 수업, 생활지도, 행정, 자동채점 및 피드백 시스템, 개인 맞춤형 학습경로, 지능형 튜터링 시스템, AI 지원 콘텐츠 큐레이션, 콘텐츠 생성, 분석 AI, 생성 AI, AI 로봇, AI 융합 메타버스

고세일(2020). 책임주체로서 지능형 인공지능 로봇에 대한 고찰. 재산법연구, 37(2), 1-23.

고은성, 김상미(2017). 초등수학 교과교육론. 동명사.

고호경(2020). 인공지능(AI) 역량 함양을 위한 고등학교 수학 내용 구성에 관한 소고. 한국학교수학회논문집, 23(2), 223-237.

과학기술정보통신부 웹진(2020). 인공지능이란?.

곽소나, 이동규, 이민구, 한정혜, 김명석(2006). 강화 이론에 근거한 교사 보조 로봇 인터랙션 디자인: 수행도와 반응률 측정을 중심으로. 로봇학회 논문지, 1(2), 142-150.

교육부(2015a). 국어과 교육과정: 교육부 고시 제2015-74호 [별책 5]. 교육부.

교육부(2015b). 실과(기술 · 가정)/정보과 교육과정: 교육부 고시 제2015-74호 [별책 10]. 교육부.

교육부(2020a). 교육부 · 과기정통부, 수학 · 과학 인재 양성을 위한 협업의 장(場) 펼치다: 「제1기 수학 · 과학교육 발전협의체」 발족식 및 회의 개최 [교육부 보도자료 2020. 07.29.].

교육부(2020b). 수학과 교육과정: 교육부 고시 제 2020-236호 [별책 8]. 교육부.

교육부(2020c). 인공지능, 학교 속으로!: 인공지능(AI), 초등 수학 공부 도우미로, 고교 진로 선택 과목으로 도입 [교육부 보도자료 2020. 09. 14.].

교육부(2020d). 학교 과학실, 지능정보기술 기반 탐구키움터로 변화 시동 [교육부 보도자료 2020. 07. 10.].

교육부(2022a). 과학과 교육과정: 교육부 고시 제2022-33호 [별책 9]. 교육부.

교육부(2022b). 국어과 교육과정: 교육부 고시 제2022-33호 [별책 5]. 교육부.

교육부(2022c). 사회과 교육과정: 교육부 고시 제2022-33호 [별책 7]. 교육부.

교육부(2022d). 수학과 교육과정: 교육부 고시 제2022-33호 [별책 8]. 교육부.

교육부(2022e). 초 · 중등학교 교육과정 총론: 교육부 고시 제2022-33호 [별책 1]. 교육부.

교육부(2023a). 디지털 기반 교육혁신 방안 [교육부 보도자료 2023. 02. 24.].

교육부(2023b). AI 디지털교과서로 1:1 맞춤 교육시대 연다 [교육부 보도자료 2023. 06. 07.].

교육부, 한국과학창의재단(2020). 2015 개정 수학과 교육과정 인공지능 수학 과목 시안 개발 연구. 한국과학창의재단.

교육부, 한국과학창의재단(2021a). 인공지능 수학 과목 핵심교원 연수. 한국과학창의재단.

교육부, 한국과학창의재단(2021b). 학교에서 만나는 인공지능 수업: 교사용 지도서. 한국과학창의재단.

구나영, 최인용(2022). 〈인공지능 수학〉 교과서의 예측 및 최적화 내용 분석. 수학교육학연구, 32(2), 125-147.

권오남, 오세준, 윤정은, 이경원, 신병철, 정원(2023). ChatGPT의 수학적 성능 분석: 국가수준 학업성취도 평가 및 대학수학능력시험 수학 문제 풀이를 중심으로. 수학교육논문집, 37(2), 233-256.

권재술, 김범기(1994). 초 · 중학생들의 과학탐구능력 측정 도구의 개발. 한국과학교육학회지, 14(3), 251-264.

권태현(2023). 인공지능 시대의 글쓰기와 작문교육의 방향 탐색: 생성형 인공지능의 교육적 활용을 중심으로. 한민족문화연구, 83, 137-174.

권태현, 박현(2023). 쓰기 교수 · 학습을 위한 자동 피드백 방안 탐색. 국어교육, 181, 73-118.

김경미, 김민정(2023). 유아 인공지능(AI)교육에 대한 유치원 학부모 인식과 요구. 한국유아교육연구, 25(2), 114-143.

김경환, 김형기(2023). ChatGPT와 Midjourney의 활용 사례 연구: AI를 활용한 예술과 창작을 위한 사용 가능성 탐색. 조형미디어학, 26(2), 1-10.

김귀훈, 전인성, 송기상(2021). 교사를 위한 인공지능 소양교육 프로그램 개발 및 인공지능 융합교육 관심도 효과성 검증. 한국컴퓨터정보학회논문지, 26(8), 13-21.

김길재, 박강윤(2023). ChatGPT를 활용한 텍스트 데이터 증강 가능성 탐색. 청람어문교육, 93, 103-133.

김남윤(2014). 실시간 요청/응답 모델에 기반한 모바일 콘텐츠 큐레이션 서비스. 한국인터넷방송통신학회 논문지, 14(4), 1-6.

김명정(2018). 정치교육의 재구조화 방안-입법 중심의 고등학교 『정치와 법』. 시민교육연구, 50(4).

김미래, 박태희, 오하영(2023). 우울 증상 완화를 위한 공감형 챗봇 개발에 관한 연구. 한국정보통신학회논문지, 27(5), 611-619.

김선연(2019). 디자인 씽킹에 기반한 집단 창의성 사고과정 모형 개발. 교육공학연구, 35(3), 621-653.

김세영, 조미경(2022). 개별화 맞춤형 수학 학습을 지원하는 AI 기반 플랫폼 분석. 수학교육논문집, 36(3), 417-438.

김인재, 이득기, Shen, Fanglin, 정제영(2023). 다차원 교육 정책 분석 모형을 활용한 초 · 중등 인공지능 교육 정책 분석. 교육정치학연구, 30(2), 97-126.

김재상(2017). 인간과 인공지능 기기의 상호작용이 EFL 환경에서 초등학생들의 협업적 언어습득에 미치는 영향. 광주교육대학교 대학원 석사학위논문.

김종윤, 이재진, 이경남, 이소라, 최소영, 박보경, 안소윤, 전성균(2021). 인공지능 기반, '한 학기 한 권 읽기' 지원 웹서비스('책열매') 개발 연구. 국어교육학연구, 54(4), 87-117.

김진숙, 한선관, 김수환, 정순원, 양재명, 장의덕, 김정남(2015). SW교육 교수학습모형개발 연구. 2015년 교육정책네트워크 교육현장지원연구 (연구보고 CR 2015-35). 한국교육개발원 · 한국교육학술정보원.

김태원(2023). ChatGPT는 혁신의 도구가 될 수 있을까?: ChatGPT 활용 사례 및 전망. 한국지능정보사회진흥원(NIA).

김현석(2004). 일반사회 교과교육론. 형설.

김현숙, 최민호, 김경미(2023). AI 기반 초개인화 정신건강 상담시스템 설계 및 효과성에 관한 연구. 인문사회 21, 14(3), 3777-3790.

김형민(2023). 한국어교육에서의 대화형 인공지능 챗봇 적용 가능성 탐색: 고급 한국어 학습자와 ChatGPT의 상호작용 분석을 중심으로. 우리어문연구, 76, 261-292.

김형민, 고현준(2022), 한국어 학습자 발화에 대한 발음 평가 API와 한국어교육 전문가의 평가 비교. 이중언어학, 90, 29-52.

노기영(2012). 소셜 미디어와 협력사회. 한울.

노은희, 송미영, 박종임, 김유향, 이도길(2016). 한국어 문장 수준 서답형 문항 자동채점 프로그램 고도화 및 적용 (연구보고 RRE 2016-11). 한국교육과정평가원.

문지윤, 김수민(2022). 인공지능 기반 서비스 로봇을 위한 영상처리 프로세서 설계. 한국전자통신학회논문지, 17(4), 633-640.

박다빈, 신승기(2021). 초등 인공지능 교육을 위한 설명 가능한 인공지능의 교육적 의미 연구. 정보교육학회논문지, 25(5), 803-812.

박도인(2007). 창의적 문제해결(Creative Problem Solving) 모형 기반 초등학교 사회과 수업에서 학습동기, 메타인지, 창의적 문제해결력의 관계. 이화여자대학교 대학원 석사학위논문.

박만구(2020). 수학교육에서 인공지능의 활용 동향. 韓國初等教育, 31, Supplement, S91-S102.

박상언(2021). 딥러닝 중심의 자연어 처리 기술 현황 분석. 한국빅데이터학회지, 6(1), 63-81.

박상언(2022). 딥러닝 기반 사전학습 언어모델에 대한 이해와 현황. 한국빅데이터학회지, 7(2), 11-29.

박상준(2016). 사회과교육의 이해(제2판). 교육과학사.

박영민(2011). 도서의 수준과 도서 선정의 제 문제 : 독자에게 적합한 도서의 수준과 측정 방법. 독서연구, 26, 33-59.

박종임, 이상하, 송민호, 이문복, 이민정, 최숙기(2022). 컴퓨터 기반 서 · 논술형 평가를 위한 자동채점 방안 설계(I) (연구보고 RRE 2022-6). 한국교육과정평가원.

박태준, 박은아, 류수경, 한정아, 최소영, 변태진(2022). KICE 이독성 지수(KICE Readability Index) 자동측정 프로그램 설계 및 개발 연구(I) (연구보고 RRC 2022-9). 한국교육과정평가원.

박휴용(2023). 인공지능(AI) 기반 영어학습 챗봇의 원리와 기능, 그리고 영어학습에의 활용가능성. 멀티미디어 언어교육, 26(2), 59-83.

박희정, 김효선, 최정임, 전용주(2021). 정보(SW · AI) 교수효능감 측정도구 개발. 컴퓨터교육학회 논문지, 24(4), 39-52.

서명희, 조민식(2023). 인공지능(AI) 역량 함양을 위한 고등학교 수학 학습 자료 개발 및 적용에 관한 연구. 학습자중심교과교육연구, 23(2), 771-790.

서수현(2019). '한 학기 한 권 읽기'의 실행 양상과 개선 방안- 교사의 인식을 중심으로. 우리말교육현장연구, 13(2), 25-65.

서지혜(2021). 한국어 말하기 연습용 인공지능 챗봇의 내용 구성 방안 연구. 연세대학교 대학원 박사학위논문.

서혁, 류수경(2014). 국어 교과서 텍스트의 유형과 복잡도. 국어교육학연구, 49(1), 445-470.

서혁, 이소라, 류수경, 오은하, 윤희성, 변경가, 편지윤(2013). 읽기(독서) 교육 체계화를 위한 텍스트 복잡도 상세화 연구(2). 국어교육학연구 47, 253-290.

성진희, 전주성(2012). 소셜러닝을 위한 소셜네트워크 서비스의 교수매체적 속성 탐색 연구. 평생교육학연구, 18(3), 31-55.

성태제(2019). 현대교육평가. 학지사.

세종학당재단(2020). 인공지능 기반의 한국어 교육지원 시스템 개발 (연구보고). 세종학당재단.

손균욱(2020).'한 학기 한 권 읽기'에 관한 교사의 인식과 실행-초등학교 교사를 중심으로. 한어문교육, 41, 32-69.

손태권(2023). ChatGPT의 수학교육 활용 가능성 탐색: 분수 문제에 관한 학생의 산출물과 예비교사의 담화 사례를 중심으로. 초등수학교육, 26(2), 99-113.

신동광(2018). 인공지능 챗봇의 영어 교육적 활용 가능성과 한계. Brain Digital & Learning, 10(3), 29-40.

신동광(2020). 영어 읽기평가 문항의 지문 어휘통제 과정에서 나타난 한국 예비교사들의 재기술(paraphrase) 양상 분석. 멀티미디어언어교육, 23(3), 157-179.

신동광(2023a). AI 도구를 활용한 중등교사 영어 출제 연수 사례 연구: ChatGPT를 중심으로. 어학연구, 59(1), 21-42.

신동광(2023b). 유도(guided) 쓰기 활동에서 ChatGPT의 활용 방안. 영어교과교육, 22(2), 197-217.

신동광, 정혜경, 이용상(2023). 내용중심 영어 교수 학습의 도구로서 ChatGPT의 활용 가능성 탐색. 영어교과교육, 22(1), 171-192.

신동광, 황요한, 이혜진(2022). 영어교육 메타버스로 날개를 달다. 커넥트에듀.

신동조(2020). 초 · 중등교육에서 인공지능: 체계적 문헌 고찰. 수학교육학연구, 30(3), 531-552.

신유탁, 조재춘(2020). 디지털 콘텐츠 큐레이션 시스템 설계. 한국컴퓨터교육학회 학술발표대회논문집, 24, 263-264.

심우민(2014). 입법학의 기본관점: 입법논증론의 함의와 응용. 서강대학교출판부.

심우민(2019). 인공지능 알고리듬과 법교육: 법교육 발전 방향에 대한 제언. 법교육연구, 14(1), 33-62.

심우민(2021). 학교 입법교육의 현황과 발전방향: 법교육 맥락을 중심으로. 법교육연구, 16(3).

심홍진, 고현경(2020). AI 미디어 환경에서 OTT 큐레이션의 다차원적 진화와 OTT 콘텐츠 이용형태 변화에 관한 연구. 정보통신정책연구원.

안도연, 손태권, 이광호(2023). 비계설정 도구로서의 ChatGPT: 초등학생의 수학 논리 문제 해결 능력에 미치는 영향 평가. Brain, Digital, & Learning, 13(2), 183-196.

양지훈, 윤상혁(2023). ChatGPT를 넘어 생성형(Generative) AI 시대로: 미디어 · 콘텐츠 생성형 AI 서비스 사례와 경쟁력 확보 방안. 미디어 이슈 & 트렌드, 55, 62-70.

오규설(2023). 생성형 인공지능이 국어교육에 미치는 영향과 대응 방안 - ChatGPT는 국어교육의 도구인가, 위협인가?. 국어교육연구, 82, 143-189.

오선혜(2022). 연구 · 학습 지원을 위한 대학도서관의 콘텐츠 큐레이션 전략. 한국도서관 · 정보학회지, 53(3), 287-314.

왕감경(2023). AI 기반 챗봇 한국어 텍스트의 자연어 분석 및 한국어 교육 활용 모색 - 챗GPT(ChatGPT)와 뉴빙(New-Bing)을 중심으로 -. 문화와융합, 45(5), 01-17.

유재명, 길병옥(2023). AI 공격용 드론 개발 방향 및 시사점. 한국방위산업학회지, 30(1), 59-72.

유재진(2023). 인공지능을 활용한 지리교육 연구: ChatGPT 기반 질의 · 응답을 중심으로. 한국사진지리학회지, 33(1), 162-173.

유주선(2022). 드론의 발전과 법적 개선방안-드론보험 도입을 포함하여-. 일감법학, 51, 61-82.

유진은(2019). 기계학습: 대용량/패널자료와 학습분석학 자료 분석으로의 활용. 교육공학연구, 35(2), 313-338.

윤나라(2023). 콘텐츠 생성 인공지능에 관한 이해: '진부함'과 '진부하지 않음'을 중심으로. 인문콘텐츠, 68, 37-57.

윤양인(2023). 인공지능 언어모델과 회계교육 : ChatGPT의 성능과 활용가능성을 중심으로. 전산회계연구, 21(1), 1-29.

윤지혜(2012). 반응중심학습모형을 적용한 문학 수업이 정신지체학생의 문학 반응 활성화에 미치는 영향. 단국대학교 대학원 특수교육학과 석사학위논문.

이봉규, 정경욱, 이원경(2022). 개별화 교수전략을 적용한 AI 기반 적응형 학습 시스템 활용 : 중학교 기초학력 미달 수업에 관한 참여적 실행연구. 학습자중심교과교육연구, 22(24). 333-359.

이상기(2023). 빅데이터 분석은 사회과학 연구에서 방법론적 혁신인가?. *The Journal of the Convergence on Culture Technology(JCCT)*, *9*(3), 655-662.

이서교, 신영준(2022). AI 분류모델 과학교육프로그램이 초등학생의 과학 흥미에 미치는 영향. 인공지능연구 논문지, 3(3), 35-45

이성영(2011). 읽기(독서)에서의 교육 내용 위계화: 초등 교과서의 이독성 비교 연구: 국어, 사회, 과학 교과서를 중심으로. 국어교육학연구, 41, 169-193.

이소윤, 김성원, 이영준(2021). 예비교사의 인공지능 교수효능감 측정 도구(AI-TEBI) 개발. 컴퓨터교육학회논문지, 24(1), 47-61.

이소윤, 유민선, 백성혜(2023). 중등 교사를 위한 캡스톤 디자인 수업설계 기반 정보, 수학, 과학 인공지능 융합교육 연수 개발 및 효과 분석. 컴퓨터교육학회논문지, 26(2), 59-70.

이수정, 왕석순(2022). 초등학교 실과 교수학습방법연구. 한국교육과정평가원.

이수환, 송기상(2023). 교수학습용 그림 자료 추천 도구로서 ChatGPT, Stable Diffusion의 활용 가능성 탐색. 한국컴퓨터정보학회논문지, 28(4), 209-216.

이승우(2020). 프랑스 중학교 수학 교육과정 분석: '알고리즘과 프로그래밍' 영역을 중심으로. 학교수학, 22(1), 125-159.

이연희, 변순용(2020). 킬러로봇에 대한 윤리적 고찰. 한국초등교육, 31, 217-225.

이영호(2020). 당신이 지금 알아야 할 빅4 크로우드 머신러닝. 비제이퍼블릭.

이용상, 신동광(2020). 원격교육 시대의 인공지능 활용 온라인 평가. 학습자중심교과교육연구, 20(14), 389-407.

이용상, 신동광, 김현정(2022). 한국어 쓰기 평가를 위한 자동채점의 가능성 탐색. 이중언어학, 86, 171-192.

이용설, 송승근, 최훈(2023). 인공지능 기반 노인 돌봄서비스 개발 사례 분석 및 전망. 한국콘텐츠학회 논문지, 23(2), 647-656.

이용희(2023). ChatGPT를 활용한 영시 쓰기 수업 사례. 영어영문학연구, 65(2), 23-46.

이윤재, 이동주(2020). 영어자동번역기 활용이 고등학생 영어 글쓰기에 미치는 영향. 영어교과교육, 19(2), 159-180.

이은경(2020). 국내외 초・중등학교 인공지능 교육과정 분석. 컴퓨터교육학회논문지, 23(1), 37-44.

이재봉(2023). 합성곱 신경망(CNN)을 활용한 그래픽 답안 자동 채점 가능성 탐색. 새물리, 73(2), 138-149.

이재용, 이시훈, 권정현, 최준섭(2022). 인공지능 기반 챗봇의 상담 활용 사례 분석 및 학교 상담용 챗봇 개발. 초등상담연구, 21(3), 243-267.

이재현(2012). 트위터란 무엇인가: 다학제적 접근. 커뮤티케이션북스.

이종원, 조우승, 김태현(2022). KoBERT 기반 대화형 검색 시스템 설계 및 구현. 한국지식정보기술학회 논문지, 17(5), 1081-1088.

이준삼(2023. 5. 24.). '美 국방부 인근서 폭발'…AI 가짜사진에 증시까지 출렁. 연합뉴스TV.

이지애(2015). 중등 과학영재를 위한 안내된 프로젝트 학습 모형 개발 연구: 과학기반 융합 프로그램 적용 사례를 중심으로. 부산대학교 대학원 박사학위논문.

임미인, 김혜미, 남지현, 홍옥수(2021). 인공지능(AI) 활용 초등수학수업 지원시스템의 교수・학습 적용 방안 모색. 학교수학, 23(2), 251-270.

임웅, 박미미(2021). AI 기반 수학교육 관련 국외 연구의 논지 탐색. 학습자중심교과교육연구, 21(14), 621-635.

임희주(2017). 교양영어 수업에서 영어자동번역기 사용에 대한 대학생의 인식 및 태도연구: 영작문 수업을 중심으로. 교양교육연구, 11(6), 727-751.

전도중(2023). AI 서비스 로봇의 개발 방향 및 제언. 산업기술연구논문지, 28(1), 71-81.

전상원, 황병훈, 김병수(2006). 지능형 서비스 로봇의 개발: 초등학교 교사 도우미 로봇. 로봇학회 논문지, 1(1), 102-106.

전수진, 이주강, 최희원, 이석, 김민정(2023). 인공지능 융합교육을 위한 초중등학교 연계형 인공지능 교육 내용체계 개발. 컴퓨터교육학회 논문지, 26(2), 71-88.

전우천(2022). 인공지능교육이란 무엇인가?. 교육부・AI융합교육연구・지원센터.

정문성, 구정화, 설규주(2020). 초등 사회과교육(제3판). 교육과학사.

정영식(2022). AI 융합교육의 교수학습방법과 활성화 방안. 교육부・AI융합교육연구・지원센터.

정제영, 조현명, 황재운, 문명현, 김인재(2023). 챗GPT 교육혁명–ChatGPT를 활용한 하이터치 하이테크 미래교육. 포르체.

정현수, 김인한(2023. 8. 6.). "이건 공부 더 해" 내 약점 '콕' … 교과서에 AI가 들어온다. 머니투데이.

조규락(2012). 근거이론을 활용한 SNS에서 발생하는 학습경험 탐구. 교육공학연구, 38(1), 1-36.

조규락(2019). 사례가이드학습(CGL) 수업모형의 개발 및 적용 사례 연구. 학습자중심교과교육연구, 19(2), 693-718.

조규락(2020). 데이터사이언스 가이드: 이해와 실제와 전망. 학지사.

조규락, 조영환(2019). 문제해결과 학습디자인. 학지사.

조용구, 이경남(2020). 국어 텍스트 분석 프로그램(KReaD 지수)의 개발. 독서연구, 56, 225-246.

조용구, 이창근, 최규홍, 천경록(2020). 국어 텍스트 난이도 분석 프로그램(KReaD)의 신뢰도 검증. 리터러시 연구, 11(6), 467-485.

조우홍(2023). Introduction and Utilization of AI Robot for Elderly Care in the Aging Era. 인문사회 21, 14(2), 3249-3260.

조일현(2021). 빅데이터 기반 학습 분석학: AI 시대 교육 정책방향을 중심으로. 교육광장, 77, 6-9.

조일현, 박연정, 김정현(2019). 학습분석학의 이해. 박영사.

조헌국(2022). 4차 산업혁명과 미래교육. 교육부 · AI융합교육연구 · 지원센터.

차경수, 모경환(2021). 사회과교육(제3판). 동문사.

채제우(2023.06.08). 주춤했던 메타버스, 생성형 AI 만나 '활력'. 조선일보.

천경록, 김혜정, 류보라(2022). 독서교육론. 역락.

천현득(2019). "킬러 로봇"을 넘어: 자율적 군사로봇의 윤리적 문제들. 탈경계인문학, 12(1), 5-31.

최병기, 이종욱, 박성기, 이재호(2020). 지능형 서비스 로봇을 위한 모델 기반 클라우드 서비스 인터페이스. 정보처리학회논문지. 소프트웨어 및 데이터 공학, 9(1), 1-10.

최소영, 박태준, 류수경, 장지혜, 길호현, 이인화, 이수진(2021). 교육용 텍스트의 이독성 평가 준거 개발 연구. 한국교육과정평가원 연구보고 RRC 2021-8.

최숙영(2021). 교육에서의 인공지능: 인공지능 활용 교육에 관한 문헌 고찰. 컴퓨터교육학회 논문지, 24(3), 11-21.

최영림, 정상현, 김종욱(2023). 윤리적 의사결정 시스템 기반 노인 건강 돌봄 로봇 개발. 한국지능시스템학회 논문지, 33(3), 197-206.

최윤희(2023). ChatGPT의 활용이 예비영어교사의 영어 요약하기 과정에 미치는 영향 탐색. 멀티미디어 언어교육, 26(2), 104-132.

최인용, 김화경, 이화영, 임해미(2021). 프랑스 고등학교 수학 교과서의 '알고리듬과 프로그래밍' 영역 분석. 학교수학, 23(4), 617-646.

최종호(2018). 콘텐츠 큐레이션 플랫폼 성능평가 알고리듬. 한국정보전자통신기술학회 논문지, 11(6), 658-663.

하민수, 이경건, 신세인, 이준기, 최성철, 주재걸, 박지선(2019). 학습 지원 도구로서의 서술형 평가 그리고 인공지능의 활용: WA3I 프로젝트 사례. 현장과학교육, 13(3), 271-282.

한국경제신문(n.d.). 한경 용어사전.

한국소프트웨어기술인협회(2017). 빅데이터 개론(BIG DATA). 광문각.

한상기(2014). 한상기의 소셜 미디어 특강. 에이콘.

한선관, 류미영, 김태령(2021). AI 사고를 위한 인공지능교육. (주)성안당.

홍현미, 강영준, 김영전, 김봄솔(2023). 의학 교육에서 인공지능의 응용: 임상의학 교육을 위한 ChatGPT의 활용을 중심으로. *Journal of Medicine and Life Science, 20*(2), 53-59.

황선욱, 권성훈, 정두섭, 박상의, 홍창섭(2021). 고등학교 인공지능 수학. ㈜미래엔.

Abbasi, S., & Kazi, H. (2014). Measuring effectiveness of learning chatbot systems on student's learning outcome and memory retention. *Asian Journal of Applied Science and Engineering, 3*(7), 57-66.

Abdollahpouri, H., Mansoury, M., Burke, R., & Mobasher, B. (2019, September). *The unfairness of popularity bias in recommendation.* Paper presented at the 13th ACM

Conference on Recommender Systems, Copenhagen.

Ahn, S., & Chung, E. S. (2020). Students' perceptions of the use of online machine translation in L2 writing. *Multimedia-Assisted Language Learning, 23*(2), 10-35.

Akgun, S., & Greenhow, C. (2022). Artificial intelligence in education: Addressing ethical challenges in K-12 settings. *AI Ethics, 2*, 431-440.

Akilashri1, P. S. S., & Bharathi, S. T. (2021). Multimod al Learning Analytics And Its Challenges: A Systematic Review. *International Journal of Aquatic Science, 12*(2), 4922-4930.

Aleven, V., McLaughlin, E. A., Glenn, R. A., & Koedinger, K. R. (2016). Instruction based on adaptive learning technologies. In Mayer, R. E. & Alexander, P. A., *Handbook of research on learning and instruction*, 522-560.

Alhaisoni, E., & Alhaysony, M. (2017). An investigation of Saudi EFL university students' attitudes towards the use of Google Translate. *International Journal of English Language Education, 5*(1), 72-82.

Allen, L. K., Creer, S. C., & Öncel, P. (2022). Natural language processing as a tool for learning analytics-Towards a multi-dimensional view of the learning process. In C. Lang, G. Siemens, A. F. Wise, D. Gašević & A. Merceron (Eds.), *Handbook of learning analytics* (2nd ed., pp. 46-53). SoLAR.

AlQaheri, H., & Panda, M. (2022). An education process mining framework: Unveiling meaningful information for understanding students' learning behavior and improving teaching quality. *Information, 13*(1), 29. https://doi.org/10.3390/info13010029

Anthony, L. (2013). AntWordProfiler Version 1.4.0w [Computer Software]. Waseda University.

Ashok, M., Madan, R., Joha, A., & Sivarajah, U. (2022). Ethical framework for Artificial Intelligence and Digital technologies. *International Journal of Information Management, 62*, 102433.

Baek, C., & Doleck, T. (2021). Educational data mining versus learning analytics: A review of publications from 2015 to 2019, *Interactive Learning Environments. 31*(6), 1-23.

Baker, R. S. J. d. (2010). Data mining for education. In B. McGaw, P. Peterson & E. Baker (Eds.), *International Encyclopedia of Education* (3rd ed.). Elsevier.

Baker, T., & Smith, L. (2019). *Educ-AI-tion rebooted?: Exploring the future of artificial intelligence in schools and colleges.*

Balacheff, N. (1993). Artificial intelligence and mathematics education: Expectations and questions. In *Proceedings of 14th Biennal of the Australian Association of Mathematics Teachers* (pp. 1-24). Perth, Australia.

Bergner, Y., & von Davier, A. A. (2019). Process data in NAEP: Past, present, and future. *Journal of Educational and Behavioral Statistics, 44*(6), 706-732.

Brook, C., & Thompson, C. (2022). Predictive modeling in teaching and learning. In C. Lang, G. Siemens, A. F. Wise, D. Gašević & A. Merceron (Eds.), *Handbook of learning analytics* (2nd ed., pp. 29-37). SoLAR.

Bryant, J., Heitz, C., Sanghvi, S., & Wagle, D. (2020). *How artificial intelligence will impact K-12 teachers.* McKinsey.

Cardona, M., Rodriguez, R., & Ishmael, K. (2023). *Artificial Intelligence and future of teaching and learning: Insights and recommendations.* Office of Educational Technology, U.S. Department of Education,

Cardona, M., Rodriguez, R., & Ishmael, K. (2023). *Artificial Intelligence and future of teaching and learning: Insights and recommendations.* Office of Educational Technology, U.S. Department of Education.

Carnegie Learning. (2019). MATHia student user's guide.

Carolyn P. H., & Sprague, J. (2020). *Theory of knowledge for the IB diploma.* Hodder Education Group.

Celik, I., Dindar, M., Muukkonen, H., & Järvelä, S. (2022). The promises and challenges of artificial intelligence for teachers: A systematic review of research. *TechTrends, 66*, 616-630.

Chatti, M. A., Dyckhoff, A. L., Schroeder, U., & Thüs, H. (2012). A reference model for learning analytics. *International Journal of Technology Enhanced Learning (IJTEL), 4*(5-6), 318-331.

Chatti, M., & Muslim, A. (2019). The PERLA framework: Blending personalization and learning analytics. *International Review of Research in Open and Distributed Learning, 20*(1), 244-261.

Chen, C., Park, H. W., & Breazeal, C. (2020). Teaching and learning with children: Impact of reciprocal peer learning with a social robot on children's learning and emotive engagement. *Computers & Education, 150.*

Choi, E., & Lee, J. H. (2020). Developing chatbots with machine learning: A survey. *Multimodal Technologies and Interaction, 4*(3), 54. https://doi.org/10.3390/mti4030054

Chon, Y. V., Shin, D., & Kim, G. E. (2021). Comparing L2 learners' writing against parallel machine-translated texts: Raters' assessment, linguistic complexity and errors. *System, 96*, 102408.

Cronbach, L. J. (1969). *Validation of Educational measures.* In *Proceedings of the 1969*

Invitational Conference on Testing Problems: Toward a theory of achievement measurement (pp. 35-52). Educational Testing Service.

Dangeti, P. (2017). *Statistics for machine learning*. 이병욱 역. Packt publishing [에이콘출판(주)].

Daniels, P., & Leslie, D. (2013). Grammar software ready for EFL writers? *OnCUE Journal, 9*(4), 391-401.

Dao, X. Q., & Le, N. B. (2023). Investigating the effectiveness of ChatGPT in mathematical reasoning and problem solving: Evidence from the Vietnamese national high school graduation examination. *arXiv*, arXiv:2306.06331.

Dickler, R., Gobert, J., & Sao Pedro, M. (2021). Using innovative methods to explore the potential of an alerting dashboard for science inquiry. *Journal of Learning Analytics, 8*(2), 105-122.

Doewes, A., & Pechenizkiy, M. (2021). On the limitations of human-computer agreement in automated essay scoring. In *Proceedings of the 14th International Conference on Educational Data Mining* (EDM21) (pp. 475-480). Paris, France: EDM.

Dominguez, F., Ochoa, X., Zambrano, D., Camacho, K., & Castells, J. (2021). Scaling and Adopting a Multimodal Learning Analytics Application in an Institution-Wide Setting. *IEEE Transactions on Learning Technologies, 14*(3), 400-414.

Donald, D., Aditya, T., Reddy, Y. H., Sreekaree, J., Sarma, K. P. K., & Varaprasad, R. (2023). Big Data Analytics: Unveiling Insights and Opportunities. *International Journal of Advanced Research in Computer Science, 3*(2), 2581-9429. DOI:10.48175/IJARSCT-8537

Dormezil, S., Khoshgoftaar, T. M., & Robinson-Bryant, F. (2019). *Differentiating between educational data mining and learning analytics: A bliometric approach*. Educational Data Mining.

Extensive Reading Central. (n.d.). Text helper [Computer Software].

Few, S. (2013). *Information dashboard design: Displaying data for at-a-glance monitoring* (2nd ed.). Analytics Press.

Fitzpatrick, D., Fox, A., & Weinstein, B. (2023). *The AI classroom: The ultimate guide to Artificial Intelligence in education*. Teachergoals Publishing.

Foltz, P. W., Yan, D., & Rupp, A. A. (2020). The past, present, and future of automated scoring. In Yan, D. Rupp, A. A. & Foltz, P. W. (eds.), *Handbook of automated scoring: Theory into Practice* (pp. 1-10). Campman and Hall/CRC.

Fryer, L., & Carpenter, R. (2006). Bots as language learning tools. *Language Learning and Technology, 10*(3), 8-14.

Gadanidis, G. (2017). Artificial Intelligence, computational thinking, and mathematics education. *The International Journal of Information and Learning Technology, 34*(2), 133-139.

Gardner, J., O'Leary, M., & Yuan, L. (2021). Artificial intelligence in educational assessment: "Breakthrough? Or buncombe and ballyhoo?" *Journal of Computer Assisted Learning, 37*(5), 1207-1216.

Géron, A. (2019). *Hands-on machine learning with Scikit-Learn, Keras, and Tensor Flow* (2nd ed.). 박혜선 역. O'Reilly [한빛미디어].

Ghumra, F. (2022, March). OpenAI GPT-3, the most powerful language model: An overview. *e-Infochips.*

Giannini, S. (2023). *Generative AI and the future of education.* UNESCO.

Godwin-Jones, R. (2021). Big data and language learning: Opportunities and challenges. *Language Learning & Technology, 25*(1), 4-19.

Goodfellow, I., Pouget-Abadie, J., Mirza, M., Xu, B., Warde-Farley, D., Ozair, S., Courville, A., & Bengio, Y. (2014). Generative adversarial networks. *arXiv,* 1406.2661v1.

Grimes, G., & Warschauer, M. (2010). Utility in a fallible tool: A multi-site case study of automated writing evaluation. *The journal of technology, learning and assessment, 8*(6). 1-45.

Guo, L., Wang, D., Gu, F., Li, Y., Wang, Y., & Zhou, R. (2021). Evolution and trends in intelligent tutoring systems research: a multidisciplinary and scientometric view. *Asia Pacific Education Review, 22*(3), 441-461.

Ha, Y. J., Hendrickson, S., Nagy, A., Sylvan, E., & Zick, T. (2023). *Exploring the impacts of generative AI on the future of teaching and learning.*

Hastie, T., Tibshirani, R., & Friedman, J. (2021). *The elements of statistical learning: Data mining, inference, and prediction.* 이판호 역. Springer [에이콘출판(주)].

Herman, D. (2022, December 9). The end of high-school English. *The Atantic.*

Holmes, W., & Porayska-Pomsta, K. (Eds.). (2022). *The ethics of artificial intelligence in education.* Routledge.

Holmes, W., Bialik, M., & Fadel, C. (2019) *Artificial Intelligence in Education Promises and Implications for Teaching and Learning.* Center for Curriculum Redesign.

Holstein, K., McLaren, B. M., & Aleven, V. (2019). Co-designing a real-time classroom orchestration tool to support teacher-AI complementarity. *Journal of Learning Analytics, 6*(2), 27-52.

Huang, W., Hew, K., & Fryer, L. (2022). Chatbots for language learning-Are they really useful? A systematic review of chatbot-supported language learning. *Journal of Computer Assisted Learning. 38*, 237-257.

Huizinga, J. (1938). *Homo Ludens: A study of the play element in culture.* 이종인 역. Routledge & K. Paul [연암서가].

Hwang, G-J., Xie, H., Wah, B. A., & Gašević, D. (2020). Vision, challenges, roles and research issues of Artificial Intelligence in Education. *Computers & Education: Artificial Intelligence, 1*, 100001.

James A. Banks (1990). *Teaching strategies for the social studies: Inquiry, valuing and decision-making.* Longman.

Jane, J. B., & Ganeshi, E. N. (2019). A review on big data with machine learning and fuzzy logic for better decision making. *International Journal of Scientific & Technology Research, 8*, 1121-1125.

Ji, S., Xu, W., Yang, M., & Yu, K. (2013). 3D Convolutional Neural Networks for Human Action Recognition. *IEEE Transactions on pattern analysis and machine intelligence, 35*(1), 221-231.

Jia, Y., Carl, M., & Wang, X. (2019). How does the post-editing of neural machine translation compare with from-scratch translation?: A product and process study. *The Journal of Specialised Translation, 31*, 60-86.

Jiang, Q., & Chung, J. (2023). A case study of creative art based on AI generation technology. *The International Journal of Advanced Smart Convergence, 12*(2), 84-89.

Kaplan, A. M., & Haenlein, M. (2010). Users of the world, unite!: The challenges and opportunities of social media. *Business Horizons, 53*(1), 59-68.

Kaur1, J. & Singh, W. (2022). Tools, techniques, datasets and application areas for object detection in an image: a review. *Multimedia Tools and Applications, 81*, 38297-38351.

Ke, Z., & Ng, V. (2019). Automated essay scoring: A survey of the state of the art. *In Proceedings of the Twenty-Eighth International Joint Conference on Artificial Intelligence*, 6300-6308.

Kim, H. (2018, June). *Designing L2 interactive tasks with an artificial intelligence robot.* Paper presented at the Asia TEFL International Conference. University of Macau, China: Asia TEFL.

Kingma, D. P., & Welling, M. (2019). *An Introduction to Variational Autoencoders.* https://arxiv.org/abs/1906.02691

Klein, S., Aeschlimann, J. F., Balsiger, D. F., Converse S. L., Court, C. Foster, M., Lao, R., Oakley, J. D., & Smith, J. (1973). *Automatic novel writing: A status report* (Technical

Report 186). Madison, WI: The University of Wisconsin, Computer Science Department.

Knox, W. B., & Stone, P. (2011). Augmenting reinforcement learning with human feedback. In *ICML 2011 Workshop on New Developments in Imitation Learning*. Bellevue, WA, USA.

Kol, S., Schcolnik, M., & Spector-Cohen, E. (2018). Google Translate in academic writing courses? *The EuroCALL Review, 26*(2), 50-57.

Kulik, J. A., & Fletcher, J. D. (2016). Effectiveness of intelligent tutoring systems: A meta-analytic review. *Review of Educational Research, 86*(1), 42-78.

Landis, J. R., & Koch, G. G. (1977), The measurement of observer agreement for categorical data. *Biometrics, 33*, 1159-1174.

Lang, C., Wise, A. F., Merceron, A., Gašević, D., & Siemens, G. (2022). What is learning analytics. In C. Lang, G. Siemens, A. F. Wise, D. Gašević & A. Merceron (Eds.), *Handbook of learning analytics* (2nd ed., pp. 8-18). SoLAR.

Lebowitz, M. (1983). Creating a story-telling universe. In A. Bundy (Ed.), *Proceedings of the Eighth International Joint Conference on Artificial Intelligence* (pp. 63-65). Morgan Kaufmann Inc.

Lee, J. H., Shin, D., & Noh, W. (2023). Artificial Intelligence-Based Content Generator Technology for Young English-as-a-Foreign-Language Learners' Reading Enjoyment. *RELC Journal*.

Lee, S. M. (2020). The impact of using machine translation on EFL students' writing. *Computer Assisted Language Learning, 33*(3), 157-175.

Lewis, J. K. (2013). Ethical implementation of an Automated Essay Scoring (AES) system: A case study of student and instructor use, satisfaction, and perceptions of AES in a business law course. *Faculty and Staff-Articles & Papers, 47*.

Li, Q., Xie, X., Zhang, J., & Shi, G. (2023). Few-shot human-object interaction video recognition with transformers. *Neural Networks, 163*, 1-9.

Lim, H., & Kahang, J. (2012). Review of the software CRITERION. *Language learning & technology, 16*(2), 38-45.

Lo, C. K. (2023). What is the impact of ChatGPT on education? A rapid review of the literature. *Education Sciences, 13*(4), 410.

Long, P., & Siemens, G. (2011). Penetrating the fog: Analytics in learning and education. *Educause Review, 46*(5), 31-40.

Ma, W., Adescope, O. O., Nesbit, J. C., & Liu, Q. (2014). Intelligent tutoring systems and learning outcomes: A meta-analysis. *Journal of Educational Psychology, 106*(4), 901-918.

Meehan, J. R. (1977). TALE-SPIN: An interactive program that writes stories. In R. Reddy (Ed.), *Proceedings of the Fifth International Joint Conference on Artificial Intelligence* (pp. 91-98). Morgan Kaufmann Inc.

Meyer-Waarden, L., & Cloarec, J. (2022). "Baby, you can drive my car": Psychological antecedents that drive consumers' adoption of AI-powered autonomous vehicles. *Technovation, 109*, 102348.

Miao, F., Holmes, W., Huang, R., & Zhang, H. (2021). *AI and education: guidance for policy-makers.* UNESCO.

Molenaar, I., & Wise, A. F. (2022). Temporal aspects of learning analytics: Grounding analyses in concepts of time. In C. Lang, G. Siemens, A. F. Wise, D. Gašević & A. Merceron (Eds.), *Handbook of learning analytics* (2nd ed., pp. 66-76). SoLAR.

Mousavinasab, E., Zarifsanaiey, N. R., Niakan Kalhori, S., Rakhshan, M., Keikha, L., & Ghazi Saeedi, M. (2021). Intelligent tutoring systems: A systematic review of characteristics, applications, and evaluation methods. *Interactive Learning Environments, 29*(1), 142-163.

Murphy, R. F. (2019). *Artificial intelligence applications to support K-12 teachers and teaching: A review of promising applications, opportunities, and challenges.* RAND Corporation.

Nation, I. S. P. (2016). *Making and using word lists for language learning and teaching.* John Benjamins Publishing Company.

Nistor, N., & Hernández-García, Á. (2018). What types of data are used in learning analytics? An overview of six cases. *Computers in Human Behavior, 89*, 335-338.

O'Neil, C. (2017). *Weapons of Math Destruction.* 김정혜 역. Penguin Group [흐름출판].

OECD. (2021). *OECD Digital education outlook 2021: Pushing the frontiers with artificial intelligence, blockchain and robots.* OECD Publishing.

PACTE Group. (2005). Investigating translation competence. Conceptual and methodological issues. *Meta: Translators' Journal, 50*(2), 609-619.

Park, C., & Kim, J. R. (2018). An analysis of task conditions for teaching excellence of elementary English classes using on-task analytic criteria. *Korean Journal of Teacher Education, 34*(1), 121-142.

Pasquale, F. (2016). *The black box society: The secret algorithms that control money and information.* 이시은 역. Harvard University Press [안티고네].

Perrigo, B. (2023, April 13). The A to Z of artificial intelligence. *The Time.*

Perrotta, C., & Selwyn, N. (2019). *Deep learning goes to school: Toward a relational understanding of AI in education.* Learning, Media and Technology.

Pokrivcakov, S. (2019). Preparing teachers for the application of AI-powered technologies in foreign language education. *Journal of Language and Cultural Education, 7*(3), 136-153.

Prinsloo, P., Slade, S., & Khalil, M. (2022). The answer is (not only) technological: Considering student data privacy in learning analytics. *British Journal of Educational Technology, 53*, 876-893.

Radford, A., Metz, L., & Chintaia, S. (2015). Unsupervised representation learning with deep convolutional generative adversarial networks. *arXiv*, 1511.06434v2.

Romero, C., & Ventura, S. (2020). Educational data mining and learning analytics: An updated survey. *WIREs Data Mining and Knowledge Discovery, 10*, e1355.

Salinas, J., & De-Benito, B. (2020). Construction of personalized learning pathways through mixed methods. Comunicar. *Media education research journal, 28*(65), 31-41.

Schoenfeld, A. H. (1985). *Teaching and learning mathematical problem solving*. Routledge.

Shaftel, F. R., & Shaftel, G. (1982). *Role playing in the curriculum*. Prentice Hall.

Shao, Q., Sniffen, A., Blanchet, J., Hillis, M. E., Shi, X., Haris, T. K., & Balkcom, D. (2020). Teaching american sign language in mixed reality. *Proceedings of the ACM on Interactive, Mobile, Wearable and Ubiquitous Technologies, 4*(4), 1-27.

Shemshack, A., & Spector, J. M. (2020). A systematic literature review of personalized learning terms. *Smart Learning Environments, 7*(33).

Shermis, M. D., Burstein, J. C., Elliot, N., Miel, S., & Foltz, P. W. (2015). Automated writing evaluation: an expanding body of knowledge. In C. A. McArthur, S. Graham, & Fitzgerald (Eds.), *Handbook of writing research* (2nd ed., pp. 395-409). Guilford.

Shin, D., Kwon, S. K., & Lee, Y. (2021). The effect of using online language-support resources on L2 writing performance. *Language Testing in Asia, 11*, 4.

Smart, J., Cascio, J., Paffendorf, J., Bridges, C., Hummel, J., & Moss, R. (2006). *Metaverse roadmap: Pathway to the 3D web*. ASF(Acceleration Studies Foundation).

Sommers, N. (1982). Responding to student writing. *College Composition and Communication, 33*(2), 148-156.

Stern, J. (2022, December 21). Chat GPT wrote my AP English essay and I passed. *The Wall Street Journal*.

Stern, L. A., & Solomon, A. (2006). Effective faculty feedback: The road less traveled. *Assessing writing, 11*, 22-41.

Strauss, A., & Cobin, J. (2008). *Basics of qualitative research: Techniques and procedures for developing grounded theory* (2nd ed.). Sage.

Stufflebeam, D. L. (1976). *Meta-evaluation*. Facsimile Publisher.

Stufflebeam, D. L., & Shinkfield, A. J. (1985). *Systematic evaluation*. Nijhoff Publishing.

Sutskever, I., Vinyals, O., & Le, Q. (2014). Sequence to sequence learning with neural networks. In Proceedings of the 27th International Conference on Neural Information Processing Systems - Volume 2 (NIPS'14). *MIT Press*, 3104-3112.

Swiecki, Z., Khosravi, H., Chen, G., Martinez-Maldonado, R., Lodge, J. M., Milligan, S., Selwyn, B., & Gašević, D. (2022). Assessment in the age of Artificial Intelligence. *Computers and Education: Artificial Intelligence, 3.*

Tekinbas, K. S., & Zimmerman, E. (2003). *Rules of play: Game design fundamentals.* MIT Press.

Tsai, S. C. (2019). Using Google Translate in EFL drafts: A preliminary investigation. *Computer Assisted Language Learning, 32*(5-6), 510-526.

Turner, S. R. (1993). *Minstrel: A computer model of creativity and storytelling.* Doctoral dissertation, University of California, Los Angeles.

Tyler, R. W. (1942). General statement on evaluation. *Journal of Educational Researcher, 35*, 492-501.

U.S. Department of Education, Office of Educational Technology. (2023). *Artificial intelligence and future of teaching and learning: Insights and recommendations.* Washington, DC. Extracted from https://www2.ed.gov/documents/ai-report/ai-report.pdf

UNESCO. (2021). *The recommendation on the ethics of Artificial Intelligence.*

Van Vaerenbergh, S., & Pérez-Suay, A. (2022). A classification of artificial intelligence systems for mathematics education. In Martinovic, D. & Freiman, V. (Eds.), *Mathematics education in the age of Artificial Intelligence: How Artificial Intelligence can serve mathematical human learning* (pp. 89-106). Springer International Publishing.

VanLehn, K. (2011). The relative effectiveness of human tutoring, intelligent tutoring systems, and other tutoring systems. *Educational Psychologist, 46*(4), 197-221.

Villatoro, S., & de-Benito, B. (2022). Self-regulation of learning and the co-design of personalized learning pathways in higher education: A theoretical model approach. *Journal of interactive media in education, 2022*(1), 1-16.

Walberg, H. J., & Haretel, G. D. (1990). *The international encyclopedia of educational evaluation.* Pergamon Press.

Wardat, Y., Tashtoush, M. A., AlAli, R., & Jarrah, A. M. (2023). ChatGPT: A revolutionary tool for teaching and learning mathematics. *Eurasia Journal of Mathematics, Science and Technology Education, 19*(7), em2286.

Welch Bacon, C. E., & Gaither, K. (2020). Personalized Learning Pathways: Using Technology to Promote Learning Beyond the Classroom. *New Directions for Teaching and Learning*,

91-102.

Xiao, W., Ji, P., & Hu, J. (2022). A survey on educational data mining methods used for predicting students' performance. *Engineering Reports, 4*(5), e12482.

Xuan, D., Zhu, D., & Xu, W. (2021). The teaching pattern of law majors using artificial intelligence and deep neural network under educational psychology. *Frontiers in Psychology, 12*, 711520. https://doi.org/10.3389/fpsyg.2021.711520

Yang, J., Zheng, W., Yang, Q., Chen, Y., & Tian, Q. (2020). Spatial-Temporal Graph Convolutional Network for Video-based Person Re-identification. *CVPR 2020*, 3289-3299.

Yannier, N., Crowley, K., Do, Y., Hudson, S. E., & Koedinger, K. R. (2022). Intelligent science exhibits: Transforming hands-on exhibits into mixed-reality learning experiences. *Journal of the Learning Sciences, 31*(3), 335-368.

Yi, B. J., Lee, D. G., & Rim, H. C. (2015). The effects of feature optimization on high-dimensional essay data. *Mathematical Problems in Engineering, 2015*, 421642.

Young, T., Hazarika, D., Poria, S., & Cambria, E. (2018). Recent trends in deep learning based natural language processing. *IEEE Computational Intelligence Magazine, 13*, 55-75.

Zhai, X., He, P., & Krajcik, J. (2022). Applying machine learning to automatically assess scientific models. *Journal of Research in Science Teaching, 59*, 1765-1794.

Zhang, W., Li, X., Deng, Y., Bing, L., & Lam, W. (2022). A Survey on aspect-based sentiment analysis: Tasks, methods, and challenges. *IEEE Transactions on Knowledge and Data Engineering, 35*, 11019-11038.

http://www.museumofeducation.info/Guide-Tyler.html

http://www.nasonline.org/publications/biographical-memoirs

http://www.sbr.ai/news/articleView.html?idxno=1479

https://www.bing.com/

https://www.genque.ai/

https://www.klondike.ai/en/ai-history-the-dartmouth-conference/

https://www.socialstudies.org/about

http://wai.best/

https://bard.google.com/

https://blog.naver.com/hss2864/223052279110

https://brunch.co.kr/@cookery/105

https://brunch.co.kr/@linecard/324

https://chat.openai.com/(GPT-3.5)

https://colab.research.google.com/?hl=ko

https://ko.padlet.com/

https://kr.aitutorsanta.com/

https://m.yonhapnewstv.co.kr/news/MYH20230524000800032

https://nssdc.gsfc.nasa.gov/nmc/spacecraft/display.action?id=1957-001B

https://pictory.ai/

https://playentry.org/

https://post.naver.com/viewer/postView.naver?volumeNo=32018194&memberNo=15488377&vType=VERTICAL

https://science-on.kofac.re.kr/body/intro/intro/introMain.do

https://terms.naver.com/entry.naver?docId=3573579&cid=58947&categoryId=58981

찾아보기

저자 소개

이용상(Lee, Yongsang)
UC Berkeley 교육학 박사
현 인하대학교 교육학과 교수

권태현(Kwon, Taehyun)
한국교원대학교 국어교육학 박사
현 충북대학교 국어교육과 교수

김종민(Kim, Chong Min)
Michigan State University 교육학 박사
현 경인교육대학교 교육학과 교수

김현정(Kim, Hyunjung)
서울대학교 과학교육학 박사
현 공주대학교 화학교육과 교수

신동광(Shin, Dongkwang)
Victoria University of Wellington 응용언어학 박사
현 광주교육대학교 영어교육과 교수

심우민(Shim, Woomin)
연세대학교 법학 박사
현 경인교육대학교 사회과교육과 교수

임해미(Rim, Haemee)
이화여자대학교 수학교육학 박사
현 공주대학교 수학교육과 교수

정혜경(Jung, Hyekyung)
UCLA 교육학 박사
현 한국기술교육대학교 HRD학과 교수

조규락(Cho, Kyoo-Lak)
Pennsylvania State University 교육학 박사
현 영남대학교 교육학과 및 디지털융합비즈니스학과 교수

디지털 시대의 인공지능과 교육

Artificial Intelligence and Education in the Digital Age

2024년 3월 15일 1판 1쇄 인쇄
2024년 3월 20일 1판 1쇄 발행

지은이 • 이용상 · 권태현 · 김종민 · 김현정 · 신동광
심우민 · 임해미 · 정혜경 · 조규락

펴낸이 • 김진환

펴낸곳 • ㈜학지사
04031 서울특별시 마포구 양화로 15길 20 마인드윌드빌딩
대표전화 • 02-330-5114 팩스 • 02-324-2345
등록번호 • 제313-2006-000265호

홈페이지 • http://www.hakjisa.co.kr
인스타그램 • https://www.instagram.com/hakjisabook

ISBN 978-89-997-3091-7 93370

정가 22,000원